本书编委会

主　编　欧阳坚

副主编　陈　青　王　锐　王建太

执行副主编　杨维军

委　员　戴春阳　武　沐　李清凌　雍际春　梁　云
　　　　　侯红伟　王广庆　刘兴旺　魏继强

秦统一六国的文化原因

欧阳坚 主编

人民出版社

序　言

习近平总书记指出："秦国'书同文，车同轨，量同衡，行同伦'，开启了中国统一的多民族国家发展的历程。此后，无论哪个民族入主中原，都以统一天下为己任，都以中华文化的正统自居。"公元前221年，秦王嬴政灭齐，结束了春秋以来数百年诸侯称霸、列国纷争的社会动荡局面，建立了中国历史上第一个大一统的中央集权——秦王朝。这开辟了中国历史的新纪元，奠定了中国的基础版图，让各民族从此产生了向心力，使维护国家统一成为以后各个历史时期国人的共识，中国从此屹立于世界东方，成为延续2000多年的大一统国家。

然而这个扫灭六国如卷席的强大王朝，并没有按照秦始皇万世一系、传之无穷的理想设计延续下去，而是在他实现统一仅15年、去世3年后，就土崩瓦解了。所以，一方面，秦朝的速亡和"暴政"，成为千百年来历代君臣讨论治国理政必然热议的反面教材。另一方面，由其开创的专制主义中央集权制度，又被历代统治者奉为圭臬，在修修补补中成为维护中国2000多年帝制统治的法宝。这种巨大的反差和历史的悖论，也成为两千年来人们长久关注和不断探究的话题。由于时代的局限和"非秦"惯性思维的限制，这一悖论并没有得到完全令人信服的解释。因此，有必要对此进行全面检视和客观评价。

在中华民族的历史长河中，秦王朝虽然很短暂，但统一前的秦国却有长达500多年的历史。追寻秦人的起源和兴起的历史，可上溯到商以前。秦人如此漫长的兴起和发展史与商、周交织，并留下了丰厚的历史遗产和文化财富。要全面考察秦王朝和秦文化，就应该从长时段、大视野和多角度出发，对秦人、秦国、秦王朝前后相继的完整历史和文化演进，做一番系统的梳理和透视。秦人早期历史因受文献记载简略所限，人们难究其详，而秦人特殊的发展道路和独特的文化创造，又与其早期活动息息相关。可喜的是20世纪80年代以来，随着陇右即今天的甘肃东南部地区渭河上游甘谷毛家坪、天水董家坪、清水李崖遗址和嘉陵江上游西汉水流域大堡子山、圆顶山、西山坪、鸾亭山、六八图、四角坪遗址等一批秦早期文化遗址的先后发现，为揭示秦人早期历史和文化创造活动，提供了极其重要而丰富的第一手资料。

根据史料记载尤其是甘肃境内秦历史遗存的考古发现，秦人的早期发展阶段，可以文公东迁关中为界，分前后两个时段。前一时段，包括整个西周时期，嬴秦从中潏到非子，前后8代秦人在西汉水上游与西戎和睦相处站稳了脚跟，入乡随俗发展生产，非子因养马有功被周孝王封为附庸。"邑之秦"，始有秦之称号，标志着秦人族体已经形成。非子下传两代至秦仲，西戎反周并攻占秦人居邑西犬丘，周宣王命秦仲伐戎反被杀，秦仲之子庄公再次伐戎取胜，收复西犬丘，被封为西垂大夫。公元前771年，犬戎攻破镐京，杀周幽王，西周亡。秦庄公之子襄公出兵救周，后襄公护送周平王东迁洛邑有功，被封为诸侯，秦国建立。后一时段，公元前762年，襄公之子文公东迁汧渭之会，秦人进入了今天的关中地区。随着伐戎取胜和"周余民"的加入，秦国经济文化迅速发展，为此后成为诸侯大国奠定了基础。

循着秦人西迁、崛起、建国、东出、统一六国、建立大一统国家的发展历程看，一部秦人发展史，就是一部多民族交往交融、多区域文化交流演进的历史。首先，多难的部族命运，激发了秦人的进取精神。作为东夷部族的一支，嬴秦华夏族属的性质没有因为西迁、与西戎为伍而改变。嬴秦在由东方到西垂的漫长西迁中，既有辅佐舜禹、夏末与商族结盟成为显贵的辉煌，更经历了商周时期遭到镇压、排挤、打击被迫迁徙的惨痛经历。嬴秦在商、周时期，部族流移分散、大起大落，经受无数艰难困苦和生死考验，才终于定居西垂。这些苦难经历让他们有了愈挫愈奋的进取精神和斗争意志。其次，陇右特殊的环境区位，让秦人接受了多元文化和生存技能、生产生活方式。初到陇右的嬴秦面临着与东方迥异的生存考验。陇右以高原山地为主的地形地貌，林茂草丰、亦农亦牧的自然条件，有利于多元文化交流和经济发展。从新石器时代早期以来，距今8000年前后这里就有以大地湾、西山坪、师赵村为代表的史前文化，孕育了发达的农耕文化；以张家川圪垯川遗址为代表，这里还是仰韶文化的一大中心。这些考古遗址的发现，都说明当时的陇右文明发育程度与中原地区相比不相上下，有些方面比如铁器、养马等技术还有所领先,这为秦人的崛起提供了重要的物质基础和文化力量。第三,与各民族交往交流交融,为秦人发展注入了新鲜血液,提升了凝聚力。从马家窑、齐家文化到辛店、寺洼等文化的兴起,陇右地区成为氐、羌、西戎部族的大本营。秦人在与这些部族的和睦相处、交流互鉴、相互通婚中,壮大了队伍,扩大了领土,提升了实力。

由于秦文化根植于陇右独特的环境、区位和人文氛围,形成了务实创新的价值追求、开放包容的进取精神、尚武坚毅的民族性格、令行禁止的法治观念、上下一心的团队意识、始终如一的坚定信念等一系列文化特质。正是秦人这些文化特质,才使得他们有能力扫灭了六国、统一了天下,把东到东海、西到西域、北到高原、南到十万大山间的广大区域,用同一套制度统治了起来。比如:书同文,为各地文化经济交流奠定了基础,使中华文明薪火得以传承,从不断绝;车同轨,规定车辆上两个轮子的距离一律改为六尺,使车轮的轨道相同,为不同地区的交流发展扫清了障碍;量同衡,使长度、容积、重量都有了统一的标准,方便了民众的生产生活,促进了社会经济发展;行同伦,改变了原来六国的不同民俗,统一了民众的道德伦理和行为规范;设郡县,结束了分封制易导致的国家分裂,使郡县制成为古代中国2000多年封建制度传承延续的基石。秦文化中蕴含的宝贵品格和特质,对秦帝国的建立以及后来大一统国家的形成、多元一体中华民族意识的孕育,产生了开创性、奠基性的影响;让所有中国人有了植根于血脉中的大一统思想,即使时至今日,无论东西南北、无论哪一个民族、无论身处何方,都认为自己首先是中国人,让国家一统依然是每一个中国人不变的愿望。

从秦人立国到建立大一统政权500多年间,正处于西方学者所谓的"轴心时代",也被我国学者称之为"周秦之变"。在这一列国大冲突、社会大动荡、民族大融合的历史关口,秦人之所以能够从小到大、从弱到强,由历史的边缘走到舞台的中央成为主角,秦制之所以被历代中央王朝奉为圭臬,影响中国2000多年,与秦文化所具有的时代先进性直接相关。这是一个值得发掘、研究的富矿。为此,我们申报了国家社科基金重大项目"秦文化对中华文化发展繁荣的重要贡献研究",旨在通过历史研究、考古发掘和文化人类学的结合,梳理秦人的历史发展脉络,分析其文化构成、形态和特质,进而揭示秦为什么能够崛起和统一六国、建立大一统国家的文化原因,力求将尘封的一些历史文化呈现出来。

由于资料和时间的有限,我们的研究还是阶段性的,有些观点和结论还有待于新的考古发现来充实和完善。希望这一研究对探索秦早期文明的起源和廓清一些历史迷雾能有所帮助。

欧阳坚

2022 年 6 月

目录

第一章　秦人的由来与兴起

　　在中国历史的长河中,秦人、秦王朝、秦文化以其独特的经历、地位和影响而彪炳史册。从夏初到西周,在长达千年之久的漫长岁月里,秦人先祖始终活跃于历史舞台,时而为朝中的显贵诸侯,时而又遭受排挤打击而流离迁徙,"子孙或在中国,或在夷狄"。在东周以来的五百多年历史中,秦人快速崛起,不仅完成了从古族到古国再到方国的历史跨越,而且跃居成历史主角,扫灭六合,一匡天下,建立了中国历史上第一个大一统的中央集权制帝国——秦帝国,开创了中国历史的新纪元,也改写了人类历史发展的格局。

　　秦帝国的建立,使中国古代社会面貌发生了根本变化,并对后世中国社会的发展产生了重大影响。秦人由偏居一隅到稳扎稳打、步步东进,从附庸到诸侯,从王国再到帝国,融汇了商、周、西戎文明的进步因素,开创了独具特色、充满活力的秦文化,这一文化伴随秦的统一而成为国家的主流文化。秦亡之后,秦文化又被后起的汉文化继承发展,奠定了中华文化的基础框架,形成了中华文明的主体基因,影响力强,辐射广。秦帝国虽然短暂,但却处在一个承前启后的关键阶段,其所创立的中央集权官僚体制、郡县制度、法律体系,以及车同轨、书同文、器同量等政治、经济、文化制度为汉帝国及以后历朝历代所继承,影响了中华文明两千多年。秦汉大一统促使汉民族最终形成,并使中华民族的凝聚力得以加强。

第一节　秦人的族源与西迁

　　按《史记·秦本纪》记载,秦人嬴姓,远古时代本为东夷的一支,为少昊之后、颛顼苗裔。舜在位时期,嬴姓的远祖伯益辅佐大禹治水有功,受封嬴姓。夏代晚期,嬴姓的远祖费昌去夏归商,孟戏、中衍、中潏、蜚廉、恶来都是商王朝倚重的大臣。武王灭商后,作为商遗民,嬴姓族人被周王室西迁至陇右天水一带。周孝王时期,秦非子为周王室牧马有功,封于秦,恢复嬴姓。东周初年,襄公始国,位列诸侯,开始逐渐向东发展,最终统一了六国。了解秦人、秦国的历史,首先要理清秦人的族源和迁徙历程。

一、嬴秦的来源

在秦的历史与文化研究中,秦族的形成、秦人的迁徙、秦文化的来源一直是一个核心问题。实际上秦人、秦族就是一个聚合体,包含了所有认同秦文化传统,创造和使用这一类文化的所有人群。追溯秦人、秦文化的起源,可从秦人中的宗室贵族入手。秦宗室贵族古姓嬴氏,人们习惯上称之为嬴秦。有关嬴秦的族源,由于文献记载模糊不清,自 20 世纪三四十年代起在学术界就有了截然相反的两种说法:或谓来自西戎,或谓来自东夷。概言之,可称为"西来说"和"东来说"。

1. 西来说

持"西来说"的学者认为,嬴秦先祖是先秦时期生活在西北地区土著民族"西戎"的一支,秦人应是当地土生土长的原住民。

20 世纪 20 年代,王国维提出"秦之先祖,起于夷狄"[①]。接着,蒙文通以秦祖先戎胥轩娶申侯之先为妻,说明秦父系和母系皆为戎,甚至进一步推测秦和骊山氏都是犬戎。[②] 熊铁基认为,秦人早期历史神话色彩浓厚,秦族本非华族,其先祖主要活动在西方。20 世纪 80 年代初期,考古学界开始探索秦文化渊源,对春秋战国时期秦墓中出现的屈肢葬、洞室墓和铲形袋足鬲进行分析,认为这些特点是秦文化的典型因素,他们都源自西北地区的羌戎文化。[③] 有学者推测,秦人流

---

① 王国维:《秦都邑考》,姚淦铭、王燕编:《王国维文集》(第四卷),中国文史出版社1997 年版,第 62 页。

② 蒙文通:《秦为戎族》,《蒙文通文集》第五卷《古史甄微》,巴蜀书社 1999 年版,第214—217 页。

③ 俞伟超:《古代"西戎"和"羌"、"胡"考古学文化归属问题的探讨》,《先秦两汉考古学论集》,文物出版社 1985 年版,第 180—192 页。

行的西首葬,可能寓意他们来自我国西部。[①]更有学者提出秦文化源于甘青地区的辛店文化。[②]

　　总结"西来说"的观点,主要表现在三个方面。一是秦人早期历史多为神话传说,难免有臆测成分,不足征信,可信记载主要是在中潏之后。二是秦人先祖都是西方或北方的代表人物,与东方无关,如戎胥轩娶骊山之女(申戎)为妻,其母系为戎族。先秦文献大量记载秦与戎时,常常将二者混为一谈,如"秦夷""狄秦""秦戎""戎狄之属"等称谓多有记载。三是秦人祭祀习惯、丧葬习俗与东方诸国不同。祭祀对象包括四方天帝、名山大川,常用马为牺牲,其风俗多与戎狄相同;秦墓中的西首葬、屈肢葬、铲形袋足鬲、洞室墓等现象,与甘青地区的土著文化的特点相同。

2. 东来说

　　持"东来说"的学者认为,嬴秦是原本分布在山东及其附近古东夷族的一支。20世纪30年代,傅斯年最先提出"秦人东来说",认为秦、赵等西方国家,冠以东方姓氏,本就是嬴姓先祖在商王朝西进的旗帜下,向西迁徙的结果。少昊本是东方之帝,嬴秦西迁后,秦赵先祖将其传说移于西土,久而久之就成为西方土著。秦、赵也就被认为是西方民族[③]。卫聚贤在《中国民族的来源》一文中提出,以郯、谷、黄、梁、葛、徐、江、奄等嬴姓之国原蔓延于山东、江苏及河南、湖北,而秦亦嬴姓,故谓秦民族发源于山东,后至山西、陕西、甘肃,然后再向东发展。[④]黄文弼认为,秦在西戎只是发生在中潏"在西戎、保西垂"之后,中潏之前嬴秦是殷商的诸侯,"以佐殷国",主要在东方。秦人始祖传说和商人相同,都有类似"玄鸟陨卵"的神话传说,应同出一源。[⑤]20世纪80年代后,顾颉刚、林剑鸣、段连勤的研究将之完善化、系统化。

　　学界普遍认为,嬴秦来自山东的东夷民族,也就是"秦人东来说"。林剑鸣、

---

①　叶小燕:《秦墓初探》,《考古》1982年第1期。

②　刘庆柱:《试论秦之渊源》,《人文杂志》编辑委员会编:《先秦史论文集》(《人文杂志》专刊),1982年增刊。

③　傅斯年:《夷夏东西说》,欧阳哲生主编:《傅斯年全集》(第三卷),湖南教育出版社2003年版,第217页。

④　卫聚贤:《中国民族的来源》,《古史研究》(第三集),商务印书馆1934年版,第1—114页。

⑤　黄文弼:《嬴秦为东方民族考》,《史学杂志》1945年创刊号。

卫聚贤等学者均支持这一观点,考古发掘方面的证据也支持东来说。从统计数据来看,已发掘的秦人宗室高等级墓葬多殉人、殉狗、带腰坑、流行东西向的直肢葬,[①] 这些特征与已知的殷商贵族墓葬特征极为相似,而且在陇右土著居民的葬俗中并未发现。以清水李崖遗址为例,发掘的近20座墓葬及40余座灰坑均属于西周时期,墓葬为东西向(西偏北)、头向西、直肢葬、带腰坑殉狗;而部分陶器具有显著商式风格,如方唇分裆鬲、厚方唇簋、大口尊等,随葬陶器的种类及数量较多,有鬲、簋、盆、罐等,这显示出秦人不是陇右土著。再结合文献及清华楚简关于秦之先自"商奄"之地西迁至"朱圉"的记载,[②] 秦人来自东方基本可以肯定。

总结东来说的诸多论据,主要有三个方面。其一,秦人有始祖玄鸟降生的传说,与殷人、东夷如出一辙。秦襄公又"主少昊之神",嬴姓多居于东方。其二,考古学界为"东来说"提供了更为有力的证据。邹衡发现一批带"亚隹"铭文的器物,推测是秦的祖先的族徽。他认为其所代表的可能是一个善于捕鸟(或从丁山广其意为捕鸟兽)的东方氏族。[③] 比如,韩伟认为,屈肢葬、铲形袋足鬲、洞室墓等特点并非秦文化的传统因素,而是起源于西北地区的羌戎文化。[④]20世纪80年代赵化成主持发掘甘谷毛家坪遗址,首次发现了西周时期的秦文化遗存,并对秦文化进行了界定,讨论秦文化的渊源,否定了辛店文化、铲形袋足鬲等作为秦文化渊源的可能。[⑤] 其三,《清华简·系年》载:"飞(廉)东逃于商盍(盖)氏。成王伐商盍(盖),杀飞(廉),西迁商盍(盖)之民于邾虘,以御奴之戎,是秦先人。"李学勤考释认为,"邾虘"即朱圉,今甘谷县渭河之南有朱圉山。这一记载留下了秦人源于东方和西迁陇右的重要线索。

3. 北来说

有关秦人、秦族的来源问题,除了"东来说"与"西来说"两种截然相反、各执一端的观点之外,还有"北来说"。

① 梁云:《从秦墓葬俗看秦文化的形成》,《考古与文物》2008年第1期。

② 清华大学出土文献研究与保护中心编:《清华大学藏战国竹简(贰)》,中西书局2011年版,第141页。

③ 邹衡:《论先周文化》,《夏商周考古学论文集》(第二版),科学出版社2001年版,第299—301页。

④ 韩伟:《关于秦人族属及文化渊源管见》,《文物》1986年第4期。

⑤ 赵化成:《寻找秦文化渊源的新线索》,《文博》1987年第1期。

"北来说"相较"东来说"与"西来说"，主张的学者较少，受到的关注也比较少。其主要观点是，认为秦人起源于北方的夏族，该观点代表性人物是翦伯赞，他认为，夏与秦同祖，春秋时秦又被称为秦夏，秦之声又被称为"夏声"。秦应为夏族之一支，夏族多聚集于今鄂尔多斯，所以秦人先祖也应该源于此。[1] 考古资料显示，目前鄂尔多斯地区发现最多的是北方草原系青铜文化，其与秦文化的关联度较低，从考古上看不出该地区与秦文化有较为密切的联系，因而"北来说"目前得不到考古资料的支持。

4. 二源说

近年来有学者尝试调和二者之间的对立，整合其说，提出了"二源说"。

黄留珠先生衡量"东来说"与"西来说"两种观点，认为两种观点均抓住了早期秦人的某些特征，做了有意义的探讨，但是都存在一些不足。要在一些问题上有所突破，必须依靠考古工作新的发现。将两种观点结合起来才能更好地反映事物原貌。他认为，"西来说"更多地关注到了秦文化与西戎文化相互融合的历史真实，"东来说"则是揭开了中潏以前秦人历史。二者反映了秦文化在不同阶段的历史情况，"综合各自的合理部分，汲取其精华，从而形成认识秦文化渊源问题的新思路。如果用一句话概括这一思路，那就是'源于东而兴于西'"。他认为，秦文化应该有两个"源"：一个是"始发之源"，一个是"复兴之源"，"始发之源"在东方，而"复兴之源"在西方。[2]

"二源说"是兼顾东来说、西来说两种学说的调和观点。"始发之源"与"复兴之源"，一个在东，一个在西，为秦人族源学术问题的争论，在理论和方法上都进行了调和。当然单就秦人族源问题，该观点也认为秦人始源于东方。

5. 嬴秦起于东方兴于陇右

相较而言，"东来说"有更充分的史料基础，如秦的玄鸟崇拜、秦与殷的文化相似性、嬴姓与"秦"地名在东方的存在、中潏以前秦人在东方的历史线索等，都揭示了传说时代秦人与东方夷族之间的密切关系，也构建了秦人族源的基本轮廓。但在很长时期限于考古证据的薄弱，早期秦人的文化面貌以及与殷商文化的联系一直没有找到切实的考古证据支撑，这也导致了"东来说"虽然在争论中

---

① 　翦伯赞：《秦汉史》，北京大学出版社 1999 年版，第 1—2 页。

② 　黄留珠：《秦文化二源说》，《西北大学学报（哲学社会科学版）》1995 年第 3 期。

占据优势地位,但始终没有完全终结争论。

为了廓清秦人早期历史的发展脉络,寻找秦人早期都邑,探索秦文化渊源,2004 年,在国家文物局、甘肃省文物局的大力支持下,甘肃省文物考古研究所杨惠福、王辉、侯红伟,国家博物馆田野考古部信立祥、游富祥,北京大学考古文博学院赵化成,西北大学文博学院王建新、梁云,陕西省考古研究院焦南峰、田亚岐等五家单位的专家组成早期秦文化研究课题组,赵化成任组长,在西汉水流域、渭河上游及其支流开展了一系列考古调查、发掘活动。历时十多年的考古调查与发掘研究取得丰硕成果,为秦人、秦文化发祥于甘肃陇右地区提供了坚实的考古学根据。

考古调查和研究表明,西汉水上游所在的甘肃礼县等地,有大小 47 处秦文化遗存,发掘的主要遗址有大堡子山、圆顶山、西山坪、鸾亭山、六八图、四角坪等,按分布构成了"六八图—费家庄""大堡子山—赵坪""雷神庙—石沟坪"三个相对独立又互有联系的遗址群,也可以说是周秦文化三个活动中心区,表明这里是西周以来秦人长期聚居生活和其中心居邑西犬丘所在地。1982 年和 2012年两次对渭河上游甘谷毛家坪遗址的发掘和研究证实,这里也是一处秦人自西周至战国时期长期与西戎共处的重要据点。2010 年以来,在渭河支流清水县牛头河流域的考古调查和李崖遗址的发掘,找到了西周时期年代最早的秦人文化遗存。这就以大量的文化遗址和考古证据,揭示了陇右地区确是秦人、秦族、秦文化的发祥地。

清水县李崖遗址的发现,为秦人东来说提供了实物证据。2005—2008 年,课题组在清水县牛头河干流及其主要支流进行考古调查,发现 10 余处周代遗址,其中李崖遗址的面积最大,应为西周时期秦人在甘肃东部的另一处重要活动中心。2010—2011 年,联合考古队对李崖遗址进行全面考古勘探与发掘,共发现西周时期秦墓 60 余座,这是迄今发现年代最早的秦文化墓葬,反映了秦人西迁之初的文化特点。这批墓葬在葬俗和随葬品上有浓郁的商式风格,尤其是商式风格的陶器,将早期秦文化和商文化直接联系起来,从考古学的角度证实了秦人源自东方。文献记载,秦人先祖本为嬴姓,其远祖是东夷部落的一支,曾与殷商往来密切,受商文化影响很深。李崖遗址西周墓葬的发掘,为秦人源于东方提供了直接的考古证据,也证明《史记》所载秦人源自东方为信史实录。

所以,嬴秦源于东方,后西迁至甘肃东部,逐渐在陇原大地上兴起发展。在西周时期长达三百余年的时间里,他们在陇右的艰苦创业和文化创造,奠定了其崛起、强大和大一统的基础。

嬴秦兴于陇右,已为甘肃东部大量秦文化遗址的考古发现所证实,这里有从西周早期延续至战国的清水李崖、礼县西山、大堡子山、甘谷毛家坪等遗址。这些遗址有最早的嬴秦墓葬、秦公陵园、早期都邑、军事城堡、生活区域、大型建筑、祭祀场所,是早期秦人在陇右兴起的重要遗存。

甘肃东部的陇山东西两侧是西周时期周王室的西部边陲,秦人作为殷商罪臣发配至此,戍守边疆。其所处在诸戎的包围之下及严酷的自然环境中,秦民族坚韧不拔、积极进取、勇于战斗的民族特性得以彰显,在与西戎斗争、融合中,最大限度地争取生存空间,在陇原大地上留下了众多秦文化遗存,引起了考古界和历史研究者的极大关注。

二、嬴秦的西迁

经过近百年的探索,嬴秦来自东方的结论在文献记载和考古发现中得到了相互印证。那么,兴起于陇右的秦人是怎样从东方辗转西迁的,西迁过程是阶段性多次还是一次性直接到达,西迁的时间、原因和路线以及过程如何? 这可以先从文献记载中进行观察。

关于嬴秦西迁时间,在学术界已有的研究中,有夏末商初、商代末年、商末周初、西周中晚期等多种说法。西迁的原因主要有太王翦商、商末归周、周公东征、西周中晚期保西垂等几种观点。迁出地则有山东、山西、关中、河南等地多种说法。[①] 关于西迁的路线,学界主要有三种观点:一是商代晚期自关中西迁,邹衡、刘军社、牛世山等持此观点。二是西周早期自山东西迁,因周公东征嬴姓族人作为战俘被迫西迁,顾颉刚、何汉文、尚志儒、李学勤等主张此说。三是西周中期自山西西迁,王玉哲、梁云等持此说。[②]

1. 西迁的时间和原因

古代人群的迁徙受制于环境、工具、生产力等多种因素,在没有快速的交通

---

① 王志友:《秦人西迁"西垂"的动因》,《西安电子科技大学学报(社会科学版)》2007年第 2 期。

② 梁云:《嬴秦西迁三说平议》,《中国史研究》2017 年第 3 期。

工具，没有畅通无阻的大道的条件下，长途迁徙必然是一件非常艰难的事情。中途肯定需要很多的"落脚点"，这种落脚点可能是较长期的，也可能是短期的。古代文献所记载一般是较为长期落脚的地点和在此发生的事件，至于途中迁徙线路乃是一个动态过程，史学家无从知晓，也就不见记载。

在众多的文献中，《史记·秦本纪》对秦人族源和迁徙的记载相对较为系统。"秦之先，帝颛顼之苗裔孙曰女脩……大费拜受，佐舜调驯鸟兽，鸟兽多驯服，是为柏翳（亦作伯益），舜赐姓嬴氏。"由此可知，秦人先祖和商人先祖都有相似的经历，因玄鸟而生，这是母系氏族社会时期民知其母不知其父的反映。到了帝舜时代，大费被赐姓"嬴"。大费之后其玄孙后裔分支众多，夏末商初时，其"子孙或在中国，或在夷狄"。这是文献明确记载秦人第一次出现在"夷狄"之地，或许可以看作是他们的第一次西迁。

《秦本纪》又言"中潏在西戎，保西垂"。由此延伸出一系列问题，殷商末期的西戎和西垂是哪里？中潏是如何到西垂的？这应该是秦人的第二次迁移，他们是从哪里因为什么原因迁移的？对于这些问题，刘光华等人认为，"商末以来，嬴秦族除一部分居住商王朝京师外，曾有一部分西迁，或迁往山西境，或迁往陇山东西；另外西周初年，周公东征，也俘获了一些秦族人，将他们安排在陕甘一带"①。

在史书记载中还有秦赵共祖之说，可侧面印证秦人自蜚廉之后开始有秦赵之分。《史记·殷本纪》："而用费中为政。费中善谀，好利，殷人弗亲。纣又用恶来。恶来善毁谗，诸侯以此益疏。"②《史记·赵世家》："赵氏之先，与秦共祖。至中衍，为帝大戊御。其后世蜚廉有子二人，而命其一子曰恶来，事纣，为周所杀，其后为秦。恶来弟曰季胜，其后为赵。"③这里的秦、赵均是指封地而言的。由此可知，商末周初，秦先祖有一支是被迁移分封至赵地，也即今山西一带是可信的。

秦族的第三次西迁至关中陇右一带，自大骆不久后开始，大规模的迁移最有可能是周穆王至孝王时期，与西征犬戎有很大关系。④《国语·周语上》："穆王

---

① 刘光华：《嬴秦族及其西迁、建国》，《天水师范学院学报》2003 年第 3 期。
② （汉）司马迁：《史记》卷 3《殷本纪第三》，中华书局 2014 年版，第 137 页。
③ （汉）司马迁：《史记》卷 43《赵世家第十三》，第 2147 页。
④ 何清谷：《嬴秦族西迁考》，秦始皇兵马俑博物馆研究室编：《秦文化论丛》（第一集），西北大学出版社 1993 年版，第 142—154 页。

将征犬戎,祭公谋父谏曰:不可。……今自大毕、伯士之终也,犬戎氏以其职来王。天子曰:'予必以不享征之,且观之兵。其无乃废先王之训而王几顿乎!'……王不听,遂征之,得四白狼、四白鹿以归。自是荒服者不至。"①

不难看出,嬴秦的西迁是多次、多地、间歇性完成的。如果从中潏"在西戎,保西垂"算起,嬴秦从中潏到文公,约有十四代秦人在陇右地区生存发展,实现了族体的形成,并在与西戎杂居中站稳脚跟,逐步兴起。襄公建国后,秦文公时期向关中西部地区进发,逐步拥有周王室旧地,秦人开始崛起。

2. 嬴秦西迁的路线

嬴秦的迁徙路线,与迁徙时间、地点和次数紧密关联,不可孤立去看。现有的古代文献记载和有限的考古发现,还无法清晰地勾勒出西迁的具体路线。古代史学家记录秦人西迁多为只言片语,仅记载何时何人居于何地,至于详细情况则无从知晓。根据《史记》所载,秦先祖在夏代及更早时期可能生活在山东一带,夏末商初伯益的子孙"或在中国,或在夷狄",商代末期的中潏"在西戎,保西垂"。西周中期周孝王时"非子居犬丘",西周晚期周宣王时,秦庄公生活在"故西犬丘"。可以看出,司马迁已经粗略地勾画出一个从早到晚的西迁路线,但是这个路线仅是几个重要的活动地点的空间连线,是一个最初的西迁框架。

基于这个框架,现代一些学者通过解读更多的史料对秦人西迁路线提出多种观点。黄文弼认为,西迁两次,第一次为商末迁至赵城,第二次是自赵城至犬丘。② 王玉哲认为,大致分三步,从山东至山西、从山西至陕西、从陕西至甘肃,时间从殷商灭夏到商代末期再到西周中期。③ 何清谷也认为,西迁三次,时间上与王玉哲稍有不同,即第二次西迁为西周早期,所迁地点大体相同。④ 杨东晨、郭向东、黄留珠等认为,西迁分四次,但迁徙地点各人有不同,与前者三次西迁区别最大者是最早一次,后者认为,夏代时东夷嬴姓迁于秦(河南范县)或关中附近。近些年,祝中熹、雍际春等认为,早在帝尧时期嬴秦先祖就跟随和仲到了西

---

① 徐元诰撰,王树民等点校:《国语集解》之《周语上第一·穆王将征犬戎》,中华书局2002 年版,第 8—9 页。

② 黄文弼:《嬴秦为东方民族考》,《史学杂志》1945 年创刊号。

③ 王玉哲:《秦人的族源及迁徙路线》,《历史研究》1991 年第 3 期。

④ 何清谷:《嬴秦族西迁考》,秦始皇兵马俑博物馆研究室编:《秦文化论丛》(第一集),第 149—154 页。

犬丘一带，① 至于如何抵达现已无法考证。由文献记载来讨论之所以有多种观点，归根结底是因为后世学者对古文献的认识和理解不同。

近些年来由于考古学者对秦早期文化的积极探索，为揭示秦人西迁提供了新的突破口，直接或者间接地促使一些学者对早期观点进行重新认识。如梁云结合古文献、卜辞金文和考古发现，对商末中潏从关中迁往陇右、西周早期自山东迁至陇右和西周中期自山西迁至陇右三个西迁路线进行平议，认为前两种路线从文献记载上有矛盾，记载的时间与考古学文化也无法对应，缺乏足够的说服力。而第三种路线则较为合理，在文献上能自圆其说，考古上有若干线索。②

综合不同的嬴秦西迁的路线，其大的方向是一致的。始于山东，止于陇右，中途经过山西南部或者河南北部，由关中入陇右。宏观上西迁路线有两条。从地理空间来看，两条路线基本是直线，没有绕太大的弯子，这在客观上是合理的。至于西迁次数，应为多次，持三、四次观点者较多，极少数认为一次。从文献上大体可归纳出两条路线：第一条从山东到关中再到甘肃，第二条从山东到山西再到甘肃。关于两条路线的合理性，还需要用更多的考古资料来证实。

三、嬴秦西迁的考古学观察

对于长达几百年的人类迁徙史，很难从少量的文献记载中提取出一个清晰的路线，这需要考古学漫长而艰辛的工作逐层揭开迷雾。

1. 从山东到关中再到甘肃

夏商之时，嬴秦族生活于山东境内东夷文化圈内，这一时期的考古学文化以岳石文化和商文化为主体。商代以来，嬴秦族先祖效力于商王朝，可推测其族群使用的考古学文化以商文化为主。其文化因素必然带有浓厚的商文化因素，很难在短时期内被其他文化替代。这类因素大多属于丧葬习俗，葬俗浓缩了一个民族的丧葬观念，现实功利色彩最少，具有很强的传承性，即便经历王朝更替、社

---

① 祝中熹：《早期秦史》，敦煌文艺出版社 2004 年版，第 61—62 页；雍际春：《秦早期历史研究》，中国社会科学出版社 2017 年版，第 137 页。

② 梁云：《嬴秦西迁三说平议》，《中国史研究》2017 年第 3 期。

会动荡也很难改变,往往是判断族属、探索族源的有效指标。而且这类因素在西山型阶段集中出现于高等级墓葬,与嬴秦的社会地位相吻合。[①] 考古发现秦人拥有的商文化特征主要有腰坑和殉狗习俗、殉人及人牲习俗、车马驾乘埋葬、商式风格陶器、巨墓大陵的传统等方面。

关中地区商文化早到二里岗时期,晚至殷墟三、四期。若中潏时代秦人迁至关中,商人还未完全撤出关中。文化面貌上很难分别何为嬴秦遗存。有学者认为,商代关中地区发现的"壹家堡文化类型"可能是商时期最后的秦族文化,且推测在二里岗上层时期秦族已进入关中。[②]20 世纪 80 年代被学者命名的商末周初"亚隻罐"被认为是秦先祖费、非等使用的器物。这个罐的铭文中已经提及"隻"被安顿到陕西周人故居"京"一带从事相关活动了,这可以说是秦人在商末周初已经迁移到关中的一个证据。[③]

近些年,在西安周边和周原发现了一些殷遗民遗存,从具有代表性的商式陶器和腰坑墓葬来统计,周原地区的殷遗民的数量相对丰镐地区要少得多。据张礼艳博士的研究,在丰镐地区发现了 235 座腰坑墓,分布较分散,最集中的是在沣西 C 区,有 116 座,占此区墓葬的 39%,代表了殷遗民墓葬且墓主身份应是平民和身份较低的士。[④] 而丰镐地区以外包括周原地区发现的腰坑墓数量不多而且分散,不能确定全为殷遗民。由此推定,丰镐地区殷遗民的数量应该是最多的。如果嬴秦族随之西迁关中,那么大部分人最有可能生活的区域当在关中西安周边,周原也可能有小部分。

由此而论,陇右天水的嬴秦是从陕西迁徙而来。近些年,在清水李崖遗址发现了西周中期甚至更早的秦文化遗存,从出土器物特点来看,清水李崖遗址墓葬皆为东西向、有腰坑、殉狗、随葬部分商式陶器等,具有典型的商文化特点。其风格大体和关中及周原殷遗民遗存接近,部分器物更接近周原地区。由此可推测,嬴秦从关中进入甘肃时经过周原地区,翻越陇山到达张家川、清水境内。

---

① 梁云:《嬴秦西迁三说平议》,《中国史研究》2017 年第 3 期。

② 刘军社:《壹家堡类型文化与早期秦文化》,秦始皇兵马俑博物馆《论丛》编委会编:《秦文化论丛》(第三辑),西北大学出版社 1994 年版,第 495—508 页。

③ 邹衡:《论先周文化》,《夏商周考古学论文集》(第二版),第 299—302 页。

④ 张礼艳:《丰镐地区西周墓葬研究》,吉林大学博士学位论文,2009 年。

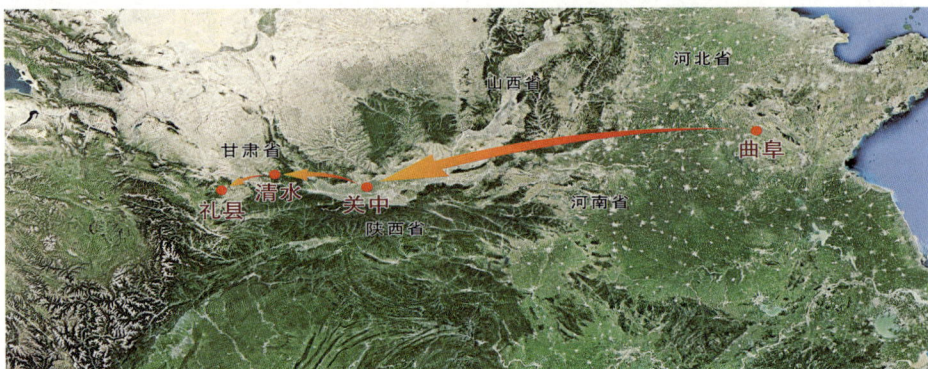

秦人西迁示意图一

2. 从山东到山西再到甘肃

近年清华大学收藏的战国时代的清华简《系年》中,也提供了一些线索。《系年》载:"蜚廉东逃于商盍氏。成王伐商盍,杀蜚廉,西迁商盍之民于邾,以御奴之戎,是秦先人。"关于周初迁殷遗民之事,《左传》《史记》《逸周书》等文献都有提及,但无商奄之民迁于邾的记载。《左传·定公四年》载"因商奄之民,命以伯禽,而封于少皞之虚",可知鲁国封于商奄之地。考古发现鲁国都城即在今天的曲阜,商奄之民也应生活在曲阜或其附近。但在曲阜鲁故城及附近没有找到能够证实古"奄"国曾经存在于此地的考古材料。有学者认为,泗河流域为商奄故地,[①] 此区域分布有潘庙类型商文化遗存,有潘庙、凤凰台、南关遗址等,出土的器物以商文化中心区的因素占主导,但地方因素一直稳定存在;[②] 今甘肃甘谷县城西北 15 公里处确有一名朱圉山的地方,张天恩先生认为,《禹贡》中提到的朱圉山,一定不会指现在甘谷县三十铺旁的朱圉山,而应是今甘谷、天水、礼县之间的群山。[③]20 世纪 80 年代始陆续在甘谷毛家坪、礼县西山、清水李崖发现了西周时期的秦人遗存,但与山东泗水流域发现的商代晚期、西周早期的遗存区别较大,存在文化链条上的缺环。所以,李学勤先生对清华简《系年》记载的周初商奄之民西迁于"邾虘"为甘肃甘谷的说法,需要进一步考证。

---

① 常兴照等:《商奄、蒲姑钩沉》,《管子学刊》1989 年第 2 期。

② 李季等:《泗河流域古代文化的编年与类型》,《文物》1991 年第 7 期。

③ 张天恩:《清华简〈系年〉的秦初史事略析》,雍际春等主编:《嬴秦西垂文化:甘肃秦文化研究会首届学术研讨会论文集》,甘肃人民出版社 2013 年版,第 42—43 页。

有文献记载,嬴秦族在西垂、霍太山、皋狼及赵城活动的痕迹,其范围在今山西中南部临汾盆地。从考古来看,晋南西周墓从葬俗看主要有两类,一类是比较典型的周人墓,为南北向墓,基本不见殉人、殉狗及腰坑,与关中地区的姬周墓葬一致,如天马—曲村晋侯墓地及晋国邦墓地、洪洞永凝堡的西周墓。另一类保留了强烈的殷商文化遗风,多有殉人、殉狗、腰坑,主要为头向西的东西向墓,如近年发掘的绛县横水西周墓地、翼城大河口墓地等。而后面一个类型是西周早中期晋南地区殷遗民的流行葬俗,它又与甘肃东部发现的西周中晚期秦墓、关中地区春秋时期高等级秦贵族墓的葬俗有很大相似性。有专家指出这种相似性不是偶然的,既说明商末周初嬴秦先祖与佣、霸等原殷商方国遗民由于地域邻近、身份经历类似而采用了相似的葬俗,也反映了嬴秦西迁之后文化承袭的历史脉络。

甘肃清水的李崖遗址西周墓出土的商式器物以方唇分裆鬲等为代表,可作为探索研究秦文化来源的关键证据。而山西浮山县桥北墓地为殷商方国"先"氏遗存,年代为商末周初,南北向墓形,多带腰坑、殉狗、殉人,出有方唇分裆鬲,在桥北遗址也采集到这种鬲,它与甘肃清水李崖墓葬出土的鬲极为相似。因此,这为在山西南部寻找早期秦文化提供了重要的线索。

秦人西迁示意图二

3.嬴秦西迁余论

嬴秦西迁是秦早期文化研究的一个难点。从理论与方法的角度看,这一问题属于社会科学中的精细化求证,随着考古实物资料和文献资料的涌现,这一问题终将慢慢接近历史的真实。目前,我们对嬴秦西迁大的方向没有太多质疑,但在很多的细节上仍需进一步考证。

其实,嬴秦西迁的多种观点其实质并不矛盾。不管是山东过山西到甘肃,还是山东过关中到甘肃,都受限于地理环境。长达几千公里的迁徙,不是几个简单的节点能说清楚的。关于迁徙路线问题目前争论没有太大的必要性。限于目前了解的文献记载和考古发现,只能提供一个宏观的框架。嬴秦族应是从商代晚期就开始了有规模、有组织的迁徙,可能经过了山西,经过关中地区,最后到达甘肃东部地区。尽管很多观点在文献记载、卜辞金文、考古发现等方面,都还缺乏足够的说服力,还需要做很多工作。在历史文献方面,嬴秦族在西周中期之前是个不起眼的族群,也许并不在史官的记载范围之内。考古发掘也有很大的局限性,涉及范围太大,时间太长,散点式发掘在短期内很难勾勒出一个清晰的线条。事实上,研究较为充分的嬴秦西迁"终点站"的甘肃东部地区的早期秦文化仍然有很多的谜团尚未解开,何况西迁途中的节点。

总之,嬴秦族从一个弱小的族群经过了几百年几千公里的长途迁徙,最终在甘肃东部得以生存、发展、壮大,逐步挺进关中,一统天下,这种不屈不挠、坚韧不拔的精神是历史留给后人的财富。在研究西迁问题的同时,更应该研究早期秦人是如何一步步发展起来的。历史的细节可能短时间内搞不清,但西迁的壮举是清晰可见的。

第二节　秦人的兴起与发展

梳理秦人的历史发展线索,一个显著特点是源头甚早而族体形成较晚,且其早期历史又与西迁相交织,秦人族体的构成又因资料简略而若明若暗。但是,探究秦文化的形成、发展、特点和优势,揭示秦人族体的形成与构成,把握秦人历史发展的基本线索,是研究不可缺少的一环。

一、附庸—古国阶段的秦人历史

秦人族出东夷,是少昊苗裔,颛顼之后,文献记载的第一位首领是女脩,女脩生大业,大业生大费即伯益。伯益当与舜、禹同时,从夏初开始到秦王朝建立,秦人的形成、发展、崛起和统一,与夏、商、周王朝相始终。其中,西周之前尚属于秦人族体形成前的历史,自中潏西迁后,秦人才开始了世系清楚的族体形成和崛起建国的历史阶段。

1.夏商时期的嬴秦

从帝舜赐伯益嬴姓始,今天所说的秦人实际是以嬴姓活动于夏、商时期的历史舞台,《史记·秦本纪》:

> 秦之先,帝颛顼之苗裔孙,曰女脩。女脩织,玄鸟陨卵,女脩吞之,生子大业。大业娶少典之子,曰女华。女华生大费,与禹平水土。已成,帝锡玄圭。禹受曰:"非予能成,亦大费为辅。"帝舜曰:"咨尔费,赞禹功,其赐尔皂游。尔后嗣将大出。"乃妻之姚姓之玉女。大费拜受,佐舜调驯鸟兽,鸟兽多驯服,是为柏翳。舜赐姓嬴氏。

> 大费生子二人:一曰大廉,实鸟俗氏;二曰若木,实费氏。其玄孙曰费昌,子孙或在中国,或在夷狄。费昌当夏桀之时,去夏归商,为汤御,以败桀于鸣条。大廉玄孙曰孟戏、中衍,鸟身人言。帝太戊闻而卜之使御,吉,遂致使御而妻之。自太戊以下,中衍之后,遂世有功,以佐殷国,故嬴姓多显,遂为诸侯。①

以上记载留下了秦人早期受赐获姓和子孙世系的轮廓。从赐姓伯益来说,女脩与大业未必是母子关系,而是嬴氏先祖唯一留下名字的女性和最早的一位男性始祖。因为在远古社会里,往往有女性与神怪结合而诞生始祖英雄的传说,这应该是母系社会婚姻关系的遗绪。秦人的祖先便是这样,他们最早的父系祖先是大业,而大业的诞生是因为其母女脩吞食了玄鸟卵而孕,女脩又是上古"五帝"之一颛顼帝的后裔。后大业与女华结合,生子大费(伯益)②,大费辅助大禹治水,又为舜帝驯服鸟兽,舜赐姓嬴氏。

嬴氏世系从伯益到中潏,在整个夏商两代约千年之久的时间里,文献只留下了他们部族分支节点的几位首领名字,而非完整的世系传承,中间明显有缺环。伯益两个儿子中,若木及费氏一支传至夏末为费昌,族众"或在中国,或在夷狄",费昌去夏归商,参与灭夏战争。大廉即鸟俗氏一支传至商王太戊时后裔为孟戏、

---

① (汉)司马迁:《史记》卷5《秦本纪第五》,第223—224页。

② "大费拜受,佐舜调驯鸟兽,鸟兽多驯服,是为柏翳。"《史记索隐》曰:"扶味反,一音秘。寻费后以为氏,则扶味反为得。此则秦、赵之祖,嬴姓之先,一名伯翳,《尚书》谓之'伯益',《系本》《汉书》谓之'伯益'是也。"[见(汉)司马迁:《史记》卷5《秦本纪第五》,第224页。]

中衍,他们因善御而为商王驾车,中衍一支因"遂世有功"而成为诸侯。由伯益至中衍,约夏朝至商朝前期,历时超过六百年。由中衍再至其玄孙中潏,已至商末。虽然文献留下的嬴氏世系只是一个大致轮廓,但嬴氏来龙去脉仍然清晰可辨,嬴秦的历史就此拉开。

2. 古国阶段的秦人历史

从商末中潏"在西戎,保西垂"开始,秦人进入世系传承完整有序的新阶段。中潏至襄公建国在时间上约与西周王朝相当,秦人共历十三代。《史记·秦本纪》记载中潏:"生蜚廉。蜚廉生恶来……恶来革者,蜚廉子也,早死。有子曰女防。女防生旁皋,旁皋生太几,太几生大骆,大骆生非子"。从中潏"在西戎,保西垂"到非子"邑之秦,复续嬴氏祀,号曰秦嬴",这支从山东沿海迁至陇右阪塬的东夷族群,作为商朝的显贵和坚定同盟者,在周武王灭商中经历了中潏之子蜚廉、孙恶来追随商朝,恶来被杀,蜚廉逃至商奄参与三监之乱失利而死,周公迁商奄之民到朱圉等一系列重大变故之后,备受打压排挤、失姓亡氏,其地位类似周人的部族奴隶。经八代惨淡经营和致力发展,至非子开始得到周王室的认可,有了自己的封地,也恢复了嬴姓。非子以秦地为邑,这支人群遂被称为秦人,秦人古国阶段的历史由此开始。

非子受封邑秦,是秦人发展史上的里程碑和转折点,秦人、秦族、秦文化的发展历史由此开端。非子之后,有子秦侯、孙公伯、玄孙秦仲。秦仲时,"西戎反王室,灭犬丘大骆之族",周宣王即位,以秦仲为大夫,伐西戎,秦仲战死,其子庄公在宣王的支持下,收复犬丘失地。秦人在陇山以西占据大片领土,犬丘、秦两个根据地合二为一,庄公也成为名副其实的西垂大夫。"庄公立四十四年,卒,太子襄公代立。"

公元前771年,犬戎与申侯攻周,周幽王被杀。襄公将兵救周,护送周平王东迁洛邑有功,于是平王封襄公为诸侯。襄公始国,位列诸侯,并与列国"通使聘享之礼",同时设立西畤祭祀天帝。从商代晚期中潏开始,至西周晚期的庄公、襄公,嬴秦在陇右经营已达300余年,最终在春秋初始之年立国,位列诸侯。

二、方国—王国—帝国阶段的秦人历史

从襄公建国到秦始皇统一中国,在五百多年的时间里,秦人一路东向,几经

磨难与起伏,实现了由入主关中到春秋称霸,由变法中兴到成为王国,由迅速强大到完成大一统的历史跨越,谱写了中国历史的新篇章。

1. 方国阶段的秦人历史

从襄公位列诸侯建国到秦孝公止,秦人历 20 代 25 位君主,在春秋至战国前期的 433 年时间里,秦人完成了东进关中、建立霸权而成为诸侯大国的历史转变。

襄公建国四年后去世,其子文公继位第三年,率兵东猎,第二年即公元前762 年至汧渭之会(今陕西宝鸡陈仓区一带),并迁都于此,营建秦人东进后的第一个具有都邑性质的据点,并设鄘畤、伐戎拓疆、收周余民。文公在位时,其太子去世,遂赐谥为静公。后来文公之孙宪公继位。公元前 714 年,宪公迁都平阳,略地关中,驱亳王,灭荡社。宪公卒后,大庶长、弗忌、威垒三父废太子武公,而立其弟出子为君。出子卒,三父又复立武公,武公东伐彭戏氏,西伐邽、冀戎,初县邽、冀、杜、郑等地,这是秦国郡县制的开端。武公死后,其弟德公即位。公元前667 年(德公元年),迁居雍城,自此秦人开始了建都时间最长(近 300 年)的雍城时代。

德公生子三人:长子宣公,中子成公,少子穆公。秦人世系,除父子相继,也会兄终弟及。宣公四年(公元前 672),作密畤于渭南(今宝鸡陈仓区渭河南岸),祭青帝。其弟穆公继位后,秦人迎来了辉煌时代。穆公东与晋战于河曲,灭梁、芮;西霸戎,灭国十二。一代雄主秦穆公位列春秋五霸,带领秦国走到春秋时代的顶峰。穆公卒,其子康公立,康公立十二年卒,子共公立。共公卒后,子桓公立,桓公立二十七年卒,子景公立。康、共、桓、景四世,秦晋关系为主线,几代秦公秉承穆公联楚抗晋的方针,时战时和,秦国的经济、文化在此时期继续发展。

景公立四十年卒,子哀公立。哀公立三十六年,太子夷公早死,立夷公之子,是为惠公。惠公立十年卒,子悼公立。秦悼公十四年卒,子厉共公立。厉共公二十四年,韩、赵、魏三家分晋,此后秦魏相邻,河西(陕山黄河段以西)也成为两家必争之地。秦厉共公在位期间,修整军备,发兵攻打大荔、义渠等戎,力图复兴。厉共公卒后,躁、怀、灵、简、惠公、出子、献公七君频立,内乱不止,国势益衰。《秦本纪》载"秦以往者数易君,君臣乖乱,故晋复强,夺秦河西地"。这种政局动荡、内忧外患的情况,到了战国中期初年的献公时才得以扭转。

献公元年，废除残酷的人殉制度。公元前 383 年迁都栎阳，将都城放在作战前线，显示出誓将魏人赶出河西地的决心，秦国君臣同仇敌忾，国威大振，一改此前之颓势。献公卒，子孝公立。即位元年，孝公便下令国中，广招宾客群臣出奇计强秦，下达了历史上著名的求贤令，①推动了秦国事业的巨大进步。

秦孝公求贤若渴、励精图治，于是，引商鞅入秦，推行变法，建不世功勋。一系列举措使秦国走上了兵强马壮、国富民强的道路。孝公十二年(前 350)，迁都咸阳，在此定都长达 144 年之久。

2. 王国阶段的秦人历史

从春秋时期开始，随着诸侯国势力崛起，周天子地位旁落，一些诸侯国打着"尊王攘夷"的旗号，挟天子以令诸侯，借以扩充各自实力，形成了春秋五霸互相争锋的局面。进入战国时期，一方面以齐、楚、燕、韩、赵、魏、秦七雄为代表，大都通过变法富国强兵，力图使自己在争霸中立于不败之地。另一方面，随着周天子地位的进一步下降，楚、齐、魏等国国君开始自称为"王"。秦国经商鞅变法后，国力迅速上升。

公元前 337 年，秦孝公去世，子惠文君立，同年商鞅以车裂殉秦国。惠文君即位十三年后(前 324)，更元称王，史称惠文王，秦国进入王国时代。

惠文王死后，子武王立。秦武王在位四年，因与力士"孟说举鼎绝膑"而死。"立其异母弟"公子稷为秦王，这便是秦国历史上赫赫有名的秦昭襄王。昭襄王在位的 56 年，是秦国经济、政治、物质文化大发展的时期。昭襄王提拔大将白起于卒伍之中，在位期间屡攻六国，发生了伊阙之战、五国伐齐、鄢郢之战、华阳之战，以及长平之战等一系列战争，为统一之大业走出了关键一步。五十二年(前 255)，秦灭东周，结束了周王朝八百年的统治。秦昭襄王卒，子孝文王立。孝文王元年即位三日而卒，其子庄襄王立。庄襄王三年卒，秦王政立。

王国时期的秦人在惠文之世东取魏河西上郡，西南灭巴蜀，东南败楚夺汉中。昭襄王世伐楚，占其郢都，设置南郡。历经数战，天下三分，秦已然占据其二，傲视群雄。秦王政少年即位，吕不韦相国，用蒙骜、王龁、麃公等大将继续向

---

① （宋）司马光编著，胡三省音注：《资治通鉴》卷第 2《周纪二》，中华书局 1956 年版，第 43—44 页。

六国用兵。九年,秦王政亲政,平嫪毐之乱;十年,罢吕不韦相,重用李斯。十七年,秦灭韩,设颍川郡;十九年,破邯郸,灭赵;二十一年,破蓟城,灭燕;二十二年,破大梁,灭魏;二十三年,破陈郢,灭楚;二十六年,灭齐。至此,六国悉平,海内一统。

从惠文王称王到秦王政二十六年兼并六国,共历五王104年,秦国走过了它的王国阶段,迈入了大一统的帝国阶段。

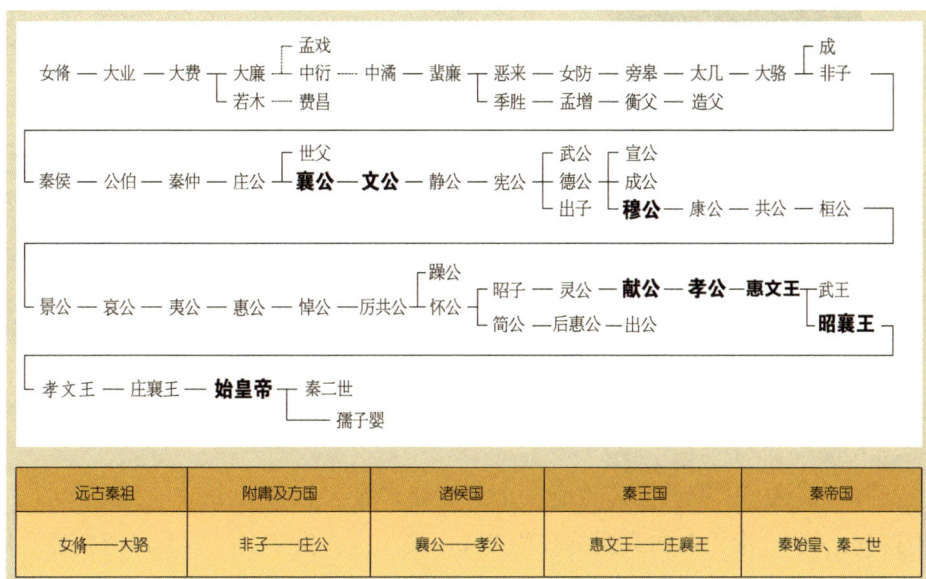

女脩 — 大业 — 大费 ┬ 大廉 ┬ 孟戏 ┬ 中衍 — 中潏 — 蜚廉 ┬ 恶来 — 女防 — 旁皋 — 太几 — 大骆 ┬ 成
　　　　　　　　　　└ 若木 — 费昌　　　　　　　　└ 季胜 — 孟增 — 衡父 — 造父　　　　　　　└ 非子

秦侯 — 公伯 — 秦仲 — 庄公 ┬ 世父 ┌ 武公 ┌ 宣公
　　　　　　　　　　　　　襄公 — 文公 — 静公 — 宪公 ┤ 德公 ┤ 成公
　　　　　　　　　　　　　　　　　　　　　　　　　└ 出子 └ **穆公** — 康公 — 共公 — 桓公

景公 — 哀公 — 夷公 — 惠公 — 悼公 — 历共公 ┬ 躁公 ┌ 昭子 — 灵公 — **献公 — 孝公 — 惠文王** ┬ 武王
　　　　　　　　　　　　　　　　　　　　　└ 怀公 ┤ 简公 — 后惠公 — 出公　　　　　　　　　　└ **昭襄王**

孝文王 — 庄襄王 — **始皇帝** ┬ 秦二世
　　　　　　　　　　　　　　└ 孺子婴

远古秦祖	附庸及方国	诸侯国	秦王国	秦帝国
女脩——大骆	非子——庄公	襄公——孝公	惠文王——庄襄王	秦始皇、秦二世

秦人世系图

3. 帝国阶段的秦人历史

公元前221年,秦始皇建立了中国历史上第一个多民族中央集权的大一统封建帝国——秦朝,并实行了一系列重大的政治、经济、军事和文化的兴建和改革。政治上实行以皇帝为首的中央集权制,地方上实行郡县制,分天下为三十六郡。经济上统一度量衡,发行统一货币。文化上统一文字,改服易色。兴建大型宫室、皇家陵园。军事上修秦直道,逐匈奴,筑万里长城。甘肃省镇原县博物馆收藏的公元前221年秦统一全国后(秦始皇二十六年)颁发的秦诏版,记述了秦在全国统一度量的史实。

公元前210年,始皇帝病死于巡游途中的沙丘(河北邢台境内),太子胡亥袭

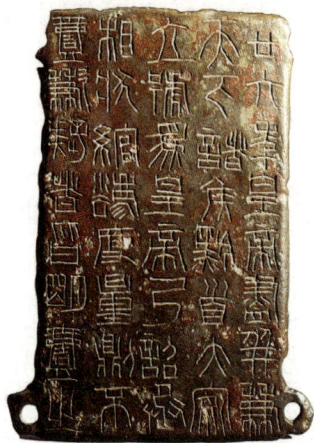

铭文：

廿六年皇帝尽并兼
天下诸侯黔首大安
立号为皇帝乃诏丞
相状绾法度量则不
壹嫌疑者皆明壹之

秦诏版（10.8cm×6.8cm·国家级文物·现藏于镇原县博物馆）

位，为二世皇帝。公元前 209 年，陈胜、吴广斩木为兵，揭竿而起，天下响应，刘邦、项羽起兵于荆楚。公元前 207 年，刘邦率军进驻灞上，秦王子婴投降，秦亡。秦朝从公元前 221 年建立到前 207 年灭亡，仅短短 15 年。但秦朝从典章制度到思想文化、物质文明，均有开创性建树，开了后世大一统国家政治、经济、文化等领域制度体系的先河。

三、早期秦人的构成

"秦人"这一人群共同体也有一个滚雪球式的从小到大，从单一到多元的发展过程。因此，秦人在构成上就有狭义和广义之别。狭义上的秦人特指嬴秦，即从山东西迁来的秦人及其后裔。这批人群一般作为秦人宗室，属于上层贵族。广义的秦人泛指所有创造、使用秦物质文化以及在秦势力范围内的一切人群，包含作为统治阶级的秦人宗室、接受和使用秦文化的当地戎狄人、周平王东迁后仍留在关中等地的"周余民"等。

广义的秦人由秦人宗室、本地土著戎狄人以及周余民构成，与中华民族的构成一样，呈现多点开花、各有起源的特点。从历史文献来看，嬴秦西迁至陇原大地，是秦人最高的统治阶层，初入戎地，在极度弱小的情况下，积极融合当地少数民族，不免带有戎狄之俗，民族性格也深受戎狄影响趋于粗犷彪悍。秦襄公护送周平王东迁有功被封为诸侯，并被赐予周王室无力控制的岐山以西的土地，秦文公打败岐山之地的戎人，"遂收周余民"，秦穆公任用戎人由余，"开地千里，益国十二"，称霸西戎。可见在秦人的发展历史中，始终离不开当地人和外部人才的支持，这些人为秦服务，最终也融入到秦人中来。

从考古学遗存来看,不同的葬俗可以区分广义秦人中不同的人群。而墓葬反映了当时社会对死者的处置方式,要遵循一定的原则,应和墓主生前活动和社会地位相对应,所以人群的不同在考古学上最明显的体现是墓葬。当时社会对逝者的处置方式一旦形成定制、成为葬俗,那么在一定的时空范围内会相对固定。因而,在同一考古学文化内,葬俗最能反映出不同人群以及同一人群不同阶层的差别。① 早期秦文化的遗存中,墓葬的形制大致可分三种:大型墓、中型墓和小型墓,其中中型墓又可根据不同的葬式、葬俗而细分为四种。根据不同的墓葬形制,可将其范围内的人群分为三类。

第一,秦人的宗室与贵族。该类考古学遗存较为单纯,主要有秦公墓和秦宗室中一般贵族的墓葬。秦公墓以礼县大堡子山秦公大墓、凤翔秦公陵园一号大墓等墓葬为代表,均为带有东西墓道的中字形大墓,有丰富的随葬品,墓葬周围有大量的人牲、殉人,含有殉狗和玉琮的腰坑,含有殉人、车马、乐器等内容的各种祭祀坑。随葬的器物组合以鼎、簋、壶等礼器以及钟等乐器为主。这一类墓葬等级较高,是统治集团中的宗室成员。秦公以外的一般贵族墓葬多为中型墓,葬式为东西向仰身直肢葬,葬制更接近于秦公墓,多带有腰坑、殉狗或者附葬车马坑、墓祭、殉人等,一般来说该类墓葬随葬品都比较丰富,殉人多屈肢葬。比较典型的墓葬有清水李崖秦墓、礼县大堡子山秦公陪葬墓、礼县圆顶山贵族墓、礼县西山西周秦墓。

第二,接受和使用秦文化的当地戎狄人。分为上层贵族和平民。上层贵族的墓葬一般为偏小的中型墓,受秦文化和周余民的文化影响,葬式为东西向屈肢葬或南北向屈肢葬,随葬器物组合差异很大,有较为完整的铜器组合如甘谷毛家坪遗址 M2059;也有以仿铜陶礼器为主的墓葬,有的存在墓祭、殉人现象,这一类墓葬以甘谷毛家坪 M2058、M2059,礼县大堡子山遗址 M25 为代表。当地戎狄平民的墓葬一般为小型墓,墓向东西向、南北向均有,葬式都为屈肢葬,不见直肢葬,少见腰坑、殉狗、殉人。随葬品主要为陶器且数量很少。礼县西山遗址的大部分墓葬、礼县大堡子山遗址城外的大部分墓葬、礼县六八图遗址墓葬以及甘谷毛家坪遗址沟西和沟东的大部分墓葬,都属于此类。

第三,周平王东迁后仍留在关中等地的周余民。此类人群的墓葬一般为中

---

① 王志友:《早期秦人构成探析》,《敦煌学辑刊》2014 年第 3 期。

型墓,葬式为南北向直肢葬,没有腰坑、殉人或殉狗,随葬品丰富。墓室多设棺椁,有的棺椁带有棺饰。随葬品组合主要是以车马器、成组的铜礼(容)器、丧葬用器,以陕西陇县边家庄墓地的 M1、M5 等为代表。[①]

不同的人群的葬俗略有不同,但各种人群之间的交流和影响也使得同一种葬俗可能出现在不同的人群中。如屈肢葬这一葬式并不是发源于秦宗室,而是来自当地的土著文化,后来却成为"秦人"的典型葬式。所以广义的秦人融合了殷商文化、周文化、戎狄文化,是由一群成分复杂、各有特色的人组成的。

考古发掘及其研究结论,印证了《史记·秦本纪》留下的零星秦人构成资料的真实性,即早期秦人主要由西迁的嬴秦宗室和贵族、天水当地土著西戎和周余民构成。

总之,今天所说的"秦人",有一个由单一至复合,由小至大,由具体至宽泛的演变过程。具体而论,自夏商至西周时期的"秦人",一般是指族称意义上的秦人,即后来秦人中的主体和核心部分;自春秋至战国时期的"秦人",一般是指秦国人,亦即包括前一时期的秦人,也包含通过征服与拓展疆域而汇入秦国的其他部族,如"周余民"和戎狄等;秦朝时期的"秦人",则是其疆域内所有居民与部族的通称。秦人(族)文化、秦国文化和秦朝文化的概念与称谓即由此而来。也因此,秦人、秦文化的来源与内涵也趋于复杂与丰富。

第三节　秦人的早期活动区域

秦人西迁陇右后,在文献中留下了西垂、犬丘、西犬丘、西垂宫、秦邑、新西邑等地名,为探索秦人早期历史留下了重要线索。近年来,早期秦文化联合考古队在西汉水上游地区和渭河上游地区的考古调查和重点发掘,取得重大突破,先后对西汉水上游礼县大堡子山、西山、圆顶山、鸾亭山、六八图等遗址,渭河上游清水县李崖遗址、甘谷县毛家坪遗址等进行了发掘,证实了秦人兴起于陇右一带的文献记载真实性,也揭开了秦人早期历史的神秘面纱。

---

① 尹盛平等:《陕西陇县边家庄一号春秋秦墓》,《考古与文物》1986 年第 6 期;陕西省考古研究所宝鸡工作站等:《陕西陇县边家庄五号春秋墓》,《文物》1988 年第 11 期。

一、西垂地望考释

西垂、犬丘、西犬丘、西垂宫等地名,与秦人在陇右地区兴起发展的历史密切相关,是秦人在陇右地区文化创造过程中的地名印记。其中西垂一名有泛指和专指、广义与狭义之别,不可一概而论。

1.“西垂”的含义与范围

出现在文献中的西垂有时是作为一个泛指的地区,有时却作为一个专属名词使用。广义上的西垂是秦先祖重要的活动区域,在这里自中潏至襄公,他们完成了由小部落发展成为周附庸再到诸侯的转变,在秦人发展史上占有极其重要的地位。作为具体的地名而言,庄公居地、襄公立祠祭祀上帝、文公建西垂宫,为秦早期建章立制之地,意义重大。与西垂相关的地名在史籍中以西垂、犬丘、西犬丘、西垂宫等多种书写形式出现,历来是研究秦早期历史的热点和难点。广泛意义上的西垂,目前学界大多数人认为,在陇山以西的渭河上游、西汉水上游区域。作为具体的地名西垂,目前随着礼县大堡子山、西山、圆顶山、六八图等遗址的考古发掘工作的开展,基本上认定在今礼县境内,但具体地点仍然有待考古发掘的揭露和深入研究。

关于西垂等地名的原始记载主要见于《史记》,西垂、犬丘、西犬丘在该书中多次出现:

(1)中衍之后,遂世有功,以佐殷国,故嬴姓多显,遂为诸侯。其玄孙曰中潏,在西戎,保西垂。(《秦本纪》)

(2)非子居犬丘,好马及畜,善养息之。犬丘人言之周孝王,孝王召使主马汧渭之间,马大蕃息……于是孝王曰:“昔伯益为舜主畜,畜多息,故有土,赐姓嬴。今其后世亦为朕息马,朕其分土为附庸”。邑之秦,使复续嬴氏祀,号曰秦嬴。(《秦本纪》)

(3)申侯乃言孝王曰:“昔我先郦山之女,为戎胥轩妻,生中潏,以亲故归周,保西垂,西垂以其故和睦。”(《秦本纪》)

(4)(秦仲)有子五人,其长者曰庄公。周宣王乃召庄公昆弟五人,与兵七千人,使伐西戎,破之,于是复予秦仲后,及其先大骆地犬丘并有之,为西垂大夫。(《秦本纪》)

(5)庄公居其故西犬丘,生子三人,其长男世父。(《秦本纪》)

(6)文公元年,居西垂宫。(《秦本纪》)

(7)襄公立,享国十二年。初为西畤。葬西垂。(《史记·秦始皇本纪》
后附《秦纪》)

(8)文公立,居西垂宫。五十年死,葬西垂。(《史记·秦始皇本纪》后附
《秦纪》)

(9)秦襄公既侯,居西垂。(《史记·封禅书》)

分析上述西垂等地名,不同语境下有些为"西部边陲"之意,为广义的西垂,
如"在西戎,保西垂""西垂大夫"之语;有些则为特定地名称谓,如"居西垂宫、葬
西垂",为狭义的西垂地名。这一问题王国维早已有所揭示,中潏保西垂和庄公
的西垂均是泛指的"西垂","案,西垂之义,本谓西界……西垂殆泛指西土,非一
地之名"①。王国维指出《史记》记录的秦襄公居西垂、文公攻居西垂宫等,"则又
似专属地名"。自王国维首倡之后,他的观点基本为学界所认可,只是在狭义的
西垂、西犬丘、犬丘的具体地望地位上仍然分歧较多。

"西垂"本是两个字的组合,"西"毫无疑问为方位,指西边。"垂"在《说文》及
相关文献中有两个意思,边远和边疆,作为边疆则指孤悬在王畿之外的地方。结
合"西""垂"两字,若从泛指意义上来揭示,大体指远离国都的边疆地带。

2.中潏时期的西垂

西垂第一次出现是在秦人先祖中潏"在西戎,保西垂"这一记录中。中潏
子蜚廉和孙恶来服务于商纣王,史书明确记载蜚廉和恶来"父子俱以材力事殷
纣"②。因此,中潏保西垂的时代正是商朝末年。蜚廉、恶来为中潏子孙,且服务
于商朝,自然中潏保西垂也是服务于商朝。《史记》记载周武王伐纣杀恶来,此时
蜚廉为纣王开拓北方,结果也被赐死葬于霍太山。以此推断,自中潏至恶来,秦
人先祖都是为商朝保"西垂"。

霍太山,《史记正义》引刘伯庄云:"霍太山,纣都之北也。霍太山在晋州霍邑
县。"③霍邑县即今霍县,霍太山即今霍山。周武王伐纣自然是从今关中地区东
进攻占商朝的核心统治区域,在黄河中下游山东、河北、河南相邻地区,而霍太山
位于山西南部,中潏守卫的是商朝西部边疆的西垂,当在今河南西部和山西南部

---

① 王国维:《秦都邑考》,姚淦铭、王燕编:《王国维文集》(第四卷),第62页。
② (汉)司马迁:《史记》卷5《秦本纪第五》,第225页。
③ (汉)司马迁:《史记》卷5《秦纪第五》,第226页。

一带。

西戎泛指西方之戎，是不同于中原华夏族的少数民族，在晚商时期，山西太原盆地、陕西关中平原、河南西部一带，都有广泛分布，甘肃东部也有犬戎分布，在文献上他们往往多以"某方"出现。这也符合中潏在商朝末年"在西戎"的史实。

然而学界对这一问题仍然有两种倾向，一是商的西垂，如林剑鸣、王玉哲、杨东晨、王辉等先生倾向于认为，大致在山西南部、河南西部或陕西关中一带。二是周朝的西垂，如祝中熹、张天恩、雍际春等先生认为，在今天的陇山以西的渭河和西汉水上游的天水、陇南礼县西和一带。第二种观点也是基于考古和文献的推断，如礼县博物馆、张家川博物馆、秦安博物馆收藏的商代末西周早期带框的"亚"字铜鼎、乳钉纹铜簋，饕餮纹铜鼎、陶鬲等可能是嬴秦为周守卫西垂的证据。[①] 文献的证据则是申侯对周孝王所说的："昔我先郦山之女，为戎胥轩妻，生中潏，以亲故归周，保西垂，西垂以其故和睦。"[②] 如此，则中潏所保为周之西垂。

3. 秦庄公时期的西垂

这里的西垂，仍然是广义上的西垂，但已经不是商的西垂而是周的西垂了。周厉王时，牵制西戎的大骆一族为戎人所灭。庄公破西戎后，周宣王立庄公为（西垂）大夫，庄公从秦邑迁至距离戎人更近的犬丘，以进一步牵制戎人，管辖西垂。《史记·秦本纪》："于是复予秦仲后，及其先大骆地犬丘并有之，为西垂大夫。""秦仲后"指庄公及其兄弟部落，"并有之"即说明并非一地，而是一个区域的概念，至少包括了秦人先祖大骆一族的居住地西犬丘和自非子邑秦至秦仲作为大夫的封地秦邑。

从孝王分土附庸非子邑秦，到宣王以秦仲为大夫，以庄公为西垂大夫，再到平王封襄公为诸侯，随着秦人对抗戎人有功，陇山以西的西垂逐渐成为秦人的重要居留之地。

西垂在哪里？《史记正义》引《括地志》云："秦州上邽县西南九十里，汉陇西西县是也。"即今西和县、礼县一带。学者们多以汉代西县上溯推断西垂的位置，

---

　　① 张天恩：《周王朝对陇右的经营与秦人的兴起》，《周秦社会与文化研究》编委会编：《周秦社会与文化研究：纪念中国先秦史学会成立 20 周年学术研讨会论文集》，陕西师范大学出版社2003 年版，第 212—223 页。

　　② （汉）司马迁：《史记》卷 5《秦纪第五》，第 228 页。

而且越来越具体,这似乎已经从泛指走向了具体的西垂的考证,但当时的西垂并非如此。

如果从文献文义本身和近些年的考古发现来看,自非子居犬丘至非子邑秦再至周宣王封庄公为西垂大夫,乃至后来的襄公为诸侯,均在周之西垂地区活动,和戎族攻战较为频繁,就连秦人首领秦仲都死于戎人之手。周宣王派给庄公及其兄弟七千兵马攻打西戎,结果戎人战败,稳定了西周的西部边疆。

宣王将庄公原有地盘包括西犬丘都赐予庄公,成为西垂大夫。显然,西垂指的是一片区域,并非一些学者理解的是一个具体的地名。非子先居犬丘,后封于秦邑,可见犬丘和秦邑都在西垂的范围内。

大骆之地犬丘与非子所居犬丘本为一地,王国维等很多学者认为,即为今甘肃礼县境内的西犬丘,也即西垂。而且礼县大堡子山、西山等考古遗址的发掘表明,西垂陵区就在该地,这一点没有异议。

非子的秦邑,《史记正义》引《括地志》云:"秦州清水县本名秦,嬴姓邑。"[1] 该问题目前研究争论较多,秦邑所在地一般认为是今天的天水市清水县。一直以来,秦邑地望曾有清水县秦亭说、张家川县瓦泉村说。近年来,随着清水李崖遗址的发掘,更多学者认为该地附近应为非子秦邑所在。

天水甘谷毛家坪的发掘以及清华简反映的秦人西迁的历史,都表明西垂的大致范围在甘肃东南部一带。从考古遗存看,陇山以西的遗址点为两个片区,一是位于天水地区的清水、张家川、秦安、甘谷、武山等县,基本沿渭河上游的干流或支流分布,如清水李崖遗址、天水董家坪遗址、甘谷毛家坪遗址。二是位于陇南地区的礼县、西和县,基本沿西汉水上游的干流或支流分布,如礼县大堡子山遗址、圆顶山遗址、西山坪遗址。基于此,我们认为,庄公为西垂大夫的西垂,主要指的是陇山以西的渭河上游天水地区和西汉水上游的礼县、西和一带。

4. 犬丘、西犬丘、西垂的相互关系与具体地望

要讨论犬丘的具体位置,首先要解释《史记》中犬丘、西犬丘之谓。犬丘有东西两处,即西犬丘和犬丘。西垂也就是西犬丘,"垂"为犬丘之音转,这一问题清人已经解决。有学者认为,西犬丘有别于秦邑、犬丘。若西犬丘为不同于秦邑、犬丘的第三处,则与"于是复予秦仲后,及其先大骆地犬丘并有之"的记载相矛

---

① (汉)司马迁:《史记》卷5《秦本纪第五》,第228页。

盾。此外，还有学者将西犬丘与自非子以来所居之"秦"地（秦邑）联系起来，认为西犬丘为"秦"地（秦邑或其附近所居一故地），并解释说，以犬丘为陕西槐里之犬丘，"秦"在陕西犬丘之西，自非子以来所居"秦"地附近的故地便叫西犬丘。① 这些说法都值得再商榷。总体而言，目前关于西垂、西犬丘有三种观点。

第一种，尽管都认为在今礼县、西和境内，但具体位置各有差异。如犬丘即汉代西县所在。持这一观点的学者最多，共同点是都认为犬丘在今礼县一带，但在具体地望的确定上尚有不少争论。王国维、蒙文通、牛世山、尚志儒等，都是受《汉书·地理志》所载陇西西县启发推演而来。

又如礼县盐官堡。赵化成认为大骆、非子所居之西犬丘有两层含义：一为地区名，包括范围较广，主要是今西和、礼县的西汉水上游两岸一带；一为城邑名，即今礼县盐官堡一带。② 持此说者还有何清谷，他认为，西犬丘初为犬戎所居，周穆王西征犬戎，迁犬戎于太原，于是秦人大骆乘隙进驻犬丘。西犬丘即西汉陇西郡西县，故城在今礼县盐官堡东南。③ 雍际春认为，西垂、犬丘、西犬丘为一地，从方位、里程、地形和史料记载综合分析，犬丘即汉代陇西郡西县治所，其地又为西晋所设始昌城，其大致方位在今礼县盐官镇以东。④

还有永兴、长道说。祝中熹认为，《史记》所言西垂、犬丘、西犬丘为秦人最早的都邑。其地就是《尧典》所言和仲所宅的"西"，即汉代陇西郡的西县。持此观点的还有徐卫民、张天恩等先生。也有学者认为，在礼县红河乡的岳费家庄一带。⑤ 这一观点也与《水经注》所载西县故城位置一致。

第二种观点主要认为，非子所居之犬丘为今陕西兴平。黄文弼以为犬丘即汉代槐里，在今陕西兴平县境。⑥ 此后钱穆、史党社等认为，非子受封前与其父大骆所居犬丘在今陕西兴平。⑦

① 王玉哲：《秦人的族源及迁徙路线》，《历史研究》1991 年第 3 期。

② 赵化成：《寻找秦文化渊源的新线索》，《文博》1987 年第 1 期。

③ 何清谷：《嬴秦族西迁考》，秦始皇兵马俑博物馆研究室编：《秦文化论丛》（第一集），第 151—152 页。

④ 雍际春：《秦人早期都邑西垂考》，《天水行政学院学报》2000 年第 4 期。

⑤ 康世荣：《秦都邑西垂故址探源》，礼县秦西垂文化研究会、礼县博物馆编：《秦西垂文化论集》，文物出版社 2005 年版，第 335—338 页。

⑥ 黄文弼：《嬴秦为东方民族考》，《史学杂志》1945 年创刊号。

⑦ 钱穆：《史记地名考》，商务印书馆 2001 年版，第 346 页。

第三种，犬丘也就是秦邑说。这一观点在秦邑所在地上又有不同的认识。他们认为，非子为秦邑在西是相对于兴平犬丘而言的，因此秦邑其实就是犬丘，也即西犬丘。①

以上诸说内部的差异，如第一种观点关于西垂城址具体在礼县何处的争论，正是秦人早期历史受到越来越多的关注的反映。随着近年来越来越多的考古新发现以及研究的不断深入，实际上已经使一些原有的争论如兴平说、秦邑说即第二、三种观点失去充足的依据。

《史记·秦本纪》："非子居犬丘，好马及畜，善养息之。"《史记集解》引徐广曰："今槐里也。"《史记正义》引《括地志》云："犬丘故城一名槐里，亦曰废丘，在雍州始平县东南十里。"《汉书·地理志》云："扶风槐里县，周曰犬丘，懿王都之，秦更名废丘，高祖三年更名槐里也。"若西犬丘为秦邑，其与西犬丘并称西垂，则在地理位置上无法讲通。对于这种说法，王国维早有疑虑，即"若西垂泛指西界，则槐里尚在雍、岐之东，不得云西垂"。

其实，这里的犬丘，已经是秦人西迁陇右之地了，为西犬丘无疑。自非子居西犬丘之后，又因为周孝王养马，封邑为秦，大骆之族在其地经营管理，"以和西戎"。对于此，杨东晨先生认为，因大骆和其妻子、长子成居住在西犬丘，故大骆次子非子便"邑之秦，使复续嬴氏祀，号曰秦嬴"②。

周厉王时西戎反王室，犬丘大骆之族被灭，犬丘也落入西戎之手。所以庄公夺回了犬丘之地，才有"庄公居其故西犬丘"之语。因为犬丘自大骆非子以来是秦人所居之地，一度为西戎占领，所以是"故西犬丘"。问题是西犬丘在哪里？

单纯的文献考证很难求证出西犬丘（西垂）的地望，但近年来的考古工作为我们提供了进一步研究的契机。早期秦文化研究课题组在西汉水流域进行系统考古调查，并对大堡子山、西山、鸾亭山等遗址进行发掘后，证明西垂就在礼县境内。再比如原来认为，非子居犬丘应该为陕西兴平等地，但是随着考古技术手段的推进，如对礼县西山遗址马骨的研究和 DNA 分析揭示西山遗址出土家马的线粒体 DNA 遗传多样性，与中国西北地区特别是甘青地区的古代家马没有明

---

① 王玉哲：《秦人的族源及迁徙路线》，《历史研究》1991 年第 3 期。

② 杨东晨等：《秦国初期史的诸问题考辨——兼释〈史记〉对秦初史记载的疑点》，《南通师范学院学报（哲学社会科学版）》2004 年第 3 期。

显的区别。① 这在某种程度上印证出非子居犬丘所养之马,主要是甘青地区的家马,应在礼县一带寻找。

有学者指出礼县赵坪遗址很可能就是西犬丘所在地。② 但是经过我们对赵坪遗址进行全面的考古勘探,并没有发现有大型墓葬和居址,原本寄予厚望的圆形夯土建筑也被证实为汉代墓葬的封土,因此基本排除了赵坪遗址的可能。

也有人认为,位于礼县县城西侧的西山遗址就是秦人故城——西犬丘。③ 诚然,西山遗址发现有面积约 10 万平方米的城址,该遗址所筑的夯土城墙,依山势走向而建,城址整个平面呈东西走向的东宽西窄不规则长方形。城内还发现有大型建筑基址,另发现陶水管道、少量的中型贵族墓葬等。考古发现,从西周晚期的灰坑打破城墙夯土、春秋早期的房址叠压在城墙夯土之上的迹象判断,城墙的建造年代不晚于西周晚期,为目前考古所见秦人最早的城址,似乎都说明西山遗址作为秦人早期都邑的可能性很大。

另外,近些年在礼县县城东北发现的四角坪遗址似乎也佐证了西山遗址作为秦人早期都邑的可能。礼县四角坪遗址位于礼县县城东北 2.5 公里处的四格子山顶部,经勘探发现城墙内存在大量建筑夯土基址,其形制规整,错落有序,应该是一处祭祀礼仪性质的遗址。一般这种类型的大型礼制建筑都是修建在国都附近,其功能很可能是秦始皇统一六国后回故都祭天祭祖的场所。而西山遗址是其周边最大的秦文化遗址,应是较理想的秦人早期都邑。但是西山遗址目前发现的西周时期特别是西周中早期遗迹较少,城内的遗迹格局还不十分清楚,尚需要更多的考古证据。

二、西垂的地理和人文环境

1. 西垂的自然环境

秦人活动西垂区域的自然环境,可以从地理位置、气候温湿度和植被等主要的自然环境指标来判断。前面所述,西垂主要指的是甘肃东南部的天水渭河流

---

① 东晓玲等:《甘肃省礼县西山遗址出土马骨的 DNA 初步研究》,《南方文物》2020 年第 4 期。

② 马建营:《秦西垂史地考述》,敦煌文艺出版社 2010 年版,第 13 页。

③ 赵丛苍等:《甘肃礼县西山遗址发掘取得重要收获》,《中国文物报》2008 年 4 月 4 日。

域和陇南的西汉水(嘉陵江上游)流域,该地区是一个过渡性的地理单元,具有丰富的地貌特征,这为不同植被和动物,也包括人类的繁衍生息提供了多样选择的地理基础。

从大的地理单元来看,该地区西部有陇中黄土高原,南部有西秦岭山地,东部为陇山阻隔,是一个相对封闭的地理单元,今天为陕、甘、川毗邻地区。该区域内自古以来河流纵横,山峦起伏,地貌多样。在渭河及其支流也包括嘉陵江及其支流流经之地,形成宽谷与峡谷相间的盆地与河谷阶地,这些大河的支流流经地区又形成小的盆地和河谷阶地,成为古今人类选择居住的重要区域。较大如天水盆地、礼县盆地等,就为邽戎、冀戎等西戎所占据,早期秦人也曾在礼县盆地周边建立了早期都邑和祠庙。小的支流流经地如今清水县、张家川县城所在地均在渭水支流牛头河流域,沿河阶地上秦戎早期文化遗址如李崖、马家塬等遗址就在这些区域被发现。

除了盆地以外,总体地貌以多山为特点,除了小部分山间川地和盆地外,渭河流域和西汉水流域南北两大部分均属于中、低山区,北部属六盘山系(即陇山),南部属秦岭山系,平均海拔高度在 1500 米左右。正是这种多山的格局,加之处于远离海洋的内陆,东部的季风影响已不太强烈,年平均降水量最多不超过800 毫米。多山少雨再加上石质山地和黄土高原的土质土壤,就出现了森林、灌木、山前草地等不同的植被景观,形成了宜农宜牧的地貌基础。这成为以游牧为主的西戎部落和以半农半牧为主的秦人栖居繁衍的理想场所。

气候的衡量主要有两个指标,一个是温度,一个是湿度。温度主要指的是长时间的积温,地理学上称之为气候;湿度主要衡量标准是降雨量,指的是长年累月后计算出来的平均值。当然,一个地区的区域性气候还得考虑到地形因素对上述两个指标的影响。在古代没有现代仪器测量的情况下,主要是从物候记载来判断,文献中的寒、暖、雨、雪、霜、冰、雹也是重要的判断依据。随着时间的推移,气候也是不断变化的,因此历史气候和今天气候有很大的差异,需要慎重对待。基于以上认识,我们来简单梳理一下自全新世至春秋早期秦人活动区域的气候状况。

距今 11700 年左右,地球进入了全新世时期,这一时期被称为最年轻的地质年代,也是这一时期人类进入了一个新的文明时期——新石器时期。全新世所带来的环境、气候贯穿了古代中国历史的各个时期,具有十分重要的研究价值。以天水师家崖典型黄土——古土壤序列为研究对象,根据天水地区黄土——古土壤序列的粒度与磁化率变化特征,将区域全新世古气候演化过程划分为3个阶段:全新世早期、全新世中期、全新世晚期。

研究结果表明,"甘肃地区距今8500年,气候开始由干凉转为温湿;距今8000年,气候温暖湿润,这种气候一直持续到距今6000年;距今6000年—5000年,气候渐趋干凉;距今4000年,气候变干变凉。甘青地区在距今8000年—4000年,是气候温暖湿润期,前期落叶阔叶树比较多,后期针叶树居多,很适合人类生存繁衍,这里生活着创造大地湾文化、马家窑文化的族群,以粟作农业为生,彩陶文化特别发达。但到了距今4000年左右,气候变冷,乔木减少,这时考古学文化为齐家文化,经济文化衰退,逐渐向半农半牧演变"①。

齐家文化后期在今天的渭河上游及其支流葫芦河流域的气温和降水较以前迅速下降。② 在气候温凉的环境下,该地区的森林减少,灌木、草原景观增多。这种情况使得主要的土地利用转向条件良好的河流谷地、河流阶地以及低矮的山地。为适应气候和植被的变化,仰韶时期主要的生活方式发生变化,家庭饲养和畜牧业逐渐得到发展。这一点张忠培先生早已指出,他认为齐家文化时期种植谷子和旱地作物外,还有马牛羊等家禽饲养,也有一定的狩猎成分。③ 天水境内的师赵村和西山坪齐家文化时代的文化遗存出土了牛羊猪狗等家养动物的遗骸,也有少量的野生动物,表明家庭饲养也较以前时期有了较大的发展。④

寺洼文化时期,尽管黄河中下游气候温暖,但是由于偏远的地理位置,甘肃东南的渭河上游和西汉水上游地区,草被茂盛,树木稀少,考古发现的人类遗址数量和埋藏大大减少,农业再次被局限在河谷阶地。⑤ 广大适宜畜牧的山岭草坡成为游牧人群栖息生活的重要选择地,游牧人群甚至被迫向更低的河流阶地和山谷转移,这种情况可能持续近500年,该地区考古发现的早期秦文化遗址出现秦戎文化毗邻的情形正是对气候干冷的响应。不过因为西垂地理条件复杂,自西汉水流域向北进入渭河及其支流葫芦河流域的考古发现表明,由南向北,定

① 黄尚明:《新石器时代黄河流域的气候变迁》,《中原文化研究》2018年第5期。
② 李非等:《葫芦河流域的古文化与古环境》,《考古》1993年第9期。
③ 张忠培:《齐家文化研究(下)》,《考古学报》1987年第2期。
④ 中国社科院考古所研究室编著:《师赵村与西山坪》,中国大百科全书出版社1999年版,第335—339页。
⑤ 苏海洋:《陇右史地论稿》,中国社会科学出版社2014年版,第4页。

居农耕成分依次减弱,游牧或畜牧的成分增强。

从竺可桢先生的研究来看,近 5000 年来,我国气候经历了多个冷暖交替的时期,气候冷暖交替和干湿旱涝状况的变化基本一致。① 这意味着气候特征是温暖湿润相伴,寒冷干燥相生。仰韶至夏商时期属于温暖期,但到了公元前 1000 年左右的周朝,就进入了周朝小冰期,持续近 200 年,气温比现在低 1—2 摄氏度。《吕氏春秋·古乐》记载:"商人服象,为虐于东方,周公以师逐之,至于江南。"《孟子·滕文公下》曰:"周公相武王,诛纣伐奄,三年,讨其君,驱飞廉于海隅而戮之,灭国者五十,驱虎豹犀象而远之,天下大悦。"这些记载虽然多有附会成分,将自然现象与人力作用倒置,却也从侧面说明西周时期气候已经转为干凉,才会迫使晚商时期生活于黄河下游地区的野生大象和犀牛往南迁徙。

此时,西垂地区依然是相对干旱少雨的时期,西周中期之后的气候变得持续干旱,这一阶段甘肃东部地区气候环境主要为寒冷干燥,温凉少雨。今陇东陕北黄土高原地区的气候在《诗经·豳风·七月》中也有所反映,如:"七月流火,九月授衣。一之日觱发,二之日栗烈。无衣无褐,何以卒岁?……二之日凿冰冲冲,三之日纳于凌阴。四之日其蚤,献羔祭韭。九月肃霜,十月涤场。朋酒斯飨,曰杀羔羊,跻彼公堂"。按照竺可桢所说,《诗经·豳风·七月》所作年代据研究为周成王时期(?—前 1021),地点在今陕西彬县一带,海拔约 500 米。然西垂所在天水渭河上游和西汉水流域,河流谷地和山地海拔在 1100 米至 1600 米之间,可以相应推断,公元前 1000 年前后,西垂气候是异常寒冷和干燥的,比现在温度可能要低 2—3 摄氏度以上。

不惟如此,非子牧马西垂的周孝王时期,天气更是寒冷。据《竹书纪年》记载,公元前 903 年和公元前 897 年,汉水两次结冰,紧接着之后又是大旱。显然非子生活的时代秦人的生业可能以畜牧为主,与文献记载其在西汉水流域或汧渭之间牧马是相符的。

周厉王时,连年大旱,天灾不断。今本《竹书纪年》中记载周厉王时,"二十二年,大旱""二十三年,大旱""二十四年,大旱""二十五年,大旱""二十六年,大旱"。《太平御览》卷八引《随巢子》"厉王之时,天旱地坼"。这种干燥寒冷的气候对于游牧于边地的戎人部落是极为不利的,这也是导致戎族不断向南向东

---

① 竺可桢:《中国近五千年来气候变迁的初步研究》,《考古学报》1972 年第 1 期。

侵逼中原王朝的重要原因。

周宣王即位之后,情况并没有好转。《通鉴外纪》记载:"二相立宣王,大旱。"《帝王世纪》记载:"宣王元年,天下大旱,至六年乃雨。"《诗经·大雅·云汉》说宣王时"旱既大甚,涤涤山川。旱魃为虐,如惔如焚"。到了周幽王时期,干旱依然持续。《国语·周语上》记载幽王二年"三川竭,岐山崩"。《诗经·小雅·谷风》记载:"习习谷风,维山崔嵬,无草不死,无木不萎。"郑玄注:"刺幽王也,田莱多荒,饥馑降丧,民卒流失。"

这些文献记载表明,从周厉王时期持续加剧的干旱气候,在周宣王即位后仍然持续,并在周幽王时进一步恶化,甚至到了河水断流、草木枯死的地步。整个西周晚期,干旱的气候持续长达百余年,正如《国语·晋语》记载"自我厉、宣、幽、平而贪天祸,至于今未弭"。严酷的环境导致戎族的不断南下和东进,西戎与周王室的矛盾逐渐升级,导致战争不断,公元前 771 年犬戎甚至攻破西周国都。

在周孝王至周幽王期间,秦作为守卫西周西部边陲的一方势力,也不断与西戎争夺地盘,为其发展带来了挑战和机遇。受环境的影响,加之长期与戎狄杂处的关系,秦人早期的生业方式逐渐与周边的少数民族趋同,以放牧为主。如此非子才能在犬丘以牧马成绩显著而闻达于周孝王。研究表明:对甘肃礼县西山遗址早期秦人牙齿、上下颌骨表面骨质隆起等情况结合食谱分析,西山先民饮食状况较为复杂多样,总体上以肉食居多,植物性食物也占一定比例。[1] 同时,从西山遗址的墓葬埋藏动物骨骼研究来看,这里的秦人畜养狗、猪、马、黄牛、山羊和绵羊,这些动物完全属于家养牲畜了。[2] 这些都说明早期秦人的经济模式应为农牧兼营的混合经济模式,畜牧业占有重要地位。

随着环境的变化,至西周以后气候又开始回暖,年平均气温逐渐恢复到当前水平,甚至比现在还要高一些。秦人在生业方式上必须加以改变,才能继续适应环境的需求。此时的秦人已经在西垂站稳脚跟,向东西方不断扩张,庄公以后秦人占据土地越来越多,岐山以西包括陇山以西的河流川谷地带为其从事农业种植提供了良好的土地,在放牧已不能满足生存的状况下,秦人开始进行必要的农业种植生产。

---

① 尉苗等:《甘肃西山遗址早期秦人的饮食与口腔健康》,《人类学学报》2009 年第 1 期。

② 余翀等:《甘肃省礼县西山遗址出土动物骨骼鉴定与研究》,《南方文物》2011 年第 3 期。

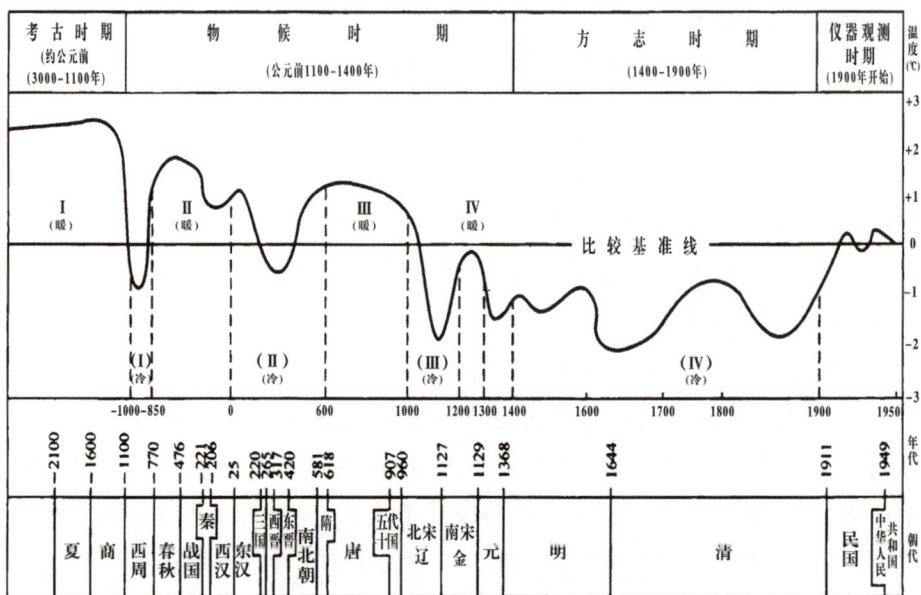

中国近 5000 年来的气温变化曲线图

2. 西垂的人文环境

秦人在西垂发展的早期历史,可以分为扎根西垂、跻身诸侯、拓土关中三个阶段。自中潏保西垂之后历经十七代秦人苦心经营四百余年,至德公定居雍城,秦人早期历史终结,迎来了更加辉煌的发展历程。

西垂人文环境深刻地影响着秦人早期历史进程。秦族本起源于东方,武王伐纣,作为战败方殷商的重臣,秦人被迫西迁,被安置在四面强敌环绕的西垂地区。该地区自夏商以来活跃着大量的戎族部族,史书以"多方""羌方"等记录。秦人初来乍到,为了保生存既需要听命于周王室,又需要融入到"戎狄之间",或与戎族通婚,或与戎族争战不休。

商末周初秦人先祖中潏及其子孙为商王"在西戎,保西垂"。周公东征以后,一部分秦人作为商余民被西迁至今天水地区。这些秦人开始在众多戎族生活的西垂一带定居生活,为日后秦人的继续壮大建立了最初的根据地,在这里扎根。当然扎根的代价也不小,大骆一族惨遭灭族之灾,非子一脉终成为秦人的直系祖先。

自非子至襄公,秦人完成自周附庸到诸侯的华丽转身。这一时期,周王室对西戎政策发生改变,秦人作为周王朝的西部边疆守护者,开始和西戎长期对峙,考古所见西周时期西戎文化即以寺洼文化为代表的甘青地区的土著文化。自非子至庄公,秦人在与西戎的征战中处于劣势,秦仲被杀、大骆之族被灭,犬丘落入西戎之手。秦仲和大骆之族的不幸,恰是周厉王无道,国势衰微,诸侯、西戎反叛这样大的社会历史背景下发生的。周宣王即位之后力图中兴周王室,对西戎采取积极进攻态势,派兵七千人给秦庄公攻打西戎,这次战役后,犬丘等地又被秦夺回,庄公被立为西垂大夫。庄公长子世父誓死为其祖父秦仲报仇,不愿当太子,让位于其弟襄公。秦襄公时期,西犬丘一度被围,世父在西戎的战争中被俘,留在西戎一年有余。

秦襄公时期,周幽王宠爱褒姒,在王位继承者选择上引起朝臣不满,同时欺骗诸侯,诸侯叛乱,导致申侯和犬戎攻灭西周杀死周幽王。面对犬戎的强大攻势,周平王迁都洛邑以避锋芒。

秦襄公领兵帮助周王室对抗西戎,并且护送平王东迁,周平王封襄公为诸侯,并且许诺将西戎占领的丰、岐等地赐予秦人。秦襄公之所以被封为诸侯,显然是因为帮助周王室对抗西戎有功。

秦人经过历时八代的苦心经营和致力发展,已经开始具备与西戎抗衡的实力。秦仲、庄公、世父、襄公都曾伐戎,也在伐戎的过程中促进了自身发展,拓展了生存空间,日益为周王室所倚重,并成为周人抵御西戎的主要力量。[①] 秦人不仅由原来失姓亡氏、沦为周人部族奴隶的卑微处境,通过为周养马、伐戎保边而得到周王室的重视和承认,其政治待遇也不断上升,进而位列诸侯。

当然,秦和戎之间并不只是有单一的战争,他们之间还有联姻及文化上的交流融合。从申侯向周孝王追溯秦戎关系提及中潏母亲为戎胥轩妻子,以申侯之女为大骆妻子"和西戎"等来看,秦人和西戎也曾有联姻关系。秦与戎在文化上的交流也很频繁,在考古中发现较多。诸如礼县境内的秦文化遗址点和寺洼文化遗址点呈现既犬牙交错又相互对峙的局面。一些秦文化中心聚落点如山脚遗址,发现有寺洼文化的灰坑和墓葬。礼县西山遗址本身就有作为寺洼文化典型特征的马鞍形口罐、簋形豆、侈口罐等。清水李崖的4座寺洼文化墓和秦文化墓交错分布,它们在墓型、殉牲、棺椁等方面,与该秦文化墓葬完全一致,足以见得秦与西戎文化之间的交融。最为引人注目的是,清水李崖遗址李崖 M18 与 M21 南北并列,相距不过5 米,两墓尺寸相当,葬式葬俗相同,均有"亚"形椁,应为"对子墓"。经人骨鉴定等

---

① 雍际春:《秦早期历史研究》, 第 273 页。

判断,说明当时的秦人与寺洼文化的人群之间存在通婚关系。[①]此外,据学者们研究,秦人墓葬构成中,屈肢葬、金器、铁器、动物纹样、铜镞和短剑的使用,墓葬的壁龛与围墓沟,都可能来自西戎,尤其是贵族墓的壁龛习俗,直接来源于陇山两侧的羌戎文化。秦穆公称霸西戎,使用像由余这样的戎人,才有"益国十二、开地千里"之功,但仍不免受东拓受阻之困,被迫称霸西戎。这些都表明秦戎文化的交流融合。

总之,秦人在西垂的生存、曲折发展直至壮大,是在早期秦人为商周守边的历史舞台上演出的,和周王室与西戎关系演变、秦与西戎战争与和平交流的人文环境密不可分。

三、早期秦人在西垂的重要定居点

前文所述,西垂作为区域概念包含着整个渭河上游的天水地区以及西汉水上游的礼县、西和等地区。早期秦人在这个区域内是有较为长期的定居点的。

秦人在西垂重要的定居点

---

① 梁云:《考古学上所见秦与西戎的关系》,文化遗产研究与保护技术教育部重点实验室等编:《西部考古(第 11 辑)》,科学出版社 2016 年版,第 112—146 页。

从考古学的角度看,这些定居点就是一处处大型遗址区,是秦文化遗存较为密集的区域或者说是秦人重要的活动中心。

经大量考古工作,目前基本能确定早期秦人主要的定居点或重要遗址点就在甘肃东南部到陕西关中西部之间。

1.西汉水上游地区

2004年至今,早期秦文化联合考古队对陇山东西两侧展开了大规模的考古调查,足迹遍布陇南、天水、宝鸡地区,并选择重点遗址进行发掘,成果丰硕。2004年,在礼县西汉水上游及其支流漾水、红河、燕子河流域的调查,共发现自新石器时代到汉代的各类遗址98处,新发现70余处。2004年,在调查西汉水流域时,发现周秦文化遗址47处,按面积大小可分为三个级别:第一等级,面积在30万平方米以上的遗址,有六八图、赵坪、石沟坪三处;第二等级,面积在10—30万平方米之间的遗址,有西山、大堡子山、蒙张等处;第三等级,面积在10万平方米以下的遗址,有费家庄、高楼子、王磨等处。中、小不同规模的遗址错落有致,占据了流域中的不同位置。

三个等级中,第一级别的大遗址与次一级别以及更低级别的小遗址相结合,构成了"六八图—费家庄""大堡子山—赵坪""雷神庙—石沟坪"三个相对独立

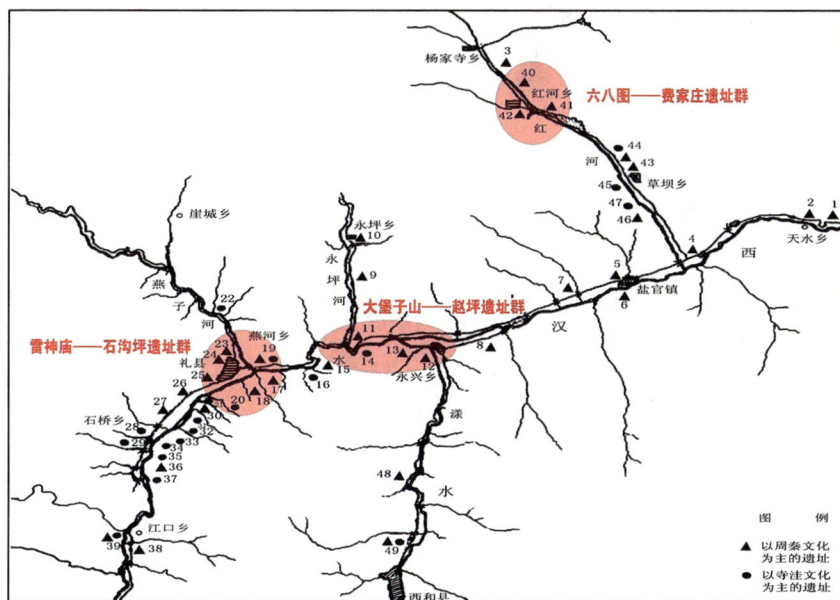

西汉水上游地区秦文化遗址分布图

又互有联系的遗址群；也可以说是周秦文化三个活动中心区。大堡子城址以东是秦文化的分布地带，西山坪城址西南则有大量的寺洼文化遗存，在西山坪遗址有早期秦文化与寺洼文化共存，这些现象也可以证明文献记载中的秦人与戎人共存情况的真实性。

大堡子山秦公墓发现的意义，首先在于确认了秦早期都邑位于今甘肃礼县境内，那里是秦文化的发祥地；2004年以来的调查则表明，都邑的具体位置不会超出这三个文化中心区的范围。

在这三者中，"大堡子山—赵坪"遗址群规模最大，而且位置居中，也最为重要。除了大堡子山和赵坪外，赵坪以西的蒙张遗址、山脚遗址都应该包括在内。如果视野放得再开阔些，大堡子山北、永坪河东岸的寨家坪遗址，以及2006年新发现的位于永坪河西岸王家庄遗址和盐土崖周代墓地，也都应该划归其中。1994年，曾发现两座秦公大墓与周边陪葬墓、车马坑。2006年，该地发现了55万平方米的城址，城内有大型建筑、祭祀坑以及城外的中小型墓葬等遗迹。

位于西汉水支流红河的"六八图—费家庄"遗址群，以六八图遗址与费家庄遗址为中心，采集到大量周秦的陶片。2018年发掘六八图遗址，发现一片类似毛家坪B组遗存的墓地，从墓葬形制到陪葬品都和前者极其相似，有可能是一处战国晚期秦人平民墓地。

位于西汉水与燕子河交汇处的"雷神庙—石沟坪"遗址群，以西山遗址（雷神庙遗址）与石沟坪遗址为中心，其北有发掘的礼县鸾亭山汉代祭天遗址，其东有秦

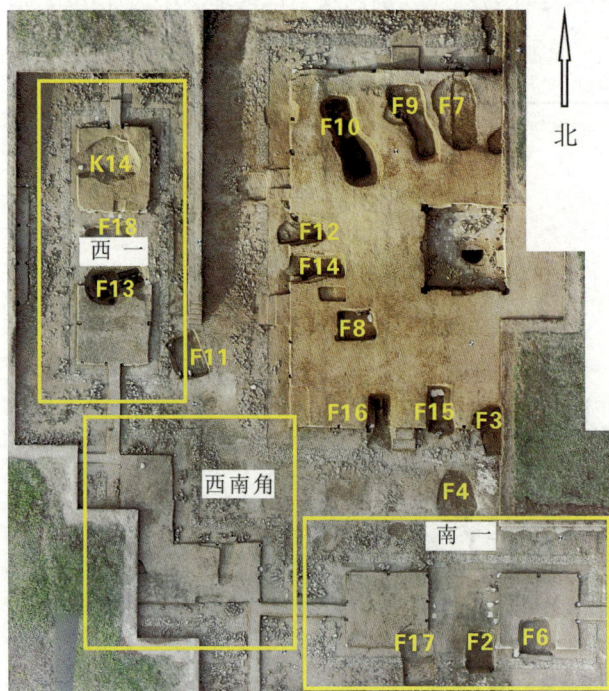

四角坪遗址中心及附属建筑

代大型礼制建筑群——礼县四角坪遗址,其南还有若干新发现的寺洼文化墓地。这表明该区域很可能和秦人的早期都邑——西犬丘有关。

(1)礼县西山遗址

遗址概况:西山遗址位于礼县县城之西、西汉水北岸的山坡上,遗址北边是鸾亭山遗址,东距大堡子山遗址 13 公里。西山遗址地势呈西南—东北走势,原为西高东低的斜坡地貌,由于近代平田整地,使其形成宽度不等的多级阶地。遗址由簸箕湾、大小雪坪以及雷神庙等小地名组成,其东南临西汉水,北为雷神庙,西为岇梁,地势平缓,文化堆积层较厚。调查发现地面及断崖上暴露有灰层、房址、墓葬、夯土等,文化层厚约 0.5—2 米。采集有仰韶晚期、周和齐家、寺洼文化的陶片。

该遗址在 1958 年甘肃省博物馆和 2004 年早期秦文化联合考古队调查时被称为"雷神庙"遗址,雷神庙是台地东北地势较低处的俗称,此处有一座原为雷神庙,现为关帝庙的小庙宇。由于当地人对遗址所处的台地的广大范围称为"西山",而遗址内不同时期文化遗存所分布的范围并不局限于"雷神庙"所处的台地,故今天称其为西山遗址。

2005 年,为了寻找秦人早期都邑,早期秦文化联合考古队对西山遗址进行发掘。发掘主要集中在雷神庙以西,遗址的东北部,西山第二、三级阶地上,第一、四、五级阶地亦零星布方,发掘面积约2000 平方米。发掘

礼县西山遗址远景

出大量史前和两周时期的灰坑、墓葬以及部分陶窑、灶坑、动物坑、房址、城墙、建筑遗迹。两周时期文化遗存可分西周、东周两个阶段,其文化属性均为秦文化遗存,后者数量占绝大多数。

重要遗迹、遗物：该遗址共发现新石器时代灰坑 70 余座、房址 7 处、墓葬 3 座、陶窑 8 处；西周墓葬 6 座、灰坑 5 座；东周灰坑 170 余座、墓葬 28 座、动物坑 10 座、房屋基址 5 处；汉代墓葬 2 座、唐代墓葬 2 座、元代墓葬 1 座。出土铜器、陶器、玉器、石器、骨器、铁器等各类质地遗物数千件。

新石器时代遗迹：新石器时代遗迹在遗址中占有相当规模。除墓葬外，基本属于仰韶中期、晚期以及龙山早期遗存。灰坑多为圆形、椭圆形、方形和不规则形。部分底部存留红烧土、焚烧石块、大量灰土的灰坑，可能是史前"烧烤坑"。出土遗物以陶器为主，器型多为尖底瓶、罐、钵、杯、瓮等，彩陶占一定比例。3 座史前墓葬均为东西向，葬式为仰身直肢，年代接近龙山时代早期，出土器物有罐、杯、钵等器物，器型接近常山下层文化器物，纹饰与齐家文化器物类似，可能是一种特殊的地方类型。

城址：发现基本围绕该遗址而筑的夯土城墙，依山势走向而建，平面呈东西走向，东宽西窄的不规则长方形，面积约 10 万平方米，发现各段残墙长度 1200 多米，系夯土版筑，结构致密坚硬。根据对城墙的试掘解剖，由西周晚期的灰坑打破城墙夯土、春秋早期的房址叠压在城墙夯土之上的迹象判断，城墙的建造年代不晚于西周晚期。这是目前所见秦人最早的城址。

礼县西山秦人西周城址（2005 年发掘）　　礼县西山城址东城墙及夯层（2005 年发掘）

两周灰坑：灰坑广泛存在于遗址内，其平面多呈圆形、椭圆形、方形和不规则形。圆形灰坑又可分为口底同大坑、口小底大坑和口大底小的袋状坑。坑内出土物以兽骨和陶片居多。兽骨多牛、马、猪、羊、狗等，陶片可辨器类有鬲、盆、豆、罐、盂、瓮等。

西周墓葬：墓葬按照地势分区埋葬，大多为东西向竖穴土坑墓，排列有一定规律。西周时期墓葬6座，其中3座形制较大的埋葬在地势较高处，为东西向竖穴墓，墓主葬式为直肢葬，带腰坑、殉狗、殉人，随葬品丰富。3座形制较小的埋葬在地势较低处，为南北向竖穴墓，墓主葬式为屈肢葬，随葬品较少。M2003为此次发掘的

礼县西山遗址西周秦铜器墓M2003（2005年发掘）

规模最大的一座墓葬，长5.05米、宽2.6米、深11.1米，为东西向长方形竖穴土坑墓。竖穴墓道的北壁和南壁各开有壁龛，内置殉人。北壁殉人为30岁左右的女性，置有棺；南部壁龛殉人为15—16岁的女性，置殉狗。墓主葬具为一棺一椁，棺为彩绘漆棺，棺外设置头箱。墓主为成年男性，仰身直肢，头向西，发掘时发现墓主头骨留有一个射进未拔出的铜箭镞。椁下有腰坑殉狗。随葬品置于头箱、椁内、棺内及棺盖上。铜器有鼎3件、簋2件、剑1件、戈1件、铜鱼16件，玉器有璧、圭、戈、璋、玦、管，陶器有鬲、盆、豆、罐、甗及海贝等。

礼县西山遗址西周秦铜器墓M2003部分随葬品（2005年发掘）

东周墓葬：多为春秋—战国中期秦人墓葬。较大的墓葬带有棺椁，较小的仅有棺。多数墓葬仅随葬陶器，器型多鬲、鼎、盆、罐、仓、囷等。铜器较少出现，较大型墓葬常见1件或2件铜鼎，数件石圭。墓主葬式除1座为直肢葬外，均为屈

肢葬,为典型的秦人墓葬。

建筑房址:分地面式和半地穴式两种。地面式房屋由于后期破坏多保存不佳。F301 是遗址内较大的一处房屋建筑,由于晚期破坏,现仅剩一段夯土台基和墙体基槽。在墙基下发现的陶水管道,证实 F301 为一处大型建筑。半地穴房址 F107 相对保存较好,平面呈椭圆形,北部堆积有密集的卵石,排列规律,有火烧痕迹和灰烬,残留有兽骨和陶器残片。门道设在北边,东南部有供上下的台阶,坑底和坑边有柱洞多个。

动物坑:遗址内发现马坑 7 座、牛坑 1 座、狗及其他动物坑 3 座。其中 K404—K407 位于遗址东部的一处夯土平台上。夯土台近南沿处,挖有 4 个长方形浅坑,每坑各埋 1 匹马。马皆为跪服姿态,口含铜制马衔,马身下铺有芦席,马尾置铜鱼。该马坑近旁,有一直径 1.6 米的圆坑,编号 K408,坑内埋有羊头、马肢骨和牛肢骨。K403 为一个大坑底部有两个小坑,小坑内各埋藏 1 匹马的埋藏形式,经鉴定,埋藏所用马均为接近成年的马驹。

通过西山遗址的发掘,可以得出以下认识:西山遗址史前遗存,特别是相当于中原龙山时代早期遗存的新发现,为建立甘肃陇东南地区史前考古学文化序列奠定了基础。尤其是龙山早期遗存的发现,对于全面认识甘青地区史前考古学文化的类型与分布,及其与周边地区史前文化的关系,具有重要的研究价值。

西山坪遗址首次大规模揭露出早期秦人的聚落遗存。发现的附带陶水管道的夯土建筑、城墙等遗迹,显示了西山坪遗址具有较高的等级,有可能是西周晚期至春秋早期秦人的一处中心聚落。

甘肃礼县西山城址是至今发现的秦人最早的城,具有因地制宜的防御功能特点,城邑的建造时代等反映出其最有可能是历史文献记载的"西犬丘"所在。

(2)礼县大堡子山遗址

遗址概况:大堡子山遗址位于礼县县城以东 13 公里处的西汉水北岸,因其西端高处有一座清代堡子而得名,是秦国早期国君陵园。以大堡子山遗址为中心,其周围分布有多个遗址:位于西汉水南岸有山坪早期秦文化城址、圆顶山春秋秦人贵族墓地;西汉水支流永坪河西岸有盐土崖遗址等,沿西汉水南北两岸分布。20 世纪 90 年代初,盗墓狂潮席卷全国,礼县也没能幸免。大堡子山两座秦公大墓惨遭盗掘,大小墓葬被洗劫一空,盗掘出来的文物被贩卖到世界各地,造成了国家文化财产的严重流失。1994 年 3—11 月,甘肃省文物考古研究所对大堡子山陵区进行了全面勘探和发掘,勘探面积21万平方米,发掘中字形大墓2座、车马坑1座,以及中小型墓葬9座。2006年,甘肃省文物考古研究所、陕西省文物考古研究院、国家博物馆、北京大学考古文博学院、西北大学文博学院等五家单位组成早期秦文化联合考古队,对大堡子山遗址进行调查、钻探和发掘。共发现各类遗迹699处,发现有夯土城址、建筑基址、墓葬、车马坑、陶窑、水井、灰坑等遗迹。调查和钻探发现大堡子山城址修建在山坡上,依山势而建,平面呈不规则形,面积约150万平方米。城内遗迹主要为秦公大墓、大型房屋基址、灰坑、踩踏面及陪葬墓(大墓周边中小型墓)。城外亦有与之对应的中小型墓葬。

重要遗迹、遗物:1994年3—11月,甘肃省文物考古研究所对大堡子山陵区发掘的墓葬均为东西向的西首葬,两座大墓南北并列,相距大约20米,大墓南侧发现东西向车马坑两座,已经发掘的K1为东南一座。2006年,早期秦文化联合考古队对大堡子山遗址进行了全面钻探,钻探面积达150万平方米,发现夯土建筑基址26处、中小墓葬400余座以及较丰富的文化层堆积等。在调查、钻探的基础上,2006年进行了较大规模的发掘,发掘面积3000多平方米。其中,发掘大型建筑基址1处(21号建筑基址),中小型墓葬7座,祭祀遗迹1处(包括"乐器坑"1座,"人祭坑"4座)。2015—2016年,秦文化与西戎文化联合考古队对大堡子山遗址进

礼县大堡子山遗址全景(全国重点文物保护单位)

行了抢救性发掘,共发掘墓葬4座(IM30—IM33)和车马坑1座(K32),墓葬和车马坑的形制均为长方形竖穴土坑,未被盗的M31、M32两座墓葬随葬器物较为丰富,有铜器、陶器、玉石器等。

城址:大堡子山城址坐落在东北—西南走向的山体上,围绕整座大堡子山依地势而建,形状很不规则。城墙的建造方法为夯土版筑,由于山体大面积滑

坡,许多地段已经无存,其中以北城墙之一段保存最为完整。北城墙复原长度约250米;西城墙复原长度1300米;南城墙和东城墙只发现了数段,均位于山体边缘、紧邻断崖的地方,估计原长度分别为870米和2600米。城址总面积约55万平方米。关于该城的建造年代,从城墙夯土内包含陶片看,城墙的始建年代大致为春秋早期。与大堡子山城址隔河相望,在西汉水对岸的山坪也发现一座城址,夯土城墙断续残存300米以上,并发现早期秦文化堆积,判断这里也是一座早期秦文化遗址。

21号建筑基址:位于大堡子山城内南端较高处,西面背靠黄土断崖,东面俯视西汉水河川。建筑基址南北长103米、东西宽16.4米,进深11.4米,方向为北偏西16度。西墙保存相对较好,东墙和北墙仅保留夯土基槽部分,南段保留部分墙,墙体残存高度约0.4—1.5米、宽约0.6—1.6米,夯土基槽深0.5—1.12米、宽3.2—3.3米,夯筑工具为5个一束的木棍。在东、西两道夯土墙之间正中位置发现南北一字排列的17个柱础,另有一个不在原位置,被移动至西北方向5米以外,总计有18个。柱础石间相隔约5米,呈不规则形状,为青灰色页岩,大小基本相近,少数被破坏(按照柱础间距,最南边尚缺失一个)。柱础石材与大堡子山暴露出的岩石层相同。建筑基址西墙外侧为斜坡状生

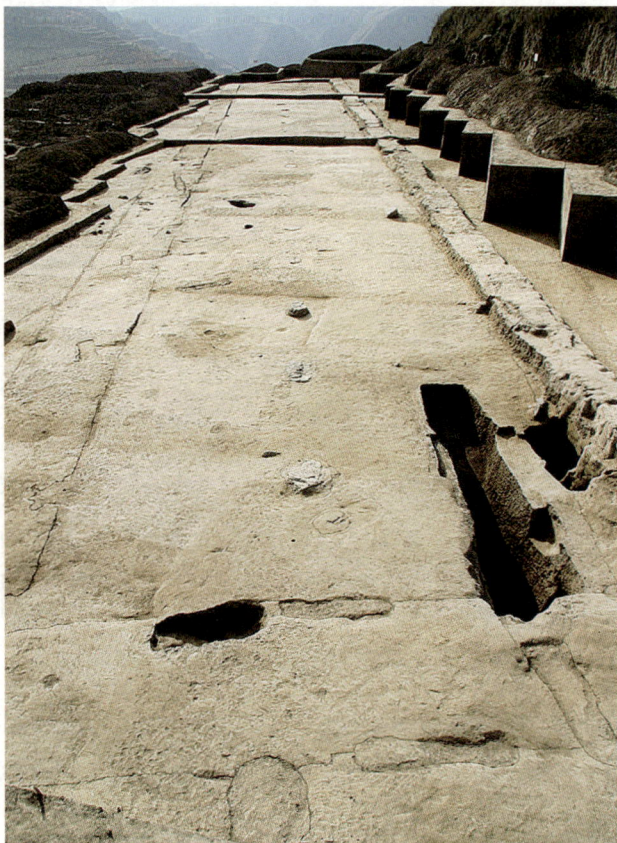

礼县大堡子山遗址21号建筑基址(全国重点文物保护单位·2006年发掘)

土断崖,距夯土基槽约 4 米,与墙基同一走向,在整个西墙外侧生土断崖下,自北至南都存在一道石砌矮墙。堆积于西墙基槽之间的是保存状况比较差的活动面,应当即为房子使用时期的室外活动面。活动面高于石柱础表面,证明石柱础应当为暗础,房屋的室内地面和东侧室外活动面被破坏殆尽。该建筑基址没有发现门道、台阶等。21 号建筑基址始建年代大约为春秋早期偏晚或春秋中期偏早阶段,战国时期废弃。建筑中有大型柱子,周围夯土墙可能主要用来承重,应为梁架结构的两面坡式建筑。该建筑未发现隔墙遗迹,似为大型府库类建筑。

祭祀遗迹:包括"乐器坑"和"人祭坑"两部分,位于被盗秦公大墓(M2)的西南部 20 余米处。大型"乐器坑"坑长 8.8 米、宽 2.1 米、深 1.6 米。坑内南排木质钟架(仅存朽痕)旁依次排列 3 件青铜镈、3 件铜虎(附于镈)、8 件甬钟,镈和甬钟各附带有 1 件青铜挂钩;北排磬架(仅存朽痕)下为 2 组 10 件石磬,均保存完好。3 件青铜镈一大两小,最大的一件通高 65 厘米,舞部及镈体部以蟠龙纹为主要装饰;四出扉棱为透空的纠结龙纹,造型华美;鼓部素面,有铭文 28 字,内容为"秦子作宝龢钟,以其三镈,乃音鈋鈋雍雍,秦子畯衿在位,眉寿万年无疆",甚为重要。该镈与上海博物馆收藏的秦公镈以及宝鸡太公庙出

礼县大堡子山遗址出土石磬（现藏于礼县博物馆）

土的秦武公镈相近似,年代为春秋早期。与"乐器坑"同时还发现"人祭坑"4座,每坑埋人骨架1—2具,肢体屈曲,其性质当为杀人祭祀。"乐器坑"的性质与"人祭坑"相同,也应属于祭祀性质。大堡子山遗址"乐器坑"距离被盗秦公大墓很近,当与大墓有关。大堡子山以"乐器坑"为代表的祭祀遗迹,是在该遗址遭大规模盗掘后幸存下来的,难能可贵。

2007年对祭祀遗迹做了小规模的补充发掘,在其西北部发现了一条人工壕沟,为西北—东南走向,口大底小,口部东西宽2.6—2.85米,底部东西宽0.65—1.2米左右,沟深在1.3—1.4米左右,沟的底部有踩踏面,踩踏面厚8—12厘米,上为淤土层。踩踏面上分布有规则的小石块。沟内包含物有石块、红烧土、陶片、铁器残片及瓦片。经过进一步钻探发现壕沟长120余米,在西北方向发现沟的拐角,向东残长约12米,其余部分被破坏情况不明,东侧为断崖,推测应无壕沟。该人工壕沟与秦公大墓、祭祀遗迹密切相关,可能与阻排水一类的用途有关。

秦公大墓:遗址内共计两座秦公大墓,位于城内中心偏南位置,两墓方向一致,M3位于M2北侧,均为中字形,带东、西两条斜坡墓道。M2为东西向中字形大墓,全长88米,有东西两条斜坡状墓道,东墓道长37.9米、宽6米、最深11米,墓室呈斗状,长6.8—12.1米、宽5—11.7米、深15.1米,西墓道长38.2米、宽4.5—5.5米,斜坡埋葬有12个殉人,均为屈肢葬,头向有的朝东、有的朝西,多为青少年。内设二层台,东、南、北三面二层台上殉葬7人,均为直肢葬,都有葬具,多随葬有小件玉器,葬具为木椁和漆棺,均已腐朽,棺周围残留有金箔片,椁内残存罐、鬲等陶器碎片以及铜泡、戈、刀等铜器残片。墓主时已腐朽,根据痕迹判断为仰身直肢葬,头向西,墓室底部中央有腰坑,内殉狗1只,玉琮1件。该墓已经被盗掘一空,仅在盗洞中发现石磬5件。

M3为中字形大墓,东西向全长115米,墓道结构和M2相同,其中东墓道长48.85米、宽8.3米、最深13.5米,墓室呈斗状,长6.75—24.65米、宽3.96—9.8米、深16.5米,北侧二层台上现存殉人1名,东、南侧的二层台已被盗扰,墓室内漆棺、木椁及墓主已朽。墓主仰身直肢,头向西,有腰坑殉狗1只、玉琮1件。西墓道呈台阶状,长41.5米、宽8.2米,填土中埋殉人7人。该墓已被盗掘,墓室部位曾发生过坍塌,所以墓中只发现有较小的青铜器碎片。

陪葬墓:陪葬墓主要集中在两座秦公大墓的北侧、西北和东北侧。均为东西长方形竖穴土坑墓,墓长2—5米不等。有的墓葬在墓壁开有壁龛,放置殉人,有的有单独的墓祭和附葬车马坑,年代从两周之际到春秋晚期。

中小型墓:大堡子山遗址群的中小型墓葬主要分布在城外东北处,已经钻探出 400 余座,城内也有零星分布。这些墓大多已经被盗,2006 年发掘了 10 座,其中 4 座未被盗扰。最大的一座墓(Ⅰ M25)位于东北城墙外的墓地,墓长 4.8 米、宽 2.7 米、深 10.1 米。出土青铜器 9 件、石圭 130 余件、陶器 6 件等,年代为春秋中期偏晚。

车马坑:秦公大墓南侧为 2 座大型车马坑。均为东西向瓦刀形。已发掘的一座编号 K1,长 36.5 米,坑道位于车马坑东部,自东向西倾斜,坑为长方形竖穴土坑。已遭严重盗扰,从西南部残存的 2 平方米迹象推测,可能内原有殉车 4 排,每排并列 3 乘,共计 12 乘。各车均为辕东舆西,系驾两服两骖 4 匹马。据说该坑曾盗掘出大量金饰片。2016 年,在秦公墓 M3 东北侧发现一座车马坑,为其西部 M32 附葬坑,编号 K32。该墓为东西向长方形竖穴土坑,坑内放置两辆车,均为双轮独辀,系驾左右服马。

通过调查、钻探和发掘,基本摸清了大堡子山遗址的布局和结构,推测可能是秦宪公居城——西新邑。大堡子山遗址发掘的大型府库类建筑以及出土有青铜编钟的祭祀坑,为认识大堡子山城址的性质,确认被盗秦公大墓的墓主,研究早期秦人祭祀及礼乐制度、铜器铸造工艺等提供了极为珍贵的材料。

关于秦公大墓墓主身份问题,有襄公、文公说,襄公、静公说,宪公、出子说以及秦公夫妻异穴合葬说四种观点。[①]在大堡子山祭祀遗址发现秦子镈钟后,学界更倾向于襄公、静公说以及宪公、出子说。

大堡子山遗址的考古新发现,使早期秦文化和秦考古研究中的重大学术问题有了突破性的进展。该遗址的考古工作不仅对解决早期秦都邑、陵墓问题具有重要的价值,而且对于探讨秦文明史也具有重要意义。

2. 渭河上游地区

2005—2008 年早期秦文化联合考古队对牛头河流域进行考古调查,发现了 31 处周代遗址,其中李崖遗址面积最大,最为重要。2010—2014 年,早期秦文化

① 襄公、文公说,见祝中熹《秦西陲陵区》,文物出版社 2004 年版;襄公、静公说,见赵化成、王辉等《礼县大堡子山秦子"乐器坑"相关问题探讨》,《文物》2008 年第 11 期;宪公、出子说,见梁云《早期秦文化及相关问题探讨》,《南开大学博士后科研工作报告》,2005 年;秦公夫妻异穴合葬说,见戴春阳《礼县大堡子山秦陵墓地及有关问题》,《文物》2000 年第 5 期。

联合考古队相继对天水地区的清水李崖遗址和甘谷毛家坪遗址进行考古发掘。

（1）清水李崖遗址

遗址概况：李崖遗址位于今清水县城北侧樊河西岸和牛头河北岸交汇处的台地上，西以赵充国墓地为界，东至陈家沟，行政区划属于李崖村、白土崖村、仪坊村。遗址背山面河，地形较为平坦开阔，西北高东南低，海拔1370—1450米。大体以清水县至张家川县公路及天水—平凉铁路为界，其东、南侧为一级台地，主要文化堆积为西周时期遗存，面积约50万平方米；其西、北为二级台地，主要文化堆积为西周时期遗存和北魏至隋唐时期遗存，面积约50万平方米。二者相加，遗址总面积约100万平方米。

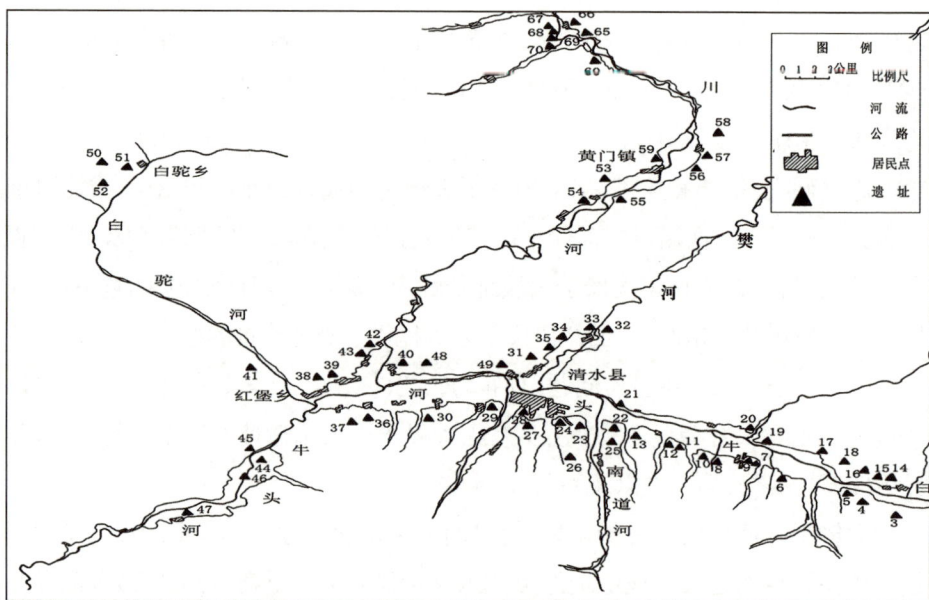

牛头河流域遗址分布图

2009年，配合天平铁路的修建，甘肃省文物考古研究所在铁路线经过的部分地段进行了小规模的钻探和发掘，其中在遗址第一台地的东段（后统一编号为H发掘点）发掘了一座灰坑，出土了大量的西周中期的陶片。2010—2011年，早期秦文化联合考古队正式对李崖遗址进行大规模勘探与发掘，包括2009年配合天平铁路发掘点在内，共发掘了8个地点，分别编号为A、B、C、D、E、F、G、H发掘点，收获颇丰。2013年国务院公布李崖遗址为全国重点文物保护单位。

重要遗迹、遗物：截至 2011 年底，钻探面积达 40 万平方米，发现各类遗迹现象近千处，其中墓葬数百座，城址一座，夯土基址十数处。勘探发现的西周时期的墓葬分布较分散，以 2—7 座的小规模分布。发掘和解剖北魏时期城

清水李崖遗址全景（全国重点文物保护单位）

址 1 座，在城内清理建筑基址 2 座，灰坑数十座。发掘西周时期墓葬 15 座，寺洼文化墓葬 4 座，齐家文化墓葬 1 座。

夯土遗址：夯土城墙为故城城墙，其北墙及东墙北部夯土城墙地表可见，东城墙南段已遭毁弃。北墙西端为一条自然深沟，呈西南走向，可能是古城西面的天然屏障。2010 年对城墙进行了测绘和部分解剖发掘，确定了该城始建于北魏。城内发掘 2 处建筑基址，一处为建筑的夯土墙基，呈西北—东南走向，总长约 20 米、宽 1.5 米，内含北魏时期的陶片和瓦片，被多个灰坑打破，根据灰坑出土的莲花瓦当、套索纹、水波纹等陶片，判断其年代为西魏—唐代。另一处建筑为方形建筑，被北魏至唐代灰坑打破，建造年代应不晚于北魏。

西周墓葬：发掘的西周时期墓葬均为竖穴土坑墓，按照规模大小基本可分为三种：较大的长 3.8 米左右、宽 1.3 米以上；中等的长 3 米左右、宽 1 米左右；较小的长 2.5 米以下、宽 1 米以下。前两种有棺有椁，后一种一般有棺无椁。墓葬均未被盗，

清水李崖遗址西周秦墓出土随葬品（全国重点文物保护单位）

随葬陶器数量差别相当大,最多的有 30 件,最少的仅 1 件。墓葬均为东西向,头向西(西偏北)、有腰坑殉狗、随葬陶器为鬲、簋、盆、罐组合,部分陶器具有商式风格。其中有一座墓(M9)墓葬规模较大,骨骼凌乱,为二次扰乱葬,出土陶器 30 件,其中有一件为典型的寺洼文化马鞍口罐,其余为周式或具有商式风格的陶器。另外有 4 座墓出土寺洼文化陶罐 1 件,当为寺洼文化墓葬。

汉墓:完整的仅 1 座,总长度约 7 米,其中墓道长 2.2 米、宽 1.6 米,墓室长 4.8 米、宽 2.8 米、深 1 米。葬具为一棺一椁,椁前有头箱。棺置于墓室左侧,头箱内置漆器数件、陶灯、陶博山炉 1 件。随葬品多置于棺右侧,计有陶罐、陶壶、陶鼎、陶灶、陶甑等,另有铜柿花饰数件。

通过此次发掘,确定了白土崖古城始建于北魏,结合文献记载,当为北魏清水郡城,城内发掘的建筑基址同属于北魏,打破城墙及建筑基址的大量灰坑为北魏以降至隋唐时期的遗迹。白土崖古城作为当时的北魏清水郡治所,经历了近 300 年的兴衰变迁。其年代与性质的确定,提供了可靠的参考坐标,对进一步研究清水城的历史沿革具有重要意义。

李崖西周墓是迄今发现年代最早的秦文化墓葬,反映了秦人西迁之初的文化特点。这批墓葬在葬俗和随葬品上有浓郁的商式风格,尤其是商式风格的陶器,将早期秦文化和商文化直接联系起来,从考古学的角度证实了秦人"东来说"。为史学界、考古学界有关秦人、秦文化"东来说"与"西来说"问题的解决,提供了最直接的考古证据,使秦人"东来说"成为秦人、秦文化起源的主流学说。

李崖遗址是目前牛头河流域最大的一处秦文化遗址,根据秦人活动轨迹,其有作为非子封邑的可能,虽然存在争议,但这是目前已知探索非子封邑的唯一的资料。

(2)甘谷毛家坪遗址

遗址概况:毛家坪遗址位于甘谷县磐安镇毛家坪村,东距县城 25 公里;分布在渭河南岸的二级台地上,与今河道相距 0.5 公里,其间有陇海线穿过;南靠丘陵,东部有冲沟,西边不远为渭河南岸支流南河。遗址东西约 600 米,南北约 1000 米,面积约 60 万平方米。遗址分沟东和沟西两部分,沟西部分的北部及西部为居址区,大部分被村庄叠压,沟西部分的南部为墓葬区;沟东部分主要为墓葬区,严重被盗。遗址现为全国重点文物保护单位。

1982 年、1983 年,甘肃省文物工作队、北京大学考古学系两次发掘了毛家坪遗址,在遗址沟西的墓葬区共发掘土坑墓22座;在沟西的居址区布方发掘200平方米,发掘出灰坑、房基、土坑墓、瓮棺葬等遗迹。在该遗址主要发掘到三种文化遗存:以彩陶为特征的石岭下类型遗存,以绳纹灰陶为代表的周代秦文化遗存("A组"

甘谷毛家坪遗址全景(全国重点文物保护单位)

遗存),以夹砂红褐陶为特征的西戎文化遗存("B组"遗存),和以 TM7 为代表的新类型。毛家坪西周墓与陕西关中东周秦墓一脉相承,属西周时期秦文化。这次发掘开了考古学上探索早期秦文化的先河,在学术史上有里程碑意义。

近年,清华简《系年》提到,周成王将山东的商奄之民西迁到"邾圉",就是秦人的祖先,以防御西戎。经李学勤先生考证,"邾圉"即甘谷的朱圉山,而朱圉山就在遗址附近。

重要遗迹、遗物:自 2012 年起,早期秦文化联合考古队全面勘探、发掘毛家坪遗址,迄今为止勘探出墓葬千余座,其中沟东 731 座,沟西 300 余座,考古队在遗址中南部建立布方的总基点(0,0,0)。以总基点为原点、方向为正磁北方向,将整个毛家坪遗址划分为四个象限,以顺时针方向分别记为Ⅰ、Ⅱ、Ⅲ、Ⅳ。每个象限中又以 400×400 米为一个区,每个区内 5×5 米为一个探方,共 6400 个方。依据钻探情况,在遗址区内有针对性地选择了 10 处发掘点,即 A、B、C、D、E、F、G、H、I、J。前后工作时间近三年,主要的遗迹包括灰坑、瓮棺葬、踩踏面、房址、墓葬、车马坑等。

灰坑:主要集中在 A、C、F 发掘点,是遗址内发现最多的遗迹,总数 752 座,形状有圆形、椭圆形、不规则形等。坑内出土物以兽骨和散碎陶片为主。年代从西周延续至战国,绝大多数灰坑出土的大量绳纹灰陶片,从器型看有鬲、盆、豆、罐等,属于秦文化遗物。部分灰坑出土夹砂红褐陶的铲足分裆鬲、双耳罐,属于东周西戎文化遗物。其功能大部分为垃圾坑,存在少量窖穴和灰坑葬。窖穴坑壁多修正加工过,内含碳化植物种子。灰坑葬3座,各自内葬一具人骨,皆为仰身屈肢葬,头像分别向南和向西,几乎没有随葬品。

瓮棺葬:瓮棺为内盛婴儿骨骸的大型瓯或盆、罐,主要在居住区地层内。

踩踏面:共发现踩踏面14处。分布比较零散,主要集中在A和D、F发掘点。在A发掘点第3层和第4层之间还有一层踩踏层(编号L1),在各个探方中都有分布,厚30—50厘米,在探方区西边有清晰的界限,表明这是一处古代的小型广场,是附近人们举行公共活动的场所。据出土物判断,广场属战国时期,但由于发掘面积有限,广场的其他三边界限及范围还不清楚。D、F发掘点发现的踩踏面可能和居址有关。

房址:房址多为椭圆形,有门道、柱洞、灶、活动面,陶窑有前后室、火塘、火道。居址单位大多数为西周晚期至春秋早期,墓葬绝大多数属春秋时期,墓葬打破居址单位的现象很普遍,可见这里在居址废弃后才成为墓地。

墓葬:东西两区共计发掘墓葬199座,主要分为竖穴土坑墓、偏洞室墓、直线式洞室墓三种。一般来说,竖穴土坑墓年代从西周晚期延续到战国且等级较高,偏洞室墓和直线式洞室墓年代都集中在战国时期且等级较低,墓主均采用屈肢葬式、头向西,为典型的秦人葬式。沟西最大的竖穴土坑墓为M2059和M2058。M2059为长方形竖穴土坑墓,在车马坑K201西北约15米处,为K201的主墓。墓坑长5.2米,宽2.8米,墓底距地表深12.5米,口、底同大。墓坑北壁上部开一壁龛,殉1人,为男性,有棺;墓坑四壁下部接近二层台的位置各开一浅龛,其中西、北、南龛各殉1人,均有棺;东龛置长棺,内殉2人。下部的5个殉人均为女性。殉人随葬陶豆。墓室内一椁一棺,木椁长近5米,椁盖板上有殉狗、椁饰。有南北向隔板将椁室分隔成西部的

甘谷毛家坪遗址M2059(全国重点文物保护单位·2014年发掘)

头箱和东部的棺室。

头箱内有铜容器15件：5鼎、4簋、2方壶、1盘、1匜、1盂、1方甒，陶器13件：大喇叭口罐6件、小罐7件。棺室内置内外双棺，外棺素面，其上有铜戈1件、铜短剑1把。内棺外髹青灰色漆，内髹红漆，内棺上置铜戈1件、铜短剑1把。内棺内墓主人骨

甘谷毛家坪遗址 M2059 头箱随葬品（全国重点文物保护单位·2014年发掘）

为头向西的仰身屈肢葬式，为舒缓的屈肢葬。人骨双耳戴玦，双手交叉于腹部，下压玉璧，右胸肋骨处有各种质地的细小串珠，应为佩饰。紧贴人骨右臂出1铜戈，中胡三穿，胡部有铭文，共两列14字，右列前六字为"秦公作子车用"，余字锈蚀不清。墓主为男性。偏洞室墓和直线式洞室墓主要集中在沟东。在墓室和墓道之间有封门设施，包括封门板、立柱、横杠、封门槽等，洞室壁上往往开有壁龛，随葬陶器，陶器有铲足鬲、罐等，年代为战国中晚期。

围沟：在 F 点正南约 50 米处，开了一条 2×15 米的探沟，定为 H 发掘点，目的是解剖环绕墓地的围沟。经钻探可知沟西墓地的北部相对独立，包括 D、F 点所在台地，其北、东、南侧均有围沟，相当于墓地的"外兆"，总长度超过 300 米，沟宽 5 米左右；西侧围沟不见，可能被后代取土破坏。H 点探沟开在南侧壕沟的西段，围沟宽 6.6 米，深约 4.84 米，斜壁，其内填土可分三层，包含屈肢式人骨架及豆盘。围沟的开挖及使用年代大致在春秋时期。

车马坑：沟东发掘车马坑 2 座，沟西发掘 3 座。沟东区发掘的两座车马坑均为一车二马，马东车西，马位于车辕两侧系驾位置，采取跪伏姿势，应为杀死后处置的。双轮独辀车，车衡、车轭、车辕、车轮、车毂、车轴结构清晰。K1001 坑内有殉狗和殉人，K1002 的车衡上放置一柄长矛，很可能属于战车。这是甘谷县境内周代车马坑的首次发现，弥足珍贵。在沟西区 D 发掘点东北部发掘出一座大型车马坑 K201，坑口东西长 10 米，南北宽 3.3—4 米，被春秋战国之交的墓葬

(M2046)打破;坑底深 7 米,在其南部垫起一个宽约 1 米的熟土二层台,形成一个 10×3.3 米的放置车马的空间。其中东西一排放置三辆车,均辀东舆西。1 号车在东,驾 4 马,为俯卧状,马头有络饰、衔镳,车的衡、轭、辀、舆、轮、毂、轴结构清晰。2 号车在中,驾 2 马,马身上蒙裹皮质甲胄,上髹红漆,绘黑彩,为勾连蟠虺纹;甲胄上缝缀铜泡、勾云形铜饰,车的各部分结构清晰,舆板外蒙牛皮,上髹棕黑色漆,再用红彩勾画出豹、虎、兔、马等动物形象,并缝缀勾云形铜饰。秦人铸造铜虎系列应是秦人崇虎观念在文化上的反映,其中"群虎"是早期秦人激励民族精神、凝聚族群意志的一种氏族文化符号,"回首虎"则传达了秦人缅怀祖先、向往东方故地的族群意识。[①]

铜虎(现藏于甘肃省礼县博物馆)　　　金虎(现藏于法国吉美博物馆)

同时,车载矛、戈、弓、镞等兵器及铜铲形器。3 号车在西,驾 4 马,车的各部分结构清晰,舆前有弓、镞、环、扣饰,舆底板上铺席及布匹。坑的西北角有一藤条筐,内放牛头和羊头,当为祭祀之物。

毛家坪遗址的发现,具有重要意义。一是 2012—2014 年在毛家坪遗址累计发掘面积约 4000 平方米,共发掘墓葬 199 座,灰坑 752 个,车马坑 5 座,共出土铜容器 51 件,陶器约 500 件,小件千余件(组),极大丰富了甘肃东部的周代秦文化的内涵。

二是遗址面积不少于 60 万平方米,墓葬总数逾千座,并有 M2058、M2059 这样的大型墓葬和 K201、K203 这样的大型车马坑,应可以与古文献记载的某

---

① 余永红:《西汉水上游秦早期青铜器中的虎造型及其内在含义》,《古代文明》2016 年第 1 期。

处历史名城或县邑对应,可能是古冀县的县治。

三是铜器铭文"秦公作子车用",印证了《诗经》《左传》《史记》等文献中关于秦穆公卒、三良从死,子车为穆公近臣,子车氏为春秋时秦国重要贵族的记载。

四是该遗址位于天水—礼县古代交通要道上,为秦人北上东进的战略要地,自始至终没有放弃。遗址面积不少于 60 万平方米,墓葬总数逾千座,可能是古冀县的县治,对研究中国郡县制起源有重要意义。

五是出土大量与秦文化相关的文物,其年代从西周一直延续到战国,完善了甘肃东部秦文化的编年,为探讨秦人西迁年代、研究甘肃东部秦文化的变迁和谱系提供了重要的实物资料。毛家坪沟西墓地可能为子车氏家族墓地,发掘的车马坑全面展现了春秋时期秦人车制,对研究秦独特的车马文化有重要意义。

第二章　秦文化的形成与发展

　　从历史的整体来看,虽然秦帝国历时短暂,但这只是秦历史发展中的最后阶段,帝国的诞生经历了一个相当长的历史过程。秦人从战败西迁到统一全国,历经八百年,从非子邑秦,到襄公始国,再到惠文君称王直至秦王政一统天下,完整经历了从附庸到封国,再到王国,最后到帝国的发展历程。著名考古学家苏秉琦先生曾指出,中国古代文明和国家的发展经历古族、古国、方国和帝国四个阶段,而秦是唯一一个完整经历四个阶段的王朝,在中国古代文明史上有非常典型的意义。因此,秦对研究中华文明的形成和发展具有重要意义。"百代皆行秦政法",秦朝虽然短暂,但其所创的社会管理体系和政治、经济、文化制度却对中国历史影响深远。是故,欲要读懂中华文明史,就必须研究秦的文明,欲要认识秦文明,就必须对秦族、秦国历史、秦文化有一个全面的了解。

　　我们所说的秦文化,是指伴随秦的兴起、壮大、统一过程中,由其创造、使用的一切物质文化与精神文化的总和。当然这一文化随着秦人不断的崛起壮大,也有一个地方性文化上升为国家主流文化的演变过程。"秦文化起源于秦人西迁陇右之后,自中潏至德公之前为秦早期文化阶段;自德公至秦统一之前为秦国文化时期;完成统一的秦王朝时期为秦朝文化时期。这三个发展阶段的文化,可统称之为秦文化。"[①] 各阶段秦文化的发展,既前后相继又各有发展,既一脉相承又特点显著,既融合扩充又创新升华的绚丽景象,充满着强劲的凝聚力、旺盛的生命力以及博大的融合力。正因为如此,秦文化才能最终上升为一统中国的主流文化,开了文化统一的先河。汉代秦后,秦文化由主流文化复降为地域性的秦

---

　　① 雍际春:《秦文化与秦早期文化概念新探》,《西安财经学院学报》2007 年第 4 期。

地文化,但是秦的文化精神一直被继承了下来。

第一节　秦文化的孕育

秦人嬴姓,本是东方部族,与商王朝关系密切。史书记载秦先祖曾世代为商王驾车,至商代晚期地位尊显,蜚廉、恶来均为商纣王的心腹大臣。商文化的一些传统因素自然被秦人所继承,可以说在商代晚期秦文化已经在孕育之中了。周灭商后,秦人地位一落千丈,一度依附于嬴姓近亲造父族,后赴陇右为周王室保西垂。在经营西土的过程中,秦人一方面与姜姓的申国联姻,另一方面又积极向周王室靠拢,派遣子弟担任王宫侍卫,并为周王养马于汧渭之间。秦人凭自身才艺、贡献逐步得到周王室的赏识,秦仲被封为大夫,秦庄公更是依靠周宣王给予七千兵马,收复了犬丘故地,代表周王室统辖整个陇右地区。在这个过程中,秦人大幅度吸收周人礼乐文明,以标榜身份,装点门面。此外,西垂之地本来是西戎传统分布区,秦人在与戎人长期角力的过程中逐步发展壮大,其文化不可避免地沾染了戎狄风气。至西周晚期,具有自身面貌特点的秦文化终于脱胎而出,呱呱落地了。

从考古学的角度来看,早期秦文化主要包含三类来源不同的因素,即商文化、周文化、西戎文化。秦文化是由三者交汇融合、共同孕育产生的。

一、殷商余绪: 秦文化中的商文化因素

据《史记·秦本纪》记载,嬴秦先祖与殷商关系密切。秦人与商人都有玄鸟降生的传说,有共同的起源信仰。秦祖大费(即柏翳,亦名伯益)是燕的别称。伯益后代费昌为商汤御车,曾参加败桀的鸣条之役。费昌玄孙孟戏、中衍为商王太戊驾车,受商王赏识,"自太戊以下,中衍之后,遂世有功,以佐殷国,故嬴姓多显,遂为诸侯"[①]。晚商时中潏"在西戎,保西垂",有学者考证是保商之西陲,在山西中南部。[②] 中潏之子蜚廉、之孙恶来都是商纣王的重要大臣,"父子俱以材力事

---

① (汉)司马迁:《史记》卷 5《秦本纪第五》,第 224 页。

② 王玉哲:《秦人的族源及迁徙路线》,《历史研究》1991 年第 3 期。

殷纣";武王伐纣时，蜚廉正为纣王出使北方，不及返还，"遂葬于霍太山"；恶来则被武王所诛。有商一代，秦人始终为商人臣属国族，对商王朝忠心不贰，其文化自然带有殷商色彩。事实上，西周秦文化在某些方面依然保留着浓厚的殷商遗风，表现在以下方面。

1. 人祭与人殉

周人不流行人殉，商文化墓葬里流行殉人。周人很可能自周公开始把商代这个陋习革除了，这明显是一个时代的巨大进步。周文明可以说是中国人文主义的开始和发端。所谓"仁"，就是"人人"，即把人当人看，"二"在金文中是重文符号。孔子"仁"的思想，就是要把人当人，不能把人当牲口、当动物。商代很明显没把人当人，所以大量地殉人。周人姬姓的贵族墓、诸侯墓中很少见到殉人，不能说绝对没有，但极少，比例极低。商文化还有人祭现象，祭天、祭地等祭祀活动中把人当作牲畜。秦人继承了商文化的特点，高等级的贵族墓是流行人殉的，并且屡次用人祭。这是秦人和商文化关系密切的一个证据。

凤翔秦公一号大墓殉人 186 个，其中，墓道里殉人 20 个，椁室周围二层台上殉人 166 个。椁室周围生土二层台上放置的 166 具殉人中，内侧有 72 具棺、椁齐备的"箱殉"，有自己的随葬品，可能是姬妾、近侍；外围有 94 具薄木棺盛敛的"匣殉"，可能是家内奴隶。考古人员在清理殉人棺椁盖板时发现有朱砂书写的文字与编号，可见当时入葬时秩序井然、等级森严。根据残存头发丝检测，殉人死于砷中毒，即服用砒霜而死。这么多人殉葬，如果他们内心极不情愿，强烈反

陕西凤翔秦景公陵园（全国重点文物保护单位）

抗,是很难实施的。所以,很多人可能主观上愿意从国君于地下,甚至以此为荣,全社会也认可这种行为。《秦本纪》记为"从死",而不是"殉葬",是有原因的。《史记正义》说,秦穆公与群臣一起喝酒,喝得高兴了,就说:"生共此乐,死共此哀。"子车氏三良当时就允诺答应。穆公死后,他们都从死。可见从死在秦国社会流行时间很长、范围很广,不限于奴隶。《诗经·秦风·黄鸟》是很有名的一首诗,说"交交黄鸟,止于棘。谁从穆公? 子车奄息。惟此奄息,百夫之特。临其穴,惴惴其栗。彼苍者天,歼我良人。如可赎兮,人百其身! ……"。秦穆公是春秋五霸之一,他死的时候,子车氏的三位良臣从死殉葬。秦国的人对此很惋惜,抱着一种很悲怆的心情作了这首诗。

秦人的杀殉之风由来已久,有悠久的传统。在礼县西山坪发掘的西周晚期秦贵族墓葬 M2003,出土三件铜鼎,其南北墓壁上开有壁龛,各有 1 具殉人;殉人耳部还有玉玦,相当于耳环,其身份和墓主人比较密切。春秋早期的礼县大堡子山秦公墓 M2,虽遭盗掘,考古人员仍在其二层台上发现殉人 7 具,均带有葬具,有的甚至用漆棺。此外在墓道填土内还发现有殉人 12 具,合计殉葬 19人。M3 盗扰严重,北侧二层台仅存殉人 1 具,墓道填土内发现殉人 7 具,合计殉葬 8 人。两座秦公大墓,惨遭盗掘,考古工作者仍然发现 27 具殉葬人骨,估计该墓地殉人至少 70 人。秦的人殉习俗到秦献公的时候才被废止,秦献公即位第一年就废除了从死从葬的习俗,"止从死"[1]。北京大学收藏的竹简《周训》里说,因为中敬子反对秦献公的改革,所以秦献公就把中敬子给废掉了,中敬子可能是秦公的太子。中敬子的反对有传统礼俗上的依据,因为从死从葬是秦文化由来已久的传统,想一朝之间把它革除肯定会有阻力。

《史记·秦本纪》讲秦、晋韩之战,"于是穆公虏晋君以归,令于国,'斋宿,吾将以晋君祠上帝'",是准备用晋惠公祭祀天帝的。在周天子和穆公夫人的请求下,晋惠公才被赦免。这条记载虽然威胁、恐吓的成分居多,但也能说明秦国祭祀天帝时的确存在人牲。秦宗庙祭祀也可能用人牲,在秦雍城马家庄春秋秦宗庙遗址发现的 181 个祭祀坑中,就有 8 个是人祭坑,还有 1 个是人羊同坑。[2]2006年在礼县大堡子山秦公墓南侧发现的祭祀遗址就是由 4 座人祭坑(K1—K4)和

---

① (汉)司马迁:《史记》卷 5《秦本纪第五》,第 254 页。

② 陕西省雍城考古队:《秦都雍城钻探试掘简报》,《考古与文物》1985 年第 2 期。

礼县大堡子山祭祀遗址人祭坑（全国重点文物保护单位）

一座乐器坑组成的。人祭坑位于乐器坑四周，坑内出土人骨1或2具，经鉴定人骨大多为儿童，均为俯身或侧身屈肢，有的甚至能看到双手掩面，跪卧的姿态，场面相当残忍，研究者推测当时可能是先埋乐器，再杀人祭祀。①

商墓盛行人殉是学界所熟知的，目前已知的商代贵族墓葬如郑州商城、安阳小屯、殷墟西北岗商王陵都发现了大量的人祭坑。经观察，西周特别是宗室（姬周）贵族墓葬中几乎不见人祭与人殉，但是在江苏铜山丘湾商代社祀遗址、山东临沂凤凰山郹国墓、莒南大店莒国墓、藤县薛国故城薛国贵族墓人祭、人殉现象常有发现，而这些区域基本就是古东夷民族所在的区域。这是个非常值得注意的问题，反映了秦文化的人殉人祭习俗可能与商文化及东夷古文化存在深远的历史联系。

2. **腰坑与殉狗**

腰坑是在长方形竖穴土坑墓底部正中的位置再挖一个坑，可能是长方形，也可能是圆形的，坑里有时候会殉人，但更多的时候会殉狗。它其实相当于奠基坑。现在建楼要举行奠基仪式，古代修建大型建筑时会挖一些奠基坑，挖墓也属于土木工程，为了安抚土地神，就要挖一个腰坑殉牲、殉狗祭祀。对西北民族来说，狗是牧羊人忠实的朋友，人和狗的关系非常密切，西北土著文化里很少见到殉狗，几乎不见。但环太平洋地区的东方民族喜欢殉狗，犬祭和犬殉的习俗非常普遍。秦人墓葬里流行腰坑和殉狗葬俗，这是"东来说"的重要证据。比如清水李崖遗址的西周秦墓墓底很明显有个圆形的塌陷，这就是腰坑，里面殉狗，有时候填土里也会殉狗。

---

① 早期秦文化联合考古队：《2006年甘肃礼县大堡子山祭祀遗迹发掘简报》，《文物》2008年第11期。

西周晚期至春秋早期秦贵族墓里腰坑、殉狗很普遍。春秋早期的礼县大堡子山秦公墓里就带有腰坑，腰坑里埋一件黄色的玉琮，这是很有意思的现象。《周礼·春官》中说，"苍璧礼天，黄琮礼地"，这个腰坑为什么埋玉琮？因为腰坑相当于奠基坑，古人相信天圆地方，玉琮外形是方的，中央后土的颜色又是黄色的，所以黄玉琮是献给土地神的最好祭品。

商墓多流行腰坑殉狗，已是考古界公认的事实。商王陵自不必多说，典型商墓如安阳大司空村、[①] 殷墟西区商墓等大多都带腰坑。[②] 黄展岳统计商墓中的殉葬动物，认为殷墓中使用动物数量最多的是狗，有埋狗习俗的殷墓约占殷墓总数的三分之一。[③] 与之相反，周墓却罕见腰坑，殉狗也非常少。考察甘青地区古文化墓葬，截至目前也没有发现腰坑殉狗的报道。可见秦墓的这种习俗不是甘青地区土著的特点，显系商文化的遗绪。

3. 车马殉葬方式

秦人贵族的车马殉葬方式和周人是大不一样的。秦人先祖世代驾车，是车夫，所以对车马很讲究。秦人对青铜器可以不在乎，做得很粗糙，陶器也很粗糙，但对车马，尤其是车辆一丝不苟。秦人的车马殉葬特点完全继承了殷墟商人的一套做法，和周人大不一样。

秦人的车马殉葬，车与马在坑内放置成使用时的驾乘状，车马是不分离的，马不离车，车不离马，多辆马车纵向排列。

秦墓中一般甚少随葬车马器，即使有随葬车辆，也是完整的，车马器基本都出土在它原本使用的部位。秦墓的车马坑，有四马拉一车的，四匹马都在它们驾乘的位置，两骖两服（外侧的两匹叫骖，有左骖、右骖；内侧的两匹叫服，有左服、右服），都在其系驾的位置上，这叫驾乘状。这是秦人车马的埋葬特点，完全按照使用时的状态。

殷墟的车马坑，马车也是按使用状态来埋葬的。两匹马拉一辆车，马的前面有衡，马之间的构件叫车辀，后面是车舆。马在系驾的位置上，很明显，殷墟的马车是马不离车，车不离马。秦人的车马埋葬方式完全继承了殷墟习俗，和商文化

---

① 马得志等：《一九五三年安阳大司空村发掘报告》，《考古学报》1955 年第 1 期。

② 中国社会科学院考古研究所安阳工作队：《1969—1977 年殷墟西区墓葬发掘报告》，《考古学报》1979 年第 1 期。

③ 黄展岳：《殷商墓葬中人殉人牲的再考察——附论殉牲祭牲》，《考古》1983 年第 10 期。

是一致的。而且文献记载，秦人祖先曾经给商王当过车夫，驾驶过车辆；对商的车马制度一定是熟悉而且认同的。西周时期，经过艰苦卓绝的努力奋斗，秦人终于重新获得贵族身份。车马是身份地位的象征，死后使用车马殉葬是贵族身份的体现。周的车马殉葬，秦人未必熟悉或者认可，采用自己熟知的商人及殷遗民的丧葬习俗就很顺理成章了。

甘谷毛家坪遗址车马坑（全国重点文物保护单位）

周人的车马埋葬方式与秦不一样。如山西曲村的晋侯墓地，有东西向长方形的晋侯车马坑，中间一道生土隔梁将其隔开，分为东部的马坑和西部的车坑，东部埋了一百多匹马，西部埋了6排48辆车。

这两种埋葬方式明显不大一样。晋国是姬姓周人建立的，唐叔虞是周成王的弟弟，晋人的车和马是分开埋葬的，是按闲置状态，而不是使用状态殉埋的。

4. 商式风格的陶器

2010—2011年在清水李崖遗址，早期秦文化课题组发掘了19座西周时期的墓葬，出土了商文化风格很浓的商式陶器。最典型的就是陶鬲，它带有明显的商式鬲风格，口沿是方唇，裆部是分裆的，这在殷墟的陶鬲里很多见。厚唇的陶簋，在殷墟也是比较多见的。还有折肩的大口尊。这些都是商文化风格的陶器。李崖遗址发掘之后，我们认为秦人"东来说"已尘埃落定，因为原来一直没有发现具有如此浓厚商文化风格的器物群。

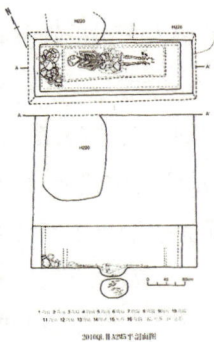

清水李崖遗址西周秦人墓葬及商式风格陶器（国家一级文物·清水县博物馆藏）

李崖遗址墓地没有

出土文字资料,之所以说它是秦人的,是因为李崖遗址的墓葬在很多细节方面与后来的秦墓是一致的。比如墓中死者人骨的头向西偏北;它有窄长型的墓坑,其墓坑长宽比达到 2∶1 以上;腰坑里殉狗,狗头的方向和人头的方向是一致的。这些与后来的秦墓在细节方面都是一样的。所以,虽然器物上有变化,但它们应该属于同一个文化、同一个人群。而且从历史地理考证上来说,李崖这个地方就是"非子封邑"的所在地。

二、宗周礼乐:秦文化中的周文化因素

据《史记·秦本纪》记载,武王伐纣,并杀恶来。其后代地位低微,受庇护于旁支造父族,甚至一度改姓造父族的赵氏。直到非子凭借牧马受到周孝王赏识,被封于秦邑,"号曰秦嬴",才算是恢复了原来的嬴姓。到其玄孙秦仲时,被宣王封为大夫,开始拥有车马礼乐。秦庄公在周王室的帮助下,收复失地,获得"西垂大夫"的封号。秦襄公"将兵救难",一路护送周平王至洛邑,被封为诸侯,才得以立国,"与诸侯通使聘享之礼"。秦文公带兵"东猎",攻破关中戎人,"收周余民有之,地至岐,岐以东献之周。"秦武公迎娶周王室之女。王子带之乱,周襄王求助于晋、秦,"穆公将兵助晋文公入襄王,杀王弟带"。陕西省宝鸡市凤翔县出土秦景公大墓的石磬铭文,《石鼓文·而师》都表明周天子确曾到秦国,与景公宴乐、游猎。凡此种种,都说明西周至春秋时秦与周保持着密切的联系。秦人西迁陇右,为保生存,一方面需要与当地戎人和睦相处,更重要的是必须得到强大的中央政权支持。当时的周王室是天下共主,代表了国家正统和文化主流。艰苦的自然环境和历史背景要求秦在早期发展过程中必须向周人靠拢,为周王室服务,学习周文化,摒弃殷商残留,改变旧俗,接受周礼,与周联姻,襄助周王室。为了生存,这一切的改变都是可以理解的。文公时占据的关中,本是周人故土,文公"尽收周余民",新人群的加入融合,必然也会影响秦文化的面貌,秦文化在许多方面都承袭了周文化的特点。

1. 宗庙、朝寝建制

位于陕西省宝鸡市凤翔县雍城的马家庄宫殿宗庙建筑遗址是目前已确定的春秋时期秦人朝寝、宗庙、宫殿建筑。其中一号建筑群为宗庙遗址,由大门、中庭、祖庙、昭庙、穆庙、散水围成一个全封闭式的空间。祖庙居北,昭、穆庙在其

南,左右东西对称,平面形制及尺寸与祖庙相同,完全符合周礼的昭穆制度。其内发现各类祭祀坑 181 个,分布有一定规律。① 祭祀坑打破建筑墙面或地面,表明在该遗址废弃后,秦人曾在此多次进行祭祀活动。

马家庄宗庙的建筑布局的复原与文献中经学家对周代宗庙的记载基本一致。② 这种建筑群内各组建筑之间形制、大小相同但互不联属,祖庙与昭庙、穆庙呈品字形分布,散水封闭,门塾位于建筑南部居中位置等建筑模式在周代的一些建筑中也时有发现。例如考古发掘的周原云塘西周宫室建筑,③ 以及晋都新田的东周建筑基址都与此有诸多相似之处。④ 所以学界普遍认为秦人的宗庙建筑继承自周人传统,我们也深以为然。

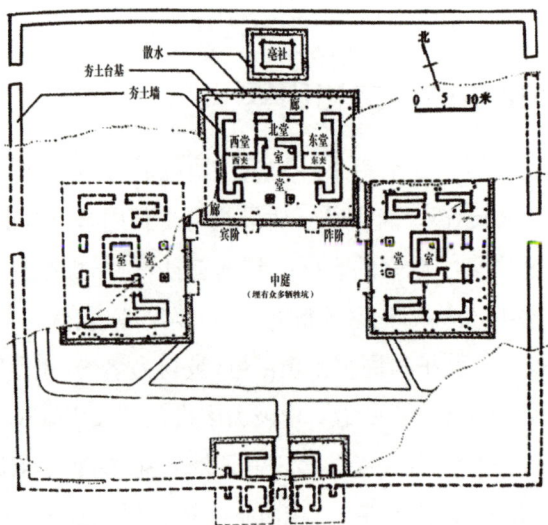

秦雍城宗庙遗址示意图

《礼记·明堂位》郑玄注:"天子五门,皋、库、雉、应、路;鲁有库、雉、路,则诸侯三门。"雍城朝寝建筑与文献记载相似且等级有所提高,这可能是秦使用的是天子之礼,有僭越之嫌。但无论如何,秦人是继承了周的朝寝制度的。

2. 青铜礼器制度

在青铜礼器制度上,秦人可以说是完全摒弃了商人的礼器传统,全盘接受了周制。商、周在使用青铜礼器上存在着很大不同。郭宝钧对商周青铜礼器进行分析认为商人的青铜礼器侧重酒器的组合,商人贵族墓随葬的铜器多以觚、爵、

---

① 陕西省雍城考古队:《凤翔马家庄一号建筑群遗址发掘简报》,《文物》1985 年第 2 期。

② 韩伟:《马家庄秦宗庙建筑制度研究》,《文物》1985 年第 2 期。

③ 周原考古队:《陕西扶风县云塘、齐镇西周建筑基址 1999—2000 年度发掘简报》,《考古》2002 年第 9 期。

④ 山西省考古研究所侯马工作站:《侯马呈王路建筑群遗址发掘简报》,《考古》1987 年第 12 期。

觯等酒器为主；周人的青铜礼器则更为侧重食器的组合，以鼎、簋为主。[①] 二者存在很大不同。当然，周礼的形成是借鉴了商礼并在其基础上建立起来的。在青铜礼器使用上也是如此。西周早期的青铜器还存在一些酒器，可以看作是继承商礼的遗泽，但也有炊器与食器组合出现的情况，直到西周后期以鼎、簋为标志的列鼎制度出现，周礼才形成了自己成熟的用鼎制度并逐渐取代前者。《公羊传·桓公二年》载："天子九鼎、诸侯七鼎、大夫五鼎、元士三鼎或一鼎。"可见西周已经建立了严格的青铜礼器等级制度。

目前考古所见的春秋时期秦人青铜礼器墓，基本都能很好地遵循西周所建立的这一套用鼎制度。秦墓中青铜礼器组合基本都是鼎簋搭配，且严格遵循七鼎六簋、五鼎四簋、三鼎二簋的齐整形式。2005 年早期秦文化联合考古队在甘肃省礼县西山遗址发现了迄今为止最早的秦墓 M2003，该墓为三鼎二簋组合，仅从器物上很难分辨其与周墓的差异。三件鼎基本都是立耳、垂腹、蹄足，与关中地区发现的周鼎形态完全相同，基本就是西周晚期周鼎的形态。同时该墓中出土的青铜簋、盘、匜、壶等器物也与关中周墓的同类器物完全一致。所以说秦铜礼器从组合到形制都来源于周文化。

3. 悬乐制度

悬乐是指能悬挂并用来演奏的大型乐器，是商周青铜礼乐制度中重要的组成部分。商周青铜器种类繁多，除酒器、炊器、食器外还有宴乐、祭祀、战争所用的乐器。商的乐器发现较少，考古工作者曾在殷墟妇好墓发现铜铃、铜铙、铜缶等乐器。铜鼓在商墓中一直没有发现，据传日本京都泉屋博古馆收藏有一件商代铜鼓，系抗战时期日军在安阳掠夺并非法运往日本的。

悬乐制度应是周人首创。西周时期的甬钟应该是周人发明并采用编悬方式进行演奏的。早期的甬钟数量并不固定，有 3 枚（宝鸡竹园沟 M7）一组的，也有 4 枚（晋侯墓地 M9）或 5 枚（绛县横水 M1 及 M2）一组的。西周晚期甬钟数量固定为 8 件一组。如陕西扶风齐家窖藏出土的 8 件编钟、晋侯墓地 M8 出土的两组 16 件编甬钟，可见在西周晚期悬乐制度基本成熟、成为定制。[②] 考古所见西周镈不多，目前仅见湖北随州叶家山镈、克镈、陕西眉县杨家村镈三例。叶

---

① 郭宝钧：《商周铜器群综合研究》，文物出版社 1981 年版，第 128—154 页。

② 李纯一：《中国上古出土乐器综论》，文物出版社 1996 年版，第 177—245 页。

家山镈资料尚未刊布。克镈出自陕西扶风县任村西周时期的窖藏,眉县镈亦出自窖藏,3件一组,还出土甬钟10件,[①] 这两组青铜钟的年代均属周宣王时期(前827—前781)。

周代钟、磬可能是悬乐组合,二者往往合用。西周编磬在张家坡井叔墓、晋侯墓地M8、宝鸡贾村塬矢国墓、周原召陈基址都有发现,但往往散佚缺失,组合不全,有学者推测一组可能不少于5件。[②]

礼县大堡子山乐器坑(国家一级文物·甘肃省文物考古所提供)

秦人继承了周的青铜礼乐器并有所发展。不仅常有甬钟、石磬等常用乐器,还比较偏好镈这种乐器。在秦的悬乐组合中,镈钟与甬钟组合一直是一起出现的。已知的秦国君级别刻铸铭文的乐器,都是镈钟与甬钟的组合。如北宋内府藏的秦公镈和秦公钟、宝鸡太公庙的秦武公钟镈、大堡子山秦子钟镈等。从形态看,秦镈完全继承了西周镈的形状,都是椭方体样式,带华丽的四出扉棱,有别于东方列国的合瓦体,类似铃铛的形状。秦的甬钟与西周晚期甬钟的形制几乎一样,凤鸟纹与夔纹饰是其常用的纹饰。从组合看,编镈3件一组、编甬钟8件一组也直承西周晚期之制。礼县大堡子山祭祀遗址的乐器坑出土有两组10枚编磬,3件镈钟、8件甬钟完全符合周制。秦人的悬乐制度袭自周人,殆无可疑。

4. 周式风格陶器

器物所蕴含的文化因素是判断墓主种属的依据之一,也是文化分析的重要手段。目前所发现的秦墓,基本都是以周文化为主体的。即使是年代最早的清水李崖遗址西周秦墓中,有些随葬品虽然带有浓厚的殷商风格,但是大多数随葬

---

① 刘怀君:《眉县出土一批西周窖藏青铜乐器》,《文博》1987年第2期。
② 李纯一:《中国上古出土乐器综论》,第48页。

品仍然是西周时期的陶器。经统计,李崖遗址的随葬陶器,除了前述商式风格,周文化因素占相当大的比重。陶器中,除方唇分档鬲、三角纹簋及大口尊外,其他的基本都是周文化的器物。随着周灭商,周文化迅速成为全国性的主流文化,原本的地方性文化积极向主流文化靠拢,不可避免地会被主流文化所同化,带有主流文化的气息。秦文化自东西迁至陇右,虽然带有殷商遗风,但是仍积极地向周文化学习、积极融入周文化。到西周中晚期,秦文化基本摒弃了商文化,全盘接受周文化,从陶器上观察,会发现此时的秦文化基本没有了商文化的因素,完全和周文化风格趋同。器物组合上开始采用周式的鬲、盆、豆、罐组合,鬲几乎都是模仿周文化的连裆鬲,开始出现关中周文化的三足瓮、浅盘豆,再也不见原商式风格的陶器。早期秦文化成功转型,"去商化、趋周制",成为周文化系统下的一支地方性文化。

5. 文字特点

王国维首先对秦文字特点进行总结,提出"古籀东西说",认为秦国所用之篆文脱胎自籀文。春秋时期秦国所用文字也是籀文,今存石鼓文是其代表,亦称之为"大篆"。"则李斯以前秦之文字,谓之用篆文可也,谓之用籀文亦可也,则《史籀篇》文字,秦之文字,即周秦间西土之文字也……壁中古文者,周秦间东土文字也。"战国时秦国用籀文,六国用古文(东土文字)。"古文、籀文者,战国时东、西二土文字之异名,其源皆出于殷周古文,而秦居丰镐故地,其文字犹有沣镐之遗,故籀文与自籀文出之篆文,其去殷周古文反较东方文字为近。"[1]后世多从王氏之说。

陈昭容发现一个很有意思的现象,春秋时秦文字与籀文相似度很高,到战国时反降至半数以下,随着时代的

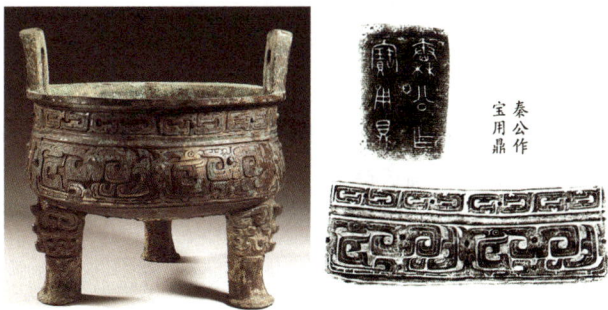

垂鳞纹秦公铜鼎(国家二级文物·现藏于甘肃省博物馆)

---

[1]　王国维:《〈史籀篇疏证〉序》,姚淦铭、王燕编:《王国维文集》(第四卷),第132—136页;氏著:《战国时秦用籀文六国用古文说》,姚淦铭、王燕编:《王国维文集》(第四卷),第139—140页。

秦公镈（宝鸡太公庙出土1号镈）及铭文

秦子作宝穌
钟以其三镈
厥音肃雍秦
子竢令在位
眉寿万年无
疆

秦子镈钟铭文照片（国家一级文物·礼县博物馆藏）

推进，籀文对秦文字的影响越来越小。宝鸡太公庙出土的秦武公钟铭文与籀文在字形上完全相同。籀文应该是西周时期周人所用的官方文字，秦人早期文字应该也是学习和使用籀文，后期才慢慢形成自己的文字。

早期秦人文化程度较低，文献记载直到秦文公"十三年，初有史以纪事，民多化者"。即是说文公在位十三年后秦人才开始有史官记事，因此，秦文字的产生可能并不会太早。早期也是极力模仿周系文字籀文，后期才在此基础上创造了小篆。

秦人世代牧马御车，质朴无文，至文公初期，才可能产生秦文字，因此秦文字的出现和形成时间可能不会早于秦文公时期。如果将来未能发现西周时期的秦文字，也在情理之中。

目前已知的秦国早期文字，主要出自大堡子山的秦子镈钟、秦公鼎、秦公簋和宝鸡太公庙的秦武公镈，其字体瘦高、均匀规整，都基本接近于石鼓文。

三、西戎风气：秦文化中的西戎文化因素

《左传》言"国之大事，在祀与戎"。即国家大事在于祭祀与战争。清人段玉

裁《说文解字注》将"戎"解释为兵器,又引申为戎狄之戎。所谓戎狄是指我国先秦两汉时期西北少数民族的统称和泛指。《礼记·王制》记载:"中国夷狄五方之民,皆有性也,不可推移。东方曰夷,被发文身,有不火食者矣;南方曰蛮,雕题交趾,有不火食者矣;西方曰戎,被发衣皮,有不粒食者矣;北方曰狄,衣羽毛穴居,有不粒食者矣。中国夷蛮戎狄,皆有安居,和味,宜服,利用,备器,五方之民,语言不通,嗜欲不同。""五方之民"即是由中原民族与四方少数民族构成的,这些少数民族的生活方式和经济形态都各不相同。这种划分是以地域划分而非族属划分。西戎其实包含了诸多的民族分支,如文献中记载的商周时期的氐羌、姜戎、犬戎、申戎,东周时期的陆浑戎、绵诸戎、骊戎、义渠戎、绲戎、乌氏戎、大荔戎、朐衍戎、翟戎、獂戎、冀戎、邽戎等等。这些少数民族种属各不相同、体质特征各异,却共同生活在同一区域,相互杂处,经济形态和文化面貌接近,因此,古今文献和学界多将其统称为西戎。

秦人西迁至"戎狄之间",不可避免地与戎发生关系,而特殊的时空环境和复杂的历史背景,造就了秦戎之间复杂多变的互动关系。在秦人发展壮大的各个阶段,秦戎关系都随着不同的历史原因而变化。秦与戎之间"你中有我、我中有你,和中有战、战中有和"的特点始终存在。秦对戎的政策也始终围绕"和与战"进行调整。和时多有联姻,极尽拉拢,吸引人才,施以笼络,加速融合;战时互有胜负,拔城夺地,灭族迁徙。这个严酷、惨烈的过程中秦人首领大骆族灭,秦仲败亡,最后在周王朝的支持下才勉强挽回败局,站稳脚跟、逐步强大。积极引进西戎人才,对戎人各部逐个分化,远交近攻,既有安抚,又有侵夺。最终西戎各族与秦民族逐渐融合,为汉民族的产生做了前期准备。可以说整个秦人崛起的过程就是一部秦与戎相互影响、相互斗争,进而融合的历史。

早期的秦戎关系,主要受周王室主导,秦戎之间的战与和,更多的是与周王室对西土的统治政策有关。从非子分土为附庸,到秦仲受封大夫,"受命伐戎",庄公借兵伐戎,襄公伐戎受到周王室的指派。随着周平王东迁,周王朝势衰,诸侯并起,秦人开始在秦戎关系中占据主动。秦穆公时吸引西戎人才,笼络戎人上层贵族,加速平民的融合,在与东方强国争霸失利后转而巩固后方,"遂霸西戎"。正确处理和西戎的关系,才使其扫除后顾之忧,扩充了军事实力,积累了战斗经验,加强了国力,有了和东方诸国争斗的实力。秦霸西戎,不愿臣服的戎族被迁徙至远方,选择依附的戎人贵族得到优待,享受丰厚的物质待遇,平民则和秦人杂处,逐渐融合到秦民族之中,为后来汉民族的形成做了前期准备。秦兴起于西戎之地,其文化不可避免地带有一定程度的"戎狄性"。战争必然带来文化交流,秦文化的某些因素,或者来自西戎文化,或者因西戎为媒介而来。①

1.屈肢葬

所谓屈肢葬就是将死者肢骨屈折,使下肢呈蜷曲状,类似母体内胎儿的一种丧葬形式,可能寓意着回归母体、渴望重生。考古已基本确认屈肢葬不是嬴秦固有的传统,嬴秦宗室多采用直肢葬,屈肢的葬式在商周墓中也非常罕见。甘青地区一些古文化墓葬中时有发现,可能是秦人在陇右发展过程中,与当地土著融合,秦人结构逐渐复杂化,受到当地某种影响而出现的。

西周时期的秦墓葬式大部分都是直肢葬。年代越早直肢葬越多,年代越晚屈肢葬越多。比如清水李崖遗址秦墓,年代基本都在西周中期偏早,甚至有的早到西周早期。已发现的19座西周秦墓仅1座为仰身屈肢葬,其余基本都是直肢葬。2005年发掘的礼县西山遗址,发现有3座西周晚期秦墓,均为直肢葬。甘谷毛家坪遗址发现的西周时期墓葬则全部都是屈肢葬。毛家坪西周秦墓与前两处墓地明显不同,首先是毛家坪遗址在时代上较晚,属于西周晚期,较前两者晚。其次毛家坪遗址西周秦墓的尺寸普遍较小、等级略低,这可能是采用屈肢葬的直接原因。

据统计,所有秦墓中,秦公墓的葬式都是直肢葬,如礼县大堡子山两座秦公墓;类似于秦公墓、等级略低的秦人宗室墓葬即嬴秦墓葬基本都是直肢葬,如礼县西山 M2003 以及大堡子山秦公大墓周边的陪葬墓。中小贵族的墓葬两种葬式并存,如甘谷毛家坪 M2059 就是屈肢葬、圆顶山贵族墓地就采用直肢葬。小型平民墓葬基本都是屈肢葬。从而形成了少数直肢葬人群对占人口多数的屈肢葬人群的统治模式。

甘青古文化曾经一度流行屈肢葬,如半山—马厂时期甘肃东部就流行侧身屈肢葬。但不知什么原因,在后续的齐家文化中屈肢葬突然消失,取而代之的则是仰身直肢葬。此后甘青的古文化中都流行仰身直肢葬和二次葬,屈肢葬很少出现。屈肢现象在东夷民族、商周都是不曾见的,仅在甘青地区一段时间出现,

---

① "西戎"泛指子午岭以西的古代少数民族,种姓繁多,占据了长城沿线的西段;该地区又是中国北方乃至欧亚草原地带的组成部分。因此,这些因素,可能来自甘青地区的古文化,也可能源自欧亚草原。

可能秦的屈肢葬是对当地土著习俗的继承与发展,但其直接来源目前还需进一步的探索。

在新疆哈密的焉不拉克文化也存在屈肢葬现象,年代要略早于早期秦文化中屈肢葬墓葬,空间距离不算太遥远。该文化墓葬营建使用土坯修葺,葬式多为侧身屈肢,流行红底黑彩的彩陶。但是从整体文化面貌上除了屈肢葬,看不出其与秦文化有任何联系,学者还没发现彼此之间有什么渊源关系。

从整个欧亚大陆版图看,早在公元前 20 世纪,黑海地区的洞室墓就曾经流行屈肢葬。公元前 2000—前 1000 年,乌拉尔以东至叶尼塞河的安德罗诺沃文化,米努辛斯克盆地的卡拉苏克文化均有屈肢葬。欧亚东部草原的阿尔泰、图瓦、蒙古乌兰固木等地游牧民族更是广泛流行头向西的侧身屈肢葬。但是这些地区的屈肢葬是墓内多人屈肢合葬,是否就是秦文化屈肢葬的源头还存在争议。

有学者注意到萨彦—阿尔泰地区的古代游牧民也存在屈肢葬式,可能与秦文化中的屈肢葬有渊源。随着这一地区游牧文化的强大,逐渐向外扩张,可能在这个过程中影响了在甘肃东部的秦文化。伴随着大量人口的涌入,秦人结构发生变化,底层平民文化融合,文化发生转变,导致屈肢葬开始在秦墓的中下层流行。甚至金器、铁器的使用以及冶金术都可能是由邻近的西戎传授给秦人的。也有学者质疑这种大规模人口迁徙的传播方式,认为丧葬习俗的改变多是宗教信仰的传播,这种传播靠少数的神职人员交流就可完成。

王辉研究发现,在西周时期中原的人群已与欧亚草原及近东有人员及文化上的往来。[1] 甘肃灵台白草坡西周墓葬出土的人头形铜钩戟,直内、人头形銎。人物造型高鼻深目、下颌有须、粗眉,是典型的欧罗巴人种特征。张家川马家塬出土的人形铅俑,呈伸臂行走状,头戴尖顶帽、着交领上衣、左衽、腰系皮带、脚穿长靴。陕西周原召陈宫室建筑出土的两件蚌雕人头像,也是高鼻深目、戴尖顶帽,其中一件截面上刻一"巫"字。水涛研究认为,头像具有写实风格,表现的可能是占卜者或魔术师的形象,周人将之改制后还刻字标识其身份。[2] 总之,这些证据都说明,大约在西周时期在西北地区就能见到这种高鼻深目的胡人形象,表

---

[1]　王辉:《甘肃发现的两周时期的"胡人"形象》,《考古与文物》2013 年第 6 期。

[2]　水涛:《从周原出土蚌雕人头像看塞人东进诸问题》,《远望集》编委会编:《远望集——陕西省考古研究所华诞四十周年纪念文集》(下),陕西人民美术出版社 1999 年版,第 373—377 页。

明中原已经开始与欧亚草原的人群有接触。秦为周人戍守边陲,在其辖区内出现胡族人,并与之互动就有了可能。

2. 金器

中国先秦时期北方地区常用黄金制成人体装饰品,即耳环、手镯、臂钏、项圈等物,如酒泉干骨崖、朱开沟、平谷刘家河遗址,以及山西保德、永和等地的殷代墓葬。商周时期贵族多注重使用铜器、玉器,作为等级森严的象征,甚少用到金。随着与周边戎族以及欧亚草原的互动,受到游牧民族用金的影响,西周中晚期的贵族墓葬中开始出现一些金饰品,但数量很少,可能仅因为一种猎奇的心态使用,中原地区使用金器的传统还没有形成。

欧亚草原的古代部族很早就有制作和使用金器的传统。从公元前三千纪起,就开始有意识地开采金矿,制作黄金制品。草原游牧文化形成,金器成为部落首领炫耀地位和财富的标志。反映在墓葬中主要就是用黄金装饰人体,墓葬内埋藏黄金的马具以及用黄金装饰武器等现象。这种大量用金器的传统,随着人群的交流很可能影响到了与之相接的我国北方地区并波及中原。①

礼县大堡子山遗址出土金饰片(国家一级文物·甘肃省博物馆藏)

西周时期秦墓未见有金器,进入春秋开始大量使用。如宝鸡益门村 M2 出土的金带钩、带扣、圆泡、串珠。②凤翔高庄 M10 的金襟

---

① 马健:《黄金制品所见中亚草原与中国早期文化交流》,《西域研究》2009 年第 3 期。

② 宝鸡市考古工作队:《宝鸡市益门村二号春秋墓发掘简报》,《文物》1993 年第 10 期。

钩，[1] 马家庄宗庙遗址车坑 K17、K121 出土的鸭头形金圆策、蟠虺纹金圆泡、兽头纹金方泡、金节约、金异兽等，[2] 礼县大堡子山、宝鸡魏家崖出土的金虎，特别是流散于国外，近年来追索回来的出土于大堡子山秦公墓的金饰品多达 52 件。一些贵族墓中有金柄铁剑出土。对比欧亚草原的用金形式，秦人基本都可与之对应，例如毛家坪 M2059 就出土有金耳环，用于身体装饰，圆顶山贵族墓出土的金柄铁剑就是用金装饰武器的体现。大堡子山追索回来的金饰片大部分应该出自棺饰，而鸥鹑形金饰片和梯形金饰片极有可能是马具。这些现象都充分说明了秦人对金器的喜爱。虽然这些金器的整体风格多是中原传统样式，但秦人使用金器的习惯和形式却与北方地区乃至欧亚草原接近，应在一定程度上受到了后者的影响。

秦人也用黄金装饰车马。秦汉时期仅供皇帝使用，规格最高的乘舆车辆，称为"金根车"。《后汉书·舆服志》记载，"秦并天下，阅三代之礼，或曰殷瑞山车，金

张家川马家塬战国晚期西戎墓地 M16 全景（墓道内葬 4 辆马车、墓室内葬 1 辆金银饰件装饰的最为豪华的车）

---

①　吴镇烽等：《陕西凤翔高庄秦国墓地发掘简报》，《考古与文物》1980 年第 2 期。

②　陕西省雍城考古队：《凤翔马家庄一号建筑群遗址发掘简报》，《文物》1985 年第 2 期。

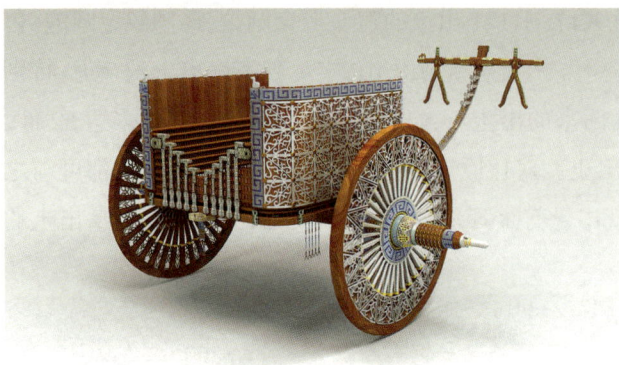

张家川县马家塬西戎贵族墓出土的戎式豪车（复原图，甘肃省文物考古研究所藏）

根之色。"刘昭注曰："殷人以为大路，于是始皇作金根之车。殷曰桑根，秦改曰金根。"《乘舆马赋》注曰："金根，以金为饰。"其实就是用金装饰的车辆，代表着尊崇与华贵，应该是秦始皇时期首创，专供帝王使用的。在之前的商、周车辆中都没有类似发现。2006年，张家川马家塬战国西戎贵族墓中发现大量随葬车辆，部分车辆装饰异常豪华，用金银铁条为车厢骨干，再用金银箔花饰的动物、包金铜泡、金银帽等物装饰车厢和车轮。① 这种装饰车辆的方法可能被秦人所吸收，最终成为皇帝出行的座驾——金根车。

3. 铁器

西亚是全球冶铁术发源地，早在公元前14世纪以前甚至更早，该地区已经掌握了冶铁术，并逐步向周围地区传播。中国新疆地区至少在公元前1000年前就已经开始了人工冶铁，可能新疆的冶铁术源自西亚，后经河西走廊传入中原地区。②

春秋早期，中原地区开始有了冶铁制品。如礼县大堡子山1号车马坑、灵台县景家庄M1，关中的陇县边家庄春秋早期墓、长武县碾子坡春秋早期灰坑、韩城县梁带村芮国墓地M27，豫西的三门峡虢国墓地M2001、M2009等都曾发现铁器。相较而言，作为当时的高科技产品，铁器在别国都是在国君级别的墓葬内出现，而秦国则不限于国君墓，在有些贵族墓葬中也有发现。

进入春秋中晚期，秦国的铁器出土更多，如在甘肃礼县圆顶山墓地，③ 陕西

---

① 甘肃省文物考古研究所等：《2006年度甘肃张家川回族自治县马家塬战国墓地发掘简报》，《文物》2008年第9期。

② 唐际根：《中国冶铁术的起源问题》，《考古》1993年第6期。

③ 甘肃省文物考古研究所等：《甘肃礼县圆顶山98LDM2、2000LDM4春秋秦墓》，《文物》2005年第2期。

凤翔秦公一号大墓,雍城马家庄宗庙遗址,[①]孙家南头墓地,[②]宝鸡益门村二号墓等都有铁器出土。种类包含铁制兵器、铁制农具、铁制工具等。铁制兵器如铁剑、铁刀、铁斧等,铁制农具如铁铲、铁锸等,铁制工具如铁销刀等。秦墓铁器不仅种类繁多,数量也较东方列国多出不少。可见秦国的铁器不可能来源于东方,而从西方传入的可能性很大。

冶铁技术自西向东传播进入中原,偏处西北的秦国最先受到影响。考古工作者在河西走廊东端沙井文化的居址和墓葬中发现多件铁器,种类有锸、锛、刀、剑、锥形器等,年代大体在公元前9—5世纪。[③]近年在甘肃省临潭县陈旗磨沟遗址墓葬中也出土有两节铁条与1件铁锈块,墓葬测年为公元前1430—前1260年,也就是说,我国境内的人工冶铁制品可能早在公元前15世纪就已经出现。[④]磨沟墓葬属于寺洼文化早期,目前学界也普遍认为,寺洼文化属于西戎的一支。目前还不清楚磨沟墓地铁器的来源,但已经可以说明戎人很早就接触到冶铁制品,秦人铁制品的来源很可能就是由戎人传入。

4.动物造型及纹样

秦文化中的纹饰一般是在青铜器、高等级彩绘车辆以及瓦当上出现。青铜器纹饰在西周至春秋早中期一直采用周文化的样式。如垂鳞纹、重环纹、瓦楞纹、窃曲纹、夔纹等,春秋中期后,夔纹逐渐演变成蟠虺纹,且蟠虺纹细密繁复勾连在一起。这类纹饰一般都比较夸张,除勾连蟠虺纹外都比较简约,不像商周时期那么复杂。

一些装饰性的部件也铸成动物的样式。如春秋早期的秦子盉,盖顶的部分就有卧鸟的装饰,其盖、耳、肩部及器座都有虎、牛的装饰。[⑤]礼县圆顶山出土的青铜方壶在盖沿四周有虎形饰件,全器在不同部位共附饰鸟、虎等动物18只。

---

①　陕西省雍城考古队:《凤翔马家庄一号建筑群遗址发掘简报》,《文物》1985年第2期。

②　陕西省考古研究院等:《陕西凤翔孙家南头春秋秦墓发掘简报》,《考古与文物》2013年第4期。

③　甘肃省文物考古研究所:《永昌西岗柴湾岗:沙井文化墓葬发掘报告》,甘肃人民出版社2001年版。

④　陈建立等:《甘肃临潭磨沟寺洼文化墓葬出土铁器与中国冶铁技术起源》,《文物》2012年第8期。

⑤　梁云:《"秦子"诸器的年代及有关问题》,北京大学中国考古学研究中心等编:《古代文明》(第5卷),文物出版社2006年版,第301—312页。

青铜盉在底座、流部、鋬部等部位附有熊、鸟、虎等饰件。青铜盨在底座、器盖、器壁四周附有虎、鸟等饰件。这些饰件多用于青铜器上，[①] 显得威武雄壮。这种做法在西周铜器中未有发现，应该是秦人的独创，给人耳目一新的感觉。

除青铜器外，在甘谷毛家坪遗址出土的车辆 K201，其 2 号车驾两马，马身上蒙裹皮质甲胄，上髹红漆，绘黑彩，为勾连蟠虺纹；甲胄上缝缀铜泡、勾云形铜饰；车的各部分结构清晰，舆板外蒙牛皮，上髹棕黑色漆，再用红彩勾画出豹、虎、兔、马等动物形象，并缝缀勾云形铜饰。

甘谷毛家坪遗址 K201 车舆侧板动物纹图案

这些动物形象应该是秦人日常狩猎的反映，写实风格明显。运用在随葬的车辆上，可能也是后世视死如视生葬俗的反映。

但是，如此写实的风格，却没有伴随秦人时间最长的狗的形象，有些让人费解。侯红伟研究认为，毛家坪车辆是为墓主陪葬的，并非传统意义上的实用车，应该是作为一种明器使用。车舆板的动物基本都是狩猎的对象，狗是主人的助力，应该紧随主人，所以不会出现在狩猎的场景中，而会真实地出现在主人的身边，2 号车下的殉狗就是明证。

秦人运用动物装饰、美化都是其崇尚自然的表现。进入战国时期，秦人将这种自然主义的风气带到建筑上来，形成了自己独特的风格。这种自然主义风格集中在陕西雍城遗址出土的动物纹瓦当上体现。雍城作为秦人进入关中后置都时间最长的都城，后期即使迁都栎阳、咸阳，雍城仍然是秦人在关中的重要城市。雍城置都时间近 300 年，存在着大量的建筑基址，出土了品类众多的动物纹瓦

---

① 甘肃省文物考古研究所等：《甘肃礼县圆顶山 98LDM2、2000LDM4 春秋秦墓》，《文物》2005 年第 2 期。

当。种类有凤纹、单獾纹、虎纹、鹿纹、鹿蛇纹、鹿蟾狗雁纹、豹鹿鱼纹、猎人刺虎等。[1] 这些瓦当纹饰有单个动物、有多个动物也有斗兽纹饰，草原生活风格明显，充满了自然、奔放的生活气息。这种风格和燕齐等北方国家的瓦当风格接近，可能就是受到北方游牧文化的影响。

青铜时期，从东端的夏家店上层文化，到西端卡约文化，均流行在武器和工具上装饰或镂刻动物。可以说，各类动物的形象是北方诸文化中主要的装饰主题。秦人位于周的西部边陲，直接与戎狄部落面对，文化上的交流自不必说，吸收其动物纹艺术为自己所用，也是很自然的事。

5. 墓室的壁龛和围墓沟

早期秦墓特别是西周中、早期秦墓基本都是竖穴土坑墓。

西周晚期以后，秦贵族墓开始流行在墓室坑壁上修建壁龛，用于放置殉人或者殉狗，一龛内一般殉 1 人，个别殉多人。如甘肃礼县西山坪 M2003（三鼎墓）南、北壁的壁龛内各殉 1 人，除此外南侧壁龛人骨旁还有殉狗，礼县圆顶山 98LDM2（七鼎墓）的 3 龛中共殉 7 人，98LDM1（五鼎墓）南、北壁的 3 龛中各殉 1 人。[2] 甘谷毛家坪 M2111（三鼎墓）的南、北龛各殉 1 人，M2059 南、北、西壁龛均殉 1 人，东侧壁龛殉 2 人。陕西雍城近郊的贵族墓中壁龛殉人的现象也很突出。

商贵族墓葬基本不见壁龛，其殉人多置于生土二层台上。周人是反对殉葬的，根本没有壁龛，所以秦墓内开凿壁龛的习俗肯定和商周文化无关。而商周时期甘青地区的土著文化墓葬（羌戎文化）流行用壁龛，当然土著墓葬主要是用壁龛放置随葬品的。比如宝鸡高家村、长武碾子坡、合水九站墓地均有大量的墓葬带龛，龛内放置随葬陶器。[3] 庄浪徐家碾寺洼文化墓葬有 6 座脚龛，龛内多殉未成年孩童，殉人微屈或平卧，系被杀死后塞进龛内。[4] 近年，中国社会科学院考古所在临洮寺洼山发掘的寺洼文化墓葬也普遍存在壁龛。显然，秦墓掏挖壁

① 陕西省考古研究院等：《秦雍城豆腐村战国制陶作坊遗址》，科学出版社 2013 年版。

② 甘肃省文物考古研究所：《礼县圆顶山春秋秦墓》，《文物》2002 年第 2 期。

③ 高次若等：《宝鸡高家村发现刘家文化陶器》，《考古与文物》1998 年第 4 期；北京大学考古系等：《甘肃合水九站遗址发掘报告》，《考古学研究》（三），科学出版社 1997 年版。

④ 中国社会科学院考古研究所：《徐家碾寺洼文化墓地——1980 年甘肃庄浪徐家碾考古发掘报告》，科学出版社 2006 年版，第 160 页。

兖的习俗受当地羌戎文化影响,只是将壁兖的主要用途由放置随葬品改为殉人。

围墓沟是封闭茔域、标识范围的界沟。在礼县大堡子山秦公墓周边就有发现,只是年代上可能较晚,似乎是晚期用以防水、标识之用,且似乎尚未完工。陕西宝鸡阳平太公庙秦陵园、雍城秦公陵园、芷阳秦东陵、咸阳塬战国秦陵均都有类似的设施,应该说是秦国陵区的一个显著特点。这点在商周墓地中都是没有发现的。俞伟超曾在青海循化县苏志村发掘了两座卡约文化中晚期的坟丘墓,在坟丘两侧各有一条弧形弯曲的围沟,年代大致在西周时期,认为坟丘和围墓沟都是西北青铜文化带给中原的影响,秦的围墓沟正是来自西北羌戎文化的因素之一。①

6. 铜鍑和短剑

铜鍑是一种双立耳、深腹、圈足的炊食具,西周晚期至春秋流行于河北北部、内蒙古、陕西北以及甘肃平凉、庆阳地区,是中国北方及欧亚草原的游牧民族使用的便于携带的炊具。1974 年陕西岐山县王家村出土的西周晚期铜鍑,方唇、立耳顶端有乳突,耳部饰回纹,深腹,圜底,圈足,鍑内放置 1 把銎柄直刃剑和 1 件铜凿。② 此外,北京延庆西拨子村夏家店上层文化窖藏也出土铜鍑,耳部有凸棱纹,侈口深腹圜底,底残,年代在两周之际。③ 这两处铜鍑均有显著的北方风格特点,显然与戎交流有关。④ 当然这两件器物肯定不属于秦式铜鍑,而且其底部有烟炱,又有修补痕迹,当因长期使用之故。秦鍑目前披露的主要是国外收藏及上海博物馆与甘肃省博物馆所藏,主要纹饰是在腹部饰波曲纹或垂鳞纹,年代基本都在春秋早期,装饰风格与大堡子山被盗秦公大墓出土秦公鼎相似。有学者认定其为秦器。⑤

近年,甘肃庆阳宁县石家墓群出土有春秋时期铜鍑,其形制、纹饰都与秦鍑相同,这批墓葬一般被认为是周余民的遗存。可见无论西周、秦墓以及周墓都有

① 俞伟超:《日本方形周沟墓与秦文化的关系》,《古史的考古学探索》,文物出版社 2002 年版,第 347—358 页。

② 庞文龙等:《岐山王家村出土青铜器》,《文博》1981 年第 1 期。

③ 北京市文物管理处:《北京延庆县西拨子村窖藏铜器》,《考古》1979 年第 3 期。

④ 滕铭予:《中国北方地区两周时期铜鍑的再探讨——兼论秦文化中所见铜鍑》,教育部人文社会科学重点研究基地吉林大学边疆考古研究中心编:《边疆考古研究》(第 1 辑),科学出版社 2002 年版,第 49 页。

⑤ 李朝远:《新见秦式青铜鍑研究》,《文物》2004 年第 1 期。

这种深腹铜鍑存在,这很可能就是西戎的遗存或者是中原民族向周边戎族学习的结果。

秦墓特别是贵族墓中出土秦短剑较多,据不完全统计,我国出土的秦短剑30余把,大体可分为格、茎、首均饰镂空的蟠虺纹的青铜短剑以及兽面格短剑。兽面格短剑因剑首装饰的不同又被称为"秦式短剑"或"花格剑"。其中"秦式短剑"兽面格,首饰蟠虺纹,茎部多无纹饰。"花格剑"兽面格,首与茎柄无明确分界,呈曲腰喇叭形。有学者考证其来源,认为其源于周人所用之柳叶形短剑。[1] 这固然是中原文化传统,但是其本身形制更接近北方草原风格,亦有学者倾向于其来源于北方草原短剑。[2] 我们认为其很可能是在吸收了周、戎文化的基础上自创的一个器类,或者说是华戎合璧的产物。

秦人贵族墓葬出土青铜短剑较为普遍,如礼县大堡子山遗址 M2003、礼县圆顶山秦宗室贵族墓葬98LDM3、[3] 甘谷毛家坪 M1045 等均出现。[4] 这些墓葬基本包含了秦国所有贵族阶层,说明秦贵族佩剑之风相当流行。

两周时期中国版图内的战争基本都是以车战为主,弓箭或长兵器是战场的主要武器,短剑是近距离贴身肉搏的武器,能使用的机会并不多,因此可能不是战场上常用的兵器。秦国地处戎狄之间,常年为周王室养马,畜牧业发达,经研究认为,秦人杂食,以肉食为主。短剑可能是身份的象征,也是日常护卫、生活中剥皮、食肉的工具,需要随身携带。但是有个很奇怪的现象,曾经在春秋早中期盛行的短剑突然在春秋晚期的秦墓中消失了,不知是何故。

第二节　秦文化的形成

秦文化在商文化遗韵、周文化熏陶及其与西戎文化的交流交融中孕育,文化

---

① 张天恩:《再论秦式短剑》,《考古》1995 年第 9 期。

② 陈平:《试论宝鸡益门二号墓短剑及有关问题》,《考古》1995 年第 4 期;杨建华:《略论秦文化与北方文化的关系》,《考古与文物》2013 年第 1 期。

③ 甘肃省文物考古研究所等:《礼县圆顶山春秋秦墓》,《文物》2002 年第 2 期。

④ 早期秦文化联合考古队:《甘肃甘谷毛家坪遗址 2013 年考古收获》,国家文物局主编:《2013 年中国重要考古发现》,文物出版社 2014 年版。

的多渠道来源造就了其独特的文化内涵。

一、美人之美：在传承中发展

殷商文化、宗周文化、西戎文化，三种不同的文化在秦地交融、碰撞，结合秦地独特的地理位置和气候条件，滋生出具有自身特色且对中华民族发展产生重大影响的秦文化。

文化是一个群体成员所共享的规范和价值观。秦文化广义上是指从秦先祖的活动到秦统一六国，建立第一个大一统国家期间，所有活动区域范围内秦人的文化。要了解秦文化，首先要从了解秦人入手，秦人有一个从小到大的发展过程，最初人群较小，可能仅限于嬴姓宗族，后来不同地域、不同文化背景的各类族群等加入其中，滚雪球般越滚越大，一起构成了"秦人"这一共同体。秦人的族源一般指作为统治阶层的嬴秦宗族的来源。

需要指出的是，考古学上秦文化的来源与历史学上秦人的族源是两个既相互支撑、又有区别的问题。一个民族的来历及其固有传统自然会在文化遗存上留下鲜明的烙印，但文化遗存各方面的特征、所含各类因素出现的原因却很复杂，可能与人群的构成有关，也可能是不同人群之间交往及文化交流的结果，并不都与族源问题存在必然联系。考古学文化以物质遗存的形式而存在，包含各类因素，这些因素各有其源头，其中只是某些因素与人群共同体的族源有关。

1. 秦人对东方和殷商文化的传承

关于秦人的族源，史学界长期以来有"东来说"和"西来说"的争论。"东来说"认为，秦人本是东方民族，只是后来才西迁到甘肃的，理由如秦先祖玄鸟降生的传说，秦人同殷人有一个共同点，都奉"玄鸟"为祖先。秦人和殷人先祖都是因吞玄鸟卵而生，共同的图腾崇拜，相似的族源传说，在文化传播速度和范围有限的远古时期，这一文化现象共同反映了他们的兴起和最初活动的位置相距不远。史学界从《左传》等史料中推断出，以玄鸟为图腾的部落早期可能都活动在山东半岛的齐、鲁一带。嬴姓部族历史上多居东方，秦人自称为帝高阳颛顼之后，并祭祀少昊等等。秦人除了与殷人有相同的图腾和句芒崇拜外，秦人还是殷商时期商王朝的附庸和支持者。在殷商时期，秦先祖费昌就为商汤御车，参加了商汤败桀的战争，费昌以后，孟戏、中衍为商王太戊御车，建立功勋，被封为诸侯，晚商时中潏被派往西方,"在西戎,保西垂",蜚廉、恶来都是纣王的心腹大臣,为商纣王尽忠。

"西来说"认为,秦人本是陇右的土著,或者说西戎的一支,理由如秦先祖"在西戎,保西垂",秦与西戎通婚,秦的洞室墓和屈肢葬等等。比较而言,"东来说"较系统,理由也更充分。因此,我们在论述秦文化时,主要采用"东来说"的观点。

上述文化因素中源于商文化的因素最具代表性,它反映出嬴秦宗族来自东方,与商王朝关系密切,受商文化影响很深。这类因素大多属于丧葬习俗,葬俗浓缩了一个民族的丧葬观念,现实功利色彩最少,具有很强的顽固性,即便经历王朝更替、社会动荡也很难改变,往往是判断族属、探索族源的有效指标。而且这类因素在"西山型"①阶段集中出现于高等级墓葬,与嬴秦的社会地位相吻合。

"李崖型"为目前发现的甘肃东部年代最早的秦文化遗存,反映了嬴秦在西迁之初,在葬俗和器用方面还保留着浓厚的殷商遗风。可以说,李崖遗址的发掘,从考古学的角度证实了秦人"东来说"。墓葬里腰坑、殉狗所占比例之大,商式陶器所占比例之重,在西周遗址中罕见,为同时期周人墓葬远远不及。这些因素不可能是嬴秦在西周时期受他人影响所致。西周时周人为统治阶层,代表了文化正统和主流,如果嬴秦本为西土民族,不该舍周文化而去学习弱势的殷遗民的旧习。从这个角度说,嬴秦属于广义上的殷遗民,早期秦文化"李崖型"其实是一支殷遗民文化。

2.秦人对陇右本土文化的吸纳

嬴秦宗族来自东方,并且与商王朝关系密切,秦文化中有商文化因素的存在。同时,费昌的子孙,就有的在中原地区生活,有的活动在夷狄区域。中衍后人中潏就活动在西垂。秦先祖在这一地区繁衍生息,秦人善御车和养马为其得到周王室赏识提供了条件,造父因御车的技能得到周穆王封赏,非子擅长养马,犬丘人将这一情况告诉周孝王,周孝王命他在汧渭之间养马,"非子居犬丘,好马及畜,善养息之。犬丘人言之周孝王,孝王召使主马于汧渭之间,马大蕃息"②。孝王在与申侯交谈时,援引嬴氏先祖伯益为舜养马之事,令非子为其养马,"今其

---

① 梁云认为,在秦文化早期遗址中存在两种文化遗存,一种是"李崖型",一种是"西山型","李崖型"具有浓厚的商式风格,时间早于"西山型"。

② (汉)司马迁:《史记》卷5《秦本纪第五》,第227—228页。

后世亦为朕息马,朕其分土为附庸"①。周孝王封非子于秦邑,使其得以延续嬴氏祀,号曰秦嬴。非子受封的秦邑,就在甘肃天水境内。

甘肃在古代,地理位置十分重要。甘肃地处黄土高原、青藏高原和内蒙古高原三大高原的交汇地带,境内地形复杂,山脉纵横交错,海拔悬殊,高山、盆地、平川、沙漠和戈壁等兼而有之,复杂的地形既给秦人的生存繁衍带来挑战,也为其文化的形成带来独特的本土色彩。当时的陇右一带,时常作为华夏族抵御游牧民族入侵的屏障。商周时期,甘肃地区戎狄混杂,秦人来到此地后,如何生存壮大是其面临的首要问题,在与当地人民交往融合中,必然吸收了戎狄文化特色。

甘肃地区是华夏文明发祥地之一,神话传说中的伏羲氏就起于这里,"始画八卦,以通神明之德,以类万物之情。造书契以代结绳之政"②,他画八卦来判断吉凶,创造简易的象形文字来记录事件,使得人类活动经验除了口传,还可以用文字简单记录下来。"黄帝起自西北,于是集开辟以来群圣之大成而一新制作,始造文字,设史官。神州赤县非复混沌草昧之时矣。遂由农稼社会进而为文明社会。中历尧舜禹、汤文武、成康之世,与夫春秋时孔子,战国时孟子,群圣人教泽所涵儒,于是礼乐、刑法、易象、诗书,一切有用之人才,有用之学术,同时汇集于华夏。甘肃近在畿内,其文化以观摩而易进。"③黄帝也是在这里发迹,他吸收以前的经验,令仓颉创造正式的文字,并且设立史官用文字将先民智慧整理记录下来,文明得以流传。中间历经尧、舜、禹以及西周时期,文明都没有中断过。秦人守西垂之时,对甘肃地区的文化有一定的继承,湖北云梦睡虎地出土的秦简《日书》中,没有"德""仁""义"等这些反映中原文化价值观念的字眼,而是用"吉、凶、祸、福"等字眼来表示价值评价。《日书》作为秦人的日常生活指南,说明伏羲的八卦断吉凶的思想有深厚的群众基础。这是秦文化继承自伏羲文化的重要佐证。以伏羲文化为代表的甘肃本土朴素唯物辩证法思想,成为秦文化吸收百家学说、包容六国文化的重要思想基础。

秦人在事殷过程中对殷商文化耳濡目染,吸收殷商文化中丧葬形式等文化特色,同时结合甘肃本土伏羲文化中朴素的唯物辩证法思想,加之甘肃地区独特

① (汉)司马迁:《史记》卷5《秦本纪第五》,第228页。

② (唐)司马贞:《史记索隐》卷30,景印文渊阁《四库全书》第246册,第662页。

③ 高国祥主编:《中国西北文献丛书》三编《西北史地文献》卷21,甘宁青史略卷首之二,朝华出版社2020年版,第54页。

的地理位置、地形地貌及气候等特色形成的本土文化，融汇交合，形成了独具特色的秦文化。秦文化摒弃了殷商文化中奢靡的部分，吸收甘肃本土文化，呈现出质朴大气、包容兼收的特点。

二、和而不同：在学习中成熟

秦文化形成中还有一个重要的来源，即周文化的因素。秦文化对宗周礼乐文明的继承、吸收与对殷商文化耳濡目染不同，更多的是秦人为了获得正统地位，有意识地学习周人政治文化而来。

赢秦本为殷商臣属，西迁陇右后，面临恶劣的生存环境，要想发展壮大，谋得周王朝的认可和支持至关重要。秦人获得周王朝认可经历了漫长的过程和几代人的努力，秦祖非子在甘肃礼县地区因擅长养马而受到周孝王的赏识，重新赐姓赢姓，号称秦赢，并获得封地——秦邑。秦仲时，因周厉王无道，西戎反叛，周王室看到秦在抵御西戎上的重要位置。周宣王将秦仲封为大夫，令其率兵诛杀西戎，赢秦开始跻身周人上流社会。秦仲被西戎杀掉后，周王室继续利用秦人抵御西戎，秦庄公正是依靠周宣王援助的七千兵马，才能一举伐破西戎，被封为西垂大夫，代表周王室在陇右行使军政管辖权。秦襄公因护送平王东迁有功，被封为诸侯，获得岐山以西的地方，得以立国。在这个过程中，秦人经历了自下而上，从附庸到大夫，再到诸侯的身份转变，而转变身份需要有相应的识别标志，即车服、礼器、宗庙、宫室等方面的待遇规制，如此才能进入周王朝的政治圈子，获得王室的倚重，以及与其他诸侯国对话交往的资格。秦虽然因为助周王室东迁，得以封诸侯，但在战国秦孝公时，仍有"诸侯卑秦，丑莫大焉"之感叹。在秦人被迁至西垂与戎狄杂处后，在中原诸国眼中就已经与夷狄无异了，秦人为了获得正统地位，向宗周主流文化靠近，在很多方面系统地学习、吸收、使用宗周礼乐制度，与夷狄划开界限，关乎其生存发展、文化地位，有很强的现实政治意义。

1. 广泛学习周文化

学习周礼，即礼乐制度，周朝通过礼乐制度来规范贵族的身份地位，要求贵族在衣、食、住、行等方面都要符合自己的身份，贵贱长幼之间要有明显的差别。秦穆公以秦国拥有"中国诗书礼乐法度为政"自居，可见其对周文化吸收之多之深。

首先是与祭祀相关的宗庙建制,雍城马家庄一号宗庙建筑遗址在形制、组成建筑、尺寸等方面均与经学家对周代宗庙的复原相吻合,秦人从祭祀场所建制上积极向周王室靠拢。除了祭祀建筑,在朝堂寝殿建筑方面也学习周制,马家庄三号建筑由南向北可分五进院落、五个门庭,是一个"五门三朝"结构的朝寝建筑遗址,与周王室的门朝制度有继承性。祭祀礼器方面也与宗周文化有颇多相似,秦人祭祀礼器经历了从殷商文化重酒器的影响到宗周文化重食器的影响变化。尤其是周礼将鼎与天下正统王权联系起来后,秦国礼器与周王室趋同,春秋早期秦立国初,秦墓中出土的青铜礼器,几乎全是清一色的西周风格。

乐器方面,秦国逐渐放弃殷商文化中"庸"的使用,开始学习使用周王室的编钟悬乐制度,同时结合自身喜好"镈",形成自己的悬乐制度。

在学习周礼的同时,秦人在器用方面也扬弃了那些源自殷商不合时宜的旧传统,向周文化靠拢,实现了从"李崖型"到"西山型"的文化转型。"西山型"陶器中商式因素消失殆尽,呈现出比较纯粹的周式风格。

秦人西迁至西垂,这里地形复杂,农牧交错。秦国在收复周人故地岐山时,也接收了当地遗留的周余民。岐、丰之地原是周王朝的发源地,有着相对发达的文化条件和农耕技术,为秦文化的发展注入了活力。秦国建国发展主要是在周王朝统治时期,故而秦文化中对宗周文化的学习形成了其祭祀、礼乐等正统文化。

2. 积极摄取西戎文化

秦国在建国过程中,与西戎时战时和,杂居相处,文化中不由自主地沾染了戎狄的习气,西戎文化因素也是秦文化的一个重要组成部分。"戎化"是史书描述秦文化特征的经常用语。当时的陇右地区多个民族杂居,西戎是西部多个游牧民族的统称,秦国建国的过程也是和周边戎狄不断斗争妥协的过程,周厉王时,西戎寇掠,"灭犬丘大骆之族"。周宣王即位,"乃以秦仲为大夫,诛西戎。西戎杀秦仲"。宣王使庄公伐西戎,破之。襄公二年,"戎围犬丘,世父击之,为戎人所虏"。襄公十二年,"伐戎而至岐"。文公十六年,"以兵伐戎,戎败走"。武公十年,"伐邽、冀戎,初县之"[①]。秦穆公用由余谋伐戎,"益国十二,开地千里,遂霸西戎"。秦人为了保家卫国,保护自己的生命财产安全,战争不断。除了战争外,还

---

① (汉)司马迁:《史记》卷5《秦本纪第五》,第233页。

时有联姻,申侯曾对周孝王说:"昔我先郦山之女,为戎胥轩妻,生中潏,以亲故归周,保西垂,西垂以其故和睦。今我复与大骆妻,生适子成。申骆重婚,西戎皆服,所以为王。"①申侯虽然有故意拉近和周王朝关系的嫌疑,但秦与西戎联姻是事实。联姻这一形式更有利于文化交流,不断的交流碰撞,使得秦文化具有显著的戎狄文化特色。

一方水土养一方人,嬴秦虽然来自东方,但在陇右近三百年的经营中已深深扎根于这方土地,日积月累、耳闻目睹,在生活习性、审美趣味等方面与当地西戎已很接近,比如对黄金、动物纹的喜爱,佩剑习俗表现出的尚武之风等。屈肢葬式属葬俗,壁龛、围沟属墓型,金器属奢侈品,铁器为舶来品,动物纹属于装饰风格,铜镜、短剑最初可能也是从外部传入的。其中屈肢葬流行于社会中下层,其他因素主要见于社会中上层。秦在建国的过程中,一方面嬴秦贵族上升为统治阶层,另一方面其辖区的臣民也越来越复杂,既包括形形色色的戎人,还有周人,这些人与嬴秦共同构成了"秦人"这一人群共同体。秦贵族墓直肢葬和平民墓屈肢葬的差异,已经暗示了二者在族源上的差别,并反映了早期秦文化的地缘性特点。秦国地处西北边陲,同时又在古丝绸之路的东段,那里农、牧经济并重,古代民族混杂,使其文化不可避免地包含了西戎以及来自欧亚草原的因素。

20 世纪 80 年代,就有学者根据秦墓葬中的屈肢葬、洞室墓和铲脚袋足鬲等特征,提出秦文化起源于西北地区的西戎文化,或甘青地区的辛店文化等观点。

在西周中期的秦文化中,殷商文化还占优势。到了西周晚期至春秋早期,宗周文化和西戎文化明显占优势,殷商文化仅在贵族的丧葬活动中有所体现。通过对殷商文化和甘肃本土文化的继承,结合秦人自身特色,秦文化开始形成。宗周文化为其奠定正统色彩,西戎文化的不时注入,令其在学习中日趋成熟,殷商文化因素、宗周文化因素、西戎文化因素水乳交融,有机结合,形成了一种稳定的文化结构,一种全新的文化形态形成了。

三、美美与共:在融合中创新

秦文化在形成过程中,继承吸收殷商文化中的丧葬文化,结合陇右地区伏羲

---

① （汉）司马迁:《史记》卷 5《秦本纪第五》, 第 228 页。

文化及本土文化,创新发展出具有自身特色的文化。同时,为了获得周王室和东部各诸侯国的认可,获得正统地位,积极学习宗周文化,尤其是与身份制度相关的礼乐文化,加之与戎狄杂居共处,时战时和,文化交流交融,秦文化趋于成熟。多源头的文化来源和融合为秦文化提供了强劲的生命力和顽强的适应力,为秦国逐渐强盛、统一六国奠定了文化基础。

1. 扎根陇右夯实文化根基

当时的陇右地区地形复杂,气候变化剧烈,农耕技术落后,秦人来到这里后面临严峻的生存挑战,面对严苛的自然环境,秦人顽强拼搏,农牧结合,积极改造自然,扎根陇右,繁衍生息,形成了坚韧不拔的性格,为其文化增添了韧性。同时,严酷的地理环境,落后的物质条件,使秦人将殷商文化中奢靡享乐的部分完全摒弃,更多地接近自然,形成了不畏艰难、吃苦耐劳、踏实苦干、淳正质朴的文化气质。

环境对文化的形成有极大的影响力。当时的陇右地区除了艰苦的自然环境,还有复杂的民族关系,戎狄部落分散杂居,且彪悍勇猛、善于骑射,对秦人的生存和财产安全造成极大的威胁。从周幽王时期犬戎攻破镐京可以看出当时戎狄势力不容小觑。周王室东迁也是因为戎狄对其统治造成了极大的威胁,为了让秦人成为抵御戎狄的一道屏障,周平王将岐山以西之地分封给秦人,但是"戎无道,侵夺我岐、丰之地,秦能攻逐戎,即有其地"①,秦人是否可以取得这块封地都未可知。秦襄公建国后,东入关中伐戎,死于伐戎途中。文公东迁关中后,才伐戎地至岐。面对戎狄部落的时常劫掠,秦人必须团结起来,尚武、善武,勇于战斗、不屈不挠、不畏牺牲。史书中有秦人"轻死重义""尚武好勇"的记载。在这样的文化熏陶下,秦国军事人才辈出,也为后期秦国统一六国奠定了军事基础。

2. 变革注入文化发展活力

秦国强盛于各国,还有一个很重要的原因,是变法图强、改革创新,树立严格的法律规范,同时打开了上下阶层流通的渠道。秦国一直处于西部边陲之地,与戎狄杂居,经济、文化发展较中原地区落后。在战国秦孝公时,经济文化的落后使得秦地人民的物质生活水平等比中原地区要低,人民生活更为困苦,国家发展

---

① (汉)司马迁:《史记》卷5《秦本纪第五》,第230页。

更为艰难,国民都有变强的需求;但同时由于受周王朝礼乐制度影响较小,受中原地区风气和习俗影响也较少。秦文化既没有严格宗法制度的束缚,也没有裂土分封制度的羁绊。中央集权和以郡县制代替分封制的做法,使得秦国可以更好地集中力量,凝聚民心,攻伐六国。

以商鞅为首的各国人才,结合秦国实际发展需要,将各项规定制度化、法律化,形成了一切都有法可依、一切都依法而行的法治局面。湖北云梦睡虎地秦简中发现的秦律,是我国目前发现的年代最早、条目最全、内容最丰富的成文法,这是在李悝《法经》和商鞅《秦律》散佚以来,对秦法治原则最为齐全的反映。其中的法律规定涉及社会、政治、经济、文化、军事、生产生活的方方面面,可以说是事无巨细,均有明确且详细的法律规定。如官制、土地制度、赋役制度、赐爵制度、租税制度、官吏考核制度、罪犯审讯制度、工匠培训制度、户籍制度、仓库制度、预算制度、文书制度、邮驿制度等。为了使法治观念深入民心,商鞅通过在闹市立木,能搬动者给五十金的做法来树立法律严肃性。通过太子犯法、贵戚犯法以律惩处来树立法律权威,形成了天子犯法与庶民同罪的平等观念。法治观念自此深入秦人生活方方面面,形成了遵纪守法、注重法治的文化特色。

秦军一路猛进,歼灭六国,与秦国当时崇尚军功、赏罚分明的制度文化密不可分。"有军功者,各以率受上爵",秦国建立二十等军功爵制,崇尚军功,号召全民参战,通过立军功的方式实现阶级的流动,为秦国阶级之间的流动打开了渠道。"宗室非有军功论,不得为属籍。……有功者显荣,无功者虽富无所芬华"[1],普通百姓可以通过军功跻身秦国上层社会。同样,贵族子弟如果没有军功,也不能有所封赏。"为私斗者,各以轻重被刑大小"。在崇尚军功的同时,不是一味地推崇武力,而是通过法治的方式,限制人民私斗,杜绝民间暴力催生不稳定因素。除了军功以外,秦国还提倡治功、农功,普通老百姓同样可以通过种好田为国家出力、当好官为国尽忠,这为秦人普遍参与国事建立了很好的制度通道。秦人竭尽所能,各司其职,积极参与国家事务,对外英勇善战,对内遵纪守法,课事农桑。"行之十年,秦民大说(悦),道不拾遗,山无盗贼,家给人足。民勇于公战,怯于私斗,乡邑大治。"[2]

---

① (汉)司马迁:《史记》卷68《商君列传第八》,第2710页。

② (汉)司马迁:《史记》卷68《商君列传第八》,第2712页。

3.融合是文化创新的源泉

农牧交融、戎狄杂处的环境也使得秦国更为开放、包容。当时的秦人思想更为灵活,容易接受新鲜事物,"常人安于故俗,学者溺于所闻。以此两者居官守法可也,非所与论于法之外也。三代不同礼而王,五伯不同法而霸。智者作法,愚者制焉;贤者更礼,不肖者拘焉。"①《史记·商君列传》中商鞅对变法的认识,代表了当时秦国变法图强的普遍愿望。及时革除社会中不利于国家发展的因素,创造性地提出适合社会发展的各项法律法规。自上而下地推行变法,使得穷则思变、积极创新的精神深入人心。

秦人在与戎狄相处的过程中,既有冲突和斗争,也有和谐相处的一面。秦国并不是一直对戎狄采取赶尽杀绝的态度,而是时战时和,用联姻等方式来缓和民族关系。比如,骊山戎之女嫁给戎胥轩为妻,通过两族联姻,使西部边陲得以安宁。秦文化与戎狄文化交融,促成了秦文化开放包容的特点,这一特点对秦国的发展至关重要,正是由于秦文化里有开放包容的成分,秦国在发展的过程中可以广纳六国人才,不断有新鲜血液加入秦国,为其带来新的思想。各国人才、各种思想、各个学派都可以在秦国找到一席之地,为秦国所用。

秦文化中,最令后世得益的是其大一统思想。秦国经过多年征战、广纳人才,吸收各家学派有益思想,六国人才尽归于秦。秦国不认同周王室那种分封制下的天下共主的局面,它的目的不仅仅是代周而立,而是要实现真正意义上的完整统一,建立一个大一统的国家。秦始皇曾说:"天下共苦战斗不休,以有侯王。赖宗庙,天下初定,又复立国,是树兵也,而求其宁息,岂不难哉!"②他认为分封制是天下纷乱的根源,将国家分裂成很多诸侯国,是为中央政权树敌,不利于天下安定,故而抛弃分封制,实行郡县制。秦大一统思想不只体现在疆土的一统,还从精神层面、制度规范层面等来完成一统。统一度量衡、车同轨、书同文,实行郡县制,形成一个大一统的帝国,将大一统的思想根植于中华民族的精神血脉中。

---

① (汉)司马迁:《史记》卷68《商君列传第八》,第2709页。
② (汉)司马迁:《史记》卷6《秦始皇本纪第六》,第307页。

第三节　秦文化的发展

一、秦文化发展的三个阶段

林剑鸣《秦史稿》曾对秦发展历史做了较为系统的概述，至今无出其右者。《秦史稿》把公元前 770 年秦建国之前、秦作为周人附庸的时期划为第一个时期；第二个时期是春秋时期(公元前 770—前 476)，与现在习惯的中国历史分期相吻合，其中又以穆公为界分为前、后两段；第三个时期是战国时期(公元前 475—前 221)，其中又以孝公为界分为前、后两段；第四个时期是秦代(公元前 221—前 207)。

1. 秦文化的阶段性变化与转型

如果从考古学文化的发展演变和秦都城的历史来看，秦文化发展有早期、中期、晚期三个阶段。

早期：西周—春秋早期，约三百年时间，年代下限是公元前 677 年秦德公居雍，即公元前 677 年以前。这一阶段秦的都邑有西犬丘(今甘肃礼县)、秦邑(今甘肃清水县)、西新邑(今甘肃礼县)、汧邑(今陕西陇县)、汧渭之会(今宝鸡市陈仓区)、平阳(今宝鸡市陈仓区)。

中期：春秋中期—战国早期，共 327 年，从公元前 677 年秦德公居雍至公元前 350 年秦孝公迁都咸阳。这一阶段秦的都城在雍城(今陕西凤翔)，还有泾阳(今陕西泾阳县)、栎阳(今西安市阎良区)为临时性的陪都。

晚期：战国中期—秦统一后，共 143 年，从公元前 350 年秦孝公迁都咸阳至公元前 207 年秦亡。这一阶段秦的都城在咸阳(今陕西西安市)。

这个分期充分考虑了秦物质文化发展的阶段性和面貌上的变化：早期阶段的文化面貌基本一致，进入中期之后文化面貌发生了比较大的变化；到了晚期，尤其秦迁都咸阳之后，进行变法，文化面貌又发生巨变。

秦文化在早期阶段与周文化还基本保持一致，无论青铜器还是陶器与周式器物都有明显的相似性。这个阶段秦人势力比较弱小，需要依靠周王室在陇右立足，因此在文化上与周人保持着密切的联系。进入中期阶段，秦国已经发展成为仅次于晋、楚的大国，秦穆公甚至成为"春秋五霸"之一，文化上发展出自身的鲜明特征，如三足向外开张的铜鼎、高圈足铜簋、"大帽压顶"的铜壶、红白彩绘的仿铜陶礼器等等。又因为秦国僻在雍州，与东方国家的交流、互动不如东方国家内部之间积极频繁，所以这些特征长期保持下来。进入晚期阶段，秦文化发生了跳跃式的巨变，此前此后脱胎换骨，犹如两个文化。除了葬俗没变，使用的器物包括青铜器在内全部都发生了很大的变化。[①] 巨变的原因在于春秋中期到战国早期这个阶段秦国落伍了，文化发展相对滞后，秦孝公即位之后颁发了求贤令，是因为秦国"僻在雍州，夷翟遇之"。东方诸侯把它当成夷狄来看待，所以，秦孝公有焦灼的赶超心理，他要变法，要图强，要大幅度地吸收东方列国的先进文化。所以，战国中期之后，秦文化有大量东方的色彩，青铜器和三晋的铜器看起来很像，但和之前秦的铜器在发展脉络上联系不紧密。

这种文化跳跃式发展的现象，可以称为文化发展的"断裂"。它发生在商鞅变法之后，在东周列国中是独一无二的，只在秦身上发生了。东方列国的文化是连续性的发展，从器物群的演变来看，旧器物的消失和新器物的产生是连续的，是渐变式的，而秦文化却发生突变或巨变。

2. 秦文化早期的都城迁移

关于秦人的空间发展历程，学界常有"九都八迁"说，即九个都城、八次迁徙。依次由西到东迁徙。其中，从已发掘的考古资料看，在甘肃至少有西犬丘、秦邑

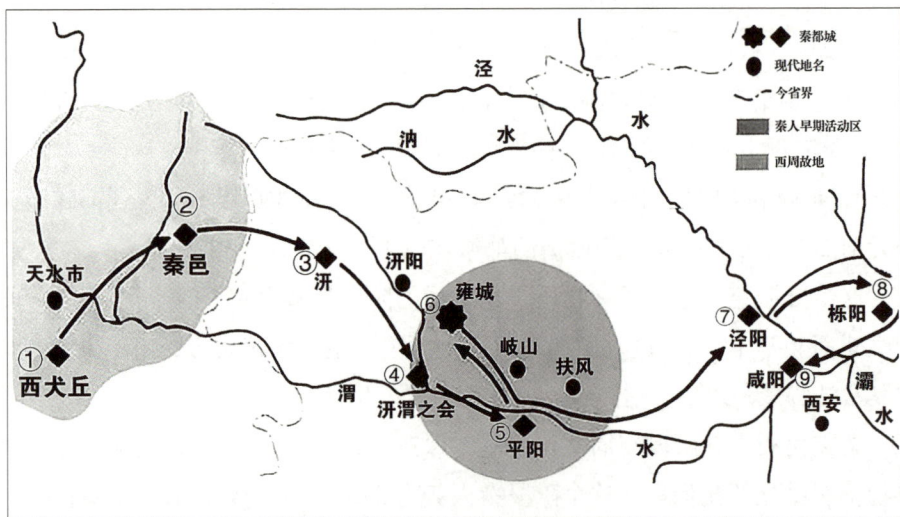

秦国都城迁徙路线示意图

---

① 梁云：《从秦文化的转型看考古学文化的突变现象》，《华夏考古》2007 年第 3 期。

两个都城。随着都城的变化,秦人的力量从小到大、从弱到强,最终发展壮大。

秦的第一处都邑是西犬丘。其年代至少从西周中期周孝王的时候就开始了,到秦襄公立国的时候还继续作为秦的都城。它作为中心都邑存在的时间大概有 200—300 年。分析“西犬丘”这个词,每个字都值得琢磨:“西”指西方,但在先秦秦汉时有专门的含义,就是指西县——秦汉已经实行郡县制,在今天甘肃的礼县。秦国早期的好几处都邑,名字前面都带了个“西”字,比如西犬丘、西垂、西新邑、西陵、西陂,都在秦汉西县的范围之内。

2004 年,早期秦文化联合考古队全面调查了礼县、西和县所在的西汉水上游,[①] 目的之一就是寻找西犬丘。结果在今天礼县县城西侧的西山,发现一处面积十余万平方米的古城,发现夯土城墙、城内建筑基址、陶水管道,还有西周晚期的铜三鼎墓。古城的使用年代主要是西周晚期,这座城址的北面,隔着一条冲沟,有鸾亭山遗址与之相望,是一处汉代皇家祭天遗址,可能就是历史上的西畤。如此看来,礼县的西山城址可能就是西犬丘,但相关考古资料还不够充分。

第二处都邑是秦邑。秦人、秦王朝、秦帝国之所以叫秦,最初来源于“秦”这个地名。秦祖非子,为周孝王养马,马养得膘肥体壮,周王很高兴,就把他封到了秦这个地方。后来非子的后人逐渐发展壮大,包括秦始皇都是他的直系后代。秦汉时期有县、乡、亭、里的地方基层行政机构,在“秦”设有邮亭,又叫“秦亭”。西周时期氏族的命名方式之一,就是以居住地的地名作为族名,地名和族名是一致的。由于被封在秦这个地方,这支人就叫“秦人”,哪怕这个族群后来发展成为王国、帝国,名号也不改变,这就是秦人称号的来源。甲骨文、西周金文也有“秦”字,像一个人拿着杵在臼里舂米,是一个象形字。

2005 年、2008 年,文物部门两次调查天水地区渭河北岸的牛头河流域,[②] 目的之一就是寻找非子的封邑——秦邑。结果在清水县城的北侧发现一处面积约 100 万平方米的西周遗址——李崖遗址。2010—2011 年,在该遗址发掘了 19 座西周墓葬,陶器有商式风格,墓葬带腰坑有殉狗,年代主要属西周中期。该遗址很可能就是非子的封邑。

第三处都邑是“汧”。今天宝鸡地区有一条汧河,还有汧阳县。皇甫谧的《帝

---

① 甘肃省文物考古研究所等:《西汉水上游考古调查报告》,文物出版社 2008 年版。
② 早期秦文化联合考古队:《牛头河流域考古调查》,《中国历史文物》2010 年第 3 期。

王世纪》记载,秦襄公二年徙都汧,即把都城迁到了"汧"这个地方。因此,有学者认为,"汧"就在今天陕西的陇县。20世纪80年代,在陇县县城东南4公里、汧河西南岸的边家庄发现一处秦国墓地,发掘出春秋早期的铜五鼎墓,[①] 表明那里有高级别的贵族聚落。在墓地东南3里有一座磨儿塬古城,曾被认为是秦襄公所徙的"汧"。[②] 该城墙夯土内夹杂东周至汉代瓦片,当然也不排除在后期被沿用、修补过,襄公所徙"汧"邑还需要进一步考证。

第四处都邑是"汧渭之会"。顾名思义,就是汧河与渭河的交汇之处。《史记·秦本纪》说,秦文公四年(前762)在汧渭之会营建新的都邑。南北向的六盘山—陇山是渭河北岸东、西支流的分水岭,西边支流有牛头河,东边支流有金陵河、汧河、泾河。渭河穿越陇山的峡谷险峻狭窄,不宜人马通行,在古代翻越陇山需循其两侧的支流河谷通道。上述非子的封地"秦邑"位于今甘肃清水县,就在陇山西侧的河谷通道上。由此向东翻过陇山就到达汧河、泾河上游,沿着汧河顺流而下,就到了汧渭之会。

汧河与渭河交汇处有东夹角和西夹角。东夹角有三畤塬,地形低平;西夹角有贾村塬,地形高陡。2008—2009年,考古工作队全面调查汧河下游地区,[③] 目的之一就是寻找秦文公所居"汧渭之会"。结果在东夹角的宝鸡市陈仓区魏家崖村一带发现面积20万平方米以上的春秋遗址,有文化层、灰坑、夯土、踩踏面、墓葬等遗迹,在灰坑中采集到春秋早期的秦鬲、筒瓦、陶范,当地博物馆还藏有该遗址出土的金虎。2010年,又在魏家崖村发现一座春秋早期的铜五鼎墓。这些现象都说明魏家崖(或陈家崖)遗址应该就是"汧渭之会"。

第五处都邑是秦宪公、秦武公所居的平阳。秦宪(宁)公二年(前714)"徙居平阳"。今天陕西宝鸡还有阳平镇,平阳就在阳平,二者是一个地方,西距汧渭之会不远。平阳作为秦都只有37年的时间。20世纪70年代在宝鸡太公庙村发现出土秦武公钟镈的乐器坑,[④] 为寻找平阳提供了重要线索。2013年,在乐器

---

① 尹盛平等:《陕西陇县边家庄一号春秋秦墓》,《考古与文物》1986年第6期;陕西省考古研究所宝鸡工作站等:《陕西陇县边家庄五号春秋墓发掘简报》,《文物》1988年第11期。

② 张天恩:《边家庄春秋墓地与汧邑地望》,《文博》1990年第5期。

③ 中国国家博物馆等:《2009年千河下游东周、秦汉遗址调查简报》,《考古与文物》2015年第3期。

④ 卢连成等:《陕西宝鸡县太公庙村发现秦公钟、秦公镈》,《文物》1978年第11期。

坑东北、太公庙村中钻探发现一座中字形大墓和其东南的车马坑,周边还有壕沟,一起构成了完整的陵园,应该就是秦武公陵园,秦都平阳应在其附近。

以上五处都邑均处在秦史的早期阶段,所以可称之为秦的早期都邑。这其中可能还遗漏了一处重要都邑——"西新邑"。《史记·秦始皇本纪》后附《秦纪》中说,秦宪公"居西新邑"。如前所述,这个"西新邑"也在秦汉西县,即甘肃礼县。20 世纪 90 年代初,礼县大堡子山秦公大墓严重被盗,国宝重器流失海外。2006 年以后,联合考古队对该遗址进行全面勘探,发现一座东北—西南向的长方形城址,面积约 50 万平方米。城内有 2 座秦公大墓、乐器坑、车马坑,26 处建筑基址,及少量陪葬墓;城外东北还有国人墓地。2006 年,在二号大墓西南发掘出一座乐器坑,内出"秦子"铭文编镈、甬钟,还有一座大型府库遗迹,城址始建于春秋早期,繁荣期也在春秋早期,与"西新邑"较为吻合。①

3. 秦文化中期的都城变化

第六处都邑是雍城,遗址在今陕西凤翔县城南。从秦德公居雍到秦孝公迁都咸阳凡 327 年,雍城是秦国历史上时间最长的都城,前后经历了 20 位秦公的统治。正是在雍城时期,秦国发展成为可与晋、楚比肩的大国。多年的考古工作已经揭示出了雍城的基本面貌:城址位于纸坊河与雍水河之间,面积约 10 万平方米,城内多处地点发现有朝寝、宫室、宗庙建筑和作坊遗址,在城南分布着秦公陵园。近年在城外西北发现大型堰塘遗址,及多条穿城而过的河流,充分说明雍城居民对水资源的有效利用。

第七处都邑是泾阳。《秦纪》说秦灵公"居泾阳",王国维在《秦都邑考》中认为秦灵公时向东北扩张领土,与三晋争霸,因此徙居泾阳;这个泾阳不是汉安定郡的泾阳(今甘肃泾河上游),而在高陵以西的泾河下游,② 也就是今陕西泾阳县境内。由于灵公及其子孙都葬在雍城,所以王国维认为,灵公虽然徙居泾阳,但并未定都,而是作为经营东北的据点。但其位置在哪儿,到现在还没有一点线索。2009 年,"关中秦汉离宫别馆考古队"曾调查泾阳县中张镇的王浩遗址,该遗址在泾河北、王浩村南,面积约 24 万平方米,堆积丰富,考古人员在这里采集到秦的云纹瓦当。该遗址是否与秦灵公所居泾阳有关,还需要探讨。

---

① 梁云:《西新邑考》,《中国历史文物》2007 年第 6 期。
② 王国维:《秦都邑考》,姚淦铭、王燕编:《王国维文集》(第四卷),第 63 页。

第八处都邑是栎阳。《秦本纪》说秦献公二年(前383)"城栎阳",遗址在今陕西西安阎良区的武屯镇。20世纪80年代在那里勘探出一个面积约400万平方米的长方形城址,有城墙、门址、干道、建筑基址等。①2013年以来,重新启动了栎阳城的考古工作,结果发现20世纪80年代勘查的城址其实包括两座古城(一号和二号),在它西面1500米处又发现一座古城,编为三号。三号古城出土葵纹、动物纹瓦当,以及带"栎阳"字样的瓦片,年代属战国中晚期,应即秦献公所建的栎阳城。②

4.秦文化晚期的都城咸阳

事实上,秦最后一次迁都是从雍城迁到咸阳,《史记·商君列传》说,"秦自雍迁都之(咸阳)",秦孝公将都城从雍城直接迁到咸阳。栎阳相当于一个前敌指挥中心,或者说临时性的陪都。秦献公当时想收复河西之地,即黄河以西、陕西的北洛水这一块土地,包括陕西的韩城、澄城、大荔,春秋早期到战国中期这里一度被魏国所占据。魏国当时出了一个军事家吴起,镇守魏国的西河郡,彼时秦国如鲠在喉,如芒在背,因为整个关中东部都被魏国所占据,国家毫无安全可言,魏军可沿渭水兵临城下。秦献公于是把作战指挥中心东移,但他终其一生也没能把河西地夺回来。秦国彻底夺回河西地区,是在秦惠文王时期,那时的国力对比已经发生了根本性的改变。

第九处都邑是咸阳。从秦孝公十二年(前350)迁都咸阳,到秦二世三年(前207)秦灭亡,咸阳作为秦都达143年之久。遗址在今咸阳市东的窑店镇一带,汉代称之为"渭城"。秦都咸阳有一个动态的发展过程,秦惠文王时的咸阳还局限在渭河以北,昭襄王以后都城扩展到渭河南岸。在都城西郊的咸阳塬上和东南方向的骊山西麓,都发现了战国秦王的陵区。骊山北麓则有秦始皇陵。

二、商鞅变法与秦文化的质变

秦文化的面貌在战国早、中期之际发生了全面而深刻的巨变,由于这一巨变是在较短时间内完成的,所以可称之为"突变",表现在以下方面。

---

① 中国社会科学院考古研究所栎阳发掘队:《秦汉栎阳城遗址的勘探和试掘》,《考古学报》1985年第3期。

② 刘瑞等:《西安秦汉栎阳城考古新进展确定战国栎阳城位置并发现汉唐白渠》,中国文物信息网,2015—9—11。

1. 铜容器的变化

秦的青铜容器从春秋早期到战国早期一直传承演变,其风格基本保持一致、文化序列清晰。这一阶段,秦墓出土的青铜器主要以鼎、簋、方壶、瓿、盂、盘、匜等为主。鼎多为立沿耳外撇,簋带圈足,壶为方形壶、瓿为方体瓿。早期器物仍在模仿周文化,进入春秋中期开始形成自身特点,勾连蟠虺纹成为秦器的主要纹饰,鼎足极力外撇,方壶盖逐渐增大。

进入战国中期后,青铜容器发生重大变化,涌入新的器型、原有器物形态变化差异非常明显,可以说是一次文化的大转型。首先新的器型铜釜、铜鍪加入随葬,形成以鼎、瓿、壶、釜、鍪为主的器物组合。器型上鼎多为附耳圆腹矮蹄足,瓿由方瓿转变成平底的圆体瓿、壶由方壶变成圆壶或蒜头壶。

两个阶段秦铜容器风格迥异,内部各自的变化是连续性的,却看不出二者有任何继承关系。春秋早期到战国早期阶段的铜容器来源还是西周时期的周文化,战国中期后大量吸收了三晋文化与巴蜀文化因素,铜容器从器型到组合都有了全新的变化。

2. 陶器的变化

陶器可分为仿铜陶礼器与日用陶器两类。仿铜陶礼器是模仿同时期青铜器形制制造的一种随葬陶器,本身也是礼器的一种。因其主要模仿同时期的铜器,因此随着青铜礼器的演变,陶礼器亦随之变化。春秋至战国早期,仿铜陶礼器的组合基本与同时期青铜器组合相同,都是以鼎、簋、方壶、盂、盘、匜为主,器型、纹饰以及传承演变都与铜器同步。战国中期之后青铜器发生重大变化,仿铜陶礼器却没有随之变化,而是突然消失于秦墓中。偶尔有秦墓出现附耳鼎、圆壶等陶器,也是模仿同时期的铜容器。这个阶段出现的仿铜陶礼器数量极少,占秦墓随葬品比重极低,绝非随葬陶器的主流。

日用陶器基本都是秦国人当时生产生活的日常工具。与青铜器类似,也可分为春秋早期至战国早期与战国中晚期两个阶段。前者器物组合以鬲、盆、豆、罐为主;后者与铜器一样,风格突然发生转变,器物组合以釜、盆、罐、缶、瓮、壶为主,盆多为折腹盆,罐多为小口圆肩罐,出现了新的器型缶、茧形壶与蒜头壶。与铜器演变一样,二者虽年代相继,却风格各异。

3. 兵器的变化

与铜器和陶器一样,战国中期之后秦国兵器也发生了重大变化。春秋至战国早期,秦戈基本都是三角锋、短援、中胡、带二穿,形制变化不大。进入战国中期,秦戈突然变成窄长援、中长胡、带三穿或四穿的形制。而此时的东方诸国所使用的就是狭长中胡、三穿或四穿戈。还有早期一直使用的柳叶形矛,战国中期以后也突然变为直叶宽扁刃矛。秦兵器的变化很明显是学习了东方国家。

4. 器用制度和墓葬形制的变化

战国中期以后秦墓随葬器物的组合、形态都发生了突变,其器用制度在战国中期也发生了巨变。春秋至战国早期的秦墓中,多随葬彩绘仿铜陶礼器、盛行随葬石圭,而战国中期以后的墓葬中陶礼器锐减、葬圭之风亦戛然而止,与东方国家陶礼器、石圭泛滥的景象形成了强烈反差。

除此之外,在墓葬形制方面也体现了这种突变。秦人早期基本都是采用竖穴土坑墓,进入战国中期后洞室墓明显增多,甚至在某些墓地数量超过竖穴墓。

5. 秦文化转型突变的原因分析

有学者认为,"秦文化器物群在战国中期发生巨变,这一巨变已经超出了器物组合和形态所限定的分期的范畴"[①],意味着文化性质的改变,即文化上脱胎换骨的变化。而这一变化,与开始于秦献公,完成于秦孝公时期的变法运动,有着直接的关系。

学界普遍认为,秦献公、秦孝公时期的变法改革,彻底改变了秦国的封闭落后的面貌,与东方列国的互动得以加强,大量吸收外部文化因素,致使器物群的风格突变。经历商鞅变法的洗礼,秦对东方迅速取得优势,东出愿望强烈,大规模的攻城略地增加了土地与人口的同时,还将邻近国家先进技术带回秦国,使国力进一步增强。

在凤翔高庄野狐沟、河南泌阳官庄秦墓都出土有中山、卫国铜器,在咸阳塔尔坡还出土了三晋的铜器。秦人得到这些铜器后按秦量制度校正继续使用。可以想见随着秦国的对外战争,在战国中期偏早阶段东方列国的铜器就开始大量流入关中,在这些外来铜器样式的基础上,秦国按照实际需要进行改造,铸造了大批新型铜容器。在统一六国的过程中,新风格的铜器也随之散布各地,秦国青铜文化的面貌从而发生了巨大转变。

陶器是社会各个阶层普遍使用的器具,战国中期秦日用陶器的突变,说明商

---

① 梁云:《从秦文化的转型看考古学文化的突变现象》,《华夏考古》2007年第3期。

鞅变法的影响不仅体现在国家政治经济上,还深深触及到了社会生活的各个层面,甚至促使秦民族彪悍果勇性格的极大加强。军功爵制使秦举国皆兵,社会组织军事化。圜底的陶釜便于携带,茧形壶打结后可以背挂,类似于今天的行军壶,都适宜于军旅生活。

学者认为,商鞅变法所推行军功爵制,"在改变旧的上层建筑的道路上,就不像东方诸国那样用庶人使用士礼、卿大夫僭越王礼的方式来破坏往昔的鼎制,而是走着直接改变鼎制传统形式的道路"①。战国中晚期秦墓中几乎不见仿铜陶礼器,就是变法所引动社会变革与价值观念转变的现实体现。鼎、簋所代表的传统周礼的价值观念被抛弃,取而代之的是求功、务实的军功价值观。

三、从诸侯到王国再到帝国：秦陵墓的发展演变脉络

目前发现的秦国陵区有礼县大堡子山、宝鸡太公庙村(平阳陵区)、凤翔雍城陵区、咸阳原陵区、芷阳东陵、渭南陵区、秦始皇陵。它们从早到晚,自西向东,跨越了秦国560余年的历史;它们序列完整,自成体系,在东周列国陵墓的考古发现中是独一无二的,充分反映了秦人从诸侯到王国、再到帝国的发展历程。秦陵墓的发展脉络可以从以下几个方面来概括。

1.陵园范围界限从兆沟到城垣的发展

凤翔雍城陵地有人工挖成的外、中、内三重兆沟,分陵园属于国君及其亲属,整个陵地由14座分陵园组成。它与《周礼·春官·冢人》记载的"公墓地"有共同点,也有差别。首先,它不包括卿大夫、士等"各以其族"的贵族,而是国君及其夫人的集中埋葬,这一点与北赵晋侯墓地相似。其次,每一位国君开始有自己独立的分陵园,又与晋侯墓地不同,它反映了天子权势衰微,诸侯崛起的历史背景,是宗法制度动摇的信号;但外、中、内三兆重重相套,又说明宗族成员的血亲关系依然在确定墓葬位置方面发挥着重要作用。至咸阳原秦王陵,如严家沟秦陵、周陵镇秦陵,均出现双墙双沟的结构。芷阳秦东陵则多利用自然沟壑作为兆沟,中兆和内兆合二为一,以前人工开挖的外兆也不复存在,宗法意识大大松弛了。秦始皇另辟陵域,穿治骊山,下挖的兆沟发展成高耸的墙垣,陵园中封土独居南部,其余皆为从

---

①　俞伟超：《先秦两汉考古学论集》，第 107 页。

属,甚至没有后陵、夫人陵的位置,一墓独尊,"重天子之威"的思想完全压倒了宗族团聚的精神。秦国陵墓充分展示了从西周数代国君集中埋葬的茔域到秦汉以一个国君为中心营建陵园的发展轨迹,是族权统治让位于君权统治的历史见证。

2. 封冢从无到有的变化

雍城墓地无封土,符合"古之葬者,厚衣之以薪,藏之中野,不封不树"(《易·系辞传下》)。上古墓葬地表无封土是因为实行族坟墓制度,墓穴有专人安排;东周以后族坟墓制度逐渐解体,作为地面标识的墓葬封冢开始在中原地区流行,并从社会下层向上层渗透。秦孝公和秦献公的墓已有封土,《云梦秦简·法律答问》:"何为甸人? 守孝公、献公冢者(也)"。"冢墓与厚葬思想相遇,便在上流社会泛滥,对此加以规范,便具备了等级意义。"①战国中期以后君王将自己的坟墓称为"陵",有推崇君权至高无上的含义。秦国君墓称陵始于惠文王,《史记·秦始皇本纪》记载,惠文王葬"公陵"、悼武王葬"永陵"。秦东陵的封土则呈缓坡状的鱼脊形。

咸阳塬上秦王陵封土保存完整、形制清楚的皆为覆斗形。严家沟陵园的南陵封土大部分被平掉,仅余 2—5 米高的平台;北陵封土为覆斗形,底边长 75—88 米,顶边长 32—34 米,高 14.8 米。周陵镇陵园的南陵封土为覆斗形,底边长 90—103 米,顶边长 41—48 米,高 14 米;北陵封土亦为覆斗形,底边长 55—66 米,顶边长 9.5—10 米,高 17.5 米。

秦始皇借用自然山名将自己的坟墓称为"骊山"。《汉书·楚元王传》记载刘向的话:"秦始皇葬于骊山之阿,下锢三泉,上崇山坟,其高五十余丈,周回五里有余",相当于坟高 116 米,底边周长 2087 米。今天陵冢高 51.668 米,底边周长 1390 米,相差太大,可能是测量点不同,也可能是数据传抄有误,再加上水土流失的结果。秦始皇陵陵冢呈覆斗形,或者说"四棱截尖体",中腰两处向内收缩形成坡状阶梯,再加上顶部平台成"三重山"样式。这种做法至少影响了西汉平陵、康陵以及汉武帝李夫人的英陵。

3. 墓形从"中"字形到"亚"字形的转变

商周大墓一般为竖穴土圹,往往带有单出("甲"字形)、双出("中"字形)、四

---

① 梁云:《秦汉都城和陵墓建制的继承与变异》,《陕西师范大学学报(哲学社会科学版)》1999 年第 3 期。

出("亞"字形)的斜坡墓道,墓道又称"隧"或"羡道",它的多少标志着等级规格的高下:诸侯用一条墓道的"甲"字形或两条墓道的"中"字形,只有王(天子)才能享用四出(四条)墓道的"亞"字形。雍城秦公陵园主墓均为带东西墓道的"中"字形,享受着诸侯级别。

从公元前 325 年秦惠文王称王后,秦国君陵墓就变为四条墓道的"亞"字形,如咸阳塬上的严家沟秦陵,墓主应是惠文王;周陵镇秦陵,墓主应是悼武王;它们的主墓均为带四条墓道的"亞"字形。芷阳秦东陵的大墓墓形也作"亞"字形,享用着帝王规格。这实际是对周代礼制的僭越和破坏,与战国中期以后秦君称王称帝的历史相吻合。

秦始皇陵亦为四出墓道,近年秦始皇陵勘探又有新成果,除了以前的东、西墓道,新发现了帝陵的南、北墓道;在四条墓道中东墓道最长,为主墓道。

秦陵规模宏大,雍城秦公一号大墓面积是殷墟 M1001 的 7 倍多。雍城的"中"字形墓深度多在 20 米左右。芷阳秦王墓墓室更加深广。可以说,营筑巨陵大墓是秦文化的传统。秦始皇陵更是登峰造极,地宫上口面积约 25 万平方米,底部面积 1.9 万平方米,深度 33.18 米,内高约 10 米。据文献记载,墓圹向下穿过三层地下水,用文石堵塞泉眼,并浇铸铜液使之严密无缝。墓室顶部以明珠为日月星辰,底部制作地理模型,以水银为江河大海,在机械推动下流动不辍。地宫内建有多处宫阙楼观,死者灵魂可以优游其间,发号施令。"秦始皇陵的地宫设计,标志着中国古代大墓由原来的深藏、欲人弗见的封闭空间,彻底转为开放性的、地上世界的模拟,其实质仍然在于对现实世界的肯定。"[①]

4.陵园内的礼制建筑从简单到复杂

先秦墓葬的礼制建筑早期都建在墓室口部,如安阳殷墟妇好墓,大司空村 M311、M312,侯家庄 M1001 等。这类建筑在东周时期中山、赵、魏等国国君陵墓上也有发现。凤翔秦公墓地的 18 座"中"字形墓除 M7 外,墓室上部地表均有大量瓦片堆积,无疑是建筑遗物。芷阳陵地的礼制建筑已经不再建在墓口上部,而是移到封土之旁。秦始皇陵继承了这种做法,在内城的西北隅分布着大量的建筑遗迹。先秦墓上建筑的性质,学术界争议很大。有认为是"寝殿",是墓主人

---

① 梁云:《秦汉都城和陵墓建制的继承与变异》,《陕西师范大学学报(哲学社会科学版)》1999 年第 3 期。

灵魂饮食起居之所,用于"日上四食",即每天四次进奉饮食;有的认为是"享堂",是后代子孙祭祀墓主人的地方。根据中山王墓兆域图,墓上建筑叫"堂"。它或者用于"日上四食",但这本身也是一种祭祀活动。从建筑结构讲,"堂"与"室"不同,指的是无檐墙、四面可采光的过亭式开放空间;"堂"与"殿"其实是一回事。《说文》:"堂,殿也"。因此,"享堂"与"寝殿"并无本质区别。"商代至春秋时期,既在城里建宗庙,也在墓上建'堂',如秦都雍城;但二者功能不同,前者举行册命典礼、出师授兵、祝捷献俘、外交盟会以及重大的祭祀活动,后者用于对死者供奉饮食,服侍起居。"①

礼制建筑从墓上移至墓侧与冢墓的出现有关。"《后汉书·祭祀志》:'秦始出寝,起于墓侧,汉因之不改。'墓侧起寝,是古老的享堂墓和东周新流行的冢墓相结合产生的新形式。因为在高大如山的坟丘上筑堂,工程太大已不可能,只好将之移于墓侧。"②秦始皇陵封土现高 51 米,上面没有发现柱洞、柱础、散水、脊瓦等建筑遗迹,它与现高 15 米的中山王墓享堂的多级中心土台——"墉",有本质区别。

5. 从葬坑的多样化和外藏制度的完善

殷代的王陵有集中的祭祀坑但没有陪葬坑。西周王陵尚未发现,但已发掘的诸侯墓地,在主墓附近都陪葬车马坑,如上村岭虢国墓地、张家坡井叔墓地、北赵晋侯墓地。秦陵继承了这一特色,雍城大墓东墓道右前方都有"目"字形或"凸"字形车马坑,象征主人出行的乘舆。芷阳陵区从葬坑的位置已不固定,或位于陵墓之东,或位于陵墓之西。始皇陵的从葬坑大大突破了原来以车马为主的单一内容,既有大型兵马俑坑,又有包含铜车马在内的"御府"诸坑、苑囿散坑、马厩坑等等,其位置在陵园内外、封冢四面皆有分布。葬坑的多样化使整个陵园成为地上王国的缩影,多样化的原因是急剧膨胀起来的对现实世界的攫取和支配欲望。

墓外设坑、坑附于墓,这种从葬坑其实就是汉代"外藏椁"的前身。《汉书·霍光金日磾传》颜师古注引服虔说"外藏椁"是"在正藏之外,婢妾藏也。或曰厨厩之属也"③。西周、春秋本无"外藏椁"之制,它在春秋晚期显露端倪(如莒南大店

---

① 梁云:《秦汉都城和陵墓建制的继承与变异》,《陕西师范大学学报(哲学社会科学版)》1999 年第 3 期。

② 梁云:《秦汉都城和陵墓建制的继承与变异》,《陕西师范大学学报(哲学社会科学版)》1999 年第 3 期。

③ (汉)班固:《汉书》卷 68《霍光金日磾传第三十八》,中华书局 1962 年版,第 2949 页。

M1、M2),战国时成为列国的王陵制度(如平山中山王墓)。这种情况在秦陵中也有体现,秦公一号大墓的副椁以及箱匣殉人,也可说是外藏椁的雏形。秦始皇陵从葬坑的数量、规模远远超过了中山王墓,种类、内容也非"婢妾""厨厩"所能涵盖。可以说,秦代极大地丰富和完善了外藏制度,并直接影响了西汉帝陵的建设,这种制度到汉元帝时才被废止。

纵观秦国陵墓制度的发展演变,可将其划分为四个阶段:第一阶段为"滥觞期",包括礼县大堡子山秦公墓地、宝鸡太公庙村平阳陵区,对应秦建国之初的历史阶段。第二阶段为"发展期",以雍城秦公陵园为代表,对应秦作为诸侯国的长足发展阶段。第三阶段为"转型期",以咸阳原、芷阳、渭南等战国秦王陵及王后、太后陵为代表,对应秦作为王国的历史阶段。第四阶段为"成熟期",以秦始皇帝陵为代表,对应秦帝国阶段。在前两个阶段传统的延续较为明显,第三个阶段大幅度吸收东方国家陵园的礼制,承前启后。第四个阶段直接继承了前一阶段的建制,同时又有创新。

四、秦文化何以后来居上——文化进化的潜力法则

早在 20 世纪末,受"复杂科学"[①] 的启发,考古学家也开始思考遗迹遗物所反映的古代社会的复杂性问题。张光直提出破除考古学、文献学、民族学之间文化壁垒,重构"中国先秦史"的倡议[②] 已经透露出这方面的信息。考古学绝不是单一学科,它需要来自现代科学技术、人类学、文献学、民族学、哲学等多学科的支撑,才能更好地回答社会科学共同关心的一些课题,揭示古代社会的复杂性问题。但是我们要的不是多种学科的"拼盘",而是真正意义上的"水乳交融",以此来正确了解古代社会的方方面面。

秦帝国无疑是战国以来中国历史上一种更高形式的国家形态。然而在春秋至战国早期这个阶段,秦国仍遵循周礼,故步自封,一切按部就班,发展速度大大落后于东方国家,国力衰弱,致使"诸侯卑秦,丑莫大焉"。商鞅变法成为转折点,

---

① "复杂科学"是系统科学发展的新阶段,试图突破人文和自然科学界限,以了解物质现象的丰富性和复杂性为目的,是当前的科学发展的前沿领域。

② 张光直:《中国考古学论文集》,生活·读书·新知三联书店 1999 年版,第 31—43 页;梁云:《秦文化的发现、研究和反思》,《中国历史博物馆馆刊》2000 年第 2 期。

此后国力猛增，一跃成为当时头号强国。秦发展史再一次证明落后国家可以通过直接引进先进的社会文化，跳跃既定阶段，赶超那些貌似繁荣但实际发展已濒临极限的国家。这就是文化进化的潜力法则——"落伍者的特权"。

一张白纸上才能画出最新最美的图画，落后国家没有沉重的传统包袱，引进新装备时不必就淘汰旧设备付出太大代价，因而具有广泛的适应力和潜在活力。

春秋到战国早期阶段，相较东方列国，秦是落后于东方的，孔子周游列国，独不入秦，可见一斑。秦国民风淳朴，注重实效，不受周礼的繁文缛节束缚，虽努力学习周礼，却多流于物质表面，未能真正深入精神骨髓。宗室贵族仍坚守嬴秦固有传统，一般贵族遵守周礼却也各行其是，平民由于成分的复杂与融合，华戎难辨，民风质朴。洞室墓最先在秦平民墓中流行，铜礼器制作粗糙草率；秦系文字较六国文字简便易行。秦人遵周礼，在西周阶段主要是向国家主流文化靠拢、学习，以此来改变自己的身份地位。春秋时期，秦襄公始国，秦文公挺进关中，此时对周礼的尊崇，一方面是因为草创阶段的秦文化还需要汲取周文化的养分，另一方面可能与尽收"周余民"有关，以此稳固人心。战国中期由于形势的变化，又很快将之抛开。通观秦国青铜文化的发展，春秋到战国早期阶段与战国中期到秦国两个阶段，时间虽然有衔接，但是文化上却出现了不衔接、不整合的现象，这在东方列国中从未出现。商鞅变法是战国时期列国变法运动中最晚的一个，也是最彻底、最有成效的。秦献公、秦孝公的锐意改革，贵族的响应以及平民困则思变的需要，法令得以上行下效，商鞅变法的实效性才得以最大体现。荀子入秦地观察后认为，"入境观其俗，其百姓朴，其声乐不流污，其服不佻，甚畏有司而顺，古之民也"，说明了秦国能强大的原因。

早期秦国青铜器多效法周礼，其形制、纹饰都是在周文化的范畴之内，遵循周礼的列鼎与礼乐制度。但是礼县圆顶山秦人宗室贵族墓出土有七鼎六簋墓，甚至8件成套的编钟，明显有僭越之嫌。秦襄公刚立国，马上就建立西畤以祭天，司马迁都认为，其"僭端见矣"。这些都说明秦虽用周礼，但却未必如周人严格。

葬圭习俗的变化也可以反映秦人对周礼的态度。圭在周文化中是十分重要的器物。周成王削枫叶为圭封弟弟叔虞于唐的故事，可知圭在周人心中是封国赐爵的象征，是身份地位的体现。《周礼·考工记·玉人》明确圭在天子册封、诸侯朝觐、使者征伐、祭祀天地山川日月星辰以及祖先宗庙等重要场合的使用。作为彰显身份、等级的重要物品，圭又被作为"瑞物"，周礼规定"王执镇圭，公执桓圭,侯执信圭,伯执躬圭。子执谷璧,男执蒲璧。"伯以上的高等级贵族才配拥有圭,低等爵位的子爵、男爵只能拥有璧,可见圭的贵重。正由于贵重,在西周时期的周墓中,圭在大型的贵族墓葬中多出,小型墓葬中罕见。如陕西沣西张家坡发掘的 182 座小型西周墓葬中,仅出土 2 件石圭,情况可见一斑。与之相反,秦人对用圭的态度也有一个严格遵循到逐渐开放的过程。清水李崖遗址 19 座西周中、早期秦墓,几乎没有随葬石圭。这一阶段,秦人正积极向周文化靠拢,还能较严格遵从周礼。进入西周晚期,开始慢慢转变。礼县西山遗址 M2003 系西周晚期三鼎二簋贵族墓,按说仅为元士级别的墓主是不能享受使用圭的待遇的,但是该墓出土了 10 余件玉戈、玉圭。甘谷毛家坪遗址的西周晚期的秦墓,多为平民,仍有石圭出土,少者 1 件,多者 10 件。多放置于墓椁或者棺盖板上。需要说明的是,石圭多是就地取材,用页岩或者板岩打磨而成。与玉圭不同,它没有礼仪、等级的明确界限,应该是被作为一种明器使用,有祈祷来世取得高爵厚禄的寓意。这反映秦人已经认同周礼所代表的价值观念,但对其等级制度的遵循又远不如周人严格。春秋时期秦墓葬圭习俗依旧盛行,陕西关中秦墓开始大量出土石圭,甘肃秦墓已是如此。礼县大堡子山城址北侧 2005 年发掘的 M25,为中型秦墓,该墓出土石圭多达 124 件。此时,东方国家的小型墓也开始用石圭随葬,甚至在侯马,考古工作者还发现了制作石圭的作坊遗址,原来尊贵的礼器现在沦落到可以滥制贱卖的地步,礼制被僭越被破坏自不待言。

　　与秦国青铜容器、兵器、陶器的转变一样。葬圭之风在战国中期之后的秦墓中戛然而止,目前所统计的战国时期秦墓中都没有出现石圭。同一时间,秦国的所有物质文化都发生了翻天覆地的变化,这种转变意味着什么? 唯一的解释就是商鞅变法带来的社会大变革,不仅从物质上改变了当时的社会,也在精神层面使秦人的价值观、丧葬观、认知观发生了转变。随着改革的深入,秦人迅速抛弃了周礼的传统,奖励耕战、崇尚军功,秦国之俗变得"贪狼强力,寡义而趋利"[①],秦民族性格"坚强果勇、实用趋利"的特质彰显。而此时的东方诸国,葬圭之风不曾间断。20 世纪 50 年代发掘的河南烧沟墓地的战国墓葬,几乎都有石圭出土。由此可见,对周礼的破坏,使秦和东方列国走上了两条不同的道路。

---

① 何宁撰:《淮南子集释》(下) 卷 21《要略》,中华书局 1998 年版,第 1462 页。

第三章　秦文化的特质

　　文化是一个国家或民族心路历程的外在表现,它以价值观念、意志品格、精神追求、民族性格、生存方式、国民风貌等方式,显示出自身的个性和特质,积淀和蕴含着这一国家或民族的文明密码和精神基因。宏观而论,秦文化具有四大特点:一是具有集权型,这是秦文化制度层面显示出来的特色;二是具有开放性,以秦国对外来文化的吸收和对异国人才的利用表现最为突出;三是具有功利性,这是秦文化在价值层次上所具有的特征;四是具有原创性,以变革图强为目标,不断改革和创新,是秦文化富有生命力的基因所在。[①] 秦文化的特点,学界和社会上已有公论,此不赘述。而在秦文化特点基础上,深入挖掘其特质是一个饶有趣味、亟待破题的话题。秦文化由兴起到强势发展,由后起到成为强势的先进文化,由地域文化升华为主流文化,经历了漫长过程,既与时俱进又不断转型与创

大堡子山与圆顶山地理位置

秦公簋（国家二级文物·现藏于甘肃省博物馆）

---

　　① 孙占鳌主编:《甘肃简史》,兰州大学出版社 2020 年版,第 46 页。

新。秦文化不仅引领秦人走向强大、完成统一,而且对中国历史和中国传统文化产生了极为深远的影响。概括分析,秦文化的特质集中体现在务实创新、开放包容、尚武坚毅、法治观念、上下同心、始终如一等方面。

第一节　务实创新的价值追求

"秦人是个胸怀宽阔,富有开放意识和开拓精神的民族。不墨守成规、封闭自守,始终不断地吸收周围先进文化的因素,以丰富和发展自身的文化。秦能由一个屈居于西垂的落后部族,迅速发展壮大,以致兼并六国,不是偶然的,是那种开放、开拓精神的必然结果。"① 正是这种开放进取精神,不断推动和塑造了秦人不畏艰险、百折不挠实现理想与目标的坚定信念,善于学习、勇于创新的坚定意志,并支撑秦人取得自身发展和文化勃兴的辉煌业绩。秦人和秦文化的这一特质在制度建构、经济发展、社会改造各方面都有突出反映。

秦人战车复原（礼县博物馆提供）

一、内忧外患，穷则思变

秦人东进关中后经过百余年的发展,在秦穆公时终于称霸西戎,成为诸侯大国。但是,此后却进入了发展的低潮。秦穆公死后,太子罃继立为国君,他就是秦康公。从秦康公即位(前 620)到秦出子死(前 385),这 236 年诸侯兼并战争处

---

① 袁仲一:《从考古材料看秦文化的发展和主要成就》,秦始皇兵马俑博物馆研究室编:《秦文化论丛》(第一集), 西北大学出版社 1993 年版, 第 47 页。

于胶着状态。各国不同利益集团之间互斗，内耗严重，同归于衰弱。

从秦康公到秦出子先后有 14 位国君(前 620—前 385)，其间秦国内斗不止、国君更迭频繁。他们中在位 40 年的一人，30 年以上的两人，20 年以上的一人，10 年以上的五人，10 年及以下的五人。从秦哀公以下诸君，只有秦厉共公在位 34 年，其余都不超过二十年，在位最短的秦出子即位第二年就被杀。正如司马迁所说："秦以往者数易君，君臣乖乱，故晋复强，夺秦河西地。"[①] 历史证明，这段时间，秦国的军事政治处于低迷状态，晋、楚相对强大，迭为诸侯盟主，对秦国构成巨大的政治压力。

秦康公、共公短祚，无政绩可言。秦桓公二十四年(前 580)，晋厉公初即位，同秦桓公隔河而盟。继又背盟，联络诸侯伐秦，打得秦军措手不及，落荒而逃，诸侯联军追至距秦都城不远的泾阳(今陕西泾阳县西北)才撤回去。秦景公四年(前 573)，晋国的权臣栾书杀其君晋厉公，削弱了晋国的势力。秦景公十五年(前 562)，晋攻秦郑县(今陕西华县)，秦败晋军于栎邑(治所在今陕西西安市临潼区东北)。这一时期，晋悼公为诸侯盟主，他多次率领诸侯打败秦军。一次，追兵渡过泾水，到达棫林(今陕西礼泉县东)才撤回去。秦景公二十七年(前 550)，秦景公在强大政治军事压力下来到晋国，同晋平公会盟，但晋不久又背盟。

继景公而立的秦哀公在位 36 年死，一生无大的建树。太子夷公先哀公而亡，因此哀公死后由夷公之子继立为国君，他就是秦惠公(又称秦前惠公)。秦惠公及其子秦悼公在位时间都较短，政治上也无大的作为。值得提到的是秦悼公之子秦厉共公即位(前 476)后，于秦厉共公十六年(前 461)，以兵二万伐大荔戎国，取其王城(今陕西大荔县东)。秦厉共公二十四年(前 453)，晋国发生内乱，赵韩魏三家杀死国君智伯，将晋国一分为三，智伯子智开逃到秦国。秦厉共公三十三年(前 444)，秦伐义渠戎国(治今甘肃宁县)，俘虏义渠戎王。秦厉共公卒，子躁公立。秦躁公十三年(前 430)，义渠戎余部攻秦，深入渭河南，可见这时秦国的兵力仍然相当虚弱。次年(前 429)秦躁公卒。立其弟怀公(前 428—前 425)。秦怀公四年(前 425)，庶长鼌与大臣围攻怀公，怀公自杀。怀公太子昭子早死，大臣乃立昭子之子，是为灵公(前 424—前 415)。秦灵公在位 10 年而死，子献公不得立，立灵公季父悼子，是为简公(前 414—前 400)。秦简公卒，子后

---

① (汉) 司马迁：《史记》卷 5《秦本纪第五》，第 254 页。

惠公立(前399—前387)。后惠公十三年(前387),秦伐蜀,取南郑(今陕西汉中市)。后惠公卒,出子立(前386—前385)。出子二年,庶长改迎灵公之子献公于河西(陕西和山西交界处黄河南段以西)而立之,杀出子及其母。

从以上不难看出,由于内部不稳,导致秦国无暇向外,又引发外患不断。

二、务实求变,革故鼎新

秦国大臣杀死出子,迎立献公(前384),是秦人历史上的一个转机。秦献公一即位,就从实际出发,做了几件有意义的大事。一是他于继位当年就立即"止从死",即废除以人殉葬的恶习,挽救了很多人的生命。二是他于献公二年(前383),"城栎阳"(今陕西西安市临潼区东北),有利于秦国东进中原,由此可以看出秦献公的政治雄心。三是他于秦献公十八年(前367),宣言"雨金栎阳",就是上天在栎阳下"金"如雨,这是"金瑞见",预示着地处西方的秦人将要复兴。献公于是作畦畤于栎阳,祭祀白帝,这同样是僭越行为,但明确反映了他的政治抱负。四是秦献公打了两次胜仗,他于秦献公二十一年(前364),与魏国战于石门山(今陕西旬邑县东),斩首六万。这一仗连周天子都感到震动,急忙派人送来绣有华美花纹的衣服,表示祝贺。秦献公二十三年(前362),秦与魏军战于少梁(今陕西韩城县南),虏其将公孙痤。秦献公于次年死,其子渠梁继立,他就是秦孝公(前361—前338)。

秦孝公即位时,山东六国均很强盛。齐威、楚宣、魏惠、燕悼、韩哀、赵成侯等各据一方,虎视眈眈。淮泗二水之间,又有十余个较小的诸侯国。当时,东周衰微,诸侯力政,争相兼并。秦国地处偏僻的雍州,不能参加东方诸侯的会盟,列强对秦"夷翟遇之"。秦孝公在东方列强的冷落下振作精神,布惠于民,抚恤孤寡,征招战士,按功行赏,毫不懈怠地积极进取。为了迅速地振兴国家,他下达了求贤令。①

他在发布公告的同时,又身体力行,先后出兵,东围魏国陕城(今河南陕县),西灭獂戎(今甘肃陇西县东南),杀其戎王。秦孝公二年(前360),周天子派人向孝公送来祭肉,承认他的霸主地位。

① (汉)司马迁:《史记》卷5《秦本纪第五》,第255—256页。

秦孝公的作为和布告吸引了卫国公子卫鞅①。卫鞅慕名来到秦国,说服秦孝公实行变法,从而彻底改变了秦国的落后面貌。

《史记·秦本纪》将商鞅、秦孝公变法的主要内容概括为"修刑,内务耕稼,外劝战死之赏罚",倡导法制和耕战。按照这一政策,任何人想要提高政治地位,获得大块耕地,占有大量奴婢,就得在农业生产或军事战斗中获得成绩。生产农产品和杀敌越多,所获爵位就越高,由国家奖励的土地、奴婢也就越多。根据《史记·商君列传》的记载,商鞅变法的条款分两次颁发。第一次是秦孝公三年(前359),改革内容主要有五项。

一是整顿农村基层组织,建立检举制度。法令要求将民众编为"什伍"组织。五户为一"伍",十户为一"什"。一家犯法,其他各家都要检举,若不检举,就要牵连受罚,"不告奸者腰斩""告奸者与斩敌首同赏"。

二是倡导分户。要求每户只能有一个成年男子,其余都要分家,另立户籍,目的是要增加按户征发的赋役承担者。民户家有两个以上男子而不分家,就将加倍征收赋税,以此逼迫他们分家,建立小家庭。

三是奖励军功,严惩私斗。鼓励男子为国家杀敌立功,政府将按杀敌的多少授给爵位。在战争中杀敌一人,可以获得军功爵一级。藏匿奸人,与降敌同等惩罚,本人处斩,还要没收家人财产,为私事而斗殴,就按打斗的轻重给予处罚。

四是重本抑末,奖勤罚懒。本,指农业。末,指工商业,主要是奢侈品的生产和销售。百姓男耕女织,努力从事农业生产和家庭纺织业而致粟帛增多,或通过农业劳动致富者,可以免除当年的赋役。从事奇技淫巧或奢侈品的生产和商业投机活动,以及懒惰致贫者,连同妻子一并没为官奴婢。这是一条见于《周礼》记载的传统惩罚制度,商鞅沿袭重订,严格实行。

五是废除世卿世禄制度。世卿世禄制是商周时代国家给予贵族、官僚世代承袭官职、享受俸禄的优厚待遇和制度。商鞅变法将其废除,规定王亲贵族无军功者别说爵位俸禄,就连宗室户籍也保不住,即"不得为属籍"。这一条是以新订20等军功爵作为划分社会成员等级,给予物质和精神奖励、确定其社会地位的唯一标准,社会成员按爵位占有田地宅居,有功者显荣,无功者虽富也不能华贵。

---

① 卫鞅(前390—前338),卫国(治今河南濮阳县西南,后迁野王,即今河南沁阳市)国君的庶子,名鞅,人称卫鞅,姓公孙,故又叫公孙鞅。秦孝公封他于商(今河南内乡县一带)后,号商君,历史上多称他为商鞅。

变法从法律制度的角度将广大民众统统赶上富国强兵的路子。同时取消前代世卿世禄制下贵族的世袭特权,使社会人群从上到下无论贵贱,都来为国家的富强而奋斗。秦法没有身世歧视,即使是穷困的山乡子弟,杀敌立功也能得爵,纵然贵为王族子弟,若没有军功,照样不能无故加爵。这一举措前无古人。

秦孝公十二年(前350),在商鞅的主持下,颁布了第二个变法令,内容主要有四项。

一是禁止父子兄弟同居一室的陋俗。

二是在全国普遍建立县制,即把原先的小乡、里、邑、聚等基层单位,统一改建为县制。每个县设县令、县丞各一人。改革之初时全国设 31 个县,后来增加到 41 个县。

三是"废井田、开阡陌",即打通田间交通道路,方便公平地征收赋税。过去,乡间一个聚落就是一个独立的行政单元,四面有疆界,界限用矮墙、土堆、小山或栽种树木来确定,这样人们往来极不方便。按照变法令,打通封界和田间道路,大大便利了政令的传达、赋税的征收和人员的往来。

四是统一度量衡标准。配合赋役制度,使民众较公平地承担国家赋税。

商鞅变法取得巨大的政治效果。秦孝公十九年(前343),周天子致伯,即封秦孝公为霸主。

秦孝公二十年(前342),东方诸侯都来向秦道贺。秦派公子少官率兵到逢泽(今河南开封市南)会见诸侯,朝见天子。

秦孝公二十二年(前340),商鞅劝秦孝公乘魏国被齐大败、诸侯叛离的有利时机伐魏,秦孝公同意,就让商鞅带兵前往。魏遣公子卬将兵迎战。两兵相遇,商鞅向魏公子卬使计说:我们俩过去是好朋友,现在又都是两个国家的将军,我不忍心与你相攻,可与您当面立盟,饮酒罢兵,使秦魏两国安定。公子卬不知是计,同意商鞅的意见。双方会盟后饮酒,商鞅埋伏的甲士突然起来袭击,俘虏了公子卬,顺势发起进攻,大败魏军。魏兵东破于齐,西败于秦,元气大伤,国力削弱,人心恐惧,乃遣使将河西的地盘割给秦国讲和,并像商鞅预想的那样,撤离安邑,迁都于大梁(今河南开封市)。

商鞅破魏回到秦国,秦孝公封给他于(今河南西峡县东)、商(今陕西丹凤县)之间的十五个邑,号为商君,卫鞅从此以后就改称商鞅。

秦孝公二十四年(前338),秦与魏战,虏其将魏错。这一年秦孝公死,子嬴驷继立，他就是秦惠文王。

秦惠文王即位不久，诛杀了商鞅。有人认为是因为惠文王做太子时触犯变法令，商鞅以惩罚师傅等方式处罚了太子。其次是变法令颠覆了宗室的固有特权。秦孝公死后，宗室成员纷纷向秦惠文王告发商鞅谋反，商鞅闻讯逃亡，被秦兵杀于黾池，尸身被车裂，遂灭商君之家。

商鞅变法是战国时期一次彻底的改革运动，极大地推动了社会进步和历史的发展。在改革中，秦国废除了旧的制度，创立了适应社会经济发展的新制度，壮大了国力，推动秦国走上了富国强兵的快车道。

三、亦农亦牧，鼓励生产

同东方各国的崇尚诗、书、礼、乐不同，秦自建国以后，就很重视物质文化的建设。尤其是它继承和综合前人的经验，根据境内自然环境、气候及植被的差异，创造性地实行亦农亦牧，辅之以工商的生产模式，快速、有效地提高了秦的国力。

1. 农业方面的创新

西周以来的农业工具，从《诗经》等文献看，钱（铲、锸一类的农具）、镈、铚等青铜农具增多了。如："命我众人，庤乃钱镈，奄观铚艾。"[1]诗中出现的农具几乎都是金属制造。进入春秋时期，铁器、牛耕开始推广，而秦人则最早普遍使用了铁器和牛耕技术。

一是铁器的普遍推广。到春秋时代，由于铁农具的广泛使用，农业生产面貌大大改观。早在秦襄公时代，人们对金属铁就已经很熟悉。《诗经·秦风·驷驖》中有"驷驖孔阜"的诗句，就是用铁来形容马的颜色，说明铁已被人们所熟识。20世纪90年代以来，考古学家从甘肃礼县大堡子山秦公陵园、礼县圆顶山秦贵族墓中，陆续发现春秋初期的铁器。陇东和关中地区早期秦墓中发现的铁器也不少。现在已知中国最早的一批铁农具，几乎全出自秦文化遗存。如甘肃甘谷毛家坪秦遗址出土铁镰，陕西宝鸡市凤翔区马家庄秦遗址出土铁锸，凤翔秦公一号

---

[1] （宋）朱熹注，王华宝整理：《诗集传》卷19《周颂臣工之什四之二·臣工》，凤凰出版社2007年版，第256—266页。

大墓出土 12 件铁铲、铁锸等。[1]1980 年，在甘肃永登县榆树沟发现的沙井文化（春秋时期）墓葬中，出土铁质铲形器、铁矛、铁锥等。考古工作者从陕西凤翔秦公大墓挖出的铁器上，发现当时秦人不仅能够锻造熟铁，还能冶铸生铁。[2] 有学者认为，周人的炼铁技术是从西亚传来的，西周晚期处于起步阶段。西亚炼铁技术东传，要经过地处西北的秦国，这也是春秋时代秦国铁器序列完整、数量较中原地区丰富的原因。[3] 还有学者认为，春秋中期以后，铁锸已经成为秦人的主要农具，耨草松土用的锄、镢，收割用的镰、铚，凡用金属制造的都普遍铁质化。[4] 这是对秦国农业生产力发展水平比较乐观的估计，也反映秦人在生产工具上的大胆革新和领先地位。

生产工具的改进，加上秦人一贯的重农政策和关陇地区的宜农条件，促使这里农业生产效率大幅度提高。司马迁总结关中地区的农业传统和雄厚基础说："关中自汧、雍以东至河、华，膏壤沃野千里，自虞夏之贡以为上田，而公刘适邠，太王、王季在岐，文王作丰，武王治镐，故其民犹有先王之遗风，好稼穑，殖五谷，地重，重为邪。"[5] 秦文公十六年（前 750），"文公以兵伐戎，戎败走。于是文公遂收周余民有之，地至岐，岐以东献之周"[6]。秦对周人的收编，极有利于全面继承周人的农业基础和技术。秦穆公十二年（前 648），"晋旱，来请粟……于是用百里奚、公孙支言，卒与之粟。以船漕车转，自雍相望至绛"[7]。雍是当时秦国的都城，在今陕西宝鸡市凤翔区。绛是晋国都城，在今山西翼城县东南。这一活动被后人称为"泛舟之役"，生动地反映了秦国农业发展、粮食充裕的状况。

二是牛耕技术的推广。秦国是战国时期最早普遍推广牛耕技术的国家，为大面积垦荒和发展农业提供了先进生产力保障，是农业史上的一次革命。随着井田制的废除，受田制开始推行，小农生产方式得以确立，个体农户从事农业生产的积极性被极大地调动了起来。正是由于牛耕技术的推行，让农业生产力实现了大幅度的提升。牛是农耕之本，秦朝从多个方面建立了保护耕牛的制度。

---

① 祝中熹：《早期秦史》，第 264 页。

② 《文物通讯》1977 年第 4 期。

③ 王学理等：《秦文化》，文物出版社 2001 年版，第 241—242 页。

④ 祝中熹：《甘肃通史·先秦卷》，甘肃人民出版社 2009 年版，第 326 页。

⑤ （汉）司马迁：《史记》卷 129《货殖列传第六十九》，第 3958 页。

⑥ （汉）司马迁：《史记》卷 5《秦本纪第五》，第 230 页。

⑦ （汉）司马迁：《史记》卷 5《秦本纪第五》，第 240 页。

首先,用法律保护大牲口有充足的饲料供应。《睡虎地秦墓竹简》的法律条文中就有对饲料生产、上交、分配的详细规定。其次,规定举办耕牛评比大赛。为扶持耕牛的发展,规定每年举办四次耕牛大赛,分别在每年的正月、四月、七月、十月举行,成绩优秀的奖励田啬夫酒一壶,干肉十条,免除饲牛者一次更役,赏赐牛长资劳30天;饲养牛成绩低劣,申斥田啬夫,罚饲牛者资劳两个月。再次,建立了严格的大牲口屠宰标准和上报制度。规定对所养官府牛马,不准屠宰,《厩苑律》规定:"将牧公马牛,马牛死者,亟谒死所县,县亟诊而入之,其人之其弗亟而令败者,令以其未败直(值)赏(偿)之。其小隶臣疾死者,告其□□之;其非疾死者,以其诊书告官论之。其大厩、中厩、宫厩马牛□(也),以其筋、革、角及其贾(价)钱效,其人诣其官。其乘服公马牛亡马者而死县,县诊而杂买(卖)其肉,即入其筋、革、角,及□(索)入其贾(价)钱。钱少律者,令其人备之而告官,官告马牛县出之。"法律明确禁止杀活牛,死牛要及时上报上交,不及时上报导致牛腐败者要按价赔偿。秦朝还规定,如果牛等大牲口死得多,要追究地方政府官员的责任。对各县官的驾车用牛,每年考核一次,死亡超过三分之一的,对官吏和养牛者要治罪。秦朝所建立的饲养管理、良种繁育制度和奖惩办法,体现了秦重视耕牛的思想理念,是当时保护和发展生产力的先进政策。

三是实行编户制度。居民管制方式采取以户为单位登记居民名籍,不分贵贱等级,隶属于国家各权力机构,这是国家在适应氏族组织解体后对居民按地区进行划分的一种管理制度。进入战国,户口编制更趋细密,秦国采用了"什伍"的户口编制,将居民五家编为一伍,十家编为一什,一家有罪,其余家庭连坐。如此,国家就控制了每家每户。居民登记户籍,要写清姓名、年龄、性别、身体状况、职业等,无论男女老幼,都要登记在册,一旦死亡,就要从名册上除名。这些规定,大大加强了对人口的管理,便于国家政策的贯彻和实行,自然也方便国家土地政策的实施。

四是土地分配制度改革。在井田制时代,作为生产资料主要部分的土地及其附加劳动者,按宗法制分配。各层级宗法统治者占有的田地,名义上是属于国有,劳动力也由天子赏赐,但生产收获却全归受封者。在中央统治力强大,对地方诸侯贵族控制较严的时期,受封者会按时、按规定向天子进贡;而当中央权力削弱,地方贵族势大的情况下,就会不尽贡职。

商鞅变法承认旧贵族所占土地为私有,意味着其经营耕作也是私事,再也不能按老规矩,无偿地占用国家控制的民众去为私家耕作。同时,改革在不剥夺奴隶主原有土地的前提下,废除井田制,对劳动力实行严格的管制。"明尊卑爵秩等级,各以差次名田宅,臣妾衣服以家次"①,建立军功爵制度,按军功分配土地和劳动力。斩敌甲士首级一颗赏爵一级,田一顷,宅九亩,庶子② 一人,杀敌越多,军功爵越高,赏赐越厚。包括得到官职、"税邑"以及减刑等特权。这样,只要有军功,普通民众也能"以率受上爵"③,无军功,连宗室都不能继续享受昔日的特权。这对社会生产的促进作用可想而知。

五是劳动制度的改革。第一步,用严厉的手段将民众管制起来,从事耕织。即"令民为什伍,而相牧司④ 连坐。不告奸者腰斩,告奸者与斩敌首同赏,匿奸者与降敌同罚。民有二男以上不分异者,倍其赋"⑤。这就促使小农经济的形成和发展。第二步,"集小乡邑聚为县,置令、丞,凡三十一县"。民众只要努力于农业或杀敌立功,就能得到军功爵、田宅等,他们再也不用去到贵族的田地上从事无偿的劳动,这无疑激励了民众的生产积极性。

六是税收制度的改革。"为田开阡陌封疆,而赋税平。平斗桶权衡丈尺。"⑥ 即打通田间道路,夷平井田封疆。包括旧贵族原有土地和其他人按军功爵分得的土地在内。统一度量衡,所有田地都要按国家标准承担赋税,所有赋税物统归国家所有。斗桶权衡丈尺的标准统一,使国家赋税制度变得相对公平。

七是产业制度的改革。春秋战国时期商品经济发展,吸引不少农民弃农经商,逃避农战,影响政府税收和国力的增强。商鞅改革规定:"僇力本业,耕织致粟帛多者复其身。事末利及怠而贫者,举以为收孥。"⑦ 还加重关市之征,禁止商人贩卖粮食,规定商人的奴仆须服徭役等。⑧ 制止一部分农民"事商贾,为技艺,皆以避农战"⑨ 的倾向,是一项十分彻底的产业制度改革。

---

① (汉)司马迁:《史记》卷68《商君列传第八》,第2710页。
② 庶子:隶属于有爵者的服役之人。
③ (汉)司马迁:《史记》卷68《商君列传第八》,第2710页。
④ 牧司:意为相互检举告发。
⑤ (汉)司马迁:《史记》卷68《商君列传第八》,第2710页。
⑥ (汉)司马迁:《史记》卷68《商君列传第八》,第2712页。
⑦ (汉)司马迁:《史记》卷68《商君列传第八》,第2710页。
⑧ 参见石磊译注:《商君书》,中华书局2009年版,第10—25页。
⑨ 石磊译注:《商君书》卷3《农战》,第27页。

秦国的生产技术也有很大的改进，如将粗耕农业逐渐转变为精细，并创造出著名的"畦种法"①。这一技术革新措施为汉朝"代田法""区种法"的创立提供了历史经验。

秦王嬴政即位（前246）后，秦国在大力推广牛耕和铁农具的基础上，又陆续创修了都江堰（今四川成都市都江堰市）、郑国渠（今陕西泾阳县境内）、灵渠（今广西兴安县境内）、秦渠（今河南焦作市沁阳市南）和秦家渠（又名秦渠，今宁夏吴忠市、灵武市）等大型水利工程，使关中平原及秦国所属成都平原等适耕地灌溉面积扩大，旱作地变为水浇田，农业生产面貌发生根本性变化。

2.牧业方面的创新

秦自建国以来，由于自然环境、生产传统和社会发展的需要，始终实行亦农亦牧、农牧兼营的生产经营模式。而且不论哪个生产领域都不墨守成规，而以创新为特质。秦文化在畜牧业领域的创新，主要是其畜牧以养马为主，马牧业服务于国家军事需要。在此前提下，打破了西周以来政府对官僚贵族养马数额的限制，还从养马实践中提炼出培育和辨认良马的标准。

西周基本实行寓马于民的政策，鼓励民间畜牧业养马。天子、诸侯、卿大夫等统治者也按等级养一定数量的马，②主要用于驾车、护卫、仪仗、驿传、打猎、服杂役等，当时还没有骑马打仗的习惯。从技术层面讲，西周选马，重视毛色、尺寸，如驾车、仪卫，不同场合讲究用清一色的马。马的个头，"八尺以上为龙，七尺以上为䮫，六尺以上为马"③。即按个头的大小对马分类起名，八尺以上的叫龙马，七尺以上的叫䮫马，六尺以上的只叫马。其他要求也多是外表形态。

周孝王时，非子在提升周的国营马牧业上，作出卓越的贡献。非子的牧马经验推广以后，打破了国家颁马授圉的制度，利用一切有利条件，大规模地繁殖优

---

① "畦种法"是将土地整治成亩成圳，开沟作垄，沟深宽各一尺，垄高一尺，宽六尺。耕作时，要求"五耕五耨"，以提高作物的保墒、防风、抗旱能力和单位面积产量。

② 如《周礼·夏官·校人》说："校人掌王马之政。辨六马之属：种马一物，戎马一物，齐马一物，道马一物，田马一物，驽马一物……天子十有二闲，马六种。邦国六闲，马四种。家四闲，马二种……"闲是马厩，每厩为一闲，闲有马216匹（见《十三经注疏》整理委员会整理，李学勤主编：《周礼注疏》卷33《夏官司马下·校人》，北京大学出版社1999年版，第859—864页）。

③ 《十三经注疏》整理委员会整理，李学勤主编：《周礼注疏》卷33《夏官司马下·庾人》，第866—867页。

良马匹,开创政府不限数量、直接养息良马的传统。从此以后,公养私养并举的牧马模式被中国历代王朝所沿袭。

秦人评选良马的标准超过周人。出土秦简中有一段《马禖》的文字,是秦人祈祷马匹繁殖的祭祀祷词,该祷词写在简上的时间可能较迟,但这种祭祀仪式及祷文内涵形成较早。其中有一段是祈求马神:"令其(马)鼻能糗乡(香),令耳聪目明,令头为身衡(平衡器),脊为身刚(坚强),脚为身□,尾善驱□,腹为百草囊,四足善行。"① 意即求神保佑,让我的马一匹匹长得嗅觉灵敏,耳聪目明,反应敏捷,负荷力强,脚为身(柱),尾善驱虻,腹能装下很多水草,四足健走。这样的马不就是标准的良马吗?这段话表明,秦人同周人相比,已经不是从毛色、尺寸等外形选马,他们已开始从马的体质、性能等角度选择良马。这是经验的总结,也是中国最早的"相马经"和提高军队战斗力最有价值的理论提炼,其创造性的马文化及其历史影响不容低估。

在畜牧业发展的基础上,秦人在相马实践中,历练出很多相马师和精湛的相马术。据《列子》记载,伯乐是秦穆公时的著名相马师。他年老以后,秦穆公请他从家族中推荐一名水平较高的相马师,作为伯乐的接班人为国家相马。伯乐回答说:良马可以从外貌形态、筋骨等方面看出来。比良马更高的"天下之马",叫人感到好像是隐迹于世,或者已经失传了。这种马飞奔起来不扬尘土,不留印迹。我的孩子才能低下,可以教给他们相良马的方法,却无法教给他们怎样相"天下之马"。我有一个曾经一起挑担捡柴的朋友,名叫九方皋,他的相马技术不在我下,请您和他见见面。秦穆公于是召见九方皋,并让他给相马。三个月后,九方皋回来报告说:已经找到好马了,就在沙丘。穆公问:是什么样的马?九方皋回答说:是一匹黄色的母马。穆公派人去牵马,却是一匹黑色的公马。穆公不高兴地将伯乐叫来说:坏事了!你推荐相马的人,连马的颜色、公母都搞不清楚,又哪懂得相马?伯乐感慨地大声叹息说:竟至这样高妙啊!这正是他比臣高明千万倍的地方。九方皋所观察的是马的神秘内涵,他专注的是事物的内在精妙之处,而忽视了其粗略的地方,他重在本质而忽视了现象,看到了他想看到的东西,而忽略了他不想看的方面。观察其所要观察的,放弃了他不想观察的地方。像九方皋那样的相马,才是抓住了相马的精准点。秦穆公令人将九方皋相准的

---

① 吴小强:《秦简日书集释》,岳麓书社2000年版,第175页。

马牵到众人面前,果然是一匹超越了一般良马的"天下之马"。

从马匹体质而不是外表寻求良马,秦的《马祷》祈文已见端倪,伯乐、九方皋的相马技术,从实践的角度补充了这一点,它对秦人提升军事力量,统一六国以及后世各代骑兵的发展,都有重大参考价值。

这一时期,秦人、秦文化除了农牧业以外,还在手工业、商业领域展现出巨大而深刻的改革和创新成就,这里不再赘述。

四、顺应自然,保护生态

天人相应、阴阳交感观念在先秦时期就已盛行,由此衍生出协调人与自然关系的思想观念。《逸周书·大聚》:"春三月,山林不登斧,以成草木之长;夏三月,川泽不入网罟,以成鱼鳖之长。"荀子则说:"修火宪,养山泽林薮草木鱼鳖百索,以时禁发,使国家足用,财物不屈,虞师之事也。"这都体现了先秦时期人们朴素的自然生态观。

公元前1000—前770年,陇右一带气候变化趋于寒冷,年平均气温约比现在低1℃,尤其到了西周后期,不仅寒冷,而且干旱。在春秋战国时期,农业生产资源供应量下降,为保证社会的可持续发展,秦国形成了很多顺应自然,按照动植物的生长规律,合理利用自然资源,保护动植物生长发育的观念。

商鞅认为:"壹山泽,则恶农慢惰倍欲之民无所食。无所于食则必农,农则草必垦。"封山育林,按照时令禁止砍伐渔猎,不仅可以有效保护动植物的生长发育,还可以使大部分手工业者和商人失去原料和商品,不得不去务农,所以以时禁发与重农抑商相得益彰。

《吕氏春秋》的生态智慧是其重要的思想特色,明确提出了天人一体的生态系统观、人法天地的生态协同观,这些观念集中体现在《吕氏春秋》"十二纪"中。

天人一体的生态系统观念,首先表现为遵循阴阳五行、时空运行的规律,来安排天道、地道、人事的活动。该书按照天地人的顺序,逐月描述了天道、地道的生态变化与特征,然后配合安排相宜的人事活动,对违反生态律令的行为提出警告,并反复强调:"无变天之道,无绝地之理"(《十二纪·孟春》);"凡举事无逆天数,必顺其时,乃因其类。"(《十二纪·仲秋》)主张无论君主还是百姓都要顺守自然生态律令,才能享有五谷丰登、天下太平。

从人法天地的协同观出发,该书认为宇宙万物的运行都与有固定节律的时间相顺应。主张人事活动如政令、宗教、生活起居、刑罚、礼乐、农业、军事、贸易等,都是按照时间的流动变化,按照季节节律而进行。主张人法天地,尊重生态规律,强调因时因地,保护自然资源,并对保护森林资源、动物资源和土地资源等,都作了详细的规定。这实际上是将人看作自然生态链条上的一环,认识到人类应自觉地遵守宇宙大系统的统一节律,使人类行为与整个系统保持和谐、良性循环互动的关系。

秦统一后,将保护生态的思想观念上升为国家的法律规定。"春二月,毋敢伐材木山林及雍(壅)堤水。不夏月,毋敢夜草为灰,取生荔、麝□(卵)鷇,毋□□□□□毒鱼鳖,置□罔(网),到七月而纵之。唯不幸死而伐绾(棺)享(椁)者,是不用时。邑之□(近)皂及它禁苑者,麝时毋敢将犬以之田。百姓犬入禁苑中而不追兽及捕兽者,勿敢杀;其追兽及捕者,杀之。河(呵)禁所杀犬,皆完入公;其他禁苑杀者,食其肉而入皮。"法律明确规定,春天二月,不准到山林中砍伐木材,不准堵塞水道,不到夏季,不准烧草作为肥料,不准采刚发芽的植物,或捉取幼兽、卵,不准毒杀鱼鳖,不准设置捕捉鸟兽的陷阱和网罟,到每年七月才解除禁令。只有因死亡而需要伐木制造棺椁的,才不受季节限制。居邑靠近牛马的饲槽和其他禁苑的,幼兽繁殖时不准带着狗去狩猎。进入禁苑和捕兽的狗,不准打死;如追兽和捕兽的要打死。在警戒地区打死的狗要完整上缴官府,其他禁苑打死的,可以吃掉狗肉,而要把狗皮上缴。秦朝封山禁牧,以时禁发,既保护了动植物资源,又合理利用了野生资源,体现了自古以来天人合一、天人相应,人与自然和谐的生态理念,既满足了国家征战的需要,又有效保护了生态。

第二节 开放包容的进取精神

纵观秦人早期的发展历史,可以清楚地感知到面对发达强势的周文化,他们不以自己的落后而自卑,面对面貌迥异的西戎文化,他们也不以异族或文化差异而排斥,而是虚心学习,积极交流,取人之长,为己所用。面对空前的生存压力,怀着强烈的复国回归心理的秦人,毫不犹豫地选择了兼容开放的文化政策,在固有华夏文化传统的基础上,入乡随俗,兼收并蓄西戎文化中对其有用的异质养料，也不断从周文化中吸取精华，从而迅速实现了摆脱困境、站稳脚跟而复兴再生的初衷；也使秦人在群戎环峙中由弱到强、脱颖而出。

一、开放包容，胸怀宽广

秦人在特定的自然和社会环境下，自始就面对殷周及四夷、列国多种文化，多民族、多方位、多样化的文化背景，对于秦人和秦文化来说既是挑战又是滋养要素的来源。秦上至统治阶层，下至普通百姓，对列国、四夷文化，都表现出大度包容、开怀接纳的态度。

秦穆公四年（前656），穆公为了协调政治关系，娶晋太子申生的姐姐为妻，两国结成"秦晋之好"。秦穆公九年（前651），晋献公卒，晋国发生内乱，逃亡在秦的晋公子夷吾请秦穆公帮助他归国为君，并允诺若能成为国君，就将晋国河西八城割给秦国。当时晋国在总体上是秦的强劲对手，但其统治上层缺乏远大谋略。秦穆公答应了夷吾的请求，派遣百里奚带兵送夷吾回到晋国，实现做国君的目的。夷吾后来反悔，仅派人到秦感谢，而不提割城的事。秦穆公大度待之，不以为意。秦穆公十二年（前648），晋国又发生大旱，派人来秦请求救济，秦国君臣经过商议"……卒与之粟。以船漕车转，自雍相望至绛"①。这一事件被后人称作"泛舟之役"。与此形成鲜明对比的是，秦穆公十四年（前646），秦国粮食歉收，去向晋国借粮。晋国国君夷吾同群臣商议，大臣虢射幸灾乐祸地建议，别借给粮食，应乘机进攻，可获大功。晋君采纳了他的建议，不仅未向秦国借粮，还于次年（前645）起兵伐秦。秦穆公十五年九月，秦穆公与晋惠公夷吾在韩原（今陕西韩城市西南）交战。晋君夷吾丢下大军，去和秦人争夺物资。返回路上，战马乏力，结果晋军被秦军击溃。秦军返回途中又被晋军包围，秦穆公被晋军刺伤，然而，最终秦军还是生俘了晋惠公夷吾。

秦穆公活捉晋君后，回到都城斋居，宣示将拿晋君夷吾祠祭。周天子听到消息后，认为晋君与周同姓，特地派人前来为他求情。夷吾的姐姐即秦穆公夫人也穿上丧服，光着脚来见穆公，为夷吾求情。最终，秦穆公改变主意，他同晋君盟誓，放其回国。这两次大的政治军事事件，充分反映出秦穆公宽广包容的政治胸

---

① （汉）司马迁：《史记》卷5《秦本纪第五》，第240页。

怀,也体现了秦人开放包容的品格。有一个传为美谈的秦穆公宽宥"岐下野人"食马肉一事。《史记·秦本纪》记载,秦穆公曾有一匹宝马丢失,找来找去,最后发现被居住在雍城之外的"野人"杀了煮着吃了。参与吃马肉的多达三百多人,按秦律当斩。秦穆公知道此事后,不但未杀,还赐给他们美酒。秦穆公对"岐下野人"的宽怀大度,获得了意外的回报。在秦晋交战中,有一次秦军失利,秦穆公在绝望之际,得到了这些野人的拼死相救,秦军不仅转危为安,而且反败为胜。

《吕氏春秋》的编著,是秦文化开放包容特质的集中体现。这一皇皇巨著的发起者和主持人吕不韦曾在秦国任丞相,他看到东方列国养士成风,魏国有信陵君,楚国有春申君,赵国有平原君,齐国有孟尝君,时称"四公子"。他们都以礼贤下士,好养宾客,善于为国谋划而著称,是当时诸侯国蓄养士人的几个典型。吕不韦于是效仿四公子,广纳贤才,著书立说,一时食客多至3000余人。他的门客各著所闻,将其成果选编成"八览""六论""十二纪",① 共20余万字。其内容"兼儒、墨,合名、法""备天地万物古今之事",取名为《吕氏春秋》。吕不韦曾下令将此书摆到京师咸阳的城门口,在旁悬挂千两黄金,"延诸侯游士宾客,有能增损一字者予千金"。

事实上,《吕氏春秋》的文献、学术、史料价值很高,不仅是当时秦国思想文化发展的代表作,也是战国诸子学说的集大成。此书在学术上以"杂"著称,实际上体现了秦人在文化上的包容与开放。该书也从政治的角度为秦统一六国、治理国家提出各种可供选择的蓝图,充分显示出秦文化为现实服务的价值取向。

此外,秦对各国客卿的广泛延揽、充分信任和放手任用;对"周余民"的包容收编,对郑国为秦修筑水渠的将计就计等,也都反映了秦人、秦文化开放包容的特质。

二、博采众长,推陈出新

秦人在政治、军事、工艺技术等领域,也是面向戎狄、列国,博采众长,创造了很多文化奇观。

---

① "八览"指《有始》《孝行》《慎大》《先识》《审分》《审应》《离俗》《时君》等八部分。"六论"指《开春》《慎行》《贵直》《不苟》《似顺》《士容》等六部分。"十二纪",记十二月令等。

《史记·秦本纪》记载："十六年(前750),文公以兵伐戎,戎败走。于是文公遂收周余民有之,地至岐,岐以东献之周。"秦对周余民的收编,对其经济、国力的增强产生了深刻的影响。它不仅扩大了秦国实际占有的地盘,增加了劳动人手和赋役承担者,而且有利于提高秦国农业、手工业生产技术水平。

秦国的作战方式原本只有步战和车战,并无骑马作战技术。正如元人方回所说:"盖骑而射,匈奴之俗,中国惟以马驾车,故有车战,步战,而未有骑战。中国之民,亦不敢单骑马而骋也。"[①]然而到春秋秦穆公二十四年(前636),穆公将逃亡在秦的晋公子重耳送回晋国时,秦一下就调动了4000匹马,编成"革车五百乘,畴骑二千,步卒五万"的庞大队伍。这里的"畴骑"一词,元人何犿解释说:"畴,等也,言马齐等皆精妙也。"[②]畴骑,即精骑,就是骑同样高大健壮的马匹。这段话表明,当时秦国不仅有车兵、步兵,也已经有骑兵,比人们熟知的赵武灵王十九年(前307)宣布在全国推行"胡服骑射"早300多年,是秦和中原内地最早见于记载的骑兵。无疑,秦人的骑马技术和骑兵制度,是在其与戎狄的交往中学来的。在秦穆公护送晋公子重耳之前,秦设骑兵,当还有一个学习引进的过程。到了战国时期,不光是秦、赵两国,中原各国都陆续出现了骑兵。《史记·苏秦列传》叙述苏秦游说六国国君时,指出燕国有"带甲数十万,车六百乘,骑六千匹"[③]。赵国有"带甲数十万,车千乘,骑万匹"[④]。魏国有"车六百乘,骑五千匹"[⑤]。齐国道路艰险,"车不得方轨,骑不得比行"[⑥],说明齐国也有骑兵。楚国有"带甲百万,车千乘,骑万匹"[⑦]。当时燕、赵、韩、魏、齐、楚六国,除韩国的骑兵没有提及外,该文对其余各国的骑兵都有明确的叙述。从此之后,"中国之兵,骑战渐盛,车战渐废"[⑧]。可见秦国对于源自戎狄的骑战技术,最迟在秦穆公时期就已经引

---

① (元)方回撰:《续古今考》卷5,元代史料丛刊编委会编《元代史料丛刊初编·元代子部书》2卷第16册,黄山书社2012年版,第273页。

② (清)王先慎撰,钟哲点校:《韩非子集解》卷3《十过第十》,中华书局1998年版,第76页。

③ (汉)司马迁:《史记》卷69《苏秦列传第九》,第2725页。

④ (汉)司马迁:《史记》卷69《苏秦列传第九》,第2730页。

⑤ (汉)司马迁:《史记》卷69《苏秦列传第九》,第2739页。

⑥ (汉)司马迁:《史记》卷69《苏秦列传第九》,第2742页。

⑦ (汉)司马迁:《史记》卷69《苏秦列传第九》,第2744页。

⑧ (元)方回撰:《续古今考》卷5,元代史料丛刊编委会编:《元代史料丛刊初编·元代子部书》2卷第16册,第275页。

进,并开始大规模地设置精骑兵,开中原各国引进骑兵之先河。秦王朝建立后,秦的骑兵制度进一步大规模地推广实行,并逐渐形成主要的、最强的军兵种。秦始皇兵马俑出土的骑兵形象,就是这一开放包容特质的生动写照。

秦人的建筑技术也是独步天下、无与伦比的。这些辉煌成就,有很多是在向东方六国学习的基础上进行创新而取得的。秦人最早的居室很简陋。据《汉书》记载,秦人的崛起地"天水、陇西,山多林木,民以板为室屋。及安定、北地、上郡、西河,皆迫近戎狄,修习战备,高上气力,以射猎为先。故《秦诗》曰'在其板屋'"①。"板屋者,西戎之俗,以板为屋。"②秦人接受陇右戎俗,军民所居仍是板屋。板屋在古诗文中成为西戎和秦人居室文化的特征。

秦人在以板屋、窑洞为主要居室的基础上,善于向四方六国学习宫室建造技术。最典型的例子,就是秦始皇在统一六国过程中,每破一国,就择其豪华壮丽的宫观,临摹或画成草图,在咸阳仿建。若不考虑其社会政治影响,单从技术文化看,秦朝建立后,其筑长城、修驰道和直道、建阿房宫、修骊山墓,以及都江堰、郑国渠等水利工程,都堪称中国古代最大或最豪华的建筑工程。以阿房宫为例,它在中国宫城建筑史上至少有三项成就:一是设计技术。据《史记·秦始皇本纪》记载:

> 三十五年……于是始皇以为咸阳人多,先王之宫廷小……乃营作朝宫渭南上林苑中。先作前殿阿房,东西五百步,南北五十丈,上可以坐万人,下可以建五丈旗。周驰为阁道,自殿下直抵南山。表南山之颠以为阙。为复道,自阿房渡渭,属之咸阳,以象天极阁道绝汉抵营室也……隐宫徒刑者七十余万人,乃分作阿房宫,或作丽(骊)山……关中计宫三百,关外四百余。于是立石东海上朐界中,以为秦东门。③

阿房宫从秦都咸阳上林苑起建,涉及范围十分宽广,它将秦孝公、秦惠文王以来秦国所建宫殿园囿、秦灭六国过程中在咸阳模仿六国修建的宫殿,以及秦始皇时新规划的宫殿园林,设计编制成一个整体建筑群,气势磅礴,美轮美奂,规模之大,设计技术之高无与伦比。直到秦朝灭亡时,整个建筑还远没有完工,但它的总体规模已经确定。仅在咸阳附近,"惠文王造,宫未成而亡。始皇广其宫,

---

① (汉)班固:《汉书》卷28下《地理志第八下》,第1644页。
② (宋)朱熹注,王华宝整理:《诗集传》卷6《秦一之十一·小戎》,第87页。
③ (汉)司马迁:《史记》卷6《秦始皇本纪第六》,第326—327页。

规恢三百余里。离宫别馆,弥山跨谷,辇道相属,阁道通骊山八十余里。表南山之颠以为阙,络樊川以为池"①。从这些记载来看,唐人杜牧《阿房宫赋》中描绘的"覆压三百余里,隔离天日,骊山北构而西折,直走咸阳。二川溶溶,流入宫墙,五步一楼,十步一阁",尽管有文学夸张成分,但仍有一定的历史依据和真实性。像这样宏伟的宫苑建筑,在中国历史上是空前的。在世界工程史上,也可算是一大"奇观"。同样的例子还有秦始皇陵的修建。

二是施工技术。阿房宫是一个集宫殿、园囿和交通、政事、游乐设施于一体的超大型建筑群。"发北山石椁,乃写蜀、荆地材皆至。"② 按此原则,工程人员在采集蜀郡(治今四川成都市)、荆楚(楚国旧地,今湖北、湖南一带)等地木质建材的时候,也当是首先按规划选择、衡量材料,再将检测合格的选材运输过去,有相当的科学性。在人员调配上,木石采集,水土开挖,宫室建造,调度也较合理。阿房宫建设中组织施工人员的技巧,确实不同凡响。

三是架桥技术。"秦始皇作离宫于渭水南北,以象天宫,故《三辅黄图》曰:渭水灌都,以象天汉,横桥南渡,以法牵牛……(桥)广六丈,南北三百八十步,六十八间,七百五十柱,百二十二梁。桥之南北堤,激立石柱"③。另一座渭桥也很驰名,据《三辅黄图》记载:"渭桥,秦始皇造。重不能胜,乃刻石作力士孟贲等像祭之,乃可动,今石人在。"④ 横桥建在咸阳,渭桥在长安北三里,跨渭水而建。两桥都是当时国内技术水平最高的木石桥。与此相联系的交通工具如骏良駃騠、单辕车、双辕车的引进、培育和创制,船运等交通工具的改革和使用,都显示出秦人善于向六国四方学习,引进先进文化从而提高国家技术水平的文化特质。

第三节　尚武坚毅的民族性格

秦人曾经历了悠久漫长的起源与迁徙,其由朝中显贵到争权失利,由诸侯大

---

① 何清谷校注:《三辅黄图校注》卷1,三秦出版社1995年版,第45页。
② (汉) 司马迁:《史记》卷6《秦始皇本纪第六》,第327页。
③ (北魏) 郦道元著,陈桥驿校证:《水经注校证》卷19《渭水》,中华书局2007年版,第452页。
④ 何清谷校注:《三辅黄图校注》卷6,第341—342页。

族到被镇压流放,由流动不定到入居陇右,历经多重变故和磨难。这一系列考验铸就了秦人坚韧的毅力和不屈的性格。这一路走来,历经变故磨难和千难万险,秦人却始终能够浴火重生和再度崛起。究其原因固然很多,但坚守信念、不屈不挠、坚韧果敢、尚武勇猛无疑是其成功的重要精神力量。这样一种精神力量,成为秦人面对险恶生存环境和复杂政治形势能够化险为夷、打开局面和致力发展的重要支撑。

一、秉性彪悍，尚武坚毅

任何族群或个体的秉性,都是在特定自然和社会环境熏陶磨炼下形成的。秦人彪悍尚武的特性也是如此,可以从三个方面加以观察。

一是自然环境险峻。秦人发祥的陇右地区山高林密,江河险要,地形复杂,气候干冷,有些地区宜农,有些地区宜牧。人们不论从事哪种生业,都有一个适应环境的问题。如活动于西北的戎狄人,主要从事游牧业,逐水草而居。其牲畜有马、牛、羊、驼、驴、骡等,牧民不建城郭,不定居,但他们各有一定的牧场。孩子自小学习骑射,射猎鸟鼠,长大后长于游牧射猎。陇右其他以牧为主的戎羌等族,同样是随畜游牧,有战事则披甲执锐,参与攻伐,不需要进行作战训练。司马迁认为,陇右民族的这种特质为天性使然。①

陇右地区的牧业民族秉性悍骜,这里以华夏族为主的农业民族,也都是尚武好勇。直到汉朝,还是以六郡②良家子作为优质兵源,常从这里选拔羽林军和期门军,护卫宫廷和皇帝。六郡男子借此优越条件,"以材力为官,名将多出焉"③。汉以后,陇右民众的尚武习气不减,继续为国家贡献精兵良将,勇猛强悍成为陇右民风的地方特质。

二是部族冲突历练。先秦陇右地区除了华夏族外,还活动着诸多土著部族,他们有时被笼统地称作氐羌或西戎。西戎活动的核心区域,大抵东自关中,西至敦煌,北抵河套,南逾湟水。各地区的戎族部落没有统一的组织或名称,"居何地即以何地之名施之"。就是说,他们活动在哪里,就在"戎"字前加那里的地名,作

---

① 参见（汉）司马迁：《史记》卷110《匈奴列传第五十》，第3483—3484页。
② 六郡：指陇西、天水、安定、北地、上郡、西河。
③ （汉）班固：《汉书》卷28下《地理志第八下》，第1644页。

为族名。春秋秦穆公(前659—前621)时期,北方和西北各地的戎狄仍然是"各分散居溪谷,自有君长,往往而聚者百有余戎,然莫能相一"①。他们居住分散,政治上互不统属。见于记载的有绵诸、绲戎、姜氏之戎、允姓之戎、䝗戎、邦戎、冀戎、獂戎、申戎、义渠戎、犬戎、西落鬼戎、大荔戎、彭戏氏、乌氏戎、胸衍之戎等。秦人在诸多戎人部族和东方大国的缝隙下生活,不得不修备兵甲,东讨西伐,求得生存和发展。秦襄公继承前辈之业,常与西戎展开激烈的争斗,并由于攻戎救周立下战功,被周平王封为诸侯。

秦襄公死后,其子秦文公(前765—前716)继立为国君,居西垂宫(今甘肃礼县),他是一个战功赫赫的君主。秦文公三年(前763),秦文公带兵700人,以打猎为借口,跨过陇山,东进关中,在"汧渭之会"建都。秦文公十年(前756),文公建鄜畤(今陕西宝鸡市凤翔区),用三牢②祭祀白帝,此乃他继秦襄公之后,以西方之主自居的表现。秦文公十六年(前750),秦文公击败西戎,收复了西周失地,收编了周余民,将岐以东之地献给周天子,而将岐以西纳入秦的版图。这一事件意味着,秦的军事力量已经超过了西戎。

三是国家制度引导。秦国在诸侯争强斗胜的对垒中,善于从调适国家制度的角度提升国力。秦孝公即位时,周室衰微,诸侯力政,"秦僻在雍州,不与中国诸侯之会盟,夷翟遇之"。秦孝公对此耿耿于怀,他一方面加强武装争斗,一方面物色能人。声称:"宾客群臣有能出奇计强秦者,吾且尊官,与之分土。"③卫国人公孙鞅应征来到秦国,说服秦孝公变法,改革国家管理制度,制定刑法,要求民众对内勤力农业生产,对外拼命杀敌,换取国家重赏;民众不能致力于耕战者受重罚。与此同时,废除世卿世禄制度,取消原先国家给予贵族、官僚世代承袭官职、享受俸禄的优待制度。新法以军功爵作为所有国民社会地位高低贵贱的标准,重新洗牌,划分和编定官民的政治地位,使有功者显荣,无功者虽富也不能显贵。

秦孝公、商鞅的变法,从法律制度上将广大民众组织化、耕战化,让他们为国家富强而效力。这一前无古人的变法革新,强化了秦人尚武彪悍的品格。

---

① (汉)司马迁:《史记》卷110《匈奴列传第五十》,第3488页。
② 三牢:古代祭祀时,用三鼎盛牛、羊、豕三牲,称三牢。
③ (汉)司马迁:《史记》卷5《秦本纪第五》,第256页。

二、意志坚韧，致力崛起

有韧性是秦人和秦文化的显著特点。从秦嬴的得姓之祖伯益协助大禹治水，又佐舜调驯鸟兽有功，舜赐伯益嬴姓氏，到非子为周王朝牧马于汧渭之间，"马大蕃息"，周孝王封其为附庸，一千多年间，秦先祖持久不断地所从事的驯兽、牧马事业，既同大众的狩猎、畜牧相联系，为之提供新经验新技术，又和国家、部族的盛衰不可分。从而在社会生产领域单纯经营农业的基础上，创造出了农牧兼营的新模式。从伯益到秦嬴乃至整个历史时期的秦人，都一以贯之地适应、改造自然环境，发展狩猎、畜牧生产，掌握当时交通领域最先进的驭马驾车技术，从而为部族的生存开拓出宽广的空间，也为中国远古文化增添了内涵和光彩。

秦先祖将牧马、驾车技术应用到社会政治生活，获得了很大的成功。如夏朝后期，政治腐败，夏末帝桀"不务德而武伤百姓，百姓弗堪"。这时候，商汤修德爱民，掀起灭夏活动，得到不少部族的响应。秦先祖费昌在此关键时期去夏归商，为商汤驾车，"败桀于鸣条"①。费昌之后，秦祖中衍又为殷帝太戊驾车，博得太戊赏识。自太戊以下，中衍的子孙世世佐殷，立下汗马功劳，"故嬴姓多显，遂为诸侯"②。

降至商周之际，商王帝辛(纣)好酒淫乐，宠爱妲己，"厚赋税以实鹿台之钱，而盈钜桥之粟……以酒为池，悬肉为林……为长夜之饮"③。百姓怨声载道。这一次，秦嬴的先人蜚廉及其子恶来助纣为虐，招来灭顶之灾。周武王伐纣时恶来被杀，蜚廉一说死于霍太山(今山西霍州市东南)，一说逃到今山东曲阜，随武庚叛乱时被周公杀死。从此恶来的子孙数代人受此牵连，不得为官。在此困难的政治环境下，蜚廉的另一子季胜之子孟增知难而进，顽强奋斗，赢得周成王的赏识。孟增孙造父在周穆王时选得骥、温骊、骅骝、騄耳等名马，仍用其祖传的驾车本领，为周穆王驾车，远游西土。这时，适逢徐偃王乘机作乱，造父帮周穆王一日千里赶回，平定了叛乱。造父因功受到周穆王的赏赐，以赵城封造父，造父族由此为赵氏。秦嬴一支借此随姓赵氏，才开始走上复兴之路。

恶来一支的后人非子继承家传，好马及畜。被周孝王征召为王室牧马，"马

---

① (汉)司马迁:《史记》卷5《秦本纪第五》，第224页。
② (汉)司马迁:《史记》卷5《秦本纪第五》，第224页。
③ (汉)司马迁:《史记》卷3《殷本纪第三》，第135页。

大蕃息",周孝王封其为附庸,在秦建邑,号秦嬴。这是秦先祖历夏商周三朝,千余年间,部族经多次起伏和西迁,由东方辗转到达陇右,终于有了立足之地而重新崛起的转折点,其后人遂逐渐显达起来,这对秦人、秦文化而言是一个里程碑式的事件。

第四节　令行禁止的法治观念

秦统治阶层在治国理政中历来重视政策的执行力和实践效果,逐步形成了雷厉风行和做事果敢坚毅,不达目标不罢休的行为习尚。在此基础上通过商鞅变法,又将法家思想引入秦文化,使秦人、秦文化崇法尚武、令行禁止的文化特质大放异彩。

一、注重法治,规范社会

依法治国是秦人和秦文化的一大特质。秦国法网恢恢,凡事皆有法式。秦的法制严密,执行严格,治理效果明显。对此当时人就有很高的评价,后世往往将其看作治国的宝贵历史经验而借鉴参考。

秦国君臣相当重视法制在国家治理中的作用。如商鞅说:"古之明君,错法而民无邪;举事而材自练;赏行而兵强。此三者治之本也。夫错法而民无邪者,法明而民利之也。举事而材自练者,功分明;功分明则民尽力,民尽力则材自练。行赏而兵强者,禄爵之谓也。"[1]这是强调设立法制民众就不会沾染邪恶,因为有法可依可使民众感到便利;兴举军国大事,人才从中得到锻炼,是因为立功受赏的法令明确,立功受赏的法令明确,民众会尽力去做,民众尽力去做,其才干就会在实践中得到锻炼;实行奖励政策而兵力变得强大,是说俸禄爵位对民众会起到激励作用。他将立法、执法、奖励三者看作治国的基本经验和方式,其核心观念是立法。

商鞅又强调说:"凡将立国,制度不可不察也,治法不可不慎也,国务不可不

---

①　石磊译注:《商君书》卷9《错法》,第94页。

谨也,事本不可不挂也。"① 就是要适时地建立国家制度,慎重地制定国家法制,严格地集聚民力于农战,使所有人都热爱农耕本业而远离工商末业,从而达到"治"的目标。在这里,他将国家制度、法治和农战摆在同等重要的位置。

国家管理是一件相当复杂的事。要做到事事立法,有法可依,就必然会造成"秦法繁于秋荼,而网密于凝脂"② 的现象。这本来是批评秦法繁密严苛的话,但现在看来,也反映出秦人、秦文化重法的特质。遗憾的是,尽管秦法繁多,可经过几千年的世变尘封之后,时至今日,秦的法律没有一部完整地流传下来。现在了解秦的法制,只有凭借文献中的简略记载及从考古资料梳理出的吉光片羽。

如果说秦始皇对秦的制度文化贡献最多,那么,在他之前的商鞅对秦的法制文化贡献则尤为突出。如前所论,《史记·商君列传》对商鞅变法时制定的法令条文有详细的介绍。

秦法倡导"法不阿贵、刑无等级"的平等观,主张"王子犯法与庶民同罪"。虽然这种平等观的范围狭小,有明显的局限性,但与儒家提倡的"刑不上大夫,礼不下庶人"相比,有了明显的进步意义。"壹刑者,刑无等级",凡秦国百姓,无论其身份如何,触犯秦法都将会受到惩处,此举极大地提升了秦法的权威性。法律不再成为世家贵族肆意欺凌无辜百姓的工具,在一定程度上,起着保护平民百姓的作用。

由于考古学的发展和相关学者的悉心努力,目前人们已从考古资料中整理出为数不少的秦律逸文。1975 年 12 月,湖北云梦县睡虎地秦墓出土 1155 枚竹简,80 枚残片。学者将这些竹简整理为 10 个方面的文献:即《秦律十八种》③《效律》《秦律杂抄》《法律答问》《封诊式》《编年记》《语书》《为吏之道》以及甲乙《日书》,内容相当广泛。云梦秦简以秦的法律条文为主要内容。仅整理出的律名就有田律、厩苑律、仓律、金布律、关市律、工律、工人程、均工律、徭律、司空律、军爵律、置吏律、效律、传食律、行书律、内史杂、尉杂律、除吏律、除弟子律、牛羊课、傅律、戍律、捕盗律等数十个名目。这些条文共有 600 多条,摘自 20 余个秦的单行

---

① 石磊译注:《商君书》卷 8《壹言》,第 88 页。

② 王利器校注:《盐铁论校注》卷 10《刑德第五十五》,中华书局 1992 年版,第 565 页。

③ 秦律十八种:包括《田律》《厩苑律》《仓律》《金布律》《关市律》《工律》《工人程》《均工》《徭律》《司空》《置吏律》《效》《军爵律》《传食律》《行书》《内史杂》《尉杂》《属邦》等。

法规,展示了战国秦际的法制概貌。这些资料对于研究秦的经济、政治、军事、文化、风俗等都有十分重要的意义,同时也可见秦文化"治道运行,诸产得宜,皆有法式"① 的特质。

已见秦律的形式有律、令、程式(包括调查、勘验、审讯)等。涉及范围从家庭室居到举国征战,从农业、手工业、贸易、仓廪、货币到置吏、徭役、军功爵等,包含社会生活的各个领域。其中有些条文规范过于细密,如"刑弃灰于道者"②。

二、严格执法，法无例外

法令只有得到严格执行才能起到治国作用,秦从襄公建国到秦二世而亡,30余位国君执政有长有短,成就有大有小,在依"法"而不是依"礼"治国上似有相当的一致性。其中有理论,有行动,言出法随,为秦政打上明显法治烙印的仍以商鞅为代表。

商鞅有一套系统的治国理论,前已述及。他在执法层面提出三个要点,一是法度,二是信用,三是权力。其中法度是第一位和最重要的。法度是君臣共同执掌的;信用是君臣共同树立的;权力则是由国君独掌的。"人主失守则危。君臣释法任私,必乱。故立法明分,而不以私害法,则治。权制独断于君则威。民信其赏,则事功成;信其刑,则奸无端。惟明主爱权重信,而不以私害法。"③ 正如前代帝王定衡器,置量尺,至今用之不废一样,因为只有用统一标准的器具衡量轻重长短才最公平。抛开衡器、量具而论轻重、定短长,再精细的商人也不会这样做,因为它不能确保量物的准确公平。治国不用法度,随心所欲,情形也是如此。

在著名的商鞅变法中,有一段取信于民的典故:史载商鞅在法令制定以后、颁布之前,怕民众不相信新法会得到施行,就在国都市南门竖立一根三丈长的木头,然后发出征募令,说:谁能将这根木头搬到北门,就奖给他 10 金。④ 民众看了他的布告感到迷惑,无人敢搬。于是商鞅又令贴出一道奖额更高的文告说:能

① (汉) 司马迁:《史记》卷 6《秦始皇本纪第六》,第 312 页。

② (汉) 司马迁:《史记》卷 87《李斯列传第二十七》,第 3100 页。

③ 石磊译注:《商君书》卷 14《修权》,第 121 页。

④ 10 金:古以 20 两或 1 斤为 1 金,10 金就是 200 两或 10 斤。做这点小事就给这样多的奖金,显然有非同一般的意味。

搬过去的给 50 金。① 有个人大着胆子将木头从市南门搬到北门,商鞅果真奖给他 50 金,以示政府说话算数。商鞅在示民以信后才颁布法令,使新法得到民众的信任和执行。

商鞅执法十分严厉。变法令推行的第一年,仅国都地区议论纷纷,说新法不利于民的人就以千数。连太子都不将新法放在眼里,还公然犯法。商鞅看出,新法推行缓慢,原因就在社会顶层有人违犯它。为了使变法令得到迅速的贯彻执行,应当首先处罚太子的犯法行为,可太子是国之储君,不能对他施刑;然而不处罚太子又会丧失法令的严肃性、权威性。商鞅于是决定处罚太子傅公子虔,对其施以劓刑,又对太子师公孙贾施以黥刑,让他俩代替太子服刑。处罚两人后,"秦人皆趋令"②。

商鞅的变法令确曾得到认真的贯彻执行。秦孝公死后,公子虔等向刚即位的秦惠文王举告商鞅要造反,就派人去抓他。商鞅闻讯逃走,来到关塞,想在当地一家客店投宿,店主不知他是商鞅,就推辞说"商君之法,舍人无验者坐之"③。这件事佐证了新法在社会基层得到贯彻执行。

在秦孝公、商鞅之后,秦的历世国君也都坚持法治精神。《韩非子》记载了这样一段故事:秦昭襄王(前 306—前 251)生病,百姓买牛作祭品,为昭襄王向神灵祈祷。大臣公孙述看到这一现象,就进宫向昭襄王道贺,说:您病后,各里百姓都买牛为您向神灵祈祷,希望神灵保佑,使您的病赶快好起来。秦昭襄王听了,派人去了解情况,果然有此事。昭襄王不以为然地吩咐说:罚他们每人交两件甲衣,理由是政府没有命令而擅自祈祷,这是关爱我。百姓关爱我,我若同他们一样不讲法制,废法而关爱百姓,相互依循,国家法制如何推行? 法制不行,就会招致乱亡啊! 因此他说不如"人罚二甲,而复与为治"④。这个故事反映出秦国君主坚持法制的传统。

三、法治立国,历代沿袭

秦文化始终推行与六国不同的政治制度和法制,获得明显的治理效果。史

---

① (汉)司马迁:《史记》卷 68《商君列传第八》,第 2711 页。
② (汉)司马迁:《史记》卷 68《商君列传第八》,第 2711—2712 页。
③ (汉)司马迁:《史记》卷 68《商君列传第八》,第 2717 页。
④ (清)王先慎撰,钟哲点校:《韩非子集解》卷 14《外储右下第三十五》,第 335—336 页。

载商鞅变法行之十年,秦民大悦,一时"道不拾遗,山无盗贼,家给人足。民勇于公战,怯于私斗,乡邑大治"①。

秦孝公死(前338)后,子嬴驷继立,他就是秦惠文王(前337—前311)。秦惠文王即位后,虽然处死了商鞅,但他并没有完全废除秦孝公、商鞅制定的所有法令。当时,秦国已是"战车万乘,奋击百万,沃野千里,蓄积饶多,地势形便。此所谓'天府',天下之雄国也"②。由此,秦在各国之中崭露头角,称为"雄国",再也无人敢将其"戎翟遇之"。

以秦惠文王为例,他在秦孝公、商鞅变法的基础上,因势利导地展开一系列颇有成就的兼并战争,为孝公、商鞅的法治政略增光添彩。秦惠文君元年(前337),楚、韩、赵、蜀人慑于秦国变法以来形成的强大压力,都来恭贺秦惠文王即位。二年(前336),周显王表示祝贺。五年(前333),惠文王授予魏国人公孙衍大良造的爵位。六年(前332),魏纳阴晋(治今陕西华阴市东)于秦,秦更名阴晋为宁秦。七年(前331),秦遣公子印带兵与魏战,虏其将龙贾,斩首八万级。八年(前330),魏国将河西割给秦国。此地原为秦占,战国初,由魏将吴起夺去,现再次归秦。九年(前329),秦国又派兵渡河,攻取魏汾阴(今山西万荣县西南古城)、皮氏(今山西河津县西)。与魏王会面于应(今河南鲁山县东),同时包围攻占焦(今河南陕县)。十年(前328),张仪相秦。魏纳上郡十五县(今陕西北部)于秦。十一年(前327),秦在义渠戎地(今甘肃宁县西北)设县。同时将焦、曲沃(今河南陕县西南)二地归还给魏国。义渠首领不再称王。秦改少梁名为夏阳(今陕西韩城市南)。十三年(前325),秦使张仪伐取陕(今河南三门峡市西),将其民众赶出城去,流向魏国。

公元前324年,秦惠文君称王,始称后元元年。后元二年(前323),张仪代表秦国,与齐、楚两国的大臣在啮桑(今江苏沛县西南)盟会,可以看出秦的影响已经达到齐、楚两国。后元七年(前318),乐池相秦。韩、赵、魏、燕、齐五国和匈奴一起,向秦发起进攻,秦使庶长樗里疾迎战于修鱼(今河南原阳县西南),秦虏韩将申差。败赵公子渴、韩太子奂,斩首八万二千级。这一仗,除楚国以外的

---

① (汉)司马迁:《史记》卷68《商君列传第八》,第2712页。

② 何建章注释:《战国策注释》(上)卷3《秦策一·苏秦始将连横说秦惠王章》,中华书局1990年版,第74页。

东方五国，① 加上匈奴军队，可谓是天下大半的军力，可还是没有打败秦军，充分显示出秦对东方各国的绝对优势。后元八年（前317），齐愍王伐败赵魏军，秦亦打败韩国军队，进而与齐争长。后元九年（前316），秦遣司马错将兵伐灭西南夷蜀国。又伐取赵中都（今山西平遥县西南）、西阳（即中阳，今山西中阳县）。后元十年（前315），韩国送太子苍到秦国为人质。秦伐取韩国的石章（韩地名，今地未详），又伐取义渠戎国25座城池。后元十一年（前314），樗里疾攻占魏国的焦（今河南陕县）。又在岸门（一名岸头亭，今山西河津县南）打败韩国军队，斩首万级。韩将犀首（又名公孙衍）落荒而逃。秦惠文王封其子通为蜀侯。后元十二年（前313），惠文王与梁王会于临晋（今陕西大荔县东南）。秦派庶长樗里疾攻赵，俘虏赵将庄。这一年，秦欲伐齐，而楚与齐关系密切。秦惠文王遣张仪南见楚王，行反间计，欺骗说只要楚国与齐绝交，秦国就献给楚王"商於之地六百里"。然后又诱使楚国冒险攻秦。后元十三年（前312），秦与楚战于丹阳（今湖北当阳市东古城，一说在今湖北秭归县东南，一说在今湖北枝江县西，一说指今汉中的丹水之北），秦军大败楚军，斩甲士八万；虏楚大将军屈匄，裨将军逢侯丑等七十余人，又占领楚国的汉中，取地六百里，在当地设立汉中郡（治南郑，今陕西汉中市），使楚受到致命的打击。秦又派庶长樗里疾助韩攻齐，又助魏攻燕，所向披靡。楚怀王盛怒之下，乃倾全国兵力，与秦战于蓝田（今陕西蓝田县西），结果再次大败。后元十四年（前311），秦伐楚，取召陵（今河南郾城县东）。今川西南至云南祥云、楚雄一带丹、犁二戎降附于秦。蜀相壮杀蜀侯降于秦。这年秦惠文王卒，其子荡继立，称武王。

秦惠文王在位期间，是秦国又一个大发展时期。他攻下西河郡和上郡，击灭巴、蜀，占领汉中，使秦国的领土成倍地扩大。这固然同秦惠文王本人的雄才大略有关，但更深层的原因还是秦孝公、商鞅变法使秦国富强所致。

秦昭襄王时（前306—前251），当时著名学者荀子到过秦国，秦相范雎问他说："入秦何见？"荀子回答说：

> 其固塞险，形势便，山林川谷美，天材之利多，是形胜也。入境，观其风俗，其百姓朴，其声乐不流污，其服不挑，甚畏有司而顺，古之民也。及都邑

---

① 《史记·楚世家》载："苏秦约从山东六国共攻秦，楚怀王为从长。"与《秦本纪》的记载不同［见（汉）司马迁：《史记》卷40《楚世家第十》，第2076页］。

官府),其百吏肃然莫不恭俭、敦敬、忠信而不楛,古之吏也。入其国,观其士大夫,出于其门,入于公门,出于公门,归于其家,无有私事也,不比周,不朋党,倜然莫不明通而公也,古之士大夫也。观其朝廷,其间听决百事不留,恬然如无治者,古之朝也。故四世有胜,非幸也,数也。是所见也。故曰:佚而治,约而详,不烦而功,治之至也,秦类之矣。①

荀子所说的古之民、古之吏、古之士大夫、古之朝,也就是社会达到"至治"的反映。所以说,安然而治,俭约详密,不烦而有功,是最高水平的治理,秦国就属于这一类。荀子认为秦国唯一不足的,就是"无儒",即看不到儒学的流传。荀子对秦国、秦人风俗、秦国政治文化的描述是客观、准确、全面的,也反映了时人对秦文化本质特点的评价。

习近平总书记在2019年10月31日中共第十九届四中全会第二次全体会议上的讲话中,引用了"凡将立国,制度不可不察也"这句名言,阐明制度优势是一个国家的最大优势。这里说的制度优势同法制精神密切相连,秦国的制度、法制在当时的确有优越性。

第五节　上下同心的团队意识

秦人和秦文化历来重视集结和应用民众群体的力量,重视延揽人才和不拘一格使用人才,并通过一套制度化的设置,将全体国民组织成不同层级的群体,而且与忠君集权、令行禁止和奖励耕战等结合,在富国强兵、统一国家中发挥了重要作用。这表现在文化上,则以尚贤和团队精神为主要特质。

一、众人团结紧,百事能成功

这主要体现在建立严格的基层组织体系、奖励耕战、实行中央集权制等三个方面。

---

① (清)王先谦撰,沈啸寰等点校:《荀子集解》卷11《强国篇第十六》,中华书局1988年版,第303页。

1.抟民力，一民务

将民众组织起来,结成不同层级的团队,利用民众群体力量富国强兵,统一天下,建立大一统的国家政权,是秦文化的本质特点。"国不农,则与诸侯争权,不能自恃也,则众力不足也。""壹之农,然后国家可富,民力可抟。"与东方各国"以诗书礼乐法度为政"不同,秦国主要是在依法治国、团聚民力、强力耕战上下功夫。

秦国统治阶层在民众组织上,既有指导思想,又有具体的实施措施。

在指导思想上,最有代表性的理论观点来自商鞅。他将深入细致的社会观察升华到理论层面,又应用到国家治理当中。《商君书》说:国君治理国家,一定要因时、因势建立好的制度,慎重制定政策法令,集聚民力,形成团队,用层层积聚起来的力量从事农业生产。如果国家的法度详明,官吏就不敢胡作非为。国家的政令统一,民众就依循而行,愿意为国出力。国家的奖惩制度也很重要。民众全力以赴地为国效力,一个重要的原因就是国家有相应的奖惩条例,赏罚分明。民众看到国君喜欢务农力战之士,而鄙视那些说空话、卖技艺之辈,更瞧不起私心用智、到处游说的人,就会专心于农战。这样,其家必富,也让他们在社会上有好名声。国君敞开奖励民众的大门,堵塞逃避农战、营私舞弊的邪径,把民众团聚起来,业本务农,那些为私利奔走的人就无利可图,又不敢向官司去邀私利。国家有这样的法令制度并严格地贯彻执行,民众的力量就会被激发起来,荒田就会得到开垦,闲游浪荡的人也会收敛。治理国家而能集聚民力,统一民务,国家自然就会强盛。

就国君治国而言,既要"抟力",又要"杀力",既集聚民众的力量,又正确地利用民力富国福民。如果制度详明,则民力聚,但仅集聚民力而不能合理地利用民力,则起不到集聚民力的社会作用。治国者只有既能集聚民力,又能合理地利用民力,且有必要的物质和精神保障,才能达到富国福民的目标。还有,只重视团聚民力于国事,而不能堵塞其为私家窃用的邪径,其消极面就会逐渐扩张。扩张而不抑制,奸邪就会产生。再者,堵塞漏洞而忽视正面引导,民众也会迷茫。民众迷茫而其群体力量得不到正当利用,就会产生弊害。所以,集聚民力之后最重要的是要统一民务,即引导民众致力于耕战、为国效劳。国君治国,只要民务齐一,专心务农,作风淳朴,民众肯定会变得富裕。民众富裕,国家就有充沛的赋役来源,征发之外还可以拿爵位换取民间散在的财物。民众一心务农就不会作乱,万一出现违法现象,国家也能用刑罚来校治。总之,能聚民力而不能正确地使用民力则乱;能合理使用民力而不能团聚民力则亡。国君深谙集聚民力和利用民力之道,并按此方略治理则国强,不晓得合理聚散民力则其国必弱。① 这样的治国理念,抓住了当时能够推动国家治理、时代进步的关键。秦国在商鞅变法后,国力兵力逐渐提升,与其思想策略的研究应用有关联。

秦人在团聚和利用民力上既有适时、妥当的理论,又有一套与东方列国不同的管理制度。如《周礼·地官司徒·遂人》记载周人的基层管理制度是:"五家为邻,五邻为里,四里为酂,五酂为鄙,五鄙为县,五县为遂,皆有地域,沟树之。使各掌其政令刑禁,以岁时稽其人民,而授之田野,简其兵器,教之稼穑。"② 春秋战国时期东方各国也有基层管理制度和组织,但都与秦制不同。东方列国的各种基层组织只为诸侯、贵族服务,同中央政府并无直接的联系,至于国家的大政方针,基层关注不多。

秦国则不一样。它最大的特点是中央政府通过各层级的行政管理部门,能将国家政令直接传达到基层民众。各地方、基层组织和官吏是受命于国君,依法管理和驱使民众,他们的俸禄是国家按制度统一发放的,故不能将民众承担的赋役据为己有,私下利用。秦的一切政令均出自中央和国君,用一竿子插到底的办法,由地方官传达给基层民众。民众的活动直接受制、从属和服务于国君的意旨,与实行分封制、政出多门的西周及东方各国有根本性的区别。

2. 设功爵,促耕战

秦国不仅有严格的基层组织形式,还通过设立 20 等军功爵等法令制度,通过物质和精神回报来吸引民众、激发民众为国效力的积极性。

殷周以来,国家已经有升官、封爵等奖惩制度。如周的爵号有侯、甸、男、卫、邦伯五等。战国时期,列国又出现公、侯、伯、子、男五等爵号。秦国商鞅变法借鉴前代和列国的经验,创造性地设立了 20 等军功爵制,这是在田地、奴婢等物质奖励外,又新增社会地位和精神层面的奖励措施,以此将成年男子统统纳入耕战的团队,它不仅是富国强兵的一项重要制度,也是秦文化对中华传统文化作出的新贡献。秦的 20 等军功爵名号为:

---

① 参见石磊译注:《商君书》卷 3《农战》,第 26—40 页。

② 《十三经注疏》整理委员会整理,李学勤主编:《周礼注疏》卷 15《地官司徒下·遂人》,第 390 页。

一级曰公士，二上造，三簪袅，四不更，五大夫，六官大夫，七公大夫，八公乘，九五大夫，十左庶长，十一右庶长，十二左更，十三中更，十四右更，十五少上造，十六大上造，十七驷车庶长，十八大庶长，十九关内侯，二十彻侯。①

爵位高低不同，其享受的待遇也相应不同，这就为社会各阶层通过耕战军功等途径取得社会地位打开了上升的通道。

在秦国的国家功勋制度中，平民百姓只有通过耕战才能获得国家的爵位和俸禄。商鞅变法以后，秦国全民的力量被激发起来了，秦人在土地上勤苦耕作，在战场上奋勇杀敌，聚合成一种无比强大的力量，使秦国成为让东方六国恐惧的"虎狼之国"。

治世用文，乱世用武。由于国家让"富贵之门必出于兵，是故民闻战而相贺也，起居饮食所歌谣者，战也"②。秦的政策使民众将畏途视作利门。"民之见战也，如饿狼之见肉。"这是政治家的希望，也是国家实行激励政策的结果。商鞅说："凡战者，民之所恶。能使民乐战者，王。强国之民，父遗其子，兄遗其弟，妻遗其夫，皆曰：'不得，无返。'"③民众对为国作战趋之若鹜，父遣子、兄遣弟、妻遣夫，全民都不遗余力地奔赴战场。这是秦政的期待，也是秦文化与六国截然不同的特质。秦政治文化社会效力之提升，以至无敌于天下，正是由于它在乱世不仅重武，还能抓住富国强兵的关键措施，将民众集聚成团队力量，齐心耕战，使其经济、军事力量飙升。

3. 创新制，通政令

制度创新是秦文化的一大优势。秦王朝建立以前，秦的先公先王就很重视创建适时适地的政治制度以集聚民力。秦王嬴政统一六国后，进一步创立前无古人的皇帝制、三公九卿制、郡县制等崭新的政治制度，最大限度地将民众组织起来，形成国家级群体力量和中央集权制度。

以郡县制为例，《史记正义》引《风俗通》说："周制，天子方千里，分为百县，县有四郡。"秦始皇改变这种县大郡小，县管郡的传统体制；又废止分封制。在全国设置 36 个郡，实行以郡管县的新制度。最初的 36 郡是三川、河东、南阳、南郡、

---

① （汉）班固：《汉书》卷 19 上《百官公卿表第七上》，第 739—740 页。

② 石磊译注：《商君书》卷 17《赏刑》，第 145 页。

③ 石磊译注：《商君书》卷 18《画策》，第 150 页。

九江、鄣郡、会稽、颍川、砀郡、泗水、薛郡、东郡、琅邪、齐郡、上谷、渔阳、右北平、辽西、辽东、代郡、钜鹿、邯郸、上党、太原、云中、九原、雁门、上郡、陇西、北地、汉中、巴郡、蜀郡、黔中和长沙,京师地区设为内史,相当于一郡。郡设守、尉、监郡等官职。郡守为一郡长官,负责行政治理。尉管武职甲卒,监郡又叫监御史,掌监察。郡下设县,长官为令(长),还有县尉、功曹掾、狱掾、令史等属官;县以下为乡、里、什、伍组织。随着领地的扩大,秦朝的郡后来增至 50 余个。[①] 其版图东到大海及朝鲜,西至临洮(今甘肃岷县)、羌中(指羌人居住区,在今青海,甘肃西南、四川西北部等地),南至北向户(指今越南中部一带),北据黄河为塞,并阴山至辽东,筑长城以为固。秦始皇还下令徙天下豪富 12 万户于咸阳,以充实京师人口。改称民众为"黔首"。统一度量衡,车同轨,书同文。

秦王朝废除传统的分封制,设立皇帝、公卿、郡县、基层乡里什伍四级国家管理体制,将国民分成不同层级的群体,从中央到地方,组成庞大严密的中央集权统一体。君、臣、民各有明确的社会职责,用唐朝韩愈的话说:

> 君者,出令者也;臣者,行君之令而致之民者也;民者,出粟米麻丝,作器皿,通货财,以事其上者也。君不出令,则失其所以为君;臣不行君之令而致之民,则失其所以为臣;民不出粟米麻丝,作器皿,通货财,以事其上,则诛。[②]

传统的分封制实际是国家分权制。天子直接管辖的只有京畿地区,诸侯国的政治事务包括赋役征发等,天子管不着,天下之势犹如一盘散沙。郡县制将国家一切权力集中到皇帝一人之手,各级官员只有将天子政令层层下达,贯彻到民间去的职责,而不能各行其是。秦朝创建的中央集权制在国家层面上,最大限度地调动和使用国民的群体力量,确保国家的安全和发展,在国家管理上有巨大的优越性和普适性。因此,不仅在秦时得到贯彻实行,而且在秦以后两千多年的政治史上,相沿不衰,是秦文化对中华文化发展繁荣所作出的重要历史贡献。

二、广开进贤路,集纳天下才

人才是执政兴国的第一资源。秦国政治文化中所常见的不论族属、国籍、年

---

① 新增郡包括南海、桂林、象郡、东海、常山、济北、胶东、河内、衡山、新秦中、濮阳、临淄、即墨、城阳、恒山、广阳、洞庭等郡。

② (唐)韩愈著,严昌校点:《韩愈集》卷 11《原道》,岳麓书社 2000 年版,第 145—147 页。

龄、出身等,只要有真本领,能够在富国强兵上有所作为,就能得到提拔录用,这一做法将人才兴国发挥到了极致,在中华文化史上亦属少见。

1.广揽人才,唯才是举

秦自襄公建国,到秦始皇统一天下,30余位国君,凡有大作为者,无不以广揽人才而得以成功。如秦穆公(前659—前621)即位以后,同他的先祖一样,致力于自强崛起和东向发展。秦穆公元年(前659),穆公亲自带兵讨伐茅津之戎(治所在今河南三门峡市西黄河北岸),获得胜利。为了加强同东方诸国的联系,秦穆公四年(前656),他娶晋太子申生①的姐姐穆姬为妻,两国结成"秦晋之好",这是千古流传的一段佳话。秦穆公用五张羊皮赎回百里奚为"五羖大夫"也是一段佳话。

类似的佳话还有穆公策反戎王谋臣由余的故事。秦穆公东进受阻后,乃将矛头西向,欲吞并诸戎。在策略上他仍从争夺人才入手。据载西戎对秦十分忌惮,戎王听说秦穆公贤能,就派他的能臣由余到秦国来窥探实情,以便制定对策。由余原是晋国人,因故逃入西戎。他会讲晋语,但对秦国了解并不多。秦穆公向由余炫示秦国的华丽宫室和丰饶财富。由余看了,不以为然地说,眼前这些,让鬼神做出来也够劳累,驱使百姓去做,民众有多辛苦!秦穆公对戎人的治国之道迷惑不解。他问由余:"中国以诗书礼乐法度为政,然尚时乱,今戎夷无此,何以为治?不亦难乎?"由余笑道:"此乃中国所以乱也。"他有理有据地分析说:自从上古圣人黄帝创立礼乐法度,以身作则,尊礼守法,仅能达到小治。后世治国者逐渐腐败,骄奢淫逸,凭借法度来要求、监督臣民,致使在下者疲困至极,埋怨统治者不仁不义,上下相争相怨,篡夺弑杀,以致灭宗断祀,这一切都是礼仪法度造成的。戎夷与此不同,他们在上者以淳朴的德行对待下属,在下者以忠诚信用事奉上级。治理国家就像对待自己的身体一样,以不治为治,这才是真正圣人的治国之道呢。

秦穆公听了由余一番话,深有感触。他对名叫廖的内史说:"听说邻国有圣人,是此国的忧患。现在由余这样贤能,他也是我的一害,怎么办呢?"内史廖说:"戎王生活在边远闭塞的环境,没有听过中原的音乐,您试试送他一支女乐,以消磨他的神志;您这边留住由余不放,让他回国失期,戎王必然会责怪于他,君臣之

---

① 申生:晋献公与夫人齐姜所生之子,为太子,其姊为穆姬。

间产生矛盾,就可以将他争取过来了。何况戎王爱上音乐,懈怠政治,这对我方极为有利。"秦穆公采纳了这一建议。乃同由余联席而坐,传菜而食,询问戎国地形、兵力情况,一一得到了解。又让内史廖将16个人组成的一支女乐队送给戎王。戎王果然高兴地接受,终年不愿归还。这时,秦穆公将由余放归。由余见戎王整天沉湎于歌舞声色之中,不问政事,意志消沉,他多次劝谏,戎王听不进去。就在此时,秦穆公又派人私下引诱由余。由余憋着一肚子气,遂去戎降秦。秦穆公如愿以偿,满心欢喜,用客卿之礼善待由余,并向他询问伐戎的策略和次序。决定继续先晋后戎,向东、西两面用兵,实现他称霸诸侯的政治目标。于是,在大败晋军后的第二年(前623),秦穆公采纳由余的建议讨伐西戎,"益国十二,开地千里"[1]。这是秦国历史上一个空前巨大的胜利,秦国由此"遂霸西戎",成为五霸之一。

战国晚期,秦昭襄王礼贤下士,积极引进人才,一如其先祖穆公。秦惠文王之后,从秦武王到秦庄襄王,秦国经历了武王、昭襄王、孝文王及庄襄王四君64年。实际上,仅秦昭襄王一人就在位半个多世纪,是这四君中在位时间最长、成就最大的一位君主。

秦昭襄王的母亲是楚国人,姓芈氏,在后宫中位为"八子"[2],故又叫芈八子,号宣太后。秦武王死时,秦昭襄王正在燕国做人质,燕人将他送归而为国君。但由于他年幼,国家政权实际由宣太后执掌。宣太后私通义渠戎王,生有两子。后又将义渠戎王诱杀于甘泉(今陕西淳化县北),灭义渠戎国。在陇右、陕北包括义渠戎地设立了陇西、北地、上郡三个郡。以此为标志,西戎终于被秦国整体征服,并融入到秦人中,这是秦国也是中国历史上的一件大事。

秦昭襄王十二年(前295),楼缓被免去丞相的职务,任穰侯魏冉为相,魏冉是宣太后的同母异父弟。他一手扶持,将昭襄王从庶子立为国君。随着年龄的增长,秦昭襄王的政治抱负和才干逐渐显示出来。在积极和善于引进人才上,他有更突出的表现。

秦昭襄王三十三年(前274),秦遣客卿胡伤攻魏卷(今河南原阳县西)、蔡阳(今河南上蔡县东北)、长社(今河南长葛县东北),均获成功。又攻下芒卯占据的

---

[1] (汉)司马迁:《史记》卷5《秦本纪第五》,第247页。

[2] 《史记正义》:"孝文王之母也。先死,故尊之。晋灼云:除皇后,自昭仪以下,秩至百石,凡十四等。"[见(汉)司马迁:《史记》卷5《秦本纪第五》,第274页]

华阳城(今河南新郑市北),杀敌 15 万人,逼迫魏国割南阳(今河南西南部地区)以和。秦昭襄王三十五年(前 272),秦国帮助韩、魏、楚三国伐燕。初设南阳郡(今河南南阳市)。秦昭襄王三十六年(前 271),客卿灶攻齐,取刚(今山东宁阳县东北)、寿(今山东东平县西南),秦将其地封给穰侯魏冉。

这一时期,改变秦国政治面貌的人才是客卿范雎。范雎本是魏国人,家贫,有辩才。他想说服诸侯事奉魏国,但缺乏活动资金,乃跟随魏中大夫须贾为魏出使齐国。齐襄王听说范雎贤能,派人送给他"金十斤及牛酒",本意可能是想交好或留住范雎,但这给范雎带来极大的灾难。原来魏大使须贾以为齐王送给范雎重金意在收买,怀疑范雎出卖了魏国机密。回国后,须贾将此事报告给魏国丞相,范雎遭到一顿毒打,被打断几根肋骨,打掉了几颗牙。紧急之下,范雎装死,被用竹席裹上放到厕所。有人喝醉了,还将尿洒到他身上。范雎从席中请求看守他的士卒相救,答应将来重重报答,这才辗转逃出魏国,被人推荐给秦昭襄王。然而这时的秦昭襄王对于"天下辩士"不感兴趣,所以尽管留下他,却是"舍食草具",只给予他一般的生活安排。

范雎于秦昭襄王三十四年(前 273)到达秦国,一年后,就摸清了秦国的政治局势。他私下议论说:"秦王之国,危于累卵。"此言传到秦昭襄王耳朵,使其大吃一惊,他于秦昭襄王三十六年(前 271)会见了范雎。

秦昭襄王站在庭院迎接范雎,并以宾主礼相待,范雎表示辞让。臣僚们看到秦昭襄王礼敬范雎这一幕,都大为惊讶,从此也对范雎刮目相看。

秦昭襄王屏去左右,膝行而前说:"先生怎样指教寡人?"范雎只是喏喏而应。过了一会儿,秦王又问,范雎仍是这样应付。这样问了三次后,秦昭襄王长跪说:"先生难道不愿意指教寡人么?"范雎遂以周文王深信吕尚的故事为例,说只有像文王同吕尚之间那样交情厚了,才敢深言。现在,我一个寄人篱下的客臣,与国王您交往疏略,又不知道国君是怎么想的,您三次追问而臣不敢应答,原因在这里。臣不是有所畏惧而不敢说,臣不怕死,臣所怕只是臣死之后,天下贤士杜口裹足,不敢再到秦国来。臣知道,您上怕太后之严,下惑于奸臣之态,居深宫离不开妇女的侍奉保护,无法看清奸人形象,这样,大则宗庙倾覆,小则身以孤危,这是臣最怕的。至于我个人,"死而秦治,贤于生也"。

一席话,把秦昭襄王深深地感动了。他跪在席上说:先生怎这样讲! 秦国地处僻远,寡人能得到先生的教诲,这是上天宠爱先王,而不遗弃其孤子啊! 请从今以后,事无大小,上及太后,下至大臣,应当怎样对待,先生都教寡人,别再怀疑寡人了。

范雎说:"大王之国,北有甘泉、谷口,南带泾、渭,右陇、蜀,战车千乘,猛士百万,以秦卒之勇,车骑之多,以当诸侯,譬若驰韩卢而逐塞兔也,霸王之业可致。今反闭(关),而不敢窥兵于山东者,是穰侯为国谋不忠,而大王之计有所失也。"①

秦昭襄王说:"请指出我的失误。"范雎说:大王越过韩国和魏国,去讨伐强敌齐国,那是不妥的。这样做,出兵少则伤不着齐国,出兵多则有害于秦。您现在已经发现盟国不可靠,那么,越过别的国家去进攻更远的地方就可以吗? 这是谋虑不周啊。过去齐人伐楚,败楚军于重丘(今河南泌阳县东北),杀死敌将,推进千里,可实际上齐国连一寸土地也没有得到,难道是齐国不想得地吗? 不是,是军事形势使他得不到。其时,诸侯国看到齐军疲惫地暴露在外,君臣疏离,又遭到魏、秦、赵、韩、燕五国联合进攻(前284),齐军大败,结果主辱军破,为天下笑。造成这一后果的真实原因,是齐国远距离伐楚,却让它的近敌韩魏等得益。这正是人们常说的借贼兵而赍盗粮啊。依臣之见,大王不如"远交而近攻"。这样,得寸地是属于大王您的寸地,得尺地是属于大王您的尺地。时下舍此计而攻远敌,实在有误! 他又举例说:过去的中山国,是一片荒凉的地方,方圆有五百里,赵国独占它,借以功成名立。赵国为什么会以此成功呢? 那是由于它独擅了当地的资源,别国无法妨害。现在韩魏两国所处的是"中国"位置,天下人往来的枢纽,大王若想成就霸业,必须夺占"中国",以此威震楚赵。这样,赵国强则楚国附秦,楚国强则赵国附秦。楚赵两国附秦,齐国必然畏惧,它畏惧,就必然会卑辞重币前来和秦国修好。齐国附秦,韩魏两国就可以让它们变成丘墟了。

秦昭襄王说:寡人想亲魏而孤韩,但魏是一个反复无常的国家,寡人不能亲近,请问该怎么办? 范雎说:卑辞重币地去讨好它,不可;割地而贿赂它,不可。最好的办法是举兵讨伐它。这就是历史上著名的"远交近攻"策略。这次深谈以后,秦昭襄王茅塞顿开,立即调整战略方针。于秦昭襄王四十一年(前266)夏攻魏,夺得邢丘(今河南温县东北)、怀(今河南武陟县西南)两地。

不久,范雎在同秦昭襄王的另一次交谈中,把秦国的问题揭露得更加深入一

---

① 何建章注释:《战国策注释》(上) 卷5《秦策三·范雎至秦章》,第171页。

层。他说:臣在山东的时候,听到齐国有田单,未听到有齐王。听到秦国有太后、穰侯、泾阳君、华阳君,未听到有大王您。现在太后处事独断专行,不问大王您的意见。穰侯派人出使他国也不向您请示报告。泾阳君、华阳君抓人、断案、行刑,都不顾忌王法。有这"四贵"的专横无法,而不造成国家危乱,那是没有的事。正因为有这"四贵",臣僚们眼中早已没有大王您了。这样下去,王权怎能不弱,国家的法令怎能由君主发出呢? 臣听说善于谋国者,"内固其威,而外重其权"。现在穰侯的使者,借您的威望,分合诸侯,传令天下,征敌伐国,莫敢不听,战胜攻取,有利则归于陶(穰侯的封邑,这里指穰侯),有害则留给国家,怨结于百姓,而祸归社稷。古云:"木实繁者披其枝,披其枝者伤其心,大其都者危其国,尊其臣者卑其主。"① 他又用楚将淖齿相齐,虐杀齐湣王;赵将李兑用事,饿死赵武灵王的例子,说明秦之"四贵",也是淖齿、李兑那样专横跋扈的人。慨叹秦昭襄王眼下势孤力单,怕将来在秦国掌权的,不是大王您的子孙了。

这些话把秦昭襄王给说服了。于是他下决心夺回宣太后手中的权力,免去魏冉的相国,驱逐高陵君、泾阳君于关外。以范雎为丞相,封于应(今河南鲁山县东北),称应侯。秦昭襄王对范雎说:"昔者齐(桓)公得管仲,时以为仲父,今吾得子,亦以为(叔)父。"② 秦昭襄王四十二年(前265),宣太后死,昭襄王让穰侯魏冉回到封国陶(今山东定陶县西北),其他权臣也都给予处理。

秦昭襄王四十三年(前264),按照范雎确定的战略方针,武安君白起攻韩,拔九城,斩首五万。次年(前263),攻下韩南郡(今湖北江陵县西北纪南城)。秦昭襄王四十五年(前262),五大夫王贲攻韩,取十城。秦昭襄王四十七年(前260),秦攻韩上党(今山西长治市西北一带),上党降赵。秦攻赵,由于赵孝成王中了秦国之计,让只会纸上谈兵的赵括代替老将廉颇率兵迎战,结果秦将白起大败赵军于长平(今山西高平县西北),赵军40余万降卒全部被坑杀。

秦昭襄王四十八年(前259)十月,韩国向秦献出垣雍(今河南原阳县西南)。秦军一分为三:武安君白起凯旋后,秦又遣王龁带兵攻下赵国的武安(今河北武安市西南)、皮牢(今山西翼城县东北)两城;遣司马梗北定太原(郡治晋阳县,在今山西太原市西南),并尽占韩上党郡,战争结束后,司马梗为上党郡

---

① 这段话意为树上的果实多了会压断树枝,压断树枝会伤及树心;扩大属下的都邑会危害国家,抬高部属的地位会削弱王权。

② 何建章注释:《战国策注释》(上)卷5《秦策三·范雎曰臣居山东章》,第181页。

守；秦遣五大夫王陵攻赵国邯郸（今河北邯郸市）。三支军队对赵、韩两国造成巨大的军事威胁。次年，秦增兵支援五大夫王陵军，王陵战不力，被免职，由王龁代替将兵。

秦昭襄王五十六年（前251）秋，昭襄王卒。韩王衰经入吊，各诸侯都派使者前来吊唁，协助办理丧事。这一时期，秦国对外、对内形势大好。贾谊《过秦论》对当时秦国的政治形势评论说：

> 当此之时，齐有孟尝，赵有平原，楚有春申，魏有信陵。此四君者，皆明智而忠信，宽厚而爱人，尊贤而重士，约从离横，兼韩、魏、燕、赵、宋、卫、中山之众。……尝以什倍之地、百万之众，叩关而攻秦。秦人开关而延敌，九国之师遁逃而不敢进。秦无亡矢遗镞之费，而天下诸侯已困矣。于是从散约解，争割地而赂秦。秦有余力而制其弊，追亡逐北，伏尸百万，流血漂橹。因利乘便，宰割天下，分裂河山。强国请服，弱国入朝。①

秦国成功的主要经验，离不开广揽像由余、范雎那样的优秀人才。秦国不仅善于重用本国人才，而且敢于接纳和大胆使用宾客，这一国策对其经济、政治、军事、文化的迅速发展，都有重要作用。

2.倚重客卿，反对逐客

战国之世，士人挟长策以游说诸侯，合则留，不合则去，邦国择士、士择邦国，成为风尚。秦文化更注重招揽各国人才，尤其是广纳客卿的胸怀和举措令后世推崇。

所以，统揽天下政治精英而用之，是秦国走向强大、超越六国的重要一环。在战国七雄中，像秦国这样大量重用客卿，助力国家崛起的少有。仅就秦始皇时代而言就有：王龁、茅焦、尉缭、桓齮、王翦、李斯、昌平君、昌文君、王贲、李信、王绾、冯劫、王离、赵亥、隗林、冯无择、王戊、赵婴、杨樛、蒙恬、宗胜等，他们原来都不是秦国人，但却在秦国受到重用，为其统一中国作出贡献。

但即使在有重用客卿的秦国，仍然有守旧势力——世卿世禄的贵族反对这一政策，于是就有了秦王下逐客令之举。可以通过李斯《谏逐客疏》来了解客卿对秦国的发展发挥了怎样的作用。

李斯（前284—前208），楚上蔡（今河南省上蔡县）人，字通古，是秦王嬴政时

---

① 钟基等译注：《古文观止》（上），中华书局2011年版，第376—377页。

期著名的客卿。秦王政元年(前246),韩惠王派水工郑国来到秦国,说服秦王政修建水利工程,借以削弱秦国国力,减轻对韩国的军事压力。这原是一个政治策略,但工程进展中,韩国的阴谋被秦人识破,秦王政要将郑国处死。秦的宗室大臣乘机向秦王政建议说,诸侯国来秦求职的人,都是为他们国君牟利的掮客,刺探机密的奸细,请将他们通通驱逐出境。秦王政未深思熟虑,就下逐客令,将从外邦招来的客卿全部撤职,赶出国门,李斯也在被逐之列。于是李斯向秦王政上了这封谏书:

> 臣闻吏议逐客,窃以为过矣。昔缪公求士,西取由余于戎,东得百里奚于宛,迎蹇叔于宋,求丕豹、公孙支于晋。此五子者,不产于秦,而穆公用之,并国二十,遂霸西戎。孝公用商鞅之法,移风易俗,民以殷盛,国以富强,百姓乐用,诸侯亲服,获楚、魏之师,举地千里,至今治强。惠王用张仪之计,拔三川之地,西并巴、蜀,北收上郡,南取汉中,包九夷,制鄢、郢,东据成皋之险,割膏腴之壤,遂散六国之从,使之西面事秦,功施到今。昭王得范雎,废穰侯,逐华阳,强公室,杜私门,蚕食诸侯,使秦成帝业。此四君者,皆以客之功。由此观之,客何负于秦哉! 向使四君却客而不内(纳),疏士而不用,是使国无富利之实,而秦无强大之名也。

> 今陛下致昆山之玉,有随、和之宝①,垂明月之珠,服太阿之剑,乘纤离之马,建翠凤之旗,树灵鼍之鼓。此数宝者,秦不生一焉,而陛下说(悦)之,何也? 必秦国之所生而然后可,则是夜光之璧不饰朝廷,犀象之器不为玩好,郑、卫之女不充后宫,而骏良駃騠不实外厩,江南金锡不为用,西蜀丹青不为采。所以饰后宫充下陈娱心意说(悦)耳目者,必出于秦然后可,则是宛珠之簪,傅玑之珥,阿缟之衣、②锦绣之饰不进于前,而随俗雅化佳冶窈窕赵女不立于侧也。夫击瓮叩缶弹筝搏髀,而歌呼呜呜快耳者,真秦之声也;郑、卫、桑间,昭、虞、武、象者,异国之乐也。今弃击瓮叩缶而就郑、卫,退弹筝而取昭、虞,若是者何也? 快意当前,适观而已矣。今取人则不然。不问可否,不论曲直,非秦者去,为客者逐。然则是所重者在乎色乐珠玉,而所轻者在

---

① 随、和之宝:随侯珠、和氏璧。传说春秋时随侯所得的夜明珠和楚人卞和得到的美玉。

② 宛珠,即随珠,随在汉水之南,宛和随都近汉水,故这样称呼。一说是回旋缠绕作为装饰的宝珠。傅玑之珥,指镶嵌有不圆珠子的耳饰。阿缟,阿(今山东东阿县)地产的未经染色的绢。

乎人民也。此非所以跨海内、制诸侯之术也。

臣闻地广者粟多,国大者人众,兵强则士勇。是以太(泰)山不让土壤,故能成其大;河海不择细流,故能就其深;王者不却众庶,故能明其德。是以地无四方,民无异国,四时充美,鬼神降福,此五帝、三王之所以无敌也。今乃弃黔首以资敌国,却宾客以业诸侯,使天下之士退而不敢西向,裹足不入秦,此所谓"藉寇兵而赍盗粮"者也。

夫物不产于秦,可宝者多;士不产于秦,而愿忠者众。今逐客以资敌国,损民以益仇,内自虚而外树怨于诸侯,求国无危,不可得也。①

这篇精美犀利的奏疏,是秦政治史、文学史上极为罕见的美文。它开头就说,听大臣们在议论驱逐客卿的事,私下以为是大错。开门见山,一语破的,不加掩饰迂回,就把秦王的注意力吸引过来了。接下来,李斯用反证和归谬相结合的手法,从用人、用物两个方面驳论朝廷逐客的荒谬,揭示其将会给秦国带来的严重后果。奏疏提出秦前代四位国君任用客卿获得成功的历史事实,铺陈华美生动,铿锵有力。最后说:物不产于秦而宝贵的很多,士不生于秦而愿意为秦效忠的大有人在。现在大王不考虑这些,逐客以助敌,损民以益仇,内则抖空家底,外则树怨诸侯。如此想要国家不面临危险,是办不到的。文章大气磅礴,精美无比,直指要害,把秦王给说服了。正如《文心雕龙·论说》中评论的那样:"李斯之止逐客,并烦情入机,动言中务,虽批逆鳞,而功成计合,此上书之善说也。"②

战国之世言论奔放,秦人更有敢于直言之风。战国中期以后,秦国政事吏治清明,大臣敢言蔚然成风,逢朝必有争,慷慨论国事。李斯谏言就是真实写照。可见,统一以前的秦王嬴政,是一个能够听取"逆鳞"之言的君主,这也是秦国取得胜利的主要原因之一。而在向秦王直言进谏的人中,绝大多数系外来的宾客。

第六节　始终如一的坚定信念

纵观秦人数百年历史和秦文化三个阶段的发展,有一个鲜明的特点,那就是

---

① (汉)司马迁:《史记》卷87《李斯列传第二十七》,第3088—3090页。
② (南朝梁)刘勰著,范文澜注:《文心雕龙注》卷4《论说第十八》,人民文学出版社1992年版,第329页。

无论从秦人兴起到西垂建国，还是从东进关中建立霸业到秦始皇一统天下，他们东向发展、入主中原的目标始终如一，为实现既定目标忍辱负重、致力发展的意志从未动摇。这种坚定的信念、顽强的意志和百折不挠的性格，成为秦人一路由小到大、由弱到强，最终实现大一统的精神支柱。

一、咬定目标，从不言弃

从秦襄公建国到秦王政统一六国的 500 余年，秦国先后有 31 位国君，经历了拓展疆域、富国强兵、统一天下等三个前后衔接、重点不同的奋斗历程。各阶段国情、目标不同，国力、成就不同，但其奋斗不息的意志是一贯的。这里以秦襄公到秦穆公(前 777—前 621)这一时段为例。

秦襄公一即位(前 777)，就将目光转向东方。秦襄公元年(前 777)，襄公将妹妹穆嬴嫁给戎人丰王为妻。丰为周王室封国。秦襄公由此进一步密切了与周王室的关系。秦襄公二年(前 776)，西戎围攻驻守在西犬丘的襄公长兄世父，世父迎击被虏，一年多后才被放回。这时候，西周的统治也出现严重的危机。昏庸的周幽王(前 781—前 771)宠爱宫女褒姒，褒姒为幽王生下爱子伯服。周幽王不计政治后果，决定废除王后申后及太子，以褒姒为王后，伯服为太子。这件事直接引起申后父亲申侯的愤怒。他联络缯国(今山东临沂市兰陵县，一说在今河南南阳市方城县)和陕甘一带的犬戎，进攻周幽王，将幽王杀死于骊山下。

在这一政治变故中，秦襄公审时度势，攻戎救周，又以兵送周平王于东都洛邑。周平王封襄公为诸侯，赐给他岐以西之地，并说："戎无道，侵夺我岐、丰之地，秦能攻逐戎，即有其地。"[1] 秦襄公于是正式

時祭复原场景（礼县博物馆提供）

---

① （汉）司马迁：《史记》卷 5《秦本纪第五》，第 230 页。

建立诸侯国,标志着秦人由古国进入到方国阶段。

秦襄公死后,其子秦文公(前765—前716)继立,居西垂宫(今甘肃礼县)。秦文公三年(前763),文公带兵700人东向打猎,历时一年,这是他东进关中的问路之举。秦文公四年(前762),文公来到汧水与渭水汇流的地方,即"汧渭之会"(今陕西宝鸡市陈仓区)。经占卜,建都于此,并意味深长地说:"昔周邑我先秦嬴于此,后卒获为诸侯。"秦文公十年(前756),文公建鄜畤(今陕西宝鸡市凤翔区),用三牢祭祀白帝。秦文公十六年(前750),文公率兵赶走岐山一带的戎人,收编周余民,秦的势力范围扩大到岐山及其以东地区,实际影响似已到达关中中部。宋人宋敏求撰《长安志》,记载长安九市中的"直市"为"秦文公造"①,就是一个例证。

秦文公死后,其子早亡,由其孙秦宪公(一作宁公,前715—前704)继立。秦宪公二年(前714),宪公将秦的都城迁到平阳(今陕西宝鸡市宝鸡县东南)。同时,他遣兵讨伐西戎亳王所在的荡社(今陕西西安市东南),继续向东拓展地盘。次年,亳王战败奔戎,秦灭荡社。秦宪公七年(前709),姬姓诸侯国的国君芮伯万不勤国政,被他的母亲赶出国门,逃到魏国(今山西芮城县北)。次年,秦宪公联合周桓王,包围魏国都城,迫使魏人交出芮伯万,于第二年送回芮国。秦宪公联合周桓王援救芮伯万,一是在诸侯间显示他同周天子的特殊关系;二是协调了与芮国及戎人的关系,稳住关中,专力东进。

秦宪公十二年(前704),宪公死。他有三子,长子就是武公,武公弟德公,德公及其弟出子的母亲叫鲁姬子。秦宪公死后,秦国大臣挟政,一度主弱臣强,国势衰落。宪公刚死,大庶长弗忌、威垒、三父就废去太子,另立只有五岁的出子(前703—前698)为君,以便于他们挟持政权。出子六年(前698),三父等又将出子杀死,复立故太子武公(前697—前678)。这是秦国历史上国势低迷的一段时间。

秦武公知难而进,他在即位的当年(前697),就伐戎人彭戏氏(今陕西白水县东北,一说在华山北),兵锋直抵华山脚下。秦武公三年(前695),诛三父等,夷其三族,重振朝纲。秦武公十年(前688),秦伐邽戎(今天水市秦州区)、冀戎(今甘肃甘谷县东)并在此设县,这是秦国历史上最早建立的县制。秦武公十一

---

① (元)骆天骧撰,黄永年点校:《类编长安志》卷4,中华书局1990年版,第127页。

年(前687),秦又在杜(今陕西长安县东南)、郑(今陕西华县)两地建县。由秦武公开创的基层县制建设,被后来的商鞅变法和秦始皇郡县制所沿袭。与此同时,秦灭羌之别种小虢(今陕西宝鸡市陈仓区)①。秦武公二十年(前678),武公死。

秦武公在世时,齐、晋都是强国,挡住了秦人东向的矛头。秦武公十九年(前679),齐桓公称霸于鄄(今山东鄄城县北),因此秦人只能在关中施展抱负。继秦武公而立的是他的弟弟德公(前677—前676)。秦德公元年迁都于雍城(今陕西宝鸡市凤翔区南),这是秦人一个大的政治决策,也是秦德公决心继续东扩的宣示。这一年他用三百牢②祭白帝于鄜畤,是见于秦史规模最大的一次畤祭。由于秦的势力不断壮大,梁(今陕西韩城市南)、芮(今陕西大荔县东南)两国的国君都来朝贺,梁是秦的同姓国,芮是姬姓国。秦德公二年(前676),德公壮志未酬,英年早逝。他生子三人,长子宣公,中子成公,少子穆公。由长子宣公(前675—前664)继立。

秦宣公在位期间,内蓄国力,志在向东邻晋国开战,而不参与周室内部的矛盾斗争,表现出他的睿智过人。秦宣公四年(前672),秦作密畤于渭河以南,祭青帝。传说中青帝是主管东方的天帝,为其立畤祭祀,反映秦人东进的意向和决心。接着,秦晋两国在河阳(今河南孟州市西)发生恶战,秦人一举打败晋军,这在秦晋关系史上是第一次。秦宣公十二年(前664),宣公死。他有九个儿子,均未袭位,继位的是宣公的弟弟秦成公(前663—前660)。秦成公在位仅四年,继位国君的是秦成公的弟弟、历史上享有盛名的秦穆公,名任好。③

秦穆公(前659—前621)是继秦襄公、秦文公之后秦国历史上又一位颇有作为的国君。他招揽人才,善待百姓,在伐国夺地的同时又赈济邻国灾荒,争取民心。穆公在位的37年间,东夺晋地八城,西灭戎国十二,将秦的疆域扩大到历史上的两"河西"之间,④为秦人的东扩解除了后顾之忧。

秦穆公元年(前659),穆公亲自带兵讨伐茅津之戎(今河南三门峡市西黄河

---

① 小虢,是姬姓西虢在周平王时东迁今河南陕县后,其故地被羌戎占领时建立的小国,其国有西虢遗族,故名小虢。

② 三百牢:牢,古称用作祭品的牲畜牛、羊、豕等。三百牢:300 份祭祀用牲畜。秦人有时还以马作为牺牲即祭品。

③ 参见 (汉)司马迁:《史记》卷 5《秦本纪第五》,第 236—237 页。

④ 两"河西"之间:东到陕西和山西交界处南段的黄河西边,西至今甘肃兰州和河西走廊交界处的黄河以东。

北岸),获得胜利。为了同东方取得更多的联系,他于秦穆公四年(前656),娶晋太子申生的姐姐为妻,两国结成"秦晋之好"。秦穆公五年(前655),晋献公借口虢国(指东虢,今河南三门峡市东)拿玉璧、良马向虞国(今山西平陆县东北)行贿,对晋构成威胁,乃灭虞、虢两国,俘虞国国君及其大夫百里奚。又将百里奚作为秦穆公夫人的媵从,随嫁到秦国。百里奚难忍身为媵从的屈辱,伺机从秦国逃到宛(今河南南阳市),被楚人拘留。秦穆公得知百里奚贤能,想用重金将他赎回,又怕楚人不同意,乃设计派人去楚国,用五张羊皮把他赎回。

百里奚被赎回时已经七十余岁。秦穆公向他请教发展谋略。两人谈了整整三天,秦穆公听得高兴,就将国政委托给他,封他为大夫。古人称黑色的公羊或山羊为"羖",百里奚是用五张羊皮换来的大夫,所以被人们称为"五羖大夫"。百里奚向秦穆公推荐他的好友蹇叔,穆公听从,立即派人用厚礼将蹇叔请来,任为上大夫。不久,相马大师伯乐、九方皋等也投秦而来。秦穆公礼贤下士,罗致人才,聚集一批政治、军事精英,成为他建立霸业的智囊。所以,西晋初敦煌人段灼评价说:"秦本伯翳之后,微微小邑,至秦仲始大,有车马礼乐侍御之好焉。自穆公至于始皇,皆能留心待贤,远求异士……故能世为强国,吞灭诸侯,奄有天下,兼称皇帝,由谋臣之助也。"①秦穆公五年(前655)秋,穆公带兵伐晋,双方战于河曲(今山西芮城县西风陵渡一带黄河曲流处)。秦穆公十五年(前645),秦穆公与晋惠公夷吾在韩原(今陕西韩城市西南)交战,生俘晋君夷吾。秦穆公二十年(前640),秦取消梁、芮两国国君的封号,等于灭了两国。这是秦穆公东扩取得的一大胜利。

秦穆公二十四年(前636),穆公将逃亡在秦的晋公子重耳送回晋国。重耳被立为晋君,他就是历史上著名的晋文公。秦穆公三十二年(前628)冬,晋文公死,这对渴望霸主地位的秦穆公是一个机会。恰在这时,把守郑国城门的一位武将前来出卖郑国(今河南新郑市)。他向秦穆公说:我主管城门,您各位来袭,肯定得手。秦穆公征求蹇叔和百里奚的意见,他们两人都说不行。秦穆公有点急功好利,对两位老臣的劝告不以为然,决然出兵袭郑。令百里奚的儿子孟明视、蹇叔的儿子西乞术及白乙丙为将,带兵出征。百里奚、蹇叔见此大哭,秦穆公不为所动。百里奚、蹇叔退后,告诫其子,你们军队遇险,必定在殽山厄

---

① (唐)房玄龄等撰:《晋书》卷48《列传第十八·段灼》,中华书局1974年版,第1344页。

道上，多留心！结果，秦穆公三十三年(前627)春，这次秦兵东经晋地伐郑果然失败。

次年(前626)，秦穆公再遣孟明视等将兵伐晋，两军战于彭衙(今陕西白水县东北)，秦军不利，迅速引兵撤归。秦的两次失败，特别是前一次惨重损失，使秦穆公意识到东进中原一时尚有困难，因而一面养精蓄锐，待机再发，一面调转马头，进攻西戎，遂称霸西戎。

秦穆公三十六年(前624)，遣孟明视等再次带兵伐晋，秦兵渡过黄河，焚毁船只，志在必得。结果大败晋军，一雪殽山之役的耻辱，占领王官(今山西闻喜县西南)及晋国都城南郊。接着，秦穆公从茅津(今河南陕县北黄河边)南渡黄河，掩埋留在殽山下的秦兵尸骨，为战死者发丧，连哭三日。他对自己不用蹇叔、百里奚之谋造成前失追悔不已，也悟出了"背贤则危，用贤则荣"的心得，乃召集士卒，发表誓词，决心改过自新，令后世记住他的失误，不再重蹈覆辙。他的誓词收录在《尚书》中，名为《秦誓》①，誓词体现了秦穆公对以往过失的勇敢担责，对历史经验的深刻总结，对今后施政策略的英明选择。秦穆公三十九年(前621)，穆公死，葬雍(今陕西宝鸡市凤翔区南)。

秦国以上9位国君，经历150余年的时间，将秦国从一个蕞尔小邦，治理发展成为泱泱大国，其间反映的信念坚定、意志坚韧的民族特质和风格，在中华文化史上光彩熠熠。

二、执着追求，矢志不渝

随着秦人的建国与崛起，统一天下，建立中央集权制国家，又成为秦人实现

---

①　原文为：公曰："嗟！我士，听无譁。予誓告汝群言之首。古人有言曰：'民讫自若，是多盘。责人斯无难，惟受责俾如流，是惟艰哉。'我心之忧，日月逾迈，若弗云来。惟古之谋人，则曰未就予忌。惟今之谋人，姑将以为亲。虽则云然，尚猷询兹黄发，则罔所愆。番番良士，旅力既愆，我尚有之。仡仡勇夫，射御不违，我尚不欲。惟截截善谝言，俾君子易辞，我皇多有之。昧昧我思之，如有一介臣，断断猗，无他技，其心休休焉，其如有容。人之有技，若己有之。人之彦圣，其心好之。不啻如自其口出，是能容之，以保我子孙，黎民亦职有利哉！人之有技，冒疾以恶之。人之彦圣，而违之俾不达。是不能容，以不能保我子孙，黎民亦曰殆哉！邦之杌陧，曰由一人。邦之荣怀，亦尚一人之庆。"[参见（清）孙星衍撰，陈抗等点校：《尚书今古文注疏》卷29《秦誓》，中华书局1986年版，第550—556页]

霸业之后新的目标和方向。这是秦人不屈不挠实现远大目标的又一典型体现，我们可从秦的畤祭和秦始皇发动统一战争两个视角加以考察。

在中国政治文化史上，《春秋公羊传》最早提出"大一统"的概念。汉代学者董仲舒引申说："《春秋》大一统者，天地之常经，古今之通谊也。"① 在当时人心目中，西周是大一统的国家。在宗教礼仪上，只有周天子才有资格祭天。《周礼》规定："天子祭天地，诸侯祭社稷。"②《史记·封禅书》载："天子祭天下名山大川……诸侯祭其疆内名山大川。"③ 按传统祭天是天子的特权，诸侯只能祭祀其辖境内的土地神、谷神和名山大川之神。诸侯以下的卿大夫士乃至庶民百姓祭什么，《周礼》都有具体详细的等级性规定。

然而秦襄公一被周平王封为诸侯，就立即举行畤祭，祭祀天上五方五帝之一的白帝。这被历代史家看作僭越行为，司马迁说："秦襄公始封为诸侯，作西畤用事上帝，僭端见矣。"④"位在藩臣而胪于郊祀，君子惧焉。"⑤ 他站在传统礼制的角度批评秦襄公祭天是越礼的行为。这体现了秦襄公的政治抱负，也反映了他志在天下的宏伟志向。

畤，传说中古代天子祭天的坛场。畤祭，天子祭祀天帝的宗教仪式。传说畤祭的历史很悠久，有人将其出现追溯到黄帝时代："或曰：'自古以雍州积高，神明之隩，故立畤郊上帝……盖黄帝时尝用事，虽晚周亦郊焉。'"⑥ 但司马迁又说"其语不经见，缙绅者不道"⑦。

有确切年代可考的畤始建于周平王元年（前770）。这一年，秦襄公"攻戎救周"有功，被封为诸侯，居西垂（汉陇西西县，治所在今甘肃礼县境内），他"自以为主少皞之神，作西畤，祠白帝"⑧。证明秦人从建国时开始，就确立了志在天下的信念和奋斗目标。从此以后，秦的各代君主，照例都进行畤祭，这在四方列国中

① （汉）班固：《汉书》卷56《董仲舒传第二十六》，第2523页。
② （清）孙希旦撰，沈啸寰等点校：《礼记集解》卷21《礼运第九之一》，中华书局1989年版，第598页。
③ （汉）司马迁：《史记》卷28《封禅书第六》，第1633页。
④ （汉）司马迁：《史记》卷15《六国年表第三》，第835页。
⑤ （汉）司马迁：《史记》卷15《六国年表第三》，第835页。
⑥ （汉）司马迁：《史记》卷28《封禅书第六》，第1635页。
⑦ （汉）司马迁：《史记》卷28《封禅书第六》，第1635页。
⑧ （汉）司马迁：《史记》卷28《封禅书第六》，第1634页。

是独一无二的现象。

此后,秦文公十年(前756),建鄜畤,"用三牲郊祭白帝焉"①。他将祭天的坛场从陇右延伸到关中地区。秦宣公四年(前672)在雍都渭河南建立密畤,专祀青帝。进入战国时期,秦灵公(前424—前415)

礼县鸾亭山祭祀遗址(省级文物保护单位)

作吴阳上畤祭黄帝;作下畤祭炎帝。秦献公(前384—前362)十七年或十八年,作畦畤于栎阳(今陕西西安市阎良区),祭白帝,是秦国所建的最后一处畤。秦人祭祀场地的拓展,祭祀天帝由白帝扩大到青帝、赤帝及黄帝,反映秦人祭祀的对象,从主管西方的白帝,扩大到传说主管东、中和南方的几位天帝。宗教祭祀权是政治权力的象征,秦人宗教仪式的僭越,明显地反映出他们的政治欲望和东扩之志的膨胀。

综上,从秦襄公立西畤开始,先后建立了鄜畤、密畤、上畤、下畤、畦畤,共六畤,祭祀白、青、黄、赤四帝。其中,西畤、鄜畤、畦畤三畤同祭白帝少昊。这明显地反映出他们想做人间四方之主的信念和追求,这一目标到秦始皇时终于变为现实。

礼县鸾亭山祭祀遗址低空影像(省级文物保护单位)

秦始皇统一六国后,实行"三年一郊",就是每三年举行一次畤祭,主要祭祀

---

① (汉)司马迁:《史记》卷28《封禅书第六》,第1634页。

礼县鸾亭山祭祀遗址出土祭天玉器组合（甘肃省文物考古研究所提供·2004 年发掘)

的仍是设立于雍州的白、青、黄、炎四天帝。其余西畤、畦畤等祠祭祀如故,但那已是皇帝指派官员致祭,"上不亲往"①。至此,其畤祭也转变为含义别具,祈求天帝保佑的宗教行为了。对于秦统一前本来没有祭祀的北方黑帝,秦始皇也未立畤祭祀。直到汉初,刘邦为神化自己,"乃立黑帝祠,命曰北畤"②。这就是五畤祭祀系统。

三、心怀天下,百折不挠

秦人在有了统一天下的信念后,开始从经济、政治、军事等领域全面推进,为"子孙帝王万世之业"③ 而奋斗。秦襄公、秦文公、秦穆公、秦孝公、秦王政等,都是这一奋斗过程中的领军人物。

以秦王政为例,他是秦先公、先王以来"振长策而御宇内,吞二周而亡诸侯,履至尊而制六合,执敲扑以鞭笞天下,威振四海"④ 最杰出的代表,也是秦历代国君统一天下信念的实现者。秦王政元年(前 246),秦遣将军蒙骜平定晋阳(今山西太原市西南)的反叛活动。二年(前 245),麃公率兵攻卷(今河南原阳县西),斩首三万。三年(前 244),秦派蒙骜攻韩,取 13 城。四年(前 243),秦军攻下畼、有诡。五年(前 242),再派将军蒙骜伐魏,攻下酸枣(今河南延津县西南)、燕邑(今河南延津县东北)、虚邑(今河南封丘县北)、长平(今河南西华县东北)、雍丘

---

① (汉) 司马迁：《史记》卷 28《封禅书第六》,第 1655—1656 页。
② (汉) 司马迁：《史记》卷 28《封禅书第六》,第 1657 页。
③ 钟基等译注：《古文观止》(上),第 378—379 页。
④ 钟基等译注：《古文观止》(上),第 378 页。

(今河南杞县)、山阳(今河南焦作市东南),前后共拿下20城。同时设置东郡(今河南濮阳市西南)。六年(前241),韩、魏、赵、卫、楚联军攻秦,取寿陵(在今河南洛宁县)。秦出兵迎击,五国不敢应战,退了回去。秦军攻下卫国都城,逼近东郡,卫君角率其部属徙居野王(今河南沁阳市)。七年(前240),秦军攻龙邑(今河北行唐县)、孤(今河北唐县北)、庆都(今河北望都县西北),还兵攻汲(今河南卫辉市西南)。十一年(前236),秦遣王翦、桓齮、杨端和等人率兵攻邺(今河北临漳县西南),取9城。王翦攻下阏与(今山西和顺县西北)、撩杨(今山西左权县)。秦又令王翦等三人率领的军队合编为一军,从每十人中选二人组成精锐部队,进攻邺、安阳(今河北阳原县东南)等地。十三年(前234),桓齮攻赵平阳(今河北临漳县西),杀赵将扈辄,斩首十万。十四年(前233),桓齮破宜安(今河北藁城市西南),杀其将军。定平阳、武城(今河北磁县西南)。这一年,韩非出使秦国,秦用李斯计谋,留住韩非;韩非后死于云阳(今陕西淳化县西北)。十五年(前232),秦国调集大军,一支至邺城(今河北临漳县西南),一支至太原郡(秦朝治今山西太原市西南),攻取狼孟(今山西阳曲县)。

十六年(前231)九月,秦遣兵受地于韩南阳(治宛,即今河南南阳市)郡守腾(人名)。这时,魏国也向秦国献地。十七年(前230),秦遣内史腾率兵攻韩,俘虏韩王安,灭韩国,秦以其地设置为颍川郡(治阳翟,今河南禹州市)。十八年(前229),秦发大军分三路攻赵。一路由王翦率领上地(治今陕西绥德县)兵,攻下井陉(今河北井陉县西北);一路由端和将河内兵围攻邯郸城(今河北邯郸市);另一路由羌瘣带兵向赵发起进攻。十九年(前228),王翦、羌瘣尽取赵地东阳(今山西榆次市南),俘赵王迁。引兵欲攻燕,屯中山。二十年(前227),燕国太子丹担忧秦兵来攻,乃遣使荆轲刺杀秦王政。秦王政发觉后,肢解荆轲以殉,并立即使王翦、辛胜率兵攻燕。燕、代发兵迎击秦军,秦军破燕军于易水(源出河北易县西南,东南流入涞水、黄河)之西。二十一年(前226),秦将王贲攻燕。秦王又向王翦增派兵士,遂攻破燕太子军,取燕蓟城(今北京市),得太子丹之首级。二十二年(前225),王贲攻魏,引河水灌大梁(今河南开封市),大梁城坏,魏王假(人名)降,魏国亡。二十三年(前224),秦王复召王翦,带兵击荆(即楚,秦避讳庄襄王名子楚改)。老将不负所望,取陈以南,进军直至平舆(今河南平舆县北),俘荆王负刍。秦将王游率兵至郢陈(今河南淮阳县)。二十四年(前223),王翦、蒙武攻荆,破荆军,昌平君中流箭死,项燕自杀,楚国亡。二十五年(前222),秦国调集大量军队,使王贲率领攻燕辽东,俘虏燕王喜。燕国亡。又攻代,虏代王嘉,赵国亡。王翦遂定荆江南地;置会稽郡。五月,令天下大酺,即欢聚饮酒,庆祝军事胜利。二十六年(前221),齐王建与其相后胜发兵守其西界,与秦相拒。秦使将军王贲从燕南攻齐,虏齐王建,齐国亡。从灭韩到灭齐,秦王政先后用十年时间灭亡东方六国,实现了秦几十代国君、数百年梦寐以求的统一天下的目标。

秦先公、先王们在虎视鹰瞵、蚕食鲸吞西北诸戎和东方六国过程中,一步步地将其都城东移,既反映秦国疆域的不断扩大,也可以看出当时统一力量战胜分裂割据势力的潮流。

秦人在商末周初西迁陇右,初居今甘肃境内的西犬丘(今甘肃礼县境内),至周孝王时,封非子为附庸,让在秦邑建立新城。西犬丘和秦邑成为秦人早期在甘肃的两个重要据点。至周平王封秦襄公为诸侯,襄公建国,建都于西犬丘。秦文公东扩,将秦的有效控制范围拓展到岐、雍(今陕西岐山县、宝鸡市凤翔区)一带,秦文公四年(前762),营建新邑于汧渭之会。秦宪公二年(前714),宪公迁都于平阳(今陕西宝鸡市宝鸡县东南)。秦德公元年(前677),秦德公又迁都于雍城(今陕西宝鸡市凤翔区南)。秦灵公六年(前419),灵公迁都于泾阳(今陕西泾阳县)。秦献公二年(前383),献公迁都于栎阳(今陕西西安市阎良区)。到秦孝公十二年(前350),孝公徙都于咸阳(今陕西咸阳市东北),终秦之世,都城未再改变。

西周之际,秦国建都于陇右西犬丘;春秋时期,秦人越过陇山先后建都于汧渭之会、平阳、雍城;战国时期,依次徙都泾阳、栎阳和咸阳。三个时代,三个建都大区域,依次递进,展示出秦人从陇右到关中,数十代人五百余年顽强奋斗、百折不挠的民族精神,也有力地体现出秦文化的刚性和韧性特质。

秦人时祭和迁都的历程,清晰地显示出秦人坚守信念、矢志不渝的奋斗精神和特质。

第四章　秦国强盛与统一的因素分析

从秦非子受封秦地,到秦襄公建立诸侯国,再到秦始皇统一中国,秦国经历了 37 代君王约 678 年的励精图治,几乎每个历史阶段都经受战争的严峻考验与社会的重大变革。秦文化就是在纷争频仍的社会动荡中,不断发展、提升,不断获得补充和完善,每个时期都赋予它新的内容和定义。因此,秦文化是在前无古人、史无先例的历史条件下,通过艰难探索、反复实验、总结历史经验教训,通过世世代代秦国先祖把握发展机遇,主导社会改革,从横跨多个世纪的伟大实践中演变而成,并走上历史的巅峰,成为春秋战国时期最先进的文化代表之一。

第一节　秦国的强盛与大一统国家的形成

秦统一前,战国处于分裂割据状态,战争频繁,严重阻碍了各地区经济文化的发展,同时给人民的生产、生活带来灾难。秦国经过商鞅变法,封建经济和军事力量增强,逐渐成为七国中实力最强的封建国家。因此,在七国中秦国最有条件实现统一。公元前 247 年,秦王嬴政即位时,已经具备了实现统一的三个基本客观条件:一是社会经济发展,民族、地区之间联系加强,为统一提供了必要的社会基础;二是人民苦于战乱,渴望统一;三是秦国变法比较彻底,实力最强,具备进行统一战争的条件。正是在这种条件下,秦王嬴政用了短短二十多年就完成了统一,开辟了中国历史的新纪元。

一、秦兼并六国

公元前238年,秦王嬴政铲除了丞相吕不韦和长信侯嫪毐集团,开始亲政,即位之初,李斯就在上疏中指出:秦国已具备统一天下的条件,六国实际上已降到秦的郡县地位。秦国统一中国已是水到渠成之事。之后秦王嬴政在李斯、尉缭等人的协助下制定了"灭诸侯,成帝业,为天下一统"的策略。具体的措施是:笼络燕齐,稳住魏楚,消灭韩赵;远交近攻,逐个击破。

1. 关东诸国已无力抗衡秦国

秦国自商鞅变法以来经济发展迅速,军队装备精良,战斗力强。而此时,关东六国的发展已不如秦国。以齐国为例,齐国在战国后期饱受内外困扰,一直没有振作起来,只是在经过吏治变法后,齐国才逐渐成为中原地区最富裕的国家,但在对待秦与其他诸侯的纷争中,齐国因相距较远而大多是袖手旁观,因此秦国并没有分出太多的精力应对齐国。

战国后期,秦国命白起大举攻韩,攻取了野王(今河南沁阳),断绝上党通韩都新郑之路,韩国本欲献上党与秦求和,但上党郡守却将上党献于赵国以联赵抗秦。秦与赵国军队在长平相持三年后,赵孝成王误中秦国反间计,起用毫无实战经验的赵括取代廉颇为大将,结果四十万赵军被秦将白起围歼,全军覆没,赵国从此一蹶不振。赵国因为经历了长平之战和邯郸之战,国家实力消耗殆尽,军事实力大打折扣,已不能成为抗衡秦国的诸侯大国。墨守成规的燕国固守王道政治,从战国之初,实力就比较弱。虽然在乐毅变法后,燕国曾联合五国伐齐,还差点灭了齐国,但这种强盛只是昙花一现。就整体实力而言,燕国不存在与秦国对抗的可能。韩国是战国七雄中国土面积最小、人口最少的诸侯国,裹挟在秦、楚、魏三国的夹缝中。韩国虽然经申不害术治变法也曾有过十年的大治光景,但毕竟国力羸弱,最终成为第一个被秦国灭亡的诸侯国。所以到秦王政执政时,关东六国能够与秦抗衡的只剩下楚国与魏国,其中魏国因在王贲独特战法的攻势之下被轻易消灭,楚国自然成为秦国统一天下的最大敌人。

2. 楚国虽强但错失机遇

楚国的吴起变法很不彻底,但却依旧是战国时代比较强盛的诸侯大国,甚至被秦国认为是在统一战争中最大的敌人。楚国之所以与众不同,原因主要有这样几点:

一是楚国地大物博、资源丰富。楚怀王在位时,趁着秦武王举鼎绝膑而亡,秦国内乱无暇东顾时灭掉了越国,使得黄河与长江中线以南,南海以北,东海以西,关中以东,皆为楚地。在所有诸侯国中,楚国是战国时期地盘最大的诸侯国,且地处偏远,强国很难染指,周围小国尽为其所灭,最终导致楚国的疆土越来越大,人口不断增长,这不仅为楚国的农业带来充裕的生产力,也为楚国提供了源源不断的兵力。楚国号称雄兵百万,这是一个庞大的数量。在七雄争霸中,秦国举国之兵也不过六十万。也正是这个原因,才让秦国大将王翦对于灭楚之战不敢轻视。

二是楚国分治制度保证了楚国政权稳定,这是最为重要的因素。所谓分治制度即楚国原本的贵族依旧以传统的形式进行传承,他们分掌着主要军队与国家权力。一些楚国著名人物都来自这些贵族,如春申君黄歇、屈原以及后来的项氏一族。而对于那些被楚国灭亡的小国所形成的老世族,他们虽然被纳入了楚国的统治范围,但楚国仍然让其领导自己原先的邦国。分治制度使得楚国各大贵族掌握着国家权力,变革难以推行。但因此断定楚国战斗力不强却是大错特错。当楚国面临生死危机时,各大家族以及归附于楚国的众多小国世族很容易凝聚起来,爆发出异常强悍的战斗力。而此时人口众多的优势则显现出来。所以灭楚不易。

三是楚国拥有战略纵深。楚国的后方异常广阔。楚国在不敌秦军的时候完全可以选择向南方撤退,或转移到不同的地区,秦军很难将其歼灭。当初项燕组织江东项氏一族抗秦时,就曾策划拥立昌平君,让楚国退到长江以南,推行变法改革继续支持抗秦事业。只是这一计划未能实现,却留下了"楚虽三户,亡秦必楚"的预言。

那么,如此强大的楚国为何没有一统天下,反而一步步沉沦,最终为秦国所灭? 这在秦文化与楚文化的对比中即可分晓。

早在楚怀王即位时,楚国国势达到顶峰,与先后崛起的齐国、秦国并列为三大强国。此时的楚国一度人才济济,国势大盛。楚国与秦国开始发生冲突,主要有:

(1)在魏相公孙衍的努力下,列国很快就形成了楚、齐、赵、魏、韩、燕、义渠七国合纵攻秦的局面,各国公推楚怀王为合纵长,怀王之声名也随之到达顶峰。只是当时列国各有异心,合纵最终为秦各个击破。

（2）秦相张仪为破列国的再次合纵，欺骗楚怀王说只要楚国与齐国断交，秦国将割让六百里商於之地给楚国。楚怀王信以为真，结果与齐国断交后张仪只给楚国六里地。怀王恼怒不已，发兵进攻秦国，结果被秦国大败于丹阳。不甘失败的怀王再次召集全国军队进攻秦国，又被秦国大败于蓝田。第二年，楚国的召陵也被秦国攻取。如此三战皆败之后，已经断交的齐国难得隔岸观火，而魏国、韩国却趁火打劫进攻楚国在中原的领土，楚国的大国地位从此瓦解，走向没落。在这一系列事件背后，我们看到了秦人的智慧与谋略。

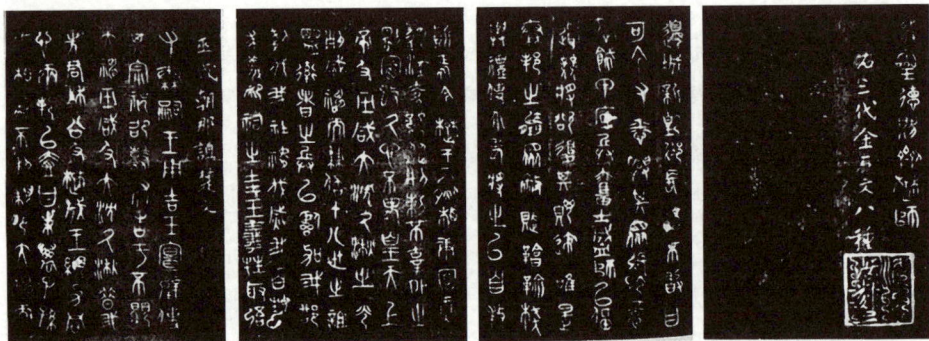

甘肃省庄浪县郑河乡上寨村朝那湫诅楚文

（3）张仪欺楚后，楚国孤立于诸侯，齐国联合韩国、魏国大败楚军于垂沙，秦国也再次出兵大败楚国。而此时楚国内部又出现了庄蹻事变，攻下郢都（今湖北江陵北），楚国遂成四分五裂的局面，进一步沉沦。

（4）秦国趁楚国内乱之际，又出兵攻占了楚国的八座城池，秦昭襄王以"归还城池，两国相好"为诱饵约楚怀王在武关会面，结果被秦国扣留，命丧咸阳。楚顷襄王二十一年，秦国大将白起带兵南下，攻破了楚国都城郢都。楚顷襄王临死时，在秦国为质的太子被黄歇（春申君）用计顺利送回国内，继位后为楚考烈王。考烈王时，秦国对楚国发起了攻击，楚国割州陵（今湖北咸宁西北）给秦国，至此楚国彻底失去了与秦国抗衡的实力。秦国则以"善楚"为策略，继续展开"远交近攻"，逐步拉开了吞并六国的序幕。秦王嬴政即位后，秦灭六国之势已不可阻挡，在陆续灭亡韩、赵、魏后，兵锋直指楚国。秦王政二十二年（前225），秦王派李信率20万大军攻楚，不能胜。第二年，又派王翦率60万大军攻楚，大破楚军于蕲（今安徽宿县东南），秦军顺势攻入楚都寿春，俘虏了楚王负刍。其遗族昌平君被楚将项燕拥为楚王，在淮南一带继续反抗秦国，不久又被王翦大军攻灭，昌平君兵败身亡,项燕自杀,楚国灭亡。

(5)秦并巴蜀,对楚国来说是一失足成千古恨,再回头已百年身。楚国和秦国一样,一直翘首觊觎着巴蜀。楚国吞并越国后实力大涨,企盼北上争霸。此前楚国对西部地区的经略不够,但也保有一定的力量,也在用侵吞的方式蚕食巴国国土。其实,以楚国和秦国的实力灭亡巴蜀并不难,难的是七国互相制衡,任何一国对外的大规模战争都会引来其他六国的干涉。所以灭国战争在这一时期都是以闪击的方式进行,不给各国集结力量的时间,等生米煮成熟饭,各国只得默认现状。秦国灭巴蜀就是一次精彩的闪击行动。适逢蜀国内乱,秦国迅速改变战略方向,将灭蜀提上第一要务。司马错率领秦军在楚国还没有反应过来之际迅速将巴蜀两国灭亡。

得蜀易,治蜀难。蜀地入秦几十年水患频仍,庶民无积年衣食,常陷饥荒。秦始皇乃令李冰入蜀治水,修都江堰,蜀地大治,解庶民倒悬,成为秦国粮仓。"蜀既属,秦益强富厚,轻诸侯"。秦灭蜀后,占据了有利地势,给楚国西部边疆造成了很大压力。几十年后楚国远征夜郎国,应该也是基于战略考量,想通过占领云贵高原,借以威胁四川盆地,减轻西部压力,可惜在秦国的干涉下功亏一篑。

由此可见,楚国没有得到巴蜀,表面上看是棋差一着,实际上是楚国的进取精神输给了秦国。

3. 保守的齐国缺乏统一战略

战国晚期,齐国仍保持着强盛的地位。公元前 301 年,齐联合韩、魏攻楚,大败之。公元前 298—前 296 年,齐联合韩、魏连年攻秦,入函谷关,迫秦求和。公元前 288 年,齐、秦并称东、西帝,旋皆放弃帝号。次年,苏秦、李兑合赵、齐、楚、魏、韩攻秦,败于成皋。又次年,齐灭宋。公元前 284 年,燕以乐毅为上将军,合燕、秦、韩、赵、魏攻齐,攻入临淄,连下七十余城。齐城不下者只有莒和即墨。齐愍王逃入莒,被淖齿杀死。王孙贾与莒人杀淖齿,立愍王子法章为齐襄王。燕引兵东围即墨,城中推举田单为将。双方相持达五年。公元前 279 年,田单组织反攻,用"火牛阵"大败燕军,收复失地。齐虽复国,但元气大伤,无力再与秦抗衡。前 221 年,秦王在灭亡韩、赵、魏、楚、燕之后,以齐拒绝秦使访齐为由,命王贲率领秦军伐齐,秦军避开了齐军西部主力,由燕国南部南下直奔齐都临淄。齐军面对秦军突然来攻,措手不及,土崩瓦解。齐王建出城投降,齐国灭亡。秦在齐地设置齐郡和琅琊郡。自此秦国统一天下,建立秦朝。

　　齐国之所以被秦国取代,一是齐国君主缺乏战略眼光,没有连续的国策,政策摇摆不定。反观秦国,自商鞅变法以后就坚持以法治国。在国策上,以统一天下为己任,并西蜀吞巴郡,远交近攻,连横诸国,各个击破。二是齐国君没有统一天下的壮志,也缺乏统一天下的国策。齐桓公只想尊王,不想自己当王,齐威王当个霸主就满足了。这与秦国横扫六合的壮志不可同日而语。三是光富国不强兵,不重视兵家。著名的《孙子兵法》作者孙武是齐国人,在齐国却得不到重用,最后只好到吴国求官。而秦国为了统一大业,网罗天下英才。四是任由大国崛起,没有采用遏制大国的战略。五是排外,齐国以外的人很难在齐国被委以重任。反观秦国,几任相国都是秦国之外的人,所以造就了强秦。六是声色犬马,苟且偷安,不思进取。齐国人不想打仗,缺乏尚武精神,对其余五国根本不关心。正是这样的心态断送了齐人的前程。七是骄傲自大,自毁前程。齐国国君狂妄自大自称东帝,把六国都得罪了。他采取合纵本来是为了对付秦国,结果秦国反而加入了合纵,联合五国,将矛头一转对付齐国,酿成五国联军攻击齐国的惨剧。齐国几乎被灭了,国力从此不复昔日盛况。八是齐国无险可守。秦国地势险要,联军最强大时只不过攻下一个函谷关。齐国就不同了,全是平原,无险可守,五国一攻就垮了。

4.秦国占有地缘和战略优势

　　"秦孝公据崤函之固,拥雍州之地",此非四战之地,地势险要,有险可守。关中土地肥沃,郑国渠修建后,灌田四万顷,农业得到大发展。司马错平蜀后,蜀地成为秦的粮仓和铜铁木材产地。秦击败西戎后,西方成为秦的牛马基地。这些丰富的资源足以支撑长期的战争。《史记·货殖列传》说:"故关中之地,于天下三分之一,而人众不过十三;然量其富,十居其六。"[1] 汉代东方朔也认为:"此所谓天下陆海之地,秦之所以虏西戎兼山东者也。"[2] 汉初晁错分析秦国之所以能够兼并六国的原因是:"地形便,山川利,财用足,民利战。"[3]

　　西戎问题解决后,秦国已无后顾之忧,得以全力东向发展,基本打通了通往六国的战略通道。一是成皋通道,由函谷关(今河南灵宝县东北)直达成皋(今河南荥阳汜水镇),由此进军,可直逼韩都新郑、魏都大梁。二是夏路通道,经伏牛

---

[1]　(汉)司马迁:《史记》卷129《货殖列传第六十九》,第3958—3959页。
[2]　(汉)班固:《汉书》卷65《东方朔传第三十五》,第2849页。
[3]　(汉)班固:《汉书》卷49《袁盎晁错传第十九》,第2296页。

山脉、南阳盆地隘口,向东南可达楚地下蔡(今安徽寿县东南)。三是井陉、孟门通道,是通往赵、齐、燕三国的战略要道。这条要道经井陉隘口,可直接从太行山区挺进华北平原;然后驱兵北上,可直接攻取燕国;挥师南下,经孟门隘口,可直取赵都邯郸。燕、赵一灭,齐国西北门户大开,取齐指日可待。

综观战国中后期的

秦王政灭六国路线图

秦国,论实力早已雄踞七国之首。论客观优势,秦国也是不胜枚举,一是秦国只有东线一路战场,其他三线毫无压力;二是秦国东线关塞险要,易守难攻,即使被围攻也不容易被打败,容错率高;三是商鞅变法后秦国中央集权度最高,不仅国力鼎盛,还兵强马壮;四是秦国据有河东,牵制韩、魏、赵的发展;五是秦国顺渭河和黄河而下东进,后勤运输极其便利。由此可见,秦统一天下是占尽天时地利。

二、战国后期中央集权制度的形成

战国后期,强大的秦国逐步确立了中央集权的政治制度,这一先进的制度成为秦国战胜六国、统一天下的政治保障。

1.中央集权机构与机制

战国末期,秦国的中央集权机构日渐完善,有三公九卿,三公即丞相、太尉、御史大夫;九卿即奉常、郎中令、卫尉、太仆、廷尉、典客、宗正、治粟内史、少府。秦国设相较迟。商鞅变法时由左庶长升为大良造,已是当时最高的官职。直到秦惠文王十年(前328)张仪做秦相,秦国才开始设立相。秦国的相是"百官之长",称为相邦。秦国的相最初是可以统率军队作战的。秦设相位后,大良造就成为武职。白起屡建战功,封为列侯,官职还是大良造。秦昭襄王时,始设立将军一职。将军原是春秋时代晋卿的称号。进入战国后,由于常备兵的存在和征兵制度的推行以及战争规模的扩大和战争方式的转变,终于催生出军事长官——将军一职。秦统一后,以太尉掌管全国的军事,将军一职成为出征时的临时设置。

御史一职原本属战国时国君的秘书性质,是国君的耳目,具有监察职能,所以秦统一后设置的御史大夫,仍兼有秘书与监察职能。

秦国以相、将为国君之下的军政首脑,其特点是文武分治,这与西周时期卿大夫同时掌管政权与兵权迥然不同,所谓"官分文武,王之二术也",这是中央集权的体现。文武分治后,所有权力不再层层分管,大臣的权力被分割,并且相互监督、制约,从而有利于国君大权在握。

秦国中央集权制度的建立有赖于封建官僚体制的支撑,这在秦国主要表现在俸禄制、赏金办法、"玺""符"制度、年终考绩制、选拔官吏等制度和办法的确立和施行。就选拔官吏的制度和办法而言,秦国亟须将政治、军事、经济、外交等各方面的人才从基层选拔上来,或从境外吸引人才到秦国来委以重任。秦统一前,其选拔途径非常广泛,大体有:臣下向国君推荐、通过上书和游说、根据功劳选拔、在侍从的郎官中选拔,相和中央各部门以及地方长官在一定范围内也有选拔任用下级官吏的权限。

2. 郡县制的推行

秦国是最早设立郡县的诸侯国之一。早在春秋初期,秦、晋、楚等大国为了加强中央集权和边地的防守力量,往往将新兼并得来的小国改建为县,不再作为卿大夫的封邑。最初的县都设在边地,承担边境防卫的功能。与卿大夫封邑不同的是,县之下设有一整套政治组织和军事组织,有征收赋税的制度。战国郡县制的推行源自小农经济的大量出现、世袭贵族统治体制的瓦解和君主集权政体的产生。所以说战国时的郡县制一方面破除了分封,一方面破除了世袭。

战国时期,秦国已陆续在边境地带设有郡县,如频阳(今陕西富平县)、陕(今河南陕县)、蒲、蓝田、善明氏、栎阳等县。魏惠王八年(前362),魏将上郡十五县纳予秦国。[①]秦昭襄王(前306—前251)在位时,灭义渠之戎,设陇西、北地两郡。[②]

---

① 参见(汉)司马迁:《史记》卷5《秦本纪第五》,第260页。
② 参见(汉)司马迁:《史记》卷110《匈奴列传第五十》,第3490页。

随着秦国陆续兼并各国土地,每得新地,必定设郡,以利攻防。秦庄襄王二年(前248),秦攻取赵国的榆次、新城、狼孟等三十七城,设置太原郡;秦王政五年(前242),秦攻取了魏国的酸枣、燕、虚、山阳等城,又兼并了属于卫的濮阳,设置了东郡。①

郡的功能最初与县一样,只是边境的防卫,所以一郡之长叫郡守,也尊称太守,均由武官担任。秦国的一县之长为县令,下设丞与尉,均由朝廷任命。丞主管民政,尉主管军事。丞之下又设有啬夫、司空、司马以及治狱、令史等官职。县之下的基层组织是半官方的自治机构,有乡、里、聚、闾、连等,乡有三老、廷掾等,里有里正。乡里实行什伍编制。秦同时设有与县并立的道,道下设有啬夫等官。道主要设在少数民族地区。

商鞅变法的一项重要举措就是在秦国普遍推行县制,分当时的秦国为36县。秦统一后,确立郡县制并在全国推广。这一行政区划制度奠定了中国古代中央王朝管理地方的基本框架基础,影响深远。

3. 税收制度

秦国的少内,即后来称为少府的机构,与治粟内史是分管国家财政的两大机构。治粟内史主要负责征收田租,用于支付官吏俸禄等政府机构的开支。汉代称"大司农"。少府主要征收人头税、手工业税、商业税以及资源开发税。其收入主要用于国王和宗室享用,也可以说是国君的小金库。《汉书·百官公卿表》"少府"颜师古注引应劭语谓:"名曰禁钱,以给私养,自为别藏。少者,小也,故称少府。"② 除此之外,少府还负责各种作坊,制作兵器、工具、被服以及各种奢侈品。商鞅变法推行"初为赋"后,秦国一直推行"舍地而税人"的制度,开始按户征收人头税,也称户赋或口赋。《秦律·金布律》记载,秦国内有"大内"和"少内"之分。"大内"归内史管,"少内"即少府。

4. 法律制度

战国初期,各国为保障封建私有制度的发展,相继实行变法。李悝在魏国变法时编著的《法经》,可以说是第一部系统化的法典。《法经》首先讲的是《盗法》与《贼法》,其次讲的是《囚法》与《捕法》,最后是《杂法》与《具法》。商鞅变法正是

---

① （汉）司马迁:《史记》卷6《秦始皇本纪第六》,第190—191页。
② （汉）班固:《汉书》卷19上《百官公卿表第七上》,第732页。

依照《法经》制定的法,只是将"法"改为"律"。云梦秦简主要记载的就是商鞅变法后秦国执行的法律。内容分三大类:一是法律问答,主要是刑律解说。其中处罚最重的是"盗"和"贼";接下来是对于各种逃亡的人和诬陷别人的人的处罚,这反映出秦国法律首先维护政权的安全,防止"盗""贼"作乱。其次保证生产者附着于土地,以及不得随意诬陷他人。二是治狱案例,主要是处理民间民事和刑事案例,体现的是保护地主特别是爵位高的统治者拥有隶臣妾的利益。三是其他各种法律,这类律文实际上是官府统治需要的各种规章制度,有《田律》《仓律》《工律》《均工》《工人程》等。

秦国使用的刑法是很残酷的,仅死刑就有枭首、弃市、腰斩、剖腹、车裂、杀戮、镬烹等,肉刑有黥、劓、刖、斩左趾、宫等,服劳役的徒刑有司寇、白粲、鬼薪、城旦、舂等。秦律的刑罚是按等级规定的。

5. 户籍管理与赋役制度

秦国户籍的编制,不仅是为了征收赋税和征发徭役,更是为了将农民强制束缚在土地上。秦献公十年(前375),秦国实行"为户籍相伍"的制度,[①] 这在战国实行得较晚。按照这一规定,所有的农民都要登记在籍。商鞅变法后,商人按家中实有人口分担徭役,所有奴隶都要上报,以便应役。秦国的户籍管理非常严格,《商君书·境内》载:"四境之内,丈夫女子皆有名于上,生者著,死者削。"[②]《秦律》规定,民户迁徙应当报告官府,重新登记户籍,称为"更籍";户籍登记若有重大失误,相关官吏要受到严厉处罚。《秦律》中有专门的户籍规定,叫作《传律》。

6. 秦国的二十级爵位制度

秦国的爵位是秦国等级制度中最具代表性的制度。商鞅变法规定,秦国爵位为二十等级。从最低的一级公士到第十八级大庶长,相当于卿;第十九级关内侯;第二十级彻侯,相当于诸侯。彻侯到汉代时为避汉武帝刘彻的讳,改称列侯或通侯。列侯之下还有伦侯。秦的官职和爵位是不分的,大体第十六级以上既是爵位,又是官名。秦国还有客卿制,诸侯国人士入秦,得到卿的爵位,称为"客卿"。

二十级爵位按照爵位高低享有不同的待遇。彻侯、伦侯可以食邑,关内侯无食邑,但可以收取指定户数的租税收入。第八级爵位以下只有赏赐的田亩,没有

---

① (汉)司马迁:《史记》卷6《秦始皇本纪第六》,第363页。
② 石磊译注:《商君书》卷19《境内》,第161页。

"税邑"。第九级爵位就可"税邑三百家"。各级庶长、三更(左更、中更、右更)和大良造均可"有赐邑三百家,有税邑三百家",便可以养"客",客卿官至相国,升为正卿。

正是上述新机制的建立,使得秦国官僚制度能够迅速确立和推行。一整套的官僚机构能够得到层层控制,最终集权于国君手中,形成集权的国家政体。秦统一后的历代封建王朝正是在这一机制的基础上加以发展的。

三、秦统一后中央集权制度的创新与确立

公元前 221 年,秦始皇统一中国。此时秦朝的疆域"东至海暨朝鲜,西至临洮羌中,南至北向户,北据河为塞,并阴山至辽东"①。疆域比战国七雄控制的范围几乎扩大了一倍。可以说统一后的秦朝奠定了中国版图的基本格局。秦始皇设置郡县,对征服后的土地注重统治和制度建设,不似其他同时代的征服者,如马其顿的亚历山大或罗马只重征服,不重制度建设。秦朝建立后的各项制度与措施主要有:

1.政治制度

首先,创立了皇帝制度。秦始皇决定把传说中的三皇五帝的尊称合二为一,号称"皇帝"。他自称始皇帝,总揽一切大权,后代依次称为二世、三世。

其次,建立了以皇帝为中心的官僚制度。在皇帝之下,设立"三公""九卿"。三公即丞相、太尉、御史大夫。丞相是朝廷最高行政长官,下辖九卿。太尉是最高军政长官,负责管理全国军事事务,掌握军权,战时听从皇帝的命令,可凭皇帝的符节调动军队。御史大夫主要职责是掌邦国刑宪、管理图籍、典章政令,以及监察文武百官。御史大夫下设御史中丞、侍御史,负责弹劾中央和皇宫一切事;监御史是中央派到地方各郡负责监督郡守的御史,以肃正朝列。御史大夫为丞相副手,其地位低于丞相和太尉。丞相和太尉品秩为一万石,御史大夫品秩为二千石。三公之间互不统属,直接隶属于皇帝,便于皇权集中。三公之下为九卿,即奉常、廷尉、治粟内史、典客、郎中令、少府、卫尉、太仆、宗正,其中奉常掌宗庙祭祀礼仪,廷尉掌司法,治粟内史掌国家财政税收,典客处理国内各少数民族

---

① (汉)司马迁:《史记》卷 6《秦始皇本纪第六》,第 308 页。

事务和对外事务,郎中令掌管皇帝的侍从警卫,少府掌管专供皇室需要的山海地泽收入和官府手工业,卫尉掌管宫廷警卫,太仆掌宫廷车马,宗正掌皇帝宗族事务。无论三公,还是九卿,均由皇帝任免调动,一律不得世袭。

三公九卿的设置为中央集权国家制度的建立创造了雏形。它更多的是从纵向集权、横向制约,并逐步强化监督检查体制,完善制约机制。可以说,三公九卿制,上承夏商周,下接隋唐宋元,在中国历史上写下了浓重的一笔。

再次,确立了郡县制度。全国设 36 郡。每郡设守、尉、监,分别管理行政、军事和检察。郡以下分若干县。县以下还有乡、里、亭等基层政权机构。郡县的官吏均由皇帝任免。这一整套封建中央集权制度从根本上铲除了诸侯王国分裂割据的祸根,对巩固国家统一、促进社会发展起了积极作用。以秦朝中央集权制为代表的中国政治制度在之后的一千七百年间始终领先于西方。所谓"汉承秦制""自秦以来,其制未变""百代犹行秦政法",两千年帝制时代的中国,在政治制度上基本沿袭了秦朝的制度。

在郡县制和官僚制下,其军政首脑都由皇帝直接任命,依政绩军功可上可下,可平职调动,这就导致了职业官僚和职业军人的出现。职业官僚和职业军人都可以来自平民,有效保证了平民参政议政的权利,如李斯、蒙骜等都是布衣,依军功政绩才出将入相。相比分封制这种贵族政治,郡县制和官僚制无疑是一大历史进步。

最后,秦始皇还首创驿站制度,并修驰道,为秦王朝的政令通达奠定了良好基础。在郡县制基础上,这样一种驿站和驰道紧密结合的驿传系统优势得到了最大的发挥,为"六合同风,九州共贯"发挥了重要作用。

2. 经济制度

实行封建土地所有制,允许土地私有和买卖,征收赋税,实行重农抑商政策,强行迁六国富豪至咸阳,以繁荣首都。统一全国度量衡。统一货币,分上下两等,上币为黄金,用镒为单位,下币为铜钱,重半两,故名秦"半两"。

统一车轨。从公元前 222 年开始,秦始皇就大幅修筑以国都咸阳为中心、向四面八方延伸出去的驰道。驰道统一规定为宽五十步。驰道的作用:一是方便交通,以利管理六国旧地;二是方便北方战争前线的补给;三是方便秦始皇出巡时能畅通无阻。著名的驰道包括上郡道、临晋道、东方道、武关道、秦栈道、西方道及秦直道。

《史记·匈奴列传》张守节《史记正义》引《括地志》："秦故道在庆州华池县西四十五里子午山上。自九原至云阳，千八百里。"子午岭南北走向，位于陕西与陇东之间，为泾、洛两河的分水岭。它北起陕西省的定边、吴旗和志丹等县，南至铜川、耀县、淳化、旬邑等县市。东有甘泉、富县、黄陵、宜君诸县西半部，西有甘肃华池、合水、宁县、正宁诸县的大部或小部。2006年和2013年，秦直道遗址、秦直道起点遗址和秦直道遗址延安段、秦直道遗址庆阳段分别列入第六批和第七批全国重点文物保护单位。

秦始皇在扫灭六国后，为方便运送征讨岭南所需的军队和物资，命史禄开凿灵渠以沟通长江水系的湘江和珠江水系的漓江。灵渠最终在始皇二十年(前227)

秦"半两"钱（国家二级文物·中国国家博物馆藏）

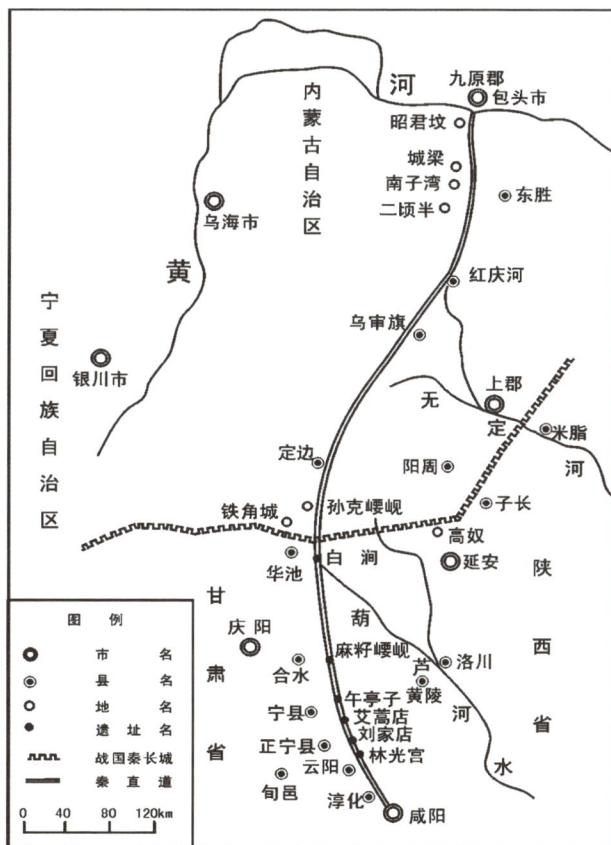

秦直道分布示意图

至二十三年(前 224)修成。灵渠是世界上最古老的运河之一,自贯通后,两千多年来一直是岭南与中原之间的水路交通要道。

3.文化制度

战国时代,七雄并立,天下大争,思想璀璨,哲人辈出,各界人才纷纷涌现出来,有提倡仁义的儒家、无为的道家、法治的法家、兼爱的墨家,还有纵横捭阖的纵横家,等等。同时,战国时代又是社会大变革时代,各诸侯国为争霸图存,纷纷实行变法图强。唯有变法最为彻底的秦国,顺应时代潮流,历史性地完成了思想和文化的大融合、大统一。

秦统一前,各诸侯国长期分裂割据,语言、文字有很大差异,这对于国家的统一、经济和文化的发展极为不利。李斯及时向秦王政提出统一文字的建议,并亲自主持这一工作。秦统一后,他以秦国文字为基础,废除异体字,简化字形,整理部首,形成了笔画简单、形体规范,而且便于书写的小篆,也称秦篆和李斯篆,成为标准文字。他还亲自用小篆书写了一部《仓颉篇》,作为范本,推行全国。小篆的出现是汉字发展史上的一大进步。

4.军事措施

为抵抗匈奴入侵,秦始皇命蒙恬率兵三十万北伐,置九原郡,筑直道直通九原及云中,又筑万里长城,以巩固边防。命屠雎率兵十万南征百越,并移民戍边,开拓南方。没收天下兵器,防止六国人叛乱。

综上所述,秦始皇把中国推向大一统时代,为建立专制主义中央集权制度开创了新局面,对中国和世界历史产生了深远影响。后人认为"功莫大过秦皇汉武",意指秦始皇在治国立功方面,排在汉武帝之前,历史上无人出其右。至今英语中对中国的称呼 China,也是从梵语 Chin(秦)演变过来的,这在一个侧面上表现了秦朝的影响力。所以说秦始皇构建了中国两千余年政治制度的基本框架,对中国和世界历史产生深远影响,他被明代思想家李贽誉为"千古一帝"。

第二节　秦国强盛与统一的经济因素

在秦国走向强大的过程中,致力于农业发展和农牧经济区的扩展,是其中最具基础性和决定性的因素。战国后期,秦国不仅拥有关中、四川盆地两大农业经济区,而且开拓了陇右等西北以战马基地为标志的畜牧经济区,从而为秦国强大奠定了东方六国无可比拟的物质基础。

一、固本重农思想

1.农本思想

春秋时,农本思想就已萌芽。进入战国后,趋本抑末的重农思想更是在各国得以发展。战国早期的墨家已经指出,农业生产不但可以向人民提供衣食,还是国家赋税的源泉。墨子在《七患篇》中讲道:"凡五谷者,民之所仰也,君之所以为养也。故民无仰则君无养,民无食则不可事。故食不可不务也,地不可不力也,用不可不节也……故曰:'财不足则反之时,食不足则反之用。'故先民以时生财,固本而用财,则财足。"① 所谓"固本"的"本",就是指"以时生财"的农业。

战国初期法家思想代表人物李悝曾任魏文侯相,主持变法强国。推行"尽地力""善平籴"的政策,鼓励农民精耕细作,增加产量,国家在丰年以平价购买余粮,荒年以平价售出,以平粮价;主张同时播种多种粮食作物,以防灾荒,其"重农"与"法治"结合的思想对商鞅、韩非子的影响极大。

战国晚期思想家荀子更加强调"强本节用"。认为"强本而节用,则天下不能贫""本荒而用侈,则天不能使之富"。他认为"政令不明,举措不时,本事不理"都属于人祸。② 荀子劝说统治者努力从事农业生产,节约开支,国家就会积累起来无穷的财富。③

嬴秦向来以调驯鸟兽、养马驾车著称。周孝王时,非子为周王室养马,大获成功。秦襄公除率领本国人打仗外,还常常打猎取乐。《诗经》中有一首《驷驖》的诗,描写的就是秦襄公"田狩之事,园囿之乐"④。这些都足以证明秦的畜牧业和狩猎非常发达。秦襄公时,为了与戎、狄搞好关系,曾把自己的妹妹嫁给了戎

---

① 吴毓江撰,孙启治点校:《墨子校注》卷1《七患》,中华书局1993年版,第36页。

② (清)王先谦撰,沈啸寰等点校:《荀子集解》卷11《天论篇第十七》,第314页。

③ (清)王先谦撰,沈啸寰等点校:《荀子集解》卷18《成相篇第二十五》,第468—472页。

④ 《十三经注疏》整理委员会整理,李学勤主编:《毛诗正义》卷6《秦风·驷驖》,北京大学出版社1999年版,第411页。

王，① 这说明秦人与戎的关系十分密切。而戎并不是一个纯粹的游牧民族，在《史记》的记载中，戎有城郭。从现有的出土文物看，戎应当是一个亦农亦牧的民族。西周末年，王室周边的戎、狄等趁机向王室进攻，周王不得不求助于秦，秦因此跻身于诸侯，开始了由"夷"向"华"的转变。

然而，发达的畜牧业并不意味着秦是一个游牧民族。实际上秦人自山东迁徙至甘肃时，就是一个以农业为主的人群。"秦"字本身就与禾有关。《说文》云："(秦)伯益之后所封国。地宜禾。"又曰："秦，禾名。"《诗经·秦风·车邻》注曰："秦，陇西谷名，在雍州鸟鼠山之东北。"疏云："今秦亭，秦谷也。"秦朝统一后，北方与西方邻国往往称中国人为秦人、秦地，甚至西汉时仍有西域诸国称中国为秦。《乐府诗选》亦有"昔为形与影，今为胡与秦"的诗句。而所谓"养马者"只不过是说秦人的畜牧业相较中原地区更为发达而已。所以进入春秋后，重农思想在秦国同样得到长足的发展。战国时，秦国统治者更加重视农业生产。商鞅在秦国变法时曾多次提出以"耕织"为"本业"，以手工业、商业为"末利"，强调奖励"本业"，抑制"末利"。这些思想在《商君书》中被淋漓尽致地表述出来。《商君书》虽然不是商鞅所著，但它着重论述了商鞅一派在秦国施行的变法理论和具体措施。《商君书》中与农业有关的篇章有《农战》《立本》《垦令》《开塞》《算地》《徕民》等，从君主独裁的角度提出注重农战，以富国强兵为急务，着眼于如何弱民而驱之从事耕战，认为百姓务农除了提供粮食和为国家积累财富外，还有利于对外取得战争的胜利，对内巩固秦国的政权统治。民既是生产者，也是战斗者，如果他们"事本抟，则民喜农而乐战"②。他们还认为使民务农则"朴""朴则安居而恶出""朴则畏令"③，畏令而"奸不生"④。

在秦国担任丞相的吕不韦曾经组织属下门客们集体编纂了《吕氏春秋》一书。该书认为，百姓务农不仅是为了"地利"，还可以"贵其志"。对于当权者来说，重农有三点好处：一是"民农非徒为地利也，贵其志也。民农则朴，朴则易用，

---

① 关于秦襄公嫁妹与戎王的事，《史记》卷5《秦本纪第五》并没有直接记载，但有"以女弟缪嬴为丰王妻"的记载。据日本学者泷川资言考证，丰王就是戎王："丰王疑是戎王之号，荐居丰岐，因称丰王。"见（汉）司马迁著，[日]泷川资言编著：《史记会注考证·秦本纪第五》（影印本），新世界出版社2009年版，第335页。

② 石磊译注：《商君书》卷8《壹言》，第88页。

③ 石磊译注：《商君书》卷6《算地》，第66页。

④ 石磊译注：《商君书》卷3《农战》，第29页。

易用则边境安,主位尊",说的是老百姓朴实了就容易被政府管理和使用,可以依靠他们守战,这样统治者的地位就得到巩固;二是"民农则重,重则少私义,少私义则公法立,力专一",指的是百姓越注重农业就越趋稳重,很少发表私见,私见少则公法立,从而使百姓守法而努力生产;三是"民农则其产复,其产复则重徙,重徙则死其处而无二虑",就是说百姓因重农而财产累赘难于迁徙,如此他们便死守一处而没有二心。①

由此可见,战国时期的农本思想,重点并不在于告知人们"民以食为天"的道理,而是强调农本思想可以巩固统治者的统治,增强各国政治、经济、军事力量,发展地主经济。各国统治者正是根据农本理论,制定各项奖励和管理农业的政策。

2.农业政策

战国时期,各国为了发展农业经济,普遍加强了对农业、林业、渔业、畜牧业和狩猎的管理,制定出一系列政策法规。《吕氏春秋》曾仿照《礼记·月令》编写了《十二纪》,详细叙述了秦国的农业管理政策。《十二纪》规定,孟春之月令田官"善相丘陵阪险原隰,土地所宜,五谷所殖"。孟夏之月,要令野虞"劳农劝民,毋或失时"。令司徒"巡行县鄙,命农劝作,毋休于都"。季夏之月,为了防止妨害农事,规定"不可以兴土工""不可以起兵动众,毋举大事"。孟秋之月,令百官"始收敛,完堤防,谨壅塞,以备水潦"。仲秋之月,令"趣民收敛""多积聚"。孟冬之月,"劳农以休息之"。季冬之月,"命农计耦耕事,修耒耜,具田器"。《秦律·田律》规定,因雨水而农田受害和受益的;因旱灾、暴风雨、水潦、蝗虫以及其他原因造成庄稼损害的,都必须把收益和受害面积于八月上报,以便于及时了解全国农业生产的实际情况,为征收地税和"上计"做好准备。1975年出土的《睡虎地云梦秦简》,向我们展现了秦国多方面的法律,其中涉及农业管理的法律较之《吕氏春秋》更为详尽。

二、铁制工具的推广

在中国,铁器是农业发展到一定水平的产物。铁农具的普遍使用是在战国

---

① 许维遹撰,梁运华整理:《吕氏春秋集释》(下) 卷 26《士容论·上农》,中华书局 2009年版,第 687—691 页。

时期,但此前已有不少地区出现过使用铁器的记载。《国语·齐语》中记载春秋时管仲说过:"美金(指铜)以铸剑戟,试诸狗马。恶金以铸锄夷斤斸,试诸壤土。"这里的"恶金"就是指铁。《管子·轻重篇》记载齐国有"铁官"。20 世纪 50 年代,我国考古工作者在南方发掘出许多铁制工具,如湖南长沙曾出土有铁臿和铁削数件,被鉴定为是春秋末期的铁制品。① 湖南常德春秋时代的楚国墓葬中也发现铁橛一件。②

秦国也是较早使用铁制工具的地区。《诗经·大雅·公刘》记述周人祖先公刘率领周人定居于豳(今陕西旬邑县)时,提到"取砺取锻",这被认为是开采和锻炼铁器的用语。秦国入主关中占有丰岐之地后,应当继承了这些冶铁技术。《诗经·秦风·驷驖》曾形容秦国的马是"驷驖孔阜",是说秦国的马颜色如铁,这说明秦国的铁器较为普及,人们熟知铁的颜色。在秦国政府内,专门有称作"右采铁""左采铁"③ 的"铁官"。④1954 年,陕西凤翔春秋前期的秦公大墓中也曾出土铁工具三件。⑤ 近几十年来,地处渭水流域的陇东、关中地区发掘出秦文化遗址50 多处。这些遗存的年代从西周中晚期,历经春秋、战国时期,直到秦末,有石器、蚌器、铁器,其中尤以铁器居多。⑥

战国晚期的秦国,冶铁业和铁器制作的规模越来越大,在国都咸阳就有不少冶铁的作坊。⑦《史记·货殖列传》记载了好几位因冶铁和采矿而"致富数千金"的秦国富豪之家。不过,秦国冶铁业的发展大多用于制作工具,而不是兵器。秦始皇兵马坑出土的青铜兵器约 4 万件,而铁制兵器只有铁矛 1 件,铁镞 1 件,铁铤铜镞 2 件,仅占总量的万分之一。为了发展冶铁业,秦国政府甚至以法律规定农民使用铁制农具。《睡虎地云梦秦简》中就有农户使用官府铁农具的法律要求。1976 年,在陕西省凤翔县的"秦公一号大墓"出土文物中,就有一大批铁制农具,且在历次考古中也均发现有大量战国时代的铁制农具。显然,战国时代铁制农

---

① 湖南省博物馆:《长沙楚墓》,《考古学报》1959 年第 1 期。

② 湖南省博物馆:《湖南常德德山楚墓发掘报告》,《考古》1963 年第 9 期。

③ 睡虎地秦墓竹简整理小组编:《睡虎地秦墓竹简·秦律杂抄》,文物出版社 1990 年版,第 85 页。

④ (汉) 司马迁:《史记》卷 130《太史公自序第七十》,第 3990 页。

⑤ 《凤翔发现春秋最大的墓葬》,《文物通讯》1954 年第 4 期。

⑥ 陈洪:《秦文化之考古学研究》,科学出版社 2016 年版, 第 31—34 页。

⑦ 刘庆柱:《秦都咸阳几个问题的初探》,《文物》1976 年第 11 期。

具已经得到了广泛运用。那么为何大秦帝国不使用更强的铁制兵器呢?

科学家对出土的铁制农具研究发现,战国时代的铁器冶炼水平尚处在块炼铁和生铸铁的阶段,硬度和强度都不够,如果制造成兵器,杀伤力还不如青铜兵器。换言之,秦国的铁器冶炼水平不够,无法制造出比青铜器更强大的兵器。到了汉朝,由于冶炼技术的进步,铁器最终取代青铜器,成为兵器材料的主流。不过尽管如此,上述考古发现还是能够证明,秦国是较早使用铁制农具的地区之一,而铁制农具的普及使得秦国农业得以快速发展。

三、水利灌溉事业的发展

水利是农业的命脉。春秋战国时期,各国都非常重视水利的兴修,或沿河筑堤,或开凿运河。运河的开凿,水利工程的修建,不但便利交通,也有利于农业生产的发展。当时各国政权都把兴修水利视为头等大事,设置"司空"一类的官职管理水利。这其中秦国的都江堰水利工程和郑国渠应当是战国时期最著名的水利工程。

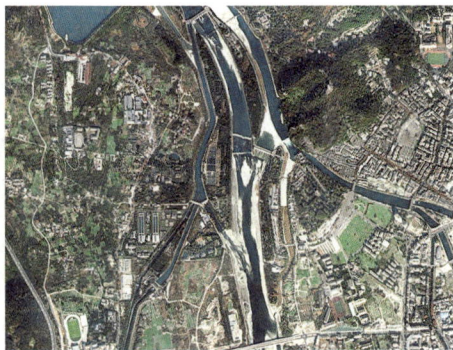

世界文化遗产都江堰

都江堰位于岷江上游。岷江发源于甘肃岷县境内的岷山,沿途经过川西草原、高山峡谷,汇聚了众多支流,水流湍急。进入都江堰市(原四川灌县)后,地势突然低平,水势减缓,所挟带的大量沙石沉积下来,淤塞河道,一到夏秋两季常常泛滥成灾。秦昭襄王末年(约前256—前251)命李冰(今山西省运城市盐湖区解州镇郊斜村人)为蜀郡守。李冰在总结前人经验的基础上,与儿子一道沿岷江两岸进行实地考察，了解水情、地势等情况，主持制订了治理岷江的规划方案。

据史料记载，李冰的都江堰治理工程主要有七个组成部分：一是在岷江弯道江心"壅江作堋"，即在离堆上游修筑了分水堤和湃水坝，并筑有水门调节两江水量，迫使岷江从鱼嘴分水堤分为检江(外江)和郫江(内江)。这样既可免除泛滥的水灾，又可便利航运和灌溉，成为具有防洪、灌溉、航运等多种功能的综合水利工程。在修筑分水堤的过程中，李冰最初采用了传统江心抛石筑堰的办法，但石头瞬间就被急流冲走，筑堰失败。之后李冰另辟蹊径，请当地竹工编成长三丈、宽二尺的大竹笼，里面装满鹅卵石，然后逐个沉入江底，终于战胜湍急的江水，筑成分水大堤。大堤前端开头犹如鱼头，所以取名"鱼嘴"。分水堰两侧垒砌大卵石护堤，内江一侧的叫内金刚堤，外江一侧叫外金刚堤，也称"金堤"。二是"凿离堆"，将玉垒山的虎头岩凿开，形成"离堆"。凿离堆可以使内江灌区有一个坚固的、水量可控的引水口，后人称为"宝瓶口"。三是"低作堰"，即从离堆前内江转弯的河床下建堰，后人称作"飞沙堰"。飞沙堰枯水季节拦水流入宝瓶口，保证灌溉和航运之用；丰水季节具有强大的排沙功能，从而既调节了水位，保证了灌溉用水，又防止了泥沙涌入渠道。四是"深淘滩"，是在洪水上涨时部分沙石会在飞沙堰前至离堆的一段河床里淤积，岁修时需加以清除，此段河床名为"凤栖窝"。深淘滩的河床淘沙要淘到恰到好处，淘得过深，宝瓶口进水量偏大，会造成涝灾；淘得过浅，宝瓶口进水量不足，难以保证灌溉。五是"埋石马"，即在凤栖窝一段河床下埋石马，作为深淘标志。明代起改埋卧铁。六是"穿二江"，是将平原上原有的自然河道郫江、检江与宝瓶口连接，作为灌溉和航运河道。七是"分穿羊摩江"，即沟通羊摩江，灌溉岷江干流以西农田。

都江堰水利工程建成后，岷江流经宝瓶口分成许多大小沟渠河道，组成了一个纵横交错的扇形水网，灌溉着成都平原，使成都平原从此免遭水灾，成为闻名的"天府之国"。

据《华阳国志·蜀志》记载，李冰曾在都江堰安设石人水尺，这是中国早期的水位观测设施。他还在今宜宾、乐山境内开凿滩险，疏通航道，又修建汶井江(今崇庆县西河)、白木江(今邛崃南河)、洛水(今石亭江)、绵水(今绵远河)等灌溉和航运工程，以及修索桥，开盐井等。

郑国渠是秦国又一项规模宏大的水利工程。工程始建于秦王政元年(前246)，此时秦王嬴政刚刚即位，东面的韩桓惠王暗地里派水工郑国入秦，执行"疲秦"之计,即献策修渠,诱使秦国把人力物力消耗在水利建设上,削弱秦国军队,从而无力进行东伐。要知道,战国末期的秦国国力正蒸蒸日上,虎视眈眈于东方。而韩国作为秦国的东邻,在战国七国中更是首当其冲。但此时的韩已孱弱到不堪一击的地步,随时都有可能被向东发展的秦国并吞。在走投无路的情况下,韩王不得不出此下策,以期苟延残喘。但聪明反被聪明误,本来就想发展水利的秦王政,很快采纳这一建议,并立即征集大量人力、物力,任命郑国主持兴建这一工程。在郑国给秦国设计引泾水入洛水的灌溉工程以及日后施工过程中,韩王的计谋暴露,秦王政要杀郑国,郑国说:"始臣为间,然渠成亦秦之利也。臣为韩延数岁之命,而为秦建万世之功。"[1] 秦王政是一位很有远见卓识的政治家,认为郑国的话有道理。同时,秦的水工技术还比较落后,在技术上也需要郑国帮助,所以一如既往,仍然加以重用,让他继续主持这项工程。大约花了十年时间这项工程才告竣工,命之为"郑国渠"。

关于郑国渠的渠道,《史记》《汉书》都记载得十分简略,郦道元《水经注·沮水注》记载得比较详细。根据文献记载和今人实地考察,大体说,郑国渠渠首工程,东起中山,西到瓠口(今陕西泾阳西北王桥乡船头村西北)。[2] 中山、瓠口后来分别称为仲山、谷口,都在泾阳县西北,隔着泾水,东西相望。"瓠口"位于北山南麓,[3] 在泾阳、三原、富平、蒲城、白水等县二级阶地的最高位置上,由西向东,逐渐下降。郑国在今礼泉县东北的谷口作石堰坝,抬高水位,拦截泾水入渠,很自然地把干渠分布在平原北缘较高的位置上,便于穿凿支渠南下,这不仅最大限度地保证灌溉面积,而且形成了全部自流的灌溉系统。郑国渠沿线与冶峪、清峪、浊峪、沮漆(今石川河)等河水相交,正是利用了西北微高、东南略低的地形,

---

① (汉)班固:《汉书》卷29《沟洫志第九》,第1678页。

② 1985年到1986年,考古工作者秦建明等对郑国渠渠首工程进行实地调查,经勘测和钻探,发现了当年拦截泾水的大坝残余。它东起距泾水东岸1800米名叫尖嘴的高坡,西迄泾水西岸100多米王里湾村南边的山头,全长2300多米。其中河床上的350米,早被洪水冲毁,已经无迹可寻,而其他残存部分,历历可见。经测定,这些残部,底宽尚有100多米,顶宽1—20米不等,残高六米。可以想见,当年这一工程是非常宏伟的。2016年11月8日,在泰国清迈召开的第二届世界灌溉论坛暨第67届国际执行理事会上,郑国渠申遗成功,成为陕西省第一处世界灌溉工程遗产。

③ 北山山系由一系列大大小小的山脉组成,但总的来说由桥山、黄龙山、子午岭、陇山四座山脉组成。北山是陕北黄土高原与关中渭河平原的分界岭。北部是沟壑纵横的黄土高原,南部是一马平川的关中平原。

可见当时的设计是比较合理的,测量的水平也已很高了。郑国渠的主干线沿北山南麓自西向东伸展,流经今泾阳、三原、富平、蒲城等县,最后在蒲城县晋城村南注入洛河。干渠总长近150千米。沿途拦腰截断沿山河流,将冶水、清水、浊水、石川水等收入渠中,成为灌溉的水源。在关中平原北部,泾水、洛水、渭水之间构成密如蛛网的灌溉系统,使相对干旱的关中平原得到灌溉。

据《重修泾阳县志·水利志》记载:"(郑国)来至秦北山之下,视泾河巨石磷磷,约三四里许,泾水流注其中,湛以作堰。于是立石囷以壅水,每行用一百余囷,凡一百二十行。借天生众石之力,以为堰骨。又恃三四里许众石之多,以堰势,故泾水至此不甚激,亦不甚浊。"这更多是百姓的传说,但人们利用泾水含沙而又有肥效的特点,在一段平坦河床下游,用木料筑成圆廪,填进巨石,成为"石囷",再用大量"石囷"排列成堰骨,使泾水到此降低流速,沉淀部分粗沙,引进细沙入渠,既可用来灌溉,又可冲压、降低耕土层中的盐碱含量,收到改良土壤的效果。这应当是当地流传已久的传统做法。

当然,泾水是历史上著名的多沙河流,古人云"泾水一石,其泥数斗"。据当代实测,泾水的泥沙含量为171千克/立方米。郑国渠以多沙的泾水为水源,虽然可以增加土质肥力,但干渠的比降偏小,仅为0.64/100,致使水流速度偏慢,泥沙容易沉积。淤积的泥沙又使得干渠首部逐渐填高,水流不能入渠。历代以来在谷口地方不断改变河水入渠处,这可以说是郑国渠的一点遗憾。

韩王计谋的郑国渠,非但没有使秦国疲于水利工程,结果适得其反。郑国渠建成后,关中的农业生产面貌大为改观。秦国的经济、政治效益显著,国力更加强大。《史记·河渠书》记载:"渠成,注填淤之水,溉泽卤之地四万余顷(折今110万亩——引者注),收皆亩一钟(一钟为六石四斗,折今100千克——引者注,比当时黄河中游一般亩产一石半,要高许多倍),于是关中为沃野,无凶年,秦以富强,卒并诸侯,因命曰'郑国渠'。"

郑国渠的作用不仅在于它发挥100余年的灌溉效益,而且在于首开了引泾灌溉之先河,对后世引泾灌溉有着深远的影响。秦以后,历代继续在这里完善其水利设施,先后建有汉代的白公渠、唐代的三白渠、宋代的丰利渠、元代的王御史渠、明代的广惠渠和通济渠、清代的龙洞渠等渠道。汉代民谣:"田于何所?池阳、谷口。郑国在前,白渠起后。举锸为云,决渠为雨。泾水一石,其泥数斗。且溉且粪,长我禾黍。衣食京师,亿万之口。"称颂的正是引泾工程。

郑国渠的修建,体现了秦国人高瞻远瞩、勇于进取,具有非凡的智慧。秦国在战国后期之所以富强,这应是原因之一。

秦国重要的水利枢纽郑国渠（全国文物保护单位）

四、农业生产技术的进步与粮食产量的提高

秦立国以前,农业和畜牧业并重。新中国成立以后,尤其是进入汧渭之会的关中地区后,占据了西周故地,又接受了"周余民"的先进生产技术和经验,秦国农业得以快速发展。到秦穆公时,秦国的农业生产水平已经赶上甚至超过东方的某些农业大国。据记载,秦穆公十二年(前648),晋国发生灾荒,秦国支援晋国的送粮队伍,从秦国的雍一直延伸到晋国,连绵不断,被称为"泛舟之役"。秦国在很短的时间里就能够拿出如此之多粮食,可见当时秦国积贮的粮食相当充实。

有资料证明,秦国是诸侯国中最早使用牛耕的诸侯之一。据《史记·赵世家》载,一次赵国准备与秦国打仗,赵国君臣分析双方军事力量对比时,赵豹着重列举秦国"以牛田,水通粮",劝阻赵王说:赵国当前无法战胜秦国,千万不能与秦国交战。[①] 由此可证,秦国的牛耕已比较普遍,而赵国似乎还没有普及牛耕,否

---

① （汉）司马迁:《史记》卷43《赵世家第十三》,第2197页。

则赵豹不会以牛耕为主要依据,劝赵王放弃与秦国打仗。《秦律》规定,每年正月、四月、七月、十月,政府都会组织耕牛评比,对于耕牛饲养优秀的"田啬夫""牛长"皆有奖赏;喂养不好的要受到惩罚。① 这反映出秦国十分重视耕牛的饲养。而用牛耕田使得秦国的农业生产力飞跃发展。

春秋战国时,人们已经注意到土壤对于农作物收成的影响,对于土壤也有一定的分辨。当时的记载中已有壤、埴、坟、垆、黎、涂泥等称谓。壤又分为黄、白两种,坟分为黑、白、赤等种,说明当时人们已能从土壤的色泽、性质和肥沃度等方面去认识和区别耕地的好坏。战国时代的著作《禹贡》曾列举各地区土壤的情况和田地等级,如冀州的土壤以白壤为主,是含有盐碱而质地疏松的土壤,田是中中等。兖州,土壤黑坟,指黑色腐殖质多的土壤,田是中下等。青州,土壤为白坟和海滨广赤;白坟指腐殖较多而润湿的灰壤;海滨广赤是指沿海的盐渍土,田是上下等。徐州,土壤为赤、埴、坟,指土中带有黏性的棕壤,田是上中等。扬州,土壤为涂泥,指黏质湿土,田是下下等。荆州,土壤为涂泥,田是下中等。豫州,土是壤和下土坟垆,这里的"壤"是指石灰性冲积土,"下土"指底层,"下土坟垆"疑指分布于石灰性冲积土底层的深灰黏土和石灰结核,田是中上等。梁州,土壤为青黎,青黎为黑色而疏松有团粒组织的土壤,即今成都平原的深灰色无石灰性冲积土,田是下上等。雍州,土是黄壤。黄壤是指今陕西、甘肃天水一带的淡栗钙土,田是上上等。②

秦国因为占据了渭河流域,所以秦国所在雍州的田土列为上上等,是当时人认为最适宜农业生产的地方,故司马迁说:"关中自汧、雍以东至河、华,膏壤沃野千里,自虞夏之贡以为上田。"③ 而此时长江流域的梁州、荆州、扬州的田土反被列为下等。这也说明秦国为什么在占据关中以及"天府之国"的四川后,国家实力一跃成为战国后期最强的国家之一。

春秋战国时期的主要农作物有"五谷""六谷""九谷"之说,以"五谷"为主,大多记载为麦、菽、稷、麻、黍五种。《吕氏春秋》卷26《士容论·审时》载秦国的主要农作物为禾、黍、稻、麻、菽、麦六种,与西周时期的农作物大体相当。这六种

---

① 参见睡虎地秦墓竹简整理小组编:《睡虎地秦墓竹简·秦律十八种·厩苑律》,第22页。

② 参见万国鼎:《中国古代对土壤的种类及其分布知识》,《南京农学院学报》1956年第1期。

③ (汉)司马迁:《史记》卷129《货殖列传第六十九》,第3958页。

农作物就是当时人们的主要粮食。古人把粮食煮熟食用,或炒成干粮,在行军和远行时调上水浆来吃,这种干粮古人称之为糗。

农业生产水平的提高,直接推动了农作物产量的提升,尤其是郑国渠、都江堰等大型水利设施的修建,更是带动了当地粮食作物的生产,如郑国渠筑成后,受渠水灌溉的田亩皆亩收一钟,相当于今天的 200 斤。《吕氏春秋·上农》篇载,耕下等田地的人,一人可养五口之家,这已经与战国初期魏国李悝"尽地力之教"后的情况大体相当。但是在秦国,若耕种上好的田地,一人可养活九口之家,而且"可以溢,不可以损",就是说这只是保守的估计,还有很大的增产空间。这样的产量恐怕需要配套牛耕、施肥等一系列措施,才可达到如此高的水平。当然,在边远地区或土质较差的地方,农业生产还是比较落后,仍实行轮流休耕制。①《吕氏春秋·任地》篇载:"劳者欲息,息者欲劳。""劳"就是用来耕作,"息"就是轮流休耕,而有水利灌溉条件和土质较好的地区,甚至可以一年两熟。秦国的关中地区也存在着一年两季或两年三季的情况。《吕氏春秋·任地》篇又载:"今兹美禾,来兹美麦。"这是说今年禾丰收了,接着又种麦,来年麦子又丰收了。显然丰收的麦子是冬小麦。《秦律·仓律》对于每亩农田播种的数量有着详尽的规定:"种稻、麻,亩用二斗大半斗;禾、麦,亩一斗;黍、荅(小豆),亩大半斗;叔(菽,大豆),亩半斗。"

《吕氏春秋》中的《上农》《任地》《辨土》《审时》四篇,对于从播种到收获一整套生产经验均有总结,如《任地篇》一开始就提出十个问题,包括土地使用、整地做畦、灭草保墒、种耕除草、农具使用、审看时令、消除虫害、精细耕作等许多方面。《商君书·农战篇》对于病虫害也有记载:"今夫螟、螣、蚼蠋春生秋死,一出而民数年不食。"②《吕氏春秋·不屈篇》载:"蝗螟,农夫得而杀之,奚故?为其害稼也。"正是由于铁农具的广泛应用、牛耕的普及、肥料的使用、水利设施的兴修、农业生产技术的进步,加之"商鞅变法"后政府奖励农耕,秦国的耕地面积不断扩大,农作物产量大为提高。战国后期的秦国有相当可观的粮食储贮,粮仓积满了粮食。政府在多地设有"万石一积"的仓库。栎阳(治所在今西安市阎良区武屯镇官庄村与古城屯村之间)的仓库则是"二万石一积",而咸阳的仓库更是"十万

---

① 《汉书·沟洫志》记载引漳灌邺的故事,邺令史起说:"魏氏之行田也以百亩,邺独二百亩,是田恶也。"见(汉)班固:《汉书》卷 29《沟洫志第九》,第 1677 页。

② 石磊译注:《商君书》卷 3《农战》,第 34 页。

石一积"的规模。①

　　秦国在发展农业的同时,也保持着畜牧的传统。秦国的养马业历久不衰,在春秋战国时期,秦国的畜牧业为秦国经济,尤其是军事的发展作出了突出的贡献。秦人的养马技术在战国七雄中享有盛誉。古代传说中善于相马的专家均出自秦国,如能识"千里马"的伯乐,就是秦"穆公之臣"。② 还有一个连伯乐也甘拜下风的相马专家九方皋也生活在秦穆公时代的秦国。这些传说足以说明秦人对养马有丰富的经验。

五、手工业与商品经济的发展

1. 手工生产技术的进步

　　青铜手工业是春秋战国时期冶金手工业的重要组成部分。《周礼·考工记》记述了先秦时期科学技术知识和手工业技术水平,涉及木工、金工、制造、冶炼等30个工种,书中阐述的科学道理包含了物理学中的力学、声学、热学等方面。《考工记》记载青铜器制作时说,"钟鼎之齐"所需铜和锡的比例是六比一,也就是铜占85.71%,锡占14.29%。"斧金之齐"所需铜和锡的比例是五比一,也就是铜占83.33%,锡占16.67%。"戈戟之齐"所需铜和锡的比例是四比一,也就是铜占80%,锡占20%。"大刀之齐"所需铜和锡的比例是三比一,也就是铜占75%,锡占25%。"削杀矢之齐"所需铜和锡的比例是五比二,也就是铜占71.43%,锡占28.57%。"鉴燧之齐"所需铜和锡的比例是一比一,也就是铜占50%,锡占50%。

　　青铜器制造业在秦国是重要行业,规模相当大,仅咸阳一处的冶铜作坊就占地900平方米。战国时的秦国已经认识到铜、锡合金的道理。《吕氏春秋》卷25《似顺论·别类》载:"金(铜)柔锡柔,合两柔则为刚。"意即铜中加入锡会增强硬度,但必须适量,加多了容易折断,特别是剑一类细长的兵器只有适量加入锡,才可以做到"坚且韧(韧)"。所谓"白所以为坚也,黄所以为韧也,黄白杂则坚且韧,良剑也"。③1980年,在秦始皇兵马俑秦陵封土西侧20米处的马车坑中,出土了一组两乘彩绘铜车马,其中秦陵一号铜车马为"立车",是古代单辕双轮

---

　　①　睡虎地秦墓竹简整理小组编:《睡虎地秦墓竹简·秦律十八种·仓律》,第25页。

　　②　许维遹撰,梁运华整理:《吕氏春秋集释》(上)卷9《季秋纪·精通》,第213页。

　　③　许维遹撰,梁运华整理:《吕氏春秋集释》(下)卷25《似顺论·别类》,第661页。

车,并按照秦代真人车马 1/2 的比例制作。铜车马整体用青铜铸造,大量使用的金银饰件重量超过 14 千克,零部件达 3000 余个,采用了铸造、镶嵌、焊接、子母扣连接、活铰连接等多种工艺组装而成,是我国考古史上截至目前出土的体型最大、结构最复杂、系驾关系最完整的古代车马,被誉为"青铜之冠"。铜车马通体施以彩绘,有云纹、几何纹、夔龙纹等图案,红、绿、紫、蓝等色彩艳丽丰富,生动描绘了秦代皇家属车的华贵富丽。秦陵彩绘铜车马是秦代宫廷舆服制度的真实写照,对研究古代车制更是具有极高的学术价值。秦始皇兵马俑还发掘出一批青铜剑,在地下埋了两千多年,当场去掉土锈后,表面光亮如新,剑刃非常锋利,一剑可划破十二层报纸。经电子探针和质子 X 光荧光分析,这批青铜剑表面有一层 10—15 微米的含铬氧化物保护层,表明曾采用铬盐氧化处理技术。而其中一把青铜剑曾被重达 150 千克的陶俑压弯,弯曲程度超过 45 度。当人们挪开陶俑后,窄薄的青铜剑反弹平直,自然还原。经分析,这些青铜剑身上有八个棱面,极为对称均衡且采用分造法,即剑身、剑柄、剑锋等分开锻造,然后组合在一起,其好处在于各组合部分可以采用不同的铸造方法使其剑身柔韧、剑锋坚硬。因此青铜剑弯曲后仍可复原。这种精湛的铸剑技艺令人瞠目结舌,其青铜兵器的制造水平达到了古代青铜兵器铸造的高峰。

秦国的纺织业在战国末年也达到了当时的先进水平。秦国各级政权中都拥有各种官营手工业作坊,并配置一整套管理制度。秦国官营手工业作坊中,纺织工人世代相袭,不得改业,[1] 因此技术水平相当高。同时与小农经济相结合的家庭手工业也越来越普遍地存在。男耕女织成为战国以来家庭手工业发展的一个新景象。养蚕、缫丝、治麻葛、纺织布帛是每个农妇必备的"女工"。商鞅变法中对于农民耕与织是同样奖励的。统治者征收的赋税中常常是将"粟米之征"与"布缕之征"放在一起。《吕氏春秋·孟夏纪·尊师》篇曾把"织葩屦,结罝网"和"力耕耘,事五谷"相提并论。[2]《吕氏春秋》记载的最常见的纺织品有丝、绸、绢、锦、麻、帛等,其中丝、绸、绢、锦主要供贵族享用。

除此之外,秦国的手工业还包括陶器制造、煮盐、皮革制造、漆器生产等多个领域。如果总体评价秦国的手工业生产水平,在战国时期即使不是最先进的,也

---

① 参见睡虎地秦墓竹简整理小组编:《睡虎地秦墓竹简·秦律十八种·工律》,第 43—44 页。

② 许维遹撰,梁运华整理:《吕氏春秋集释》(上)卷 4《孟夏纪·尊师》,第 94—95 页。

应属于先进行列之中,有些部门如制陶业和青铜武器制造业,不仅达到当时最先进的水平,而且也达到古代同类行业的高峰。

2. 商业经济的发展和城市的繁荣

秦国在重视农业、奖励耕战的同时,也积极引导商业的发展。秦国受法家思想影响极大,韩非重视商业的观点在秦国得到了贯彻。韩非曾在批驳儒家李克的言论中,不但多方面说明农业生产能够"入多",同时也指出手工业为农业提供运输工具和生产工具,能够提高生产而使得"入多"。商业互通有无,从事对外贸易,节俭而"不事玩好",同样能"入多"。① 后来秦国的发展证明,商品经济对促进秦国国力的增长发挥了重要作用。

在秦穆公时代已有商人出现。早在秦献公七年(前378)时就已"初行为市"②,即允许私人进行商业活动,这意味着在官营商业之外,私营商业也获得了法律允许。随着农业、手工业的发展,许多农产品和地方特产进入市场。到战国末期,商品经济在秦国已经有了突飞猛进的发展。在秦国的市场上不仅有粮食,而且有家畜及畜产品,又有各种手工业制品,比如陶器、木器、铁器和纺织品等商品。《史记·货殖列传》载:"安邑千树枣;燕、秦千树栗;蜀、汉、江陵千树橘;淮北、常山已南,河济之间千树萩;陈、夏千亩漆;齐、鲁千亩桑麻;渭川千亩竹;及名国万家之城,带郭千亩亩钟之田,若千亩卮茜,千畦姜韭:此其人皆与千户侯等。"③秦国法律提到过部分产品的市场价,如禾(小米)每石价三十钱,菽(大豆)、麦的价格略比禾贱。小牲畜每头大约二百五十钱左右。织物原料之一"枲"(供纤维用的大麻雄株),每斤三有三分之一钱。布一幅值十一钱。根据战国初年魏国李悝的估计,当时农民每年衣服费用约三百钱,而秦律规定官府的奴隶冬衣每个成年人一百一十钱,夏衣五十五钱。④ 这表明这些产品已进入市场。秦国为了发展商品生产,已有专门生产商品的园林,比如上述渭河两岸的千亩竹就是专门用来生产可供交易的商品。

秦国的商业有官商和私商两种。重要的物资如盐、铁等均由官府垄断。为了加强市场管理,还委派专门的官吏管理市场贸易,如秦惠王时成都张若设置了

---

① 参见(清)王先慎撰,钟哲点校:《韩非子集解》卷15《难二第三十七》,第367页。

② (汉)司马迁:《史记》卷6《秦始皇本纪第六》,第363页。

③ (汉)司马迁:《史记》卷129《货殖列传第六十九》,第3970页。

④ 参见睡虎地秦墓竹简整理小组编:《睡虎地秦墓竹简·秦律十八种·金布律》,第41页。

盐铁市官。而且秦律中有专门管理市场的律令,如《关市律》的颁布,充分说明商业活动是秦国官府管理的重要内容。私商是在官府的"市官"管理下进行贸易。

由于商业经济的发展,对于货币的需求迫切起来。春秋时秦国虽已有"币",但当时商品经济发展十分有限,货币不可能完全脱离自然物阶段。战国时期各国铸造的铜币主要有布、刀、圆钱、铜贝等类型。圆形钱出现得较晚,主要流行于东周、西周、秦以及赵、魏两国沿黄河地区。此外还有布币。商品经济的发展让货币得到了广泛流通,在战国末期,货币在秦国社会使用相当广泛。秦国"初行钱",即正式出现统一的货币——钱,是在秦惠文王二年(前336),[①] 这是商品经济发展的产物,且货币的作用随着时间的推移越来越大。甚至对于犯法罪行的轻重也常以钱来衡量,如平民盗窃超过一百一十钱的,就要"耐"为"隶臣"。[②] 有罪被判刑也可以用钱来赎。钱的应用如此广泛,政府势必十分重视钱的铸造。为此秦国专

铭文:
廿六年皇帝尽并兼
天下诸侯黔首大安
立号为皇帝乃诏丞
相状绾法度量则不
壹歉疑者皆明壹之

秦铁权(国家一级文物·现藏于甘肃省博物馆)

门颁布了《金布律》,严禁民间私铸钱币,律文中就有搜捕盗铸钱币犯的案例。秦律还规定官府铸造的钱,不论好坏,一律通用,不准百姓挑选使用,也不准商家、官府随意挑选。违者将受到严惩。秦"半两"出现在秦统一后,这是秦国最早的青铜铸币。商品经济的发展,让民间的借贷活跃起来,《金布律》对放债也作出了明确规定,官府中的资金是放债用的,不允许官吏擅自借用,私自贷用。充分说明秦国商品经济发展之繁荣。

春秋时,各国国君居住的首都称为"国",卿大夫所居的大邑称为"都"。进入战国后,各国普遍设置郡县,小郡者辖有十多个县,大郡者辖有三十多个县。县

---

①　(汉)司马迁:《史记》卷6《秦始皇本纪第六》,第363页。

②　"耐"为一种刑罚,即剃掉鬓发。"耐为隶臣"就是剃掉鬓发后罚为隶臣。

筑有城,城中有市。市已成为城的主要部分。市的选择要"面朝后市",即宫城在前,市在后。这种布局一直延续了很久。当时各大城市中已有世代居住的个体手工业者,有冶金工、车工、皮革工、木工、漆工等,所谓"百工居肆"。市内店铺林立,有"鬻金者之所",有"县(悬)帜甚高"的"酤酒者",有卖履的、卖骏马的、卖兔的、卖茅草的、卖狗肉的,等等。特别值得一提的是各国长期驻军之地附近的"军市",是专门针对士兵购买日用品的市场。《商君书·垦令篇》规定:"令军市无有女子,而命其商令人自给甲兵,使视军兴。又使军市无得私输粮者,则奸谋无所于伏。"① 又说:"盗粮者无所售,送粮者不私稽,轻堕之民不游军市,则农民不淫。"② 如此看来,当时的军市还是比较热闹和繁荣的。

战国时期各国的宫城规模都很宏大。秦国在商业经济发展的基础上,也出现了几个经济繁荣、地位重要的城市。秦从雍迁都到咸阳,就曾仿照鲁、卫等国的宫廷规模,"筑冀阙宫廷于咸阳",③ 而且还建有"咸阳南宫",以及一些游乐的宫廷,如秦国在雍有秦孝公所建的橐泉宫、秦昭襄王所建的棫阳宫。在陈仓(今陕西宝鸡市)有秦昭襄王建的羽阳宫,宣太后在美阳(今陕西武功县)、虢(今陕西宝鸡市虢镇)分别建有高泉宫、虢宫。④ 咸阳不仅有宫殿群,还有大大小小的"市","市张列肆",十分繁华。栎阳也是一个重要的城市,占据在交通和商业贸易的孔道上,许多商贾往来这里。秦故都雍虽然不再是政治中心,但手工业和商业仍很发达。

第三节　秦国强盛与统一的政治因素

春秋以降,随着列国崛起和社会转型,各诸侯国为了在大国争霸中取得优势地位,在激烈的竞争中争取主动或免于被兼并,竞相进行政治、军事改革。思想文化上的百家争鸣和列国的变法运动正是在这一背景下出现的。其结果,后起的秦国变法最彻底,实施最得力,效果也最为显著,并以先进的制度优势和强大

---

① 石磊译注:《商君书》卷2《垦令》,第21页。
② 石磊译注:《商君书》卷2《垦令》,第21页。
③ (汉)司马迁:《史记》卷68《商君列传第八》,第2712页。
④ (汉)班固:《汉书》卷28上《地理志第八上》,第1547页。

的军事实力,助推秦国成为战国纷争局面的终结者和大一统国家的开创者。

一、春秋战国时期的社会变革

1. 井田制与分封制

西周、春秋时期,天子的王畿和诸侯的封国有"国"和"野"之分,被称为"乡遂制度"。"国"内主要居住的是公侯贵族、国人和手工业生产者、商人等。国人享有程度不等的政治经济权利,国家有大事他们有权给予意见,他们要缴纳军赋和被征调出征,整体上属于统治者范围。"野"也称"鄙"或"遂",指广大农村地区。主要居住着从事农业生产的自由民,被称为"庶人"或"野人"。"庶人"和"野人"是井田制中的主要生产者。

按照井田制的规定,每家分配公田一百亩,耕种者只有耕种权,没有所有权。所谓"民年二十受田,六十归田"①,即二十岁时开始接受分配的公田,六十岁时要归还给国家。这期间还要定期更换公田,所谓"三年一换土易居"②"三岁更耕之,自爰其处"③。在井田之外,西周、春秋时期,从天子、诸侯到卿大夫还拥有大块的"籍田","庶人"和"野人"在井田耕作的同时,还要被强行安排一定的时间到"籍田"耕种,"籍田"的收入归天子、诸侯与卿大夫所有。秦国在春秋时期实行的是爰田制,它与井田制略有不同,但均属于土地国有制。

分封制是西周统治者为巩固奴隶制的政治制度而设立的。西周实行的分封制是以嫡长子世袭的宗法制为基础。周天子居于至高无上的绝对支配地位。其王位由嫡长子世袭继承,其他庶子则作为小宗被分封到各地称为诸侯。他们在各自封国内又是同姓宗族的大宗,其王位也是由嫡长子世袭继承,其余庶子作为小宗分封为卿大夫。卿大夫在各自封地里又是同姓宗族的大宗,其封爵仍由其嫡长子世袭继承,其余庶子作为小宗分封为士。这样,根据宗法制和分封制,便形成天子、诸侯、卿大夫、士等各级宗族贵族组成的金字塔式等级制机构。各个等级之间的相互关系,既是大小宗关系,也是上下级关系。

---

① （汉）班固：《汉书》卷 24 上《食货志第四上》，第 1120 页。

② 《十三经注疏》委员会整理，李学勤主编：《春秋公羊注疏》卷 16《宣公十年至十八年》，北京大学出版社 1999 年版，第 360 页。

③ （汉）班固：《汉书》卷 24 上《食货志第四上》，第 1120 页。

西周分封制作为一种国家制度,主要解决的是统治阶级内部的权力分配。西周分封制要求下一级须对上一级承担缴纳贡物、服力役、军事保卫和述职等义务。各级贵族在自己的封地内有世袭的行政统治权和经济支配权;和王畿一样,封国、封邑可设官治理,建筑都城,并拥有军队,俨然又一小王国。为了维护统治,西周分封制规定,诸侯必须做到:服从周天子的命令,为周天子镇守疆土,随从作战,交纳贡赋,定期朝觐述职等五项义务。

西周分封制在当时来看还是有它存在的必要性,主要表现为:一是周王朝通过分封,使王室能有效地对整个领土进行控制;二是分封制使统一的社会制度在诸侯国中得以普遍实行;三是分封制促进了诸侯国社会历史的迅速发展,经济呈现繁荣景象;四是分封制加快了各族融合的进程,受封的偏远诸侯国逐步接受了中原文化,一些大诸侯不断向周围的夷、戎、狄等少数民族用兵,进而兼并其土地,进行文化渗透。

2. 旧制度的衰落

西周后期,随着经济的发展,井田制开始瓦解,这一方面表现为"公田不治","公田"上的农业生产逐渐没落;另一方面表现为井田以外开垦的私田不断增多。晋惠公六年(前645),秦在韩原(今山西河津县东)大败晋军,晋惠公被秦军俘虏。晋国为了挽救战败的局势,开始实行"作爰田"。"爰田",《国语》作"辕田"。《国语》韦注引贾逵曰:"辕,易也,为易田之法。赏众以田。易者,易疆界也。"《左传》孔颖达疏:"引服虔孔晁曰:爰,易也。赏众以田,易其疆畔。"也就是说,承认国人已经开垦出来的私田。在军事方面,晋国实行了"作州兵",意即承认民众在"州"[①] 开垦的私田,并要求他们同国人一样负担军赋,服从征调。晋国这样做无非是想通过这两项措施增加赋税和"甲兵益多",从而增强国家实力。

秦国在秦穆公之后也逐渐衰落,其主要标志就是秦国军事实力每况愈下。秦穆公死后,秦国在几次大的战役中均以失败告终,如《左传》文公七年发生的"令狐之战",晋军"秣马,蓐食,潜师夜起"[②],偷袭了秦军,秦军溃败。晋军乘胜追击到刳首(今山西临猗县西),大胜而归。"令狐之战"后,秦国向东发展的孔

---

① 《周礼·载师》郑玄注:"《司马法》曰:王国百里为郊,二百里为州,三百里为野,四百里为县,五百里为都。"可知,"州"是指"国"和"野"之间的区域。见《十三经注疏》整理委员会整理,李学勤主编:《周礼注疏》卷13《地官司徒下·载师》,第329页。

② 杨伯峻编著:《春秋左传注》,中华书局1990年版,第560页。

道——桃林之塞始终为晋国把守,秦国向东发展受阻。公元前587年,晋国向秦国发动进攻,双方大战于秦地麻隧(今陕西泾阳县境),这场大战,秦军溃不成军。晋厉公亲自到新占领的秦地——新楚(今陕西大荔县境内)迎接晋军凯旋。公元前559年,晋悼公联合宋、齐、郑、卫、曹、邾、滕、薛、杞、小邾等十几国军队又一次深入到秦国内地。联军在晋军的率领下,强渡泾水,突破秦军防线,直捣棫林(今陕西华县),秦军损失惨重。以上多次败绩,表明秦军的军事实力远不如秦穆公之时。

二、商鞅变法

1.商鞅变法前的秦国

秦国衰落的另一个标志就是秦国境内出现了大量的"盗"。《左传》宣公十六年(前593)载:"于是晋国之盗逃奔于秦。"[①] 这虽然说的是"晋国之盗",但也从侧面反映出秦国亦应有"盗"。《吕氏春秋·安死》篇载:"聚群多之徒,以深山广泽林薮扑击遏夺。又视名丘大墓之厚者,求舍便居以微掘之,日夜不休,必得所利想与分之……故宋未亡而东冢掘,齐未亡而庄公冢掘。"可知春秋战国时,秦国山泽林薮里已多"聚群多之徒",如传说中的"盗跖"就是"秦之大盗"[②]。《商君书·画策章》将"跖"比作"奸邪盗贼"的代表,以"跖"为例,认为用重刑就可以使得"势不能为奸,虽跖可信也";反之"势得为奸,虽伯夷可疑也"。[③]《吕氏春秋·异用》篇云:"仁人之得饴,以养疾侍老也;跖与蹻得饴,以开闭取楗也。"面对群"盗"的频频出没,秦国统治者开始加强戒备,简公六年(前409),秦国发布"令吏初带剑"[④],就是允许各级官吏随身带剑以自卫。剑在春秋时期只有贵族才有权利佩戴,是身份、地位的重要标志。现如今秦国却给"吏"配备了剑,不难看出,秦的制度正在服饰等细节上悄然发生变化。又据《史记·秦始皇本纪》后附《秦纪》秦简公七年(前408)载:"百姓多带剑。"这进一步证明"初令吏带剑"的影响

---

① 杨伯峻编著:《春秋左传注》,第768页。
② "盗跖"是哪国人,众说纷纭,这里采《汉书·贾谊传》注引李奇之说。见(汉)班固:《汉书》卷48《贾谊传第十八》,第2224页。
③ 石磊译注:《商君书》卷18《画策》,第153页。
④ (汉)司马迁:《史记》卷5《秦本纪第五》,第253页。

所及绝不止于吏,即使一般百姓也带起剑来了,其身份大为提高。可见旧制度的衰落已呈现在社会底层。

"盗"的出现还应与秦国爰田制遭到破坏有关。《汉书·地理志》引孟康说:"三年爰土易居,古制也,末世浸废。"公田遭到浸废,私田年复一年地增多。随着私田的日益增多,"初令吏带剑"的第二年,秦国开始实行"初租禾"①。所谓"初租禾"就是第一次按土地亩数征收一定数量的谷子作为地税,以增加国家财力。这表明大量私有土地的出现,秦统治者不得不承认私田的合法存在,并按亩征税。

战国之初,秦国的发展比较缓慢,无论是经济,还是军事均赶不上其他六国。只是到了秦献公继位后,才实行了一系列改革,主要包括:迁都栎阳,"止从死","初行为市","户籍相伍","普遍设县"等。

秦国将国都迁至栎阳,这实际上是秦向东发展的大势所趋。秦早期活动的区域在今甘肃礼县一带,属西汉水上游,这已被甘肃礼县永兴乡大堡子山发现的礼县秦先祖古墓所证明。有学者进一步推断这正是秦始皇祖先的第一陵园——西垂陵园。西周末年,秦因护送周平王东迁有功,被封为诸侯,成为诸侯之一。秦德公元年(前677),迁居雍城(今陕西凤翔县境内),在此经营了近300年。秦灵公六年(前419),为了向东发展,秦灵公选择将国都迁至泾阳(今陕西泾阳县)。三家分晋后,魏国继承了晋国的衣钵,迅速发展起来,成为一时的霸主。秦国在与魏国的交战中屡屡失利,魏国不断侵蚀秦国疆土。就在秦国实行"初租禾"的同一年,魏国占据了秦河西之地,秦国不得不退守到洛水(北洛水)。可见实行"初租禾"与秦国对外作战不断失利有很大的关系。

为抵抗魏国的西进和立志收复被魏占领的河西之地,秦献公即位的第一年(前384)就将国都又一次向东迁至栎阳(今陕西西安市阎良区),以便对魏作战。栎阳原是秦国的一个商业都市,"东通三晋,亦多大贾"②,战略地位也十分险要。从现有的发掘看,秦迁都至此后并没有大兴土木,只是在原有的城邑外筑了一圈夯土城墙。商鞅的第一次变法就发生在栎阳。秦在泾阳、栎阳建都的时间都不长,更像是带有军事性质的临时都城,而且秦国迁都栎阳,虽然有利于争夺河西之地,但风险也随之增加。所以在秦孝公十二年(前350),又将秦国的国都迁至

<hr>

① (汉)司马迁:《史记》卷15《六国年表第三》,第858页。
② (汉)司马迁:《史记》卷129《货殖列传第六十九》,第3958页。

咸阳(今陕西咸阳市)。

"止从死"是指废止长期以来实行的人殉制度。殉葬者主要为奴隶。秦献公继位前,长期流亡在外,有较多的机会接触社会下层。所以他继位的头一年(前384)就宣布"止从死",这项措施的实施虽然晚于其他诸侯国,但的确是秦献公时的一项重大改革,它标志秦人长期流行的人殉制度被废除。

秦献公十年(前375),秦国实施了"户籍相伍",而在此前的秦献公七年(前378),秦国刚刚开放了市场,即"初行为市"。这表明旧的制度在一点点松弛,官府不得不面对新兴的地主阶层采取新的措施。所谓"户籍相伍"就是以"伍"为基本单位,将个体小农以五家为一"伍"的组织编制起来,载入国家户籍。遇有战事,"伍"既是军事单位,出征作战,又是最底层的互助互保单元,平时邻里相助,但一家犯罪其他几家都要连坐,所以他们也时时相互监督。正如《商君书·禁使章》所云:连坐法"其势难匿者,虽跖不为非也"。所以说,"户籍相伍"实际上是中央权力伸入到地方基层的一种表现,也是"野人"等社会地位的不断提高在法律上的体现,更是宗法制度、井田制度不断被瓦解的客观反映。

秦献公时,秦国设县的步伐明显加快。相对于封邑而言,县令是由中央政府直接任命,而不是靠宗法分封世袭得来。秦国宗法分封的传统原本就较东部诸侯国弱,对于一些边远的民族地区,出于军事需要,秦国能够从实际出发,实行设县,而不是封邑,如秦武公十年(前688),"伐邽、冀戎,初县之","十一年,初县杜、郑"。[①] 这是史籍明确记载中国设县之始。进入战国后,秦国将这种建制模式推广到其他地方,以加强中央集权和巩固边防,如秦厉共公二十一年(前456),在频阳(今陕西富平县)设县。秦惠公十一年(前389),秦在陕(今河南三门峡市西)设县。秦献公时,更是在蒲、蓝田(今陕西蓝田县),以及都城栎阳设县,为设县推向全国奠定了良好的基础。

秦献公所做的这一切其实只有一个目的,那就是强国力以图"东伐"。而此前秦国虽早已封侯,但由于秦国的发展较为缓慢,国力衰弱,各诸侯都不把秦国放在眼里,仍以"夷翟遇之"。经过不懈努力,秦的国力得到了快速增长,东向发展便被秦献公提到议事日程上来。秦献公二十一年(前364),久违的胜利终于出现了,而且还是一次重要的胜利。这次战役实际上在两年前就已开始。这一

---

① (汉)司马迁:《史记》卷5《秦本纪第五》,第233页。

年秦国乘韩、魏两国国君在宅阳(今河南荥阳市)相会之机,迅速出兵向驻扎在洛阴(今陕西大荔县一带)的韩、魏联军发起进攻。韩、魏联军大败。在接下来的两年中,秦军乘胜追击,深入到河东,在石门(今山西运城市西南)大败魏军,斩首六万。这次胜利对于秦国地位的提高具有重要作用。各诸侯国不得不对秦国刮目相看,连周显王也来向秦祝贺。秦的地位陡然提升,秦献公也因此公开称"伯"。

秦国的另一次胜利发生在秦献公二十三年(前362)。当时魏国正与韩、赵联军打得难解难分。正当魏军渐渐取得战场优势时,秦军却从后面趁机进攻魏军,在少梁(今陕西韩城南)大败魏军,俘魏军统帅公孙痤,并占领庞城(即繁庞,今陕西韩城东南)。

秦献公在军事上的胜利,使得秦国在兼并战争中开始扭转被动挨打的局面,但积弱的局面并没有彻底扭转,河西之地仍在魏国控制之下,这种形势直至商鞅变法之后才得到根本改变。

2. 变法的实施与影响

战国时期掀起了我国历史上第一波变法的热潮。此时期各诸侯国都在努力寻找适宜的变法改革方式,以寻求国力的迅速提升,让国家能够在激烈竞争中脱颖而出。

而变法的结果也没有让各大诸侯国失望。大凡进行过变法的诸侯国都取得了巨大的成就,如魏国在战国初期通过变法成为中原霸主;赵国的胡服骑射也让它的军事实力突飞猛进,成为山东六国的抗秦主力,延缓了秦国东进的脚步,延长了山东六国的存国时间。

秦之富强,根基在法。秦国商鞅变法作为战国时代最彻底的一场变法,给秦国带来巨大利益。变法后法令完备,全国政令畅通,崇法遵法意识深入人心,社会秩序井然,农人入秦得耕耘之安,商家入秦得财货之利,百工入秦得器用之富,精壮入军得战功之赏,士子入秦得尽才之用。秦国之所以能够横扫六国一统中原,很大程度上依赖于商鞅变法。所以说变法在那个时代是改善国家发展状态的一个非常有效的举措。

秦国的商鞅变法是在秦孝公即位(前361)后开始的。孝公继承献公的遗业,决心图强改革,"下令国中求贤者"。孝公在求贤令中说,从秦厉共公到秦出子时期,"国家内忧,未遑外事",以致被魏国夺取了河西之地。到秦献公继位,

"徙治栎阳,且欲东伐",为了完成"先君之意",征求"有能出奇计强秦者",商鞅就是在这样的历史背景下来到秦国的。

商鞅虽与卫国国君同宗,但关系较为疏远,也被称为公孙鞅。"少好刑名之学",曾经做过魏相公孙痤的家臣。后入秦,经秦孝公宠臣景监的推荐,得见秦孝公,陈述自己对变法图强的主张。

秦孝公三年(前359),秦国变法前夕,不同政见的贵族曾就是否变法展开了大辩论。旧贵族代表甘龙、杜挚反对变法,认为"法古无过,循礼无邪"。商鞅反驳说:"治世不一道,便国不法古,故汤武不循古而王,夏殷不易礼而亡。反古者不可非,而循礼者不足多。"① 这里商鞅以历史进化的思想反驳了"法古""循礼"的主张,为变法作了舆论的准备。

经过三年的变法准备,秦孝公六年(前356)任命商鞅为左庶长,颁布《垦草令》,拉开了第一次变法的序幕。这次变法的主要内容:一是颁布李悝的《法经》作为秦国的法律,制定连坐法。二是废除世卿世禄制,奖励军功。三是重农抑商,奖励耕织。四是"燔诗书而明法令",禁止游宦之民。五是强制推行个体小家庭制度。

秦孝公十二年(前350),商鞅进行了第二次变法,主要内容:一是废除贵族的井田制,"开阡陌封疆",实行土地私有制,允许自由买卖。二是普遍推行县制,"集小都、乡、邑、聚为县""凡三十一县"。三是迁都咸阳,修建宫殿。四是统一度量衡制,颁布度量衡的标准器。五是编订户口,五家为伍,十家为什,开始按户按人口征收军赋。六是革除残留的戎狄风俗,禁止父子兄弟同室居住,推行小家庭政策。

商鞅变法废除了井田制,开阡陌,承认土地私有,允许自由买卖,这从法律上维护了封建土地私有制,有利于地主经济的发展。商鞅变法废除宗法分封制,极大地限制了世袭贵族的特权。商鞅变法制定了许多优惠激励措施,奖励耕战,如减轻农业税,增产粟帛的农民可以免除徭役,有余粮上交者可以得到官爵,提高粮食的价格,官不得违法而害农,等等。商鞅以奖励耕战的方式,培育了封建等级制度,发展和壮大了地主阶级政治势力。而井田制与分封制正是西周社会的两大支柱。商鞅变法建立县制,由国君直接派官吏治理,这对于中央集权制的推

---

① (汉) 司马迁:《史记》卷68《商君列传第八》,第2709—2710页。

行,巩固新兴地主政权的统治,起到了非常积极的作用。商鞅统一度量衡、实行法制、推行重农抑商,对其他可能影响农业生产的社会活动给予抑制,如禁止商人经营粮食买卖,提高酒肉的征税以使其价格上升从而限制经营商业牟取厚利,加重商人的赋税负担,商人及其奴隶都要服徭役,至于奢侈品的生产和销售,更是遭到严令封杀。

商鞅变法使秦国从落后国家一跃而为"兵革大强,诸侯畏惧"的强国,出现了"家给人足,民勇于公战,怯于私斗,乡邑大治"的局面。秦孝公之后,秦惠文王和他的子孙继续沿用商鞅新法,很快使秦国成为战国七雄中最富强的国家,为后来秦统一六国奠定了基础。

三、六世秦王的接续奋斗

常言道,天时不如地利,地利不如人和。秦国能够在商鞅变法后迅速强大,进而扫灭六合、一统天下,固然与变法彻底息息相关,但更为重要的则是自秦孝公至庄襄王六代秦王倾力于秦国的强大和征服。至秦王嬴政,更是"续六世之余烈,振长策而御宇内",顺应列国民众渴望安宁、结束争霸的社会潮流,在执政后用不到二十年时间,迅速完成了统一大业。

1. 秦孝公以来六世君主的不懈努力

秦献公继位的时候秦国已经是满目疮痍,而此时邻国魏国的魏文侯重用李悝、吴起、西门豹等人,推行中央集权,以法治国,国力强盛,奠定此后魏国长达百年的霸业。此时,秦国是六国中相对弱小的国家,而魏国是最强盛的国家。与魏武侯同时期的秦献公是一位很有抱负的君主,继位之后一心想收复河西失地,在位二十年基本都在打仗,最后战死疆场。

献公的继承者是孝公,"当是时也,商君佐之,内立法度,务耕织,修守战之具;外连衡而斗诸侯。于是秦人拱手而取西河之外"①。这便是"奋六世"里的第一世——秦孝公。秦孝公从魏国手中夺取河西之地,拉开了秦国东进,与关东六国争霸的序幕。随后秦惠文王重用张仪连横破合纵,在秦与列国复杂的邦交斗争中,多次逆转危势,击溃五国灭秦之兵,北扫义渠,西平巴蜀,东出函谷,南下商

---

① 钟基等译注:《古文观止》(上),第375—376页。

於,为秦统一中国打下坚实基础。秦武王在位期间,平蜀乱,设丞相,拔宜阳,置三川,更修田律,修改封疆,疏通河道,筑堤修桥,进一步发展了秦国的国力。

秦昭襄王即位后,拜范雎为相,放弃秦、魏联盟,实行远交近攻。以白起为将,先后战胜三晋、齐、楚等国,取得魏国的河东与南阳,楚国的黔中与楚都郢;长平之战坑杀四十万赵军;秦楚丹阳、蓝田之战,以及伊阙之战,消灭了六国大量有生力量。之后攻陷东周王都洛邑,俘虏周赧王,迁九鼎于咸阳,结束了周朝八百年统治。秦国从此一家独大,其他六国已经不再具备任何实力与秦国相抗衡。秦国一统天下之势已初具端倪。秦孝文王、秦庄襄王在位时间虽然较短,但庄襄王也有作为,继位后宣布大赦天下,施德布惠于人民,缓解了秦昭襄王执政晚年所面临的困境,并再次出兵赵、魏两国,夺取两国大片土地,进一步削弱了两国实力。

在有了六世君主的铺垫后,秦始皇即位后先是诛杀吕不韦亲掌大权,后任用尉缭和李斯等人巩固统治,积极推行统一战略。在一切准备妥当后,他以王翦、王贲、李信等人为将,发动统一六国之战,先后灭掉韩、赵、魏、楚、燕、齐,最终完成一统天下之伟业。

2.秦始皇在统一中的作用

秦始皇是秦庄襄王的儿子。秦庄襄王是秦孝文王的中子,曾"质"于赵国,很不得意。濮阳大商人(或作"阳翟大贾")吕不韦到邯郸经商时结识了他,认为此"奇货可居",积极活动,拥立他为太子。秦孝文王去世,秦庄襄王即位,吕不韦做了秦的相国,权势盛极一时。秦庄襄王去世后,十三岁的儿子政即位。国政由他的母亲作主。吕不韦被称作"仲父"。

按照秦国的制度,国君到二十二岁举行冠礼后便可亲理政务。公元前239年,秦王政二十一岁,此时朝廷中有两个强势的政治集团,一个以吕不韦为首,拥有宾客三千、家童万人;一个以宦官嫪毐为首,也有宾客一千多人,家童几千人。吕不韦和嫪毐钩心斗角,争夺权势,以至于秦国上下都在说:"与嫪毐乎?与吕氏乎?"这两大势力已发展到分裂秦国的地步。秦王政二十二岁那年,在旧都雍平定了嫪毐的武装叛乱,紧接着又免除了吕不韦的职位,吕不韦自杀。嫪毐与吕不韦势力的平定,使得王权牢牢掌握在秦王政手里,为统一扫清了政治上的障碍。

秦王政亲政后,把阴阳家和法家结合起来为他的统一事业服务。秦王政在韩非子的影响下,进一步发展了法家智慧。韩非子在《五蠹》中提到六点,即"倡变法、反道德、行法治、除异端、励耕战、抑末业"。韩非子还将五种人(五蠹)列为国家打击的对象,即宣传仁义和怀疑当今国家法律的儒家学者;出卖国家利益、摇唇鼓舌的纵横家;携带刀剑、任意触犯国家法令的墨家游侠之徒;唬弄国君的近臣;挣不义之财的工商之民。韩非子的思想被秦王政全盘接受,并在全国范围内坚决贯彻执行。而李斯则为秦王政的法治出谋献策,身体力行,制定了各项国家法律制度,并及时献上了著名的"武力统一天下论"。尊崇法家,实行法治,从而加速了统一进程,这在当时是符合历史发展潮流的。

秦王政在用人上不以出身高低取人,不拘一格,广招人才;能够礼贤下士,任人唯能;敢于向部下承认错误,这一点非常重要,致使一大批杰出人才围绕在他身边,如李斯、尉缭、白起、王翦、蒙恬、顿弱、姚贾、蔡泽等,这些人为秦国统一立下了汗马功劳。

秦王政在征服六国的战争中,成功运用了战略战术。就战略思想而言,"远交近攻"战略实施的手段就是"财""剑""兵"配合使用。在物质上提供连横策士游说远方所必需的充盈财力,保障他们的活动顺利实施,收买敌国权臣或行反间计,收集各国机密军事情报。就战术而言,提供智勇双全的武士作为策士的陪伴,可以用来随时刺杀破坏连横活动的敌国权臣;在武力上软硬兼施、分化瓦解,恐吓威慑六国。秦始皇在破坏合纵连横活动中的成功案例有:

(1)陈驰盟齐。欲攻占中原的韩、赵、魏,则必须孤立三国,阻止其与齐楚两强国合纵。为此秦王政派陈驰到齐国用重金贿赂齐相后胜和后胜手下的宾客。这些人给齐王灌输了"亲秦"的思想。昏庸的齐王听信了谗言,与秦结盟,坐观其他五国的成败。

(2)姚贾联楚。姚贾在楚国四处活动,精心策划,用重金收买楚权臣,散布背秦之害、亲秦之利的舆论。昏庸的楚王分辨不清利害关系,与秦结盟,保持中立。

(3)蔡泽盟燕。蔡泽在燕三年,收买燕重臣,说服燕王喜亲近秦国,使燕王喜派太子丹入秦为质。

(4)顿弱行间五国。顿弱游于赵国,使赵悼王废弃名臣廉颇不用,又收买赵王宠臣郭开,陷害名将李牧,将李牧置于死地。长平之战,赵国战败,东方六国再也无力抵御秦的进攻;秦王政通过十年兼并战争,远交近攻,各个击破。可见策略正确是完成统一大业的关键因素。

总之,秦始皇统一六国,开创了我国历史新局面。秦的统一以及秦始皇巩固统一的措施对我国历史产生了深远影响,对我国多民族国家的形成,以及中华民族共同体的发展,作出了积极贡献。自秦朝以后,统一成为我国历史发展的主流,国家统一是大势所趋,人心所向。秦始皇顺应历史发展潮流,完成统一大业,功不可没。

第四节　秦国强盛与统一的军事因素

一、秦国的军事思想

作为观念形态的中国军事思想萌芽于商代,初步成型于西周,渐趋成熟和繁荣于春秋战国时期。甲骨卜辞中有一系列军事用语,如布置战阵,伏击敌人,让先锋部队深入地方展开侦察活动,强调军律、军令等。这些思想虽然零碎不成系统,但为后世军事思想的发展开了先河。

西周是奴隶制礼乐文明的全盛时期,也是军事思想初步成型的阶段。此时期的军事思想提出了一系列重要的军事原则,如《周易》强调,军队必须严肃纪律;出征前要研究熟悉地形、地貌,以利于作战。充分发挥人民群众在战争中的作用。依靠战术引诱敌方,多打伏击战。西周时期军队出征要有正当名分,注重防御(《周易·复·上六》《周易·晋·六三》《周易·需·九三》《周易·蒙·上九》)。又如《左传·僖公二十八年》载:"《军志》曰:'允当则归。'又曰:'知难而退。'又曰:'有德不可敌。'"[1]重视辩证处理战争中先发制人与后发制人的关系,强调吊民伐罪,德主兵辅。《左传·昭公二十一年》载:"《军志》有之:'先人有夺人之心,后人有待其衰。'"[2] 主张在战争中知彼知己,适可而止。

进入春秋战国后,随着变法图强的开展,战争日益频繁,规模不断扩大,激烈程度愈演愈烈。加之文武分职等新体制制约,军事思想急剧变革。春秋战国又是思想界极为活跃的时期,整个思想文化形态必然对先秦军事思想产生深刻的影响。不断变化之中社会形态、体制、结构、民族、地理环境、气候条件等都不约

---

① 杨伯峻编著:《春秋左传注》,第 456 页。
② 杨伯峻编著:《春秋左传注》,第 1427 页。

而同地左右着军事思想的演变。而《孙子》《伍子胥》《范蠡》以及《孙膑兵法》《吴子》《尉缭子》等论兵之作正是在这一大背景下陆续展现于世。其主要特征就是军事思想不再受"鸣鼓而战"等"军礼"的限制,"兵以诈立,以利动,以分合为变"的机动战术被各国所提倡。

秦国军事思想即是在上述背景下发展起来的,主要体现于对军事活动的谋划、指导和军队建设与国防建设的各项制度、措施之中。由于秦统一后奉行焚书坑儒的政策,使得大量兵书未能保留下来,以至于很难从文献中窥视秦国的军事思想,但我们可以通过秦国军事实践和军事制度,给秦国的军事思想勾勒出大致的轮廓。

1.大一统的战争观

秦朝开创了我国历史空前大统一的新纪元,结束了先秦时期诸侯纷争、各自为政、思想混乱、莫衷一是的局面。所以秦国军事思想的全部都是围绕着如何统一六国以及如何解决统一战争中的理论问题而展开的。它是在秦国各个不同时期的政治、经济、军事、文化条件支配和制约下形成和发展起来的。秦国在商鞅变法时就认识到战争胜利是达到统一的唯一途径,"名尊地广以至王者,何故?战胜者也。名单地削以至于亡者,何故?战罢者也。不胜而王,不败而亡者,自古及今未尝有也"。这是符合当时历史发展规律的总结。在此思想指导下,秦王政制定了一整套统一战争的基本方略,如先赵后楚、由西而东、由近及远、分化瓦解、各个击破等。这一方略的大部分内容是李斯、尉缭等人提出的,但其最关键的内容则是秦王政亲自作出的决策。这一方针的实质就是把秦国一百多年来对关东各国所实行的蚕食战争转变为统一战略,即完全彻底地消灭关东各国。其成败、利钝主要取决于对战略全局指导的策略是否正确,能否防止在战争初期造成关东各国联合抗秦的局面。以破纵攻赵为例,秦国对赵作战前后九年,没有一次采取长平之战的大规模形式。而长平之战的严重后果之一就是立即招致了东方各国的合纵抗秦,使秦军不久败于邯郸城下,统一事业遭受极大挫折。秦王政吸取了长平之战的教训,把蚕食战争转变为统一战略,没有操之过急,没有采取急风暴雨的形式,而是在开始阶段长期运用传统的"蚕食"形式来贯彻新的统一方略,从而顺利揭开了统一战争的序幕,这一军事思想是其他六国所不具备的。

实际上,统一六国的方针在秦王政十年就已经确定。但是为了给自己争得主动和有利的地位,每当攻打一国,秦王政总是要找到后发制人的"理由":灭韩是因为韩已纳地称臣，却又暗中与赵、魏合谋叛秦；灭赵是因为赵国业已约盟，并归还了人质，然赵国又策反秦的太原郡；灭魏与灭韩的理由相同；灭楚是因为楚国献出青阳以西的土地后又发动对秦国南郡的进攻；灭燕是因为荆轲行刺引起的；灭齐是因为齐绝交于秦引起的；等等。这些理由不过是与事物本质毫不相干的借口，其背后是秦坚定不移统一关东六国的既定方针。秦每灭一国都有师出有名的理由，这样既有利于动员己国的军民，又有利于麻痹敌国和邻国，从而减轻敌国军民的抵抗程度，并不易招致关东各国的合纵抗秦。由此可知，在统一战略的指导下，寻衅伺机制造理由，后发制人，发动进攻，从而争取更大的主动和有利条件，这是秦国军事思想极具特色的内容之一。

2. 坚持以中央集权管理军队

战国时代，战争频繁，临时征召军队作战已不能满足战争的需要，为此各国必须维持稳定的军队，常备兵正是在此背景下应运而生。如晋文公设置了上中下三军，分别任命将领，其中中军将领又称"元帅"。这可能是最早记载的常备军。伴随着常备军的出现，军队管理、后勤保障、军事长官任命等事宜随之产生。战国时期，楚国的司马、秦国和赵国的国尉即是负责常备军政务的专门官员，但司马、国尉仅仅是军政长官，而调兵遣将的权力则牢牢掌握在国君手中。战国时期，军队调动以君主行文命令为准，必须持有调兵的凭信，即兵符。凡是调动军队必须有君主的书面命令，并且要有虎符为凭。所以军事权力在常备军出现之时，就划分为军政（军队的日常行政）、军令（调兵遣将）、指挥（行军打仗）三项权力。国王握紧军令权不放，也就抓牢了军事的核心权力。

秦在统一战争中，采取了一系列加强中央集权、削弱贵族势力的措施，如商鞅变法实施的废除分封制、实行郡县制、将全国绝大部分武装力量控制在中央手里等措施，均是围绕以中央集权管理军队而展开的。商鞅认为，战争胜利的根本保证是政治，"战法必本于政胜"。战争产生于政治，政治对战争胜负起决定作用。要想取得对外战争的胜利，首先要搞好国内政治。而秦国内部最大的政治就是建立中央集权制，进而将军队的管理纳入到中央集权之下。为此秦国统治者在治理军队时始终坚守皇家命令至上的基本原则。商鞅变法后，秦国建立了一整套中央集权下的军事体制，并与郡县制的军政体制相适应。秦国的军队统一由秦王指挥，秦王设太尉统管军政，派遣将军出征打仗。驻守在国都的军队由皇帝直接调配，驻守在各郡的军队则由郡尉掌管军政，按照朝廷的指令负责兵员征集、调遣，武器的制造、保管以及地方治安等项。各县设县尉，掌管一县军政，县以下的乡也设有游徼主管军政、治安。军权高度集中于朝廷，地方只负责管理军政事宜。只有如此才能保证中央集权对军事体系实施统一指挥，才能使军令与军事将领任命的权力成为中央牢控的两大法宝。

战略决策权始终掌握在国君手中是中央集权统一指挥军队的根本，而战略决策的正确与否更是战争胜利的关键。战略、战术作为军事理论，在我国先秦时期还没有明确的区分。但进入战国后，由于战争规模的不断扩大，战场范围广，持续时间长，有时甚至同时存在两个战场，战争全局和局部的区分逐渐清楚；战争的战略决策和战争的作战指挥之间的差别也开始为人们所了解。商鞅对此有相当精辟的分析。他非常重视战略决策的作用，认为带有全局性的战略决策是决定战争胜败的关键。他说："若兵敌强弱（双方力量相当），将贤则胜，将不贤则败；若其政出庙算者（如果战略决策是根据对战争全局权衡后作出的），将贤亦胜，将不如亦胜。"他还认为，所谓权衡战争全局，就是对敌我双方总的情况作出正确的判断。"兵起而程（衡量）敌，政不若者勿与战。食不若者勿与久，敌众勿为客（敌军数量占优势不要进攻它），敌尽不如，击之勿疑。兵大律在谨，论敌察众，则胜负可先知也。"

秦王政即位后，更是将中央集权与军队的统治权高度结合起来，他要求所有将领必须听从秦王的指挥与安排，要求军队的征调、将帅的授权都必须以国君的虎符为信物。任何军队的调发必须由国君遣使臣持符验合后方能生效。传世的秦代"新郪虎符"就是秦王政在统一六国前颁发给驻守新郪将领虎头纹饰的兵符。虎符铭文"甲兵之符，右在王，左在新郪"表明秦国军队从战国时就由国君直接控制。除虎符之外，秦国君下达的军令必须盖上专用的玺，远程军事行动还须持有军令作为通行证。

秦国的军事后勤保障制度也完整地体现出中央集权的统治，秦国军队的武器、铠甲、粮食、马匹均由国家统一提供，国家设有专门的武库。

3. 坚持依法治军

商鞅变法后，秦国统治者开始将法家思想与治理军队结合起来。商鞅认为，对待军队应当树以规矩，军队的建设应当按照严格的法制进行。为了保证战争胜利，必须实实在在地控制军队，使其绝对服从于国家法律、制度及命令。商鞅赋予政治的第一个职能就是"缘法而治"，即实行法治。商鞅规定了严酷的刑罚以维护法治,使"民莫敢议令",有敢删改法令、损益一字以上者,"罪死不赦"。商鞅强调:"能胜强敌者,必先胜其民者也。故胜民之本在制民……本不坚,则民如飞鸟禽兽,其孰能制之? 民本,法也。故善治者塞(遏制)民以法,而民、地作(得)矣。"为了保证令出必行,令禁必止,使军队经常保持有勇敢杀敌的高昂士气,商鞅提出了"一民于战"的法则,并赋予"一民于战"为政治的第三个职能。所谓"一民于战",即用法律、制度来培养和巩固全民重战的精神。商鞅指出:"民勇者战胜,民不勇战败。能一民于战者,民勇,不能一民于战者,民不勇";"民之见战也,如饿狼之见肉,则可用矣"。怎样才能"一民于战"? 商鞅认为:"夫人情好爵禄而恶刑罚,人君设二者以御民之志……则兵无敌矣。"为此,商鞅实行了军功爵制度,使"利禄官爵抟出于兵无有异施"。不论何人,要想得到官爵利禄,只有在战场上立功,除此以外,别无他途。商鞅对于军功的晋级加赏办法,以及户口登记、攻城和野战立功的标准、考核方法等都作了明确规定。而与加赏伴随而行的则是重刑。商鞅认为:"赏者,文也;刑者,武也。文武者,法立约也。"他规定,攻城时突击队员(陷队之士)十八人编为一组,能拼命奋战,完成任务,每人赐爵一级,战死者由家中一人继承爵位;但如不肯拼死奋战,则斩首;逃避战斗则处以当众车裂之刑。商鞅就是用赏刑两手使全民重战,从而大大提高了军队的战斗力。比他稍后一点的荀况,曾对齐、魏、秦三个大国的制度以及战斗力进行评论。荀况认为:崇尚个人技击的齐军,只有"事小敌";实行"武卒"职业兵制度的魏军,"数年而衰";只有用赏刑两手,"使天下之民,要利于上者,非斗无由也"的秦军,才最有战斗力。他说:"齐之技击不可以遇魏之武卒,魏之武卒不可以遇秦之锐士……有遇之者,若以焦熬投石焉",必然溃败。这种评价基本上是符合实际的。

秦王政执政后,同样注重以法家思想治理军队,其军事思想受尉缭的影响极大。在统一六国的过程中,秦使用的战略和策略,与尉缭的军事思想十分吻合,这说明在指导秦国对外战争的决策集团中,尉缭起到相当关键的作用。

尉缭原称缭,魏国大梁人,公元前 237 年入秦。尉缭入秦国后备受推崇,秦始皇对尉缭更是恭敬有加,并委以国尉,让他掌管全国军队,因此被称为尉缭。

尉缭的军事思想主要体现在《尉缭子》一书中。该书共二十四篇,讲述了战争观,政治、经济、战争之间的相互依存关系,指导战争的宏观宗旨以及微观下的战略、战术队列、奖惩等原则。《尉缭子》既是一部军事著作,同时也包含了大量哲学思想。尉缭反对随意发动战争,即使在诛乱禁暴的情况下,也尽可能降低使用武力手段,以保证百姓安定,做到兵不血刃而天下亲。他认为要师出有名,要注重军功奖惩,这样才能提高军队士气,取得战争胜利,这在当时的儒、法诸家思想中均有论述。在分析政治、经济、战争之间的关系时,尉缭认为要唯贤是举,申明法令,不信卜筮、不祷祠,强调人的作用,崇尚军功。他建议要投入大量财物,贿赂各国豪臣,以离间计瓦解诸国合纵。他还对一般的作战原则、方阵战的运用、发挥军事相互监督、严明军纪等进行了总结。秦俑坑所列阵式就是《尉缭子·兵令》中记载的"内向、外向、立阵、坐阵"等。在兵马俑一号坑内,两翼和后卫组成"外向",先头部队为"内向",二号坑的"蹲姿甲俑"属"坐阵","立姿甲俑"属"立阵"。

《尉缭子》的最大优点是不纸上谈兵,而是来自实践经验的总结。在秦国统一战争中,正是认真贯彻了尉缭的军事思想,将唯贤是举、器重良将、以离间之计瓦解合纵、挑拨国王自废良将、避免大规模坑杀降卒、严肃军纪等较好地施行,加速了秦始皇统一天下的进程。

4."举国而责之于兵"

"举国而责之于兵"就是寓兵于农,寓兵于民,实行全民皆兵的兵役制度。秦国统治者认为,为了保证战争胜利,保障足够的军队和充裕的兵源是朝廷最重要的职责。商鞅将此赋予为政治的第二个职能。商鞅认为"圣王见王之致于兵也,故举国而责之于兵",所以商鞅特别重视户籍制度。据《文献通考·兵考一》考证:"及孝公用商鞅,定变法之令,令民什伍……凡民二十三,附之畴官,给郡县一月而更,谓之卒。复给中都一岁,谓正卒。复戍边一岁,谓戍卒。"正是这种严密的户籍制度和全民皆兵的兵役制度,才充分保证了秦国充裕的兵源,使秦军拥有"带甲之士百万"。商鞅因此也成为我国古代军事史上第一个提出并实行全国适龄民众都要服兵役的军事家。这一制度对我国军制史的发展影响极大,几乎为历代统治者所沿用。

"故秦事故,新民作本",即以秦国原有的民众从事作战,使新招来的民众从事农业生产,是商鞅"举国而责之于兵"的集中表现。商鞅认为,为了保证战争胜利,除了要有大量从事战斗的军队以外,还必须有大量从事农业生产的劳动大军。这是商鞅赋予政治的第四个职能,其宗旨就是招引三晋民众来秦,实现"故秦事故,新民作本"。商鞅根据当时秦国地广人稀,三晋土狭民众的情况,用"利其田宅而复之三世"的优厚条件,招诱三晋民众来秦务农。他认为,这样将使"山东之民无不西者",百万之众的人民离开了三晋,"其损敌与战实同,而秦得之以为粟",这是对农、战两利之策。商鞅说:"夫秦所患者,兴兵而伐则国家贫,安居而安则敌息(敌人得到休养生息),此王所不能两成也。故四世战胜而天下不能令。以故秦事故,而使新民作本,兵虽百宿于外,境内不失须臾之时,此富强两成之效也。臣之所谓兵者,非谓悉兴尽起也,论境内所能给军卒、车骑。令故秦兵,新民给刍食,天下有不服之国,则王以此春围其农,夏取其食,秋取其刈,冬陈其宝。以大武摇其本,以广文安其嗣。王行此,十年之内,诸侯将无异民。"商鞅将民众划分两部,进行大体分工,一部主要从事作战,一部主要从事生产的政策,来源于管仲的"三其国而五其鄙",它对秦国当时和后来的战争都起过积极的作用,对后世的政治制度和军事制度,也有一定的影响。

秦国统治者十分重视军粮问题,鼓励农民大量开垦土地,种植粮食,然后向人民征收相当数量的租赋。这些赋税中很大一部分被用于供养一支庞大的军队。商鞅认为,战争胜利的基础是发展农业经济。战争是力量的竞赛,它不单是军事力量的竞赛,还是经济力量的竞赛。军事力量的强弱是以一定的经济条件为物质基础。商鞅特别强调农与战并重,是获得战争胜利的根本。他说:"圣人知治国之道,故令民归心于农",农业发展了才能"兵出、粮给而财有余";"国不农则与诸侯争权,不能自持也,则众力不足也";"国之所兴者,农、战也";"国待农、战而安,主待农、战而尊";"能行二者于境内,则霸王之道毕矣"。所以重农重战是秦国军事家的一贯思想。而商鞅则是第一个系统论述农、战重要意义的军事家。农与战并重因此成为商鞅军事思想的核心。

5.推行"强本弱末"、内重外轻、依托关中威制天下的战略

强本弱末、内重外轻是秦国军事思想又一个重要方面,并将其上升到威制天下的战略高度。秦国自秦孝公任用商鞅实行变法以来长期坚持的基本战略思想,就是雄踞关中,东向以制天下。秦王政曾与李斯讨论这一问题,李斯认为,西周所封同姓子弟众多,但随着时间的推移,亲属之情疏远,相互攻击像仇人,周天子根本无法禁止。今陛下欲一统六国,以为郡县,王亲贵戚用国家的赋税加以赏赐,天下安定,再行封侯绝对难行。秦王政曰"廷尉议是"。

在秦国历史上,随着国力的增强、秦军的东进,政治中心曾多次东移。但秦王政在东灭六国之后却没有像他的先人那样进一步东迁首都,其奥妙就在于关中地区的特殊战略地位。他完全明白,以关中为根据地夺得天下,还必须以关中

为根据地巩固天下，所以确定了"以六合为家，崤函为宫"，都于关中而御天下的战略思想，这是秦王政的高瞻远瞩和深谋远虑。这一军事战略思想无疑是正确的，只是秦统一后，由于开发边疆用兵过急、过多，边防建设急于求成，反而造成兵力部署上外重内轻的局面，这是导致秦末在军事上迅速崩溃和瓦解的重要原因之一。然而这一失败教训，并不是上述强本弱末、内重外轻、依托关中威制天下的战略思想本身带来的，而是贯彻执行过程中的问题。

二、封建征兵制的推广

春秋时期，军队大多为宗族成员和私属人员组成，诸侯如此，卿大夫也是如此。在这种军队中，贵族是骨干，国人是主力，平民和奴隶是随从。军队的组织系统是以血缘为基础的。战国以来，随着宗法分封的瓦解，郡县制的普遍设立，原有的军事制度已不再适应，新的军事制度应运而生，这就是郡县征兵制度。

秦国男子服兵役的年龄从十五岁到六十岁。《云梦秦简》中《编年纪》的主人喜就是在傅之后一年参军。兵役的长短视战役的需要。战役结束后各自回家。喜曾三次服兵役，而后两次服兵役时，喜已是基层小吏。这说明低级官吏也要服兵役。秦国规定，官吏爵位在第四级以下，入伍后称为"卒"，第一级是"步卒"，第二级可以"乘兵车"，第三级可以"御驷马"，第四级"主一车四马"，平时可以免除更役。第五级以上均为官长、将帅。军队遇有大战，秦国要征发数郡乃至全国的壮丁，如长平之战，秦王听说赵的粮道已被切断，就亲自到河内"赐民爵各一级，发年十五以上悉诣长平"①。公元前235年，秦王政曾征发四郡兵助魏攻楚。秦攻楚时，大将王翦说："今空秦国甲士而专委于我，我不多请田宅为子孙业以自坚，顾令秦王坐而疑我邪？"②

秦国推行郡县制后，随之建立了普遍征兵和常备兵制，爵位在"不更"以下，年龄在十五岁至六十岁的男丁，都有义务随时被征调。普遍征兵和常备兵制确保了秦军兵员得到源源不断的补充，秦军最多时甚至拥有"披甲百万，车千乘，骑万匹"。

---

① （汉）司马迁：《史记》卷73《白起王翦列传第十三》，第2834页。
② （汉）司马迁：《史记》卷73《白起王翦列传第十三》，第2841页。

三、常备兵制度与奖惩

1. 秦国的常备兵

进入战国后,出于中央集权制的考虑,各国相继建立起常备兵。商鞅曾建议秦孝公"禁游宦之民而显耕战之士"[1]。秦国军队由正规军与地方武装组成,正规军指驻防边塞、流动作战部队以及城防部队,受朝廷直接指挥;地方武装是郡、县都尉指挥的军队,但随时归中央调遣,担负各种任务,其作用不可忽视。在兼并六国中,正规军承担主要任务。

秦国的常备兵是经过特殊挑选的,有特殊的待遇。各级将领拥有"短兵",其多少由爵位高低确定。每个五百主拥有"短兵"五十人,统率两个五百主的主将和俸禄一千石的县令可以拥有"短兵"一百名。"短兵"相当于卫队,将官战死,"短兵"要受到处罚。只有斩敌首一人方可免除刑罚。秦国规定,军队攻城夺邑,杀敌八千以上,或在野战中杀敌两千以上,各级将士均可得到赏赐,升爵一级。相反,怕死退避者,要在众人围观下,在城下处以黥刑或劓刑。[2]

秦国军队中人数最多的兵种是步兵。秦始皇兵马俑出土最多的武士俑也是步兵俑。步兵具有机动性强以及对于气候、地形的自然条件适应性强的特点。在险阻复杂的环境下亦可作战。秦始皇兵马俑中步兵的区分和装备最为复杂,主要由重装步兵与轻装步兵组成。

重装步兵大多配有金属铠甲,武器主要为长柄兵器,包括戈、矛、钺、铍等,在集团格斗中起主要作用。轻装步兵正常情况下不穿铠甲,装备有远射武器,包括持弓、弩等,其任务是配合重装步兵杀伤敌军。

从秦始皇兵马俑看,官职在百将以上的步兵军官主要担负指挥作战的职责,他们穿铠甲带剑以保护自身安全。他们不持长柄兵器直接参与战斗。屯长之下的一般军官,既担负指挥作战的任务,还要亲自上阵,冲锋格斗。他们配备有剑和长柄兵器。

在各种作战形式中,都有步兵的身影。在冷兵器时代,步兵往往是战争的终结者。在保卫地方安全等各种防务中也以步兵为主。所以,在各军种协同作战

---

① (清)王先慎撰,钟哲点校:《韩非子集解》卷4《和氏第十三》,第97页。
② 石磊译注:《商君书》卷19《境内》,第167页。

时,步兵常常是主导者。不过,步兵的速度不如骑兵快,稳固性又比不上车兵,所以与各兵种联合作战效果更佳。秦国军队也正是采用更倾向于以步兵为主,联合骑兵、车兵的协同作战。

秦军步兵的基本编制为:五人为伍,设有伍长一人;二伍为什,设有什长一人;五什为屯,设有屯长一人;二屯为百,设有百将一人;五百人设有五百主一人;一千人设有二五百主一人,又称"千人",为中级军官。

出征作战时,秦国军队的编制有所改变,主要以组建大规模联合作战部队为主,称之为部曲。具体编制是:根据作战任务、敌方情况等,确定总兵力的配置,任命将(大将、上将军)统率三军;在将之下,针对作战需要,继续设将军(四副将、裨将军)若干。将军之下为部,长官被称为校尉,一部一校尉;部下分为数个曲,曲的长官被称为军候,一曲一军候;军候曲之下多为平时军队的编制。秦军五百主以上的各级指挥官都有护卫亲兵,亲兵约占总兵力的十分之一。

秦军将军以上均有幕府,即指挥机构。幕府人数不等,多者数十人,主要是各类指挥机关、参谋人员。战役结束,曲以上指挥人员和机构旋即撤销,士兵回归原处。

骑兵在秦国军队中担负着重要角色。骑兵有独立编队的,亦可以与步兵混合编队。在大规模的战役中,骑兵与其他兵种的协同作战具有十分重要的作用,尤其是在地势平坦或低矮丘陵环境下,骑兵的机动性更是优势尽显。

秦军在统一六国的战争中,已经拥有骑万匹。但战国时的骑兵,由于没有马镫,骑士只能两脚悬空,缺乏着力点,其战斗力受限。从秦始皇兵马坑看,当时尚未出现用于斩劈的厚背长刀,所以秦军骑兵的武器多使用长柄矛、戈、戟或短柄剑,对步兵的格杀很不便。但其机动灵活、快速猛烈、远距离射杀的优势依然十分突出。

秦始皇陵出土的秦国骑兵,多为四骑一组,三组一列,九列一百零八骑为一队,配有战车六乘。《六韬·均兵》载,骑兵"五骑一长,十骑一吏,百骑一率,二百骑一将",与秦国骑兵的编组大致相同。秦始皇陵出土的秦国车兵,不与步兵协同作战时,八乘组成一偏,二偏为一组,四组组成一队。这与《六韬·均兵》的记载也十分接近。当与步兵协同作战时,车兵的编组是兵车一乘配有甲士三人、步卒八人;六乘组成一个作战小组,三个小组为一队,配有指挥车一乘。较之春秋时车兵编制大为缩减,突出了车兵、步兵的分离。[1]

---

[1]　石磊译注:《商君书》卷19《境内》,第161—162页。

在平原作战中,车兵的优势十分明显,主要用于冲锋陷阵,穿插、突破、打乱敌人的队形;防御时可用作布防阵垒,阻击敌军;行军时车兵往往部署在前锋与两翼,以保障行军安全。秦代车兵并不是军队的主力兵种,但在协同作战中不可缺少。在秦始皇陵兵马俑坑中,车兵可以单独编队,也可以分别与步兵、骑兵混合编队或与步兵、骑兵共同编队。

从秦始皇陵兵马俑坑出土的秦国战车均为木制、单辕,两掺两服共四马驾辕。车上配备三名甲士,中间是御手。三名甲士均身披金属铠甲。左右甲士分别持有三米长的矛、铍以及两套弓箭与弩,个别的还配备盾与带发射架的弩。远程战斗以弩箭射击,近距离则以矛、铍击打。

与车兵一同配备的八个徒兵,其任务既要保护车兵的安全,又要密切协同车兵作战。徒兵的装备与步兵相同。

水军亦称之为楼船士,他们同样是秦军的重要兵种,主要建于巴蜀归秦后,故规模较小。秦国水军的文献记载少之又少。秦国水军有大型的楼船和轻捷的艨艟,斗舰等两大类,作战时大小、轻重战舰互相配合。文献记载中秦国水军的编制不是很清楚,《史记·张仪列传》载,秦国水军,用"舫船载卒,一舫载五十人"①。如此推断,一个舫即步兵的一个屯。秦水军的"舫船",应当是两船相连,每只船载二十五人,合起来为五十人。《华阳国志·蜀志》亦载:"司马错率巴、蜀众十万,大舶舡万艘,米六百万斛,浮江伐楚。"②"大舶船"应当是"太白船"的音误,船体较小,仅载十人。这两条记载可证,秦国的水军大多是步兵加以初步训练后上船作战,所以编制、武器等多与步兵相似,适合水、陆两栖作战。

2.军功奖惩制度

为了严肃秦军和以法家路线治军,秦军实行严厉的军功奖惩制度。商鞅变法实行二十级爵位制来奖励军功,秦军不论官兵,立了军功,爵位就会逐级递升,按爵位高低,享受种种封建特权。值得一提的是,秦军的这种军功激励制度,在中国古代可谓是最早最公平的选举提拔制度,它使得社会地位再低下的人,只要有能力杀敌制胜,就能论功行赏,因功晋爵。著名的战国四大名将之一白起,就是这样被发现并提拔起来的。秦法规定,不论官、兵,凡斩得敌人首

① (汉)司马迁:《史记》卷70《张仪列传第十》,第2783页。
② 刘晓东等点校:《二十五别史·华阳国志》,齐鲁书社2000年版,第29页。

级,斩一首赏赐爵位一级,赏田一顷、住宅九亩,以及替他服役的"庶子"一人;若做官可"为五十石之官",所谓"功赏相长也,五甲首而隶五家"。一伍中有一人逃跑,其余四人要受刑罚,只有斩敌首一人方可免除刑罚。屯长以下的士卒,按斩敌首级赏给爵位;屯长以上的将领则按所属部队斩敌数目给予爵位,斩敌三十三以上,视为完成规定,升爵一级。相反,屯长以上的将领如果没有斩敌则要面临杀头。遇有诉讼,爵位高的审判爵位低的,爵位高犯罪会被罢免,但不至于充当奴仆。在一定范围内,爵位可以用来赎免自身或家人的奴隶身份;犯罪时可以减刑。秦法还规定:"军有千人以上,有战而北,守而降,离地逃"者,将处以"身戮家残,男女公于官"的处罚。这就使得秦国人"非斗无由也"。"百将""屯长"在作战时若得不到敌人首级是要杀头的,如果斩获了敌人三十三颗首级,才算是达到了朝廷所规定的数目,并可以升爵一级。这一点,严格约束了兵士思想,使得人人必须要现场全力厮杀,否则,因一人斩杀数额不够,所在部属及族属都有可能受到牵连。这种奖惩制度,无论从主动还是被动上,都是为了把秦军训练成为一支勇猛精进的"虎狼之师"。

秦国的爵位主要是用来奖励军功的,但为了鼓励农民大规模迁徙到秦国来,以及为了扩大兵源也曾采取"赐爵"的办法给予奖励,如秦昭襄王二十一年,魏国献出安邑,"秦出其人,募徙河东赐爵,赦罪人迁之"[①]。秦朝统一后,这种二十级爵位制被长期沿用下来,并有所发展。

四、秦国的军事装备与战术素养

1. 秦国的军事装备

秦国的军事装备在战国后期七国军队中属最先进的,这从秦俑坑出土的兵器考察中就能发现。秦军使用的青铜兵器采用了先进生产技术并作了大量改进,对矛和剑这两种传统武器更是改进许多。战国时期的矛一般长不过三寻,约合5.54米,而秦始皇兵马坑出土的秦矛竟达6.3米,这对有效防止骑兵突袭起到了相当大的作用。春秋时代的剑一般都在30厘米左右,战国时代为60—70厘米,而秦俑坑出土的三把剑,最长的达91.3厘米。剑在古代冷兵器作战中是必不可

---

① （汉）司马迁：《史记》卷5《秦本纪第五》,第267页。

缺的武器。秦剑的优点在于锋利、坚硬、不易折断,剑身普遍较长,最长达94厘米,比一般剑长出30厘米左右,达到青铜剑长度的极限,并且在剑的表面镀了一层铬,起到防腐耐磨的作用。秦军将剑加长,是因为在短兵器格斗中,刺要比砍更有优势,更能逼近对手,在格斗中显然更容易刺到对方。更值得称赞的是,秦剑的化学定量分析显示,它的铜锡配比十分科学,从而使得青铜剑的硬度和韧性结合得恰到好处。在青铜时代,铸剑的关键是在冶炼时向铜里加入多少锡。锡少了,剑太软;锡多了,剑硬,容易折断,这在前面已多有介绍。刚柔相间的秦剑在作战中比其他国家的剑具有明显的优势,这为秦国军队增添了强劲的战斗力。

"天下之强弓劲弩,皆出自魏"。但随着魏国的衰落,在秦国变法令的吸引下,韩国造弩工匠西向入秦,极大地提升了秦国弓弩制作的能力和水平。秦国的弩弓是春秋时期弓的升级版本,如对战国时期才普遍采用的先进武器——弩机的改进,使得小弩射程为150米,大弩射程可达800米。秦国的弩弓分有车弩和单兵弩两种。车弩是以车作为载具的弩,它可以发射两米的大长箭,有效射程范围为800米左右,具有极强的攻击性。单兵弩又分为两种,一种是蹶张弩,另一种是臂张弩。蹶张弩顾名思义是用脚控制的弩,其发射的力量强大且射程远,能有效打破敌人的防御力量。臂张弩是用手臂以及上半身的力量控制的弩,发射的射程虽不及蹶张弩,但是臂张弩机动性很强,可以随时变换方位,应对一切突发状况。

秦朝弓的有效射程为100米,这在当时各国的弓中属于射程最远的武器,并且秦朝还特意在弓上面安装有瞄准仪"望山",从而大大提高了射击目标的精准度。

在秦始皇陵兵马俑坑里,由于时间太过久远,弩的木制部分已经朽烂,但通过复原看到,秦弩用一只手的力量就可以上弦,其射程能达到300米,有效杀伤范围在150米内。但是,弩的射手如果仅靠手指的力量将弓弦推出勾牙,不仅需要很大的力气,而且在击发的瞬间弩会出现抖动。秦军改进后的弩机,通过机械传递,使勾牙在箭射出的一瞬间突然下沉,射手扣动扳机变得异常轻巧。这恰恰是弩相较于弓的优势之一,弓要用很大力气才能拉开,开弓时间越长,瞄准的稳定性越难把握。而改进后的弩机,小拇指就足以扣动十箭并发的扳机,而且弩手即使在发射弓箭时有所疏忽,弓箭照样会准确射中目标。

在秦始皇陵兵马俑坑里,青铜箭头是出土数量最多的兵器。秦国的箭镞是双翼式改进的三棱形。三棱箭头拥有三个锋利的棱角,在击中目标的瞬间,棱的锋刃处会形成强劲的切割力,进而穿透铠甲,直达人体。秦军的这种三棱箭头取消了翼面,这使得射击更加精准。出土的这些箭镞,色青光洁,锋薄锐利,经考古专家检测分析后发现:箭镞的三个弧面尺寸一样,最大误差0.01厘米。这种箭头形同于子弹,可以减小空气阻力。

为了进行有效的战斗,秦军士兵还有一套完备的战服。正规军战士均身着铠甲,甲衣全由金属甲片联结制成。从秦俑坑出土披甲陶俑看,陶俑身披的铠甲有三种,其中之一是披膊与身甲分别组成,这是秦军的主要防护装备。士兵腿部裹的胫缴(套裤),也有缠的行膝(裹腿),鞋是紧绦勾履(鞋尖翘起)或合(皮靴),但是不戴头盔,以便于保持灵活性。

2. 秦朝军队的方阵战术与军队的整体素养

随着战争规模与军队数量大幅增长以及武器的改进,各国对于作战方式也多有研究和变化。车阵作战大为减少,步、骑兵的野战、包围、突袭增多了,战争的持久性和残酷性更加突出。秦国在长平大战中动员了年十五以上的男性出征作战,仍然用了三年时间才"大胜于长平",并坑杀赵国俘虏四十余万,可见规模之大远远超过春秋时期。

秦军的方阵战术是秦军作战中最常用,也是最具杀伤力的战术,常常令敌人望而生畏。据出土的秦始皇陵兵马俑坑方阵展示,秦军的方阵战术在与敌人作战时,首先在方阵的前方部署若干排长矛手。长矛长达七米,其功能主要是抵御一切想要靠近方阵的敌方骑兵或步兵。当敌人突破长矛手的防御后,长矛手后方还有一队铍手。他们利用较小的突击阵营有效地将突入进来的敌人阻挡住并迅速推出去,他们身边有戟手作为保护,帮助他们肃清阵内的一切敌人。若敌人不在近战的范围内,秦兵就让秦朝最强弩箭手发挥他们射程远的优点,迅速地消灭敌人的有生力量。

武器装备的标准化是秦军军事装备中一个十分突出的优势。战国时,各国武器差异很大,即使是本国士兵之间的武器也往往难以互换,武器之间没有统一的标准。因此商鞅变法时,特别强调了武器的标准,从而使秦国军队的武器有了固定的标准,如果达不到标准,工匠们要受到严格的处罚。在秦始皇陵兵马俑坑中,出土了大量武器,这些武器的长度几乎一样,连弓箭的标准也是一致的,这在秦国与东方各国的战争中成为取胜的重要因素。在这一点上,东方六国都达不到,秦国则基本做到了这一点,由此可见,当年的秦军是多么强悍。

秦朝的军训制度极为严厉。秦律规定,士兵发弩射不中目标,负责的县尉罚二甲,发弩啬夫(乡官)射不中目标,罚二甲。而据岳麓秦简记载,一副铠甲的成本约1344钱,罚二甲约为2700钱,这是一种相当严厉的惩罚。因为在当时一面盾牌的成本仅384钱。在睡虎地秦简记载中,一名服役抵债者,每天的工钱只有8钱,每天的口粮为2钱;隶臣、城旦的劳改服,冬装成本为110钱,夏装为55钱。在里耶秦简记载中,一名成年奴隶卖4300钱;一名未成年奴隶卖2500钱,一大一小奴隶共卖6800钱。

对于戍守边疆的士兵,如果在军官之后才动身,有罪;如果不等接替者前来就擅自离开,按逃兵罪论处;站岗时擅自离岗者,罚二甲;发现同伍士兵违反军法不第一时间揭发,全伍处死。战斗中,士兵擅自脱离军官、军官擅自脱离士兵逃跑者,处死。队伍中有一人不拼命,所属队长有罪。队伍中一人战死,剩余人员不继续拼命杀敌(为他报仇),所属队长有罪。战斗结束,同伍的同袍不替死者收尸,立了功也要连坐受罚。军无功者,戍三岁。《尉缭子》载,从军入伍没有战功,罚戍守边疆三年。秦军斩首论功,就是数人头。数的不仅是斩获敌首数量,还要数己方生还数量。假如你所在这个伍斩首数量低于生还者数量,长官会以"作战不力"的理由下令将你所在这个伍的生还者全部处死。由此可见,秦军的战斗力正是在这一系列近乎严苛的惩罚中训练出来的。

3.高昂的士气与难得的军事天才

秦国军队的战斗力来自尚武精神。秦人几百年与戎狄共生共存,生存环境恶劣,时刻经受生死考验,铸就了刚健勇敢的尚武精神和质朴坚毅的民族性格,培育了崇尚征战、不惧生死的文化观念。因为秦人好勇斗狠,平时经常会在乡村之间发生几十人乃至几百人的械斗,在他们心中蕴藏着一种桀骜不驯的野性。为了遏制私斗,商鞅变法明确禁止:为私斗者,各以情节轻重,处以刑罚。这说明秦人高昂士气与他们的文化传统有很大关系。

商鞅通过变法,进一步强化了秦人闻战则喜的尚武精神。一方面,秦法倡导利出一孔,"利出一空(孔)者,其国无敌;利出二空者,国半利;利出十空者,其国不守"①,"利出一孔则国多物,出十孔则国少物,守一者治,守十者乱"②。并将这

---

①　石磊译注:《商君书》,第102页。

②　石磊译注:《商君书》,第102页。

种思想贯彻到耕战当中，明确指出"所谓壹赏者，利禄官爵抟出于兵，无有异施也"①。从而让利禄官爵都出于战争中的功绩，还说"故授官予爵不以其劳，则忠臣不进；行赏赋禄不称其功，则战士不用"②。行赏不按军功，那么士兵就不会拼命战斗。为此，商鞅推动设立军功爵制，之所以"民之见战也，如饿狼之见肉"③，是因为秦人能通过战争获得军功，"凡民之所疾战不避死者，以求爵禄也"④。另外，商鞅还通过法制手段惩治胆小者，"民怯，则杀之以其所恶。故怯民使之以刑，则勇；勇民使之以赏，则死"⑤，通过刑罚惩治胆小者，对逃避战斗者处当众车裂之刑。秦国正是用赏刑两手，从法律制度上巩固了尚武好战的精神。所以，秦人遇到有仗可打，就会"父遗其子，兄遗其弟，妻遗其夫，皆曰：'不得，无反。'"⑥这种尚武精神、这种剽悍民风、这种对待战争的态度，六国是缺少和不足的。

秦国经过多次变法、奖励军功后，秦军的战斗力越战越强，到战国末期成为一支所向无敌的军队。商鞅变法之前，韩、魏两国军队的战斗力是很强的，韩国的武器优良，所谓"强弓劲弩皆在韩出"⑦"天下宝剑韩为众"。尽管如此，随着秦国变法改革的深入推行，秦军军制和装备全面改革，韩军在秦军面前不堪一击。在六国中，韩是最先一个被秦灭掉的。魏国的武卒，在装备和训练方面也是驰名的，"衣三属之甲（即全身上下都有甲），操十二石之弩，负矢五十个，置戈其上，冠胄带剑，赢三日之粮，日中而驱百里"⑧。这样的战士，到战国末，遇到秦军也是望风败北。所以有这样的说法："齐之技击不可以遇魏之武卒，魏之武卒不可以直秦之锐士。"⑨秦军在作战时所向披靡的情景，战国时曾有人做过这样的描述："虎挚之士，徒跣科头，贯颐奋戟者，至不胜计也。秦马之良、戎兵之众，探前绝后，蹄间三寻者，不可称数也。山东之卒，披甲蒙胄以会战，秦人捐甲徒裼以趋敌，左挈人头，右挟生虏。夫秦卒之与山东之卒也，犹孟贲之与怯夫也；以重力相

① 石磊译注：《商君书》，第 121 页。

② 石磊译注：《商君书》，第 107 页。

③ 石磊译注：《商君书》，第 132 页。

④ 石磊译注：《商君书》，第 162 页。

⑤ 石磊译注：《商君书》，第 51 页。

⑥ 石磊译注：《商君书》，第 132 页。

⑦ 《战国策》卷 28《韩策一》。

⑧ 《汉书》卷 23《刑法志》。

⑨ 《汉书》卷 23《刑法志》。

压,犹乌获之与婴儿也;夫战孟贲、乌获之士,以攻不服之弱国,无以异于坠千钧之重,集于鸟卵之上,必无幸矣。"[1] 这样的描述尽管有些夸张,但从战国末期秦国战无不胜的历史事实看,它的确是战国七雄中最强的一支劲旅。

另外,秦惠文王听从司马错的主张,攻战巴蜀地区,让秦国拿下了盛产粮食和"铜、铁、竹、木"等战略物资的宝地,加上秦国鼓励韩、魏、赵三国的民众到秦国开垦荒地,"今利其田宅,而复之三世,此必与其所欲而不使行其所恶也,然则山东之民无不西者矣"[2],秦国自此足粮足兵。由于秦国实施郡县普遍征兵制,凡爵自不更以下、十五岁以上的男子,随时皆有可能被征调当兵。除了老人和妇女儿童外,几乎全民皆兵。因此。秦国拥有着一个强大的预备役队伍在随时待命,只要国家号召打仗需要人手,秦国人民就踊跃报名。秦国不但兵多、兵精、兵勇,而且秦军装备越来越先进,不仅秦弩射程远、精度高、杀伤力大,秦军还有重甲防护装备,战斗力不强都不可能。

秦国还有像白起、王翦、蒙恬、司马错等这样优秀军事将领作为统帅,加速了结束统一战争进程。白起从秦军武卒一步一步成长为军事统帅,军事造诣很高,善于用兵,在秦昭王时征战六国,为秦国统一六国作出了巨大贡献。曾在伊阙之战大破魏韩联军,攻陷楚国国都郢城,长平之战重创赵国主力,功勋赫赫。特别是长平之战,双方投入兵力百万左右规模,在没有现代通信技术的古代,能够指挥大兵团作战,准确把握百万规模战争,军事天赋是罕见的。白起担任秦国将领30多年,攻城70余座,歼灭近百万敌军,被封为武安君。坑杀赵国降兵40万,堪称杀神。

王翦者,战国末期秦国将领,著名军事家,是在白起之后秦国的大将之材。与白起、廉颇、李牧同为战国四大名将。秦统一六国的过程中,除去秦的六世累积和始皇帝嬴政的雄才大略外,司马迁曾说过:"王氏、蒙氏功为多,名施于后世。"秦始皇十一年,王翦领兵30万,占阏与、拔九城,夺漳水;十八年,攻打赵国,历时一年,攻陷赵都,虏降赵王。次年,王翦将兵攻打燕国,破易水,平燕蓟。二十四年,以老矣之躯,挥师60万,杀项燕,俘熊负,平楚属各地。王翦智而不暴、勇而多谋,身为四老,历任多位相国,都对他十分尊重,乃至秦始皇都尊称他为老师,封武成侯。

---

[1] 《战国策》卷 28《韩策一》。

[2] 石磊译注:《商君书》,第 113 页。

灭五国是为雄,平王疑是为智,建功立业后功成身退,告老还乡,得以善终,这在中国古代史上也为数不多。

王贲是王翦之子,秦代名将。与其父同为秦灭六国战争中的主要将领。公元前225年,王贲面对魏国都城的高大城墙,采取引黄河之水灌大梁城的战术,灭亡魏国。公元前222年,王贲率师夺取辽东,灭亡燕国,继而消灭赵国残余势力。公元前221年,灭亡齐国,自此秦国统一六国。王贲独灭三国,因功受封通武侯,侯爵在二十级爵位制中排在首位。

蒙骜,原是齐国人,秦昭王时期从齐国投奔到秦国,在秦军中屡立战功,最突出的功勋是夺取韩国的成皋、荥阳(今河南荥阳东北)二城而设置三川郡[1]。史书有记载的几年,共攻克七十余城,为秦国攻取了三晋大片土地,在秦国历史上也是不多见的。蒙骜是继白起之后秦国又一虎将。

蒙恬,是蒙骜的孙子,秦始皇三十二年,统兵30万,北征匈奴,攻占河套地区,收复黄河南岸,"是时蒙恬威振匈奴"[2],后驻守九郡十余年,是中国西北最早的开发者。蒙恬还筑长城、修直道,为秦国立下了赫赫功勋。

司马错,是战国时期秦国非常优秀的军事战略家,司马错提出的"得蜀即得楚,楚亡则天下并"的军事战略思想,指挥伐蜀战役和平定蜀乱的军事行动,巴蜀归秦后,秦就"益强、富厚、轻诸侯"[3]了,很快改变了"地小民贫"的局面,为秦国走向强大奠定了重要基础。

除了这些著名军事统帅外,秦军还有孟明视、西乞术、白乙丙、樗里疾、王龁、王陵、桓齮、李信等,可以说人才辈出,其他六国的优秀军事将领远没有秦国多。

第五节　秦国强盛与统一的民族因素

秦人来自东方,后活动在渭河、西汉水上游的河谷地带,长期与西戎为伍,其生产和生活方式与西戎接近。随着秦人地盘的扩大,与戎人的战事时有发生,尤其是秦人向东发展受阻后,角逐西方便成为秦人的发展战略,这其中与西方广泛

---

① 《史记·蒙恬列传》。

② 《史记·蒙恬列传》。

③ 《史记·张仪列传》。

分布的戎人争夺生存空间,可以说是秦人早期优先考虑的目标。

其实,生活在中国北方的众多族群,被中原诸夏视为异类族群,在不同的时期有不同的称呼,殷商时期称其为鬼方、土方,周人命其为猃狁、戎狄,太史公司马迁将这些族群视为匈奴的前身。

西戎是先秦时期中原民族对西方土著民族的统称,具体讲"自陇山以东,及乎伊、洛,往往有戎。于是渭首有狄、獂、邽、冀之戎,泾北有义渠之戎,洛川有大荔之戎,渭南有骊戎,伊、洛间有杨拒、泉皋之戎,颍首以西有蛮氏之戎"①。秦穆公时代,秦国势力增长,开始与晋国等诸侯进行争霸战争。由于秦国偏居西北,发展速度尚不如中原,所以秦国始终无法征服晋国等大国,也难以打开东向发展之路。秦穆公之所以把发展方向瞄向西戎,其缘由在于:一,秦与戎有世仇。周厉王时,西戎灭西犬丘的大骆之族。周宣王即位,以非子曾孙秦仲为大夫,伐戎不胜,戎杀秦仲。襄公时戎又围攻西犬丘,囚禁世父,因此秦与戎是有世仇的。二,西戎疆域辽阔,处于秦与东方诸国争霸的大后方,出于安全的考虑,秦必伐戎,以解后顾之忧。三,秦襄公护送周平王东迁至洛阳,平王将西戎之地全部封给了秦国,并且说:"戎无道,侵夺我岐、丰之地,秦能攻逐戎,即有其地。"② 这虽说是张空头支票,但却为秦国此后合法占有它提供了政治依据。四,东出失利的无奈之举。秦晋争霸失利,消耗了秦国大量的财力、人力,秦穆公被迫向西发展。

春秋早期的戎人,部落林立,不相统一,但势力却很强盛。中原华夏诸国常常受到戎的威胁,即使是晋等大国也经常遭到戎的侵袭。春秋中期以来,华夏各国有了较大发展,特别是通过称霸而相互联合,增强了对戎族的防御能力,不少戎族逐渐被华夏征服。秦灭西戎正是在这一背景下展开。

一、秦与西戎的交往与交融

西周时期的周秦关系,西周的衰落与灭亡,秦人的崛起与建国,实际上都是随着西戎势力的强弱、周戎关系的转化而发生的。也就是说,要了解西周的灭亡和秦人的崛起,从西戎与周秦的相互关系入手,是最为重要的突破点。

---

① （南朝宋）范晔:《后汉书》卷87《西羌列传第七十七》,中华书局1965年版,第2872页。

② （汉）司马迁:《史记》卷5《秦本纪第五》,第230页。

1.西周时期秦与西戎的交往交流

西戎一直是周的西部大患,《史记·匈奴列传》载:"戎狄攻大王亶父,亶父亡走岐下。"①周人退入今陕西境内后,秦开始致力于攻伐西戎,收复周故地。不过,考察秦早期历史,秦仲、庄公均为西戎所迫,只能守家固本,难有作为。秦人与犬戎的斗争,集中表现在对西垂的争夺上。此时的犬戎经过若干世纪的发展,种族不断壮大,又受周文化的影响,部分成员已逐渐转向相对安定的农牧生活,生态环境相对优越。所以秦人先祖西迁陇右开发经营西垂地区,与西戎交错杂处,双方为了生存而发生争夺在所难免。周厉王时,西戎反王室,消灭了西犬丘的大骆一族。周宣王封秦仲为大夫,与戎作战。《竹书纪年》称:"王命伐戎,不克。"最终秦仲死于戎祸,可见战争进行得十分艰难。秦仲死后,其子庄公在周王室的帮助下战胜西戎,收复西犬丘。此时,在陇东、关中地区仍布满了大量的戎族势力,对刚刚兴起的秦人构成严重的威胁。秦襄公即位后,秦人与西戎的对峙有了新的变化。

秦襄公在位时,秦戎之间除了战争之外,也有和睦相处、友好往来的一面。襄公二年,将自己的妹妹缪嬴嫁给关中地区的丰王。第二年,西戎将围攻西犬丘时俘获的秦国主战派世父放回,这应当是"和亲"的回报。实际上,秦人长期承担着连接中原文化与陇山周围诸戎的纽带功能,是周王室与诸戎关系的一种稳定剂。周孝王时期秦人在诸戎中具有一定的威望与号召力,当时"申骆重婚,西戎皆服"②。秦人与诸戎之间的互通婚姻成为促进其和睦共处的重要因素。从申侯的话中可知,秦人与西戎之间至少有两次婚姻:一次是中潏之父戎胥轩;一次是大骆嫡子成,均为秦人之君娶申戎之女。当然秦人也将宗室之女嫁到戎族中去,秦"襄公元年,以女弟缪嬴为丰王妻"③。这里的丰王,清人已经指出"为戎王之号"④。秦人通过与诸戎部族的互相通婚,促进了和平共处。在和平共处时,秦人自觉不自觉地吸收了戎族的文化。甘肃省礼县圆顶山 M1 号秦墓中就曾出土了一件车型器。这件车型器的铸造工艺和原有的礼器功能已经完全中国化,但是器物的风格,四轮的车样,仍未摆脱中亚、西亚异域风格的

---

① (汉)司马迁:《史记》卷 110《匈奴列传第五十》,第 3485 页。
② (汉)司马迁:《史记》卷 5《秦本纪第五》,第 228 页。
③ (汉)司马迁:《史记》卷 5《秦本纪第五》,第 229 页。
④ 祝中熹:《早期秦史》,第 155 页。

深刻影响。这种风格的车型器作为秦国贵族祖先的随葬礼器之一,说明其所代表的戎族器物与戎族文化在商鞅变法之前已经深入到"始秦戎翟之教"①。当然,和睦相处终究是为了各自的利益,所以在和睦相处的同时,秦襄公仍不忘对外用兵,攻打西戎,但最终还是死于西戎之手。

1998 年礼县圆顶山墓地出土车型器（国家一级文物·礼县博物馆藏）

2. 春秋时期秦与西戎的争夺

秦文公即位后,击败西戎,入主关中,并迁都于汧渭之会。《史记·秦本纪》载:秦文公十六年(前 750),文公以兵伐戎,戎败走,地至岐。十九年(前 747),得陈宝,"岐以东献之周"。二十七年(前 739),秦文公占陈仓,即"伐南山大梓,丰大特"。秦宪公三年(前 713),宪公击败亳王,占领其国荡社(今陕西始平县西)。秦武公元年(前 697),伐彭戏氏,至于华山下。秦开始立足于关中。秦穆公时西戎有 8 国,即绵诸(今甘肃东部);绲戎(今甘肃东部);翟、豲之戎(今甘肃临洮、陇西一带);岐山、梁山(今韩城与洛川之间)与泾水、漆水以北有义渠(今甘肃宁县西北);乌氏(今平凉西北甘宁交界处);大荔(今陕西大荔县东);朐衍(今宁夏盐池一带)。他们大多活动于陇山(今六盘山)附近,其中绲戎亦被称为犬戎。犬戎是西周西北的大敌,周穆王征讨未能取胜,仅象征性地获得"四白狼、四白鹿以归"。《史记·匈奴列传》载:"秦穆公得由余,西戎八国服于秦,故自陇以西有绵诸、绲戎、翟、豲之戎。"

春秋中期,戎有多种:如己氏之戎;北戎,即山戎或无终;允姓之戎,即阴戎或陆浑之戎;伊洛之戎;犬戎,亦称畎犬、昆夷、绲夷;骊戎;戎蛮。秦周边有狄邦冀之戎、义渠之戎、大荔之戎等,各分布山谷间,不相统一。

① （汉）司马迁:《史记》卷 68《商君列传第八》, 第 2714 页。

战国初期秦的统治范围从今天甘肃东南部、陕西渭河两岸及河西地区扩张到"东和魏、韩及大荔之戎接壤，南和楚、蜀交界，西和獂、绵诸、乌氏等戎族交界；北和义渠、朐衍等戎国交界"①。战国后期，经过商鞅变法，秦国国力大幅增强，开启了一系列的扩张活动，秦国疆域进一步扩大。

3. 秦对西戎的征服

义渠戎是诸戎中较强的一支，生活在六盘山一带，传说归西王母管辖。商代，他们与居住在陇东和北方獯鬻为邻，相互攻击。后来又与居住在北豳地(今甘肃东部一带)的商属先周部落(姬姓)经常发生冲突，不断蚕食其领土。戎、狄人数虽少，但长期以打猎为生，剽悍好斗，战斗力极强。周人与义渠戎进行过多次残酷的血战。周宣王三十九年(前789)，"王料民于大原"，采取安抚政策，将五戎安置于大原地(即今庆阳、固原地区)，五戎之中唯义渠戎留居今董志塬中心及东南部泾水之北。周人东迁后，陇东地区全部被狄人占领。义渠戎又和狄人互相掠夺、征战，在狄强戎弱的情况下，义渠戎为了生存，暂归服于狄人猃狁。商武乙时代，季历在商朝的支持下，武乙三十年，伐义渠戎，"乃获其君以归"，又于武乙三十五年"伐西落鬼戎，俘十二翟王"(即猃狁)，迫使狄人放弃北豳远移蒙古草原。义渠戎于周文王末年建立国家，建国不久即出兵并吞了周围彭卢、郁郅等其他西戎部落，扩大了疆域，并先后修建城池25座，派兵驻守。由于西周采取安抚政策，将义渠戎安置在了北依洛水、南临泾水的中原地带，这里地势平坦，土地肥沃，水沛草丰，宜耕宜牧，使得义渠很快强大起来。义渠戎和先周南迁后的余民杂居，不断学习"周余民"的农业生产技术，学习周族文化，在生活风俗上逐步与周族同化，发展成为区别于其他羌戎的义渠族。

秦穆公三十七年(前623)，穆公采用从戎人那里招来的大臣由余的计策，攻伐北地义渠，"益国十二，开地千里"，遂霸西戎。秦厉共公三十三年(前444)，秦伐义渠，"执其君以归"。义渠战败后，吸取教训，厉兵秣马，通过十四年时间的养精蓄锐，于秦躁公十三年(前430)倾全力攻秦，从泾北直攻到渭南，不但收复了过去的失地，而且把疆域扩大到东达陕北，北到河套，西至陇西，南达渭水。秦惠文王七年(前331)，秦趁义渠国发生内乱之机，遣庶长操兵平定，义渠臣服于秦。秦惠文王十一年，秦又伐义渠，将其郁郅城(今甘肃庆阳市庆城区)夺去，义

---

① 后晓荣：《战国政区地理》，文物出版社2013年版，第225页。

渠失败,再次向秦称臣。秦惠文王后元八年(前318),义渠趁中原诸国混战,背叛秦国,朝贡于魏。魏公孙衍动员赵、韩、燕、楚四国与魏联合攻秦。大战当前,秦以"锦绣千匹、美女百名"拉拢义渠,义渠拒之,并趁势起兵伐秦,"大败秦人于李帛之下"。这一重创,减缓了秦国东进的步伐,不得不把战略重心重新转向义渠国。秦惠文王后元十二年(前314),秦调集重兵从东、西、南三面攻击义渠,先后夺得25座城池,使义渠国疆域大大缩小,实力锐减。秦昭襄王元年(前306),昭襄王母宣太后摄政。她改变正面征讨义渠国的策略,采用怀柔、拉拢的政策,以堕其志。而义渠国大败后也想与秦重修旧好,休养生息。于是义渠王利用昭襄王刚刚即位之际,亲自到秦国去朝拜。但义渠王一到咸阳就被早已盘算好的宣太后久留于秦,并长期与其淫乱。到秦昭襄王三十五年(前272),"宣太后诱杀义渠王于甘泉宫",接着发兵灭了义渠,在该地置北地、陇西、上郡。北地郡治义渠县。

大荔戎原分布于岐山、梁山,泾、漆之北(今陕西关中北部)。大荔国是春秋时期西戎的一个分支建立的国家,在今陕西大荔县一带。周平王五十一年(前720),大荔戎逐步侵入,灭掉同国(今陕西大荔县西部),于今朝邑老城遗址东筑王城,建立大荔戎国,南与芮国(今陕西大荔县东南)为邻,东依晋国。大荔国长期居于秦、晋两国之间,实力逐渐增强。周贞定王二年(前467),秦厉共公即位。秦利用晋与郑、齐两国交战之机,欲东图中原。大荔国位于秦东向出关的要冲,实力又较强,对秦国向东拓展构成一定威胁。周贞定王八年(前461),秦厉共公秘调两万军队,突然进攻大荔。强大的秦军一举攻克王城并消灭了大荔国,收编了大荔戎军,解除了东进的隐患。随后,秦筑高垒,加固王城,设临晋县,派重兵把守,占据了东部军事要地。

邽、冀之戎也是与秦人密切相关的戎人,两者都曾经是西戎八国之一。《后汉书》将其列到羌族之列。邽、冀之戎生活在秦人的势力范围内,其实力有一定的增长。当秦人东进关中时,邽戎等也向东扩张。秦穆公为此进攻邽戎,但未能取胜,不得不返回。《史记·秦本纪》载:武公十年(前688)"伐邽、冀戎,初县之"。这是目前为止知道的设县最早的记载。位于甘肃省天水市东距甘谷县城25千米的磐安镇毛家坪遗址,经过考古工作者的多次发掘,被认为极有可能是秦武公所设的冀县,或至少该遗址的发掘为2700年前所设的"华夏第一县"——冀县的确认提供了重要物证。它证明秦与周边民族的征战比其他诸侯国更频繁,规模更大,更需要新的机构加以管理。秦武公从关中返回西部,征服邽戎,按照顾颉刚的说法,"是秦人向西发展的第一声"①。不过这也表明此前秦在入关中之前,对于邽戎也没有更好的办法。只有等到在关中发展壮大后,才返回来征讨邽戎。有秦一代只有邽、邽县,没有上邽,上邽是相对汉代关中的下邽而言。秦武公在自己的故地初次设县。取得经验后在全国推广,其重大意义就在于它是一次实验,是一次政治制度改革。

绵诸戎是夹杂在邽、冀戎之间的一支。秦武公时,秦人"势力东起今张川、清水,西至甘谷,南到礼县,几乎占有整个天水地区,绵诸地处其中"②。在秦武公消灭邽、冀戎时,绵诸戎已臣服于秦,所以秦人能跨过绵诸,占有邽、冀戎之地。从秦穆公三十七年(前 623)霸西戎,到秦历共公六年(前 471)这一百五十余年间,绵诸戎不仅未被秦所灭,而且与秦保持着友好关系。所以秦历共公六年,才有"义渠来赂,绵诸乞援"③之举。但是这种友好臣服关系不久破裂,秦历共公二十年(前 457)"公将师与绵诸战"④。从秦历共公六年至二十年,仅仅十四年时间,秦与绵诸戎的友好臣服关系一下子变为交战关系,战争一直持续到秦惠公五年(前 395),史载"秦惠公五年伐绵诸"。可见此时秦人与绵诸戎仍在对峙,从秦惠公讨伐绵诸戎之后,再也看不到有关绵诸戎的记载。也就是说在秦穆公独霸西戎之后,到秦惠公讨伐绵诸戎,绵诸戎在今天水地区居住并与秦人战斗了三百多年。

战国西戎骨器(国家二级文物·现藏于甘肃省博物馆)

---

① 顾颉刚:《史林杂谈》,中华书局 1977 年版,第 58 页。

② 徐日辉:《古代西北民族"绵诸"考》,《西北民族学院学报(哲学社会科学版)》1984 年第 1 期。

③ (汉)司马迁:《史记》卷 15《六国年表第三》,第 839 页。

④ (汉)司马迁:《史记》卷 15《六国年表第三》,第 843 页。

獂戎也是西戎八国之一。秦穆公霸西戎未能灭其国。"秦献公初立,欲复穆公之迹,兵临渭首,灭狄獂戎。"[1] 这里的"渭首"是指渭水之北,獂戎居于天水郡的獂道。"《百官表》曰:县有蛮夷谓之道,公主所食曰邑。应劭曰:反舌左衽,不与华同,须有译言,乃通也。"[2]《史记·秦本纪》载:"秦孝公元年(前361)……西斩戎之獂王",并以其族名置县,汉代为獂道县。獂之所以延续时间较长,主要原因之一就是獂所处的地理位置在秦的最西边,今武山县鸳鸯镇一带,对秦威胁不大。秦灭獂之后,总算扫清了渭水上游的西戎诸国。

乌氏戎,出自春秋时期戎族乌氏国,在今天宁夏六盘山,平凉以南,以国名为姓氏,秦昭襄王时国灭。

二、秦与氐的关系

氐是西部古老的民族之一。氐、羌同源,皆以羊为图腾。氐最初被写作"羝"。[3]"氐羌,夷狄国在西方者也。"[4]《史记·西南夷列传》载:"自冉駹以东北,君长以数十,白马最大,皆氐类。"白马即白马氐,亦称武都白马氐,与秦人所居西犬丘同属西汉水流域,两地交壤。《元和郡县图志》"成州"载:"秦逐西羌,置陇西郡。秦末,氐、羌又侵据之。"[5]不过这流域的氐人最初聚居的是在西犬丘的东南,今甘肃西和县一带。除西汉水流域的氐人外,在渭水以北的秦邑以及向西一带,即秦庄公迫"略"的"略",也是氐人聚居地。这一带为大地湾文化区,有八千年的历史。有学者指出在整个西羌区域内,可基本以渭水向西北斜接洮、湟一线,作为氐、羌二者的粗略分界线。渭以北迄河西走廊大抵为古代氐族区

① (南朝宋)范晔:《后汉书》卷87《西羌列传第七十七》,第2875页。

② (北魏)郦道元著,陈桥驿点校:《水经注校证》卷2《河水》,第47页。

③ 吴幼潜编《封泥汇编》有"刚羝道长""刚羝右尉"等西汉封泥"刚羝道"即《汉书》卷28《地理志》中的"刚氐道"。《说文解字》:"羝,牡羊也。"可见羝应当是游牧民族,或游牧成分较多的半农半牧的民族。吴幼潜编:《封泥汇编》,上海古籍出版社1984年版,第70、123页。

④ 《十三经注疏》整理委员会整理,李学勤主编:《毛诗正义》卷20《商颂·殷武》,第1642页。

⑤ (唐)李吉甫撰,贺次君点校:《元和郡县图志》卷22《山南道三》,中华书局1983年版,第571页。

域,渭以南的陇西、青海以迄川、藏,大抵为古羌族区域。至于氐族有时也称为羌的一种。①

考古表明,氐文化的代表是寺洼文化。寺洼文化的范围主要分布于渭水、泾水、西汉水、洮河等流域。寺洼文化安国类型是指甘肃平凉市安国镇遗址作为典型代表的宝鸡氐人鱼国,其活动范围在陇山东侧的陇县、千阳、宝鸡一带。周初扼守着陇山通道。与秦分别居住在陇山东西两侧,替宗周把守门户。其后势弱以至于史籍失载。值得一提的是,秦人由西通过陇山道进入关中,而鱼国氐人却消失不见,表明秦人在与氐人的斗争中占了上风。

如果说鱼国氐人是秦东边的氐人,西和县一带的氐人则是居住在秦西边的氐人。这里也有大量寺洼文化的遗址被发掘。② 在秦邑之北有庄浪一带的氐人。③ 在西犬丘与秦邑的西边有武山县一带的氐人。④ 由此可见,寺洼文化主要分布在甘肃东部的陇南和天水地区,大多在秦人的周边。秦人如何与之相处?从秦仲、秦庄公对西戎有战有和的策略看,秦人与氐人的关系大体也是如此,最终还是武力占了上风。其结果是这一带的氐人大多消失,只留下戎邑道、氐道两处地名。

三、秦与羌的交往交流

羌是生活在西北地区的古老民族,羌、氐同为游牧民族,但氐的农业成分较羌多。《说文解字》:“羌,西戎牧羊人,从羊从人,羊亦声。”在这里羌被划到西戎的范围。考古显示,与早期羌人关系最为密切的是辛店文化,其分布范围主要在黄河、洮河、湟水的交汇地带,向东可达渭河中上游。时间从商代一直延续到西周晚期。辛店文化遗址曾出土有表明羊图腾的羊头,所以辛店文化被大多数学者认为,是与羌戎有密切关系的文化。⑤ 秦人时代,羌戎文化与周文化多有交

---

① 刘起釪:《姬姜与氐羌的渊源关系》,田昌五主编:《华夏文明》(第二集),北京大学出版社1990年版,第4—26页。

② 甘肃省文物工作队等:《甘肃西和栏桥寺洼文化的墓葬》,《考古》1987年第8期。

③ 中国社会科学院考古研究所泾渭工作队:《甘肃庄浪县徐家碾寺洼文化墓葬发掘纪要》,《考古》1982年第6期。

④ 甘肃省博物馆:《甘肃渭河支流南河、榜沙河、漳河考古调查》,《考古》1959年第7期。

⑤ 谢端琚:《辛店文化族属蠡测》,田昌五主编:《华夏文明》(第二集),第27—43页。

融,这在甘肃东部的张家川、陕西宝鸡发现的刘家村文化遗址中多有映证。更有学者认为,刘家村文化就是宝鸡一带土著——姜姓羌族,也就是姜戎的文化遗存。① 姜戎文化是辛店文化向东发展的结果。姜戎文化在甘肃东部正是秦人早期的活动区域。羌人在秦的势力区域内生存,势必与秦为争夺生存空间而发生关系。这种关系既有相互交融、相互学习的一面,也有争夺地盘,争当地区霸主的一面。羌人尚武,《后汉书·西羌列传》曾经记载羌人,"以战死为吉利,病终为不祥。堪耐寒苦,同之禽兽。虽妇人产子,亦不避风雪"② 的习俗。在秦人与羌人的交往过程中,秦向羌戎学习是显而易见的。秦人善牧,包括养马、牛、羊等。所谓"非子居犬丘,好马及畜,善养息之。犬丘人言之于周孝王,孝王召使主马于汧、渭之间,马大蕃息"。因此孝王"分土为附庸,邑之秦"。羌戎牧羊,《风俗通》说:"羌,本西戎卑贱者,主牧羊。"秦人学习羌戎的放牧经验,培育出许多放牧高手。

从秦早期艰苦卓绝的发展历程看,秦与西戎既有和睦相处的时期,也有兵戎相见的阶段。周厉王时,西戎反王室,灭犬丘大骆一族。周宣王封秦仲为大夫,伐戎,反被戎所杀。秦仲之子庄公在周王室的支持下击戎取胜,收复西犬丘,受封西垂大夫。秦襄公建国,文公东进关中,武公伐邽、冀戎,接连取得了对戎战争的胜利,直到秦穆公称霸西戎。从周封非子为附庸,将秦拉进了中原文化圈。早期秦以为宗周看守西部边陲为己任。在与西戎的争夺中,秦人未必有绝对的实力与胜算,但秦人善于审时度势,相机行事,既可"和亲"以避锋芒,又有兵戎相见以扩疆域。所以司马迁称:"今秦杂戎翟之俗,先暴戾,后仁义,位在藩臣而胪于郊祀,君子惧焉。"③ 指的正是这一时期内秦人的生活习俗,而这在出土文物中也有较多的反映。目前已发现的秦人贵族墓地中,发现大量的青铜短剑,这种青铜短剑在商周墓葬中发现不多,其可能来源于周边的西戎。此外,秦人的用金传统、冶铁术可能都是受到了西戎影响。

总之,秦与西戎的关系错综复杂,早期时战时和,后期随着秦势力的不断扩大,打击和征服戎狄成为主要的选择。

---

① 陕西周原考古队:《扶风刘家姜戎墓葬发掘简报》,《文物》1984 年第 7 期。
② (南朝宋)范晔:《后汉书》卷 87《西羌列传第七十七》,第 2869 页。
③ (汉)司马迁:《史记》卷 15《六国年表第三》,第 835 页。

第六节　秦国强盛与统一的文化因素

秦文化作为我国法治思想和政治文化的典范,是中华民族宝贵的历史文化遗产。它发源于中国西北部的秦国故地,在西周时期,它由宗族文化逐渐发展成为区域性文化;在春秋战国时期,它升华为当地社会的主流文化;在秦国统一中国后,在一定的历史阶段,它又上升为占据主导地位的全国性文化。在以后两千多年的历史进程中,秦文化的要素又转变为中华传统文化的精髓。

秦人兴起于西陲陇右,壮大于关中。秦人自身充满着多样性和无穷的意味。在秦岭和黄河这两个文化摇篮中,秦人以自己独特的方式谱写了自己辉煌的历史,也造就了秦文化博大包容的文化优势,形成了进取开放的发展理念和规范管理的法治精神,经几代国君的不懈努力,终于实现了一统天下的历史夙愿。

一、与时俱进的精神

商末周初,中潏"在西戎,保西垂",秦族便展开了与西戎的持久作战,而此次家族的迁移也代表着秦人正式进入渭河中上游地区,直接导致"秦"地的出现。《史记集解》引徐广曰:"今天水陇西县秦亭也。"[1]《史记正义》引《括地志》云:"秦州清水县本名秦,嬴姓邑。《十三州志》云秦亭秦谷是也。周太史儋云'始周与秦国合而别',故天子邑之秦。"[2]据最新考古发掘表明,文献记载中的秦亭当在今甘肃清水县城北的李崖遗址一带。秦亭所在的牛头河谷地土地肥沃,适合农业耕种。

"秦"字像用手春禾,表明"其地宜禾"。秦人初到甘肃,生活在西汉水与渭水流域。在它的南面是长江上游的巴蜀文明区。它的西面与北面有戎狄文化,戎狄之西还有玉石文化。它的东面是关中文化,这里虽然是周王朝故地,但周王并没有给予秦人太多的政治资源。当西周王室在关中地区尽情享受着富庶时,没有人会顾及养马一族的卑微与生死。所以说,早期秦人是生活在几大文化板块

---

[1] (汉)司马迁:《史记》卷5《秦本纪第五》,第228页。
[2] (汉)司马迁:《史记》卷5《秦本纪第五》,第228—229页。

的夹缝中,秦人必须学会与不同的文化打交道,才可以争得到栖身之地。为此,秦人首先向关中发展,认真向周文化靠拢,从而导致周文化在秦人的文化中越来越占据主导地位,并最终因护送周平王而跻身于诸侯,获得了被正统认同的政治资源。应当说,没有关中就没有秦文化的今天。

秦人选择沿着渭水向关中发展,这是早期秦人做出的最正确的决策。关中东起函谷关,西达陇中,南至秦岭,北至贺兰山,这里是古代最富庶的地区之一,也是华夏文明的发祥地之一,极具特色。秦人来到关中地区后,这里也成为孕育秦文化的风水宝地。从考古工作者在春秋早期秦国墓葬中发掘出土的青铜器来看,几乎是清一色的西周风格。《史记·货殖列传》描述关中云:"关中自汧、雍以东至河、华,膏壤沃野千里,自虞夏之贡以为上田,而公刘适邠,太王、王季在岐,文王作丰,武王治镐,故其民犹有先王之遗风,好稼穑,殖五谷,地重,重为邪。"[1]

春秋战国时期秦国的范围不断扩大,到公元前3世纪初,秦国已拓取今四川大部、湖北西部等地。随着秦的军事征服、势力扩张、人员迁动,秦文化所影响和覆盖的地区不断扩大。在这样一个漫长的历史过程中,秦文化对其他文化也有吸收,内容越来越丰富。

到秦朝完成统一,实现了对全中国的统治,进而又采取许多措施巩固和发展统一,包括实行一系列的政策,有意识地统一思想、文化,以至于"车同轨,书同文,行同伦"。《史记·礼书》指出:"至秦有天下,悉内六国礼仪,采择其善,虽不合圣制,其尊君抑臣,朝廷济济,依古以来。"[2] 这是说,秦朝对六国文化是加以吸收而能予以兼容的。

比起周人的诸多影响,戎狄文化对秦人的影响也是不能忽视的。秦始终在游牧与半游牧民族的包围之中,在与戎狄民族的交流、交往中,秦人学会了与游牧文化的相处之道,以至于被中原诸国视为"戎",是"西戎的一支"。钱穆曾经说过:"游牧、商业起于内不足,内不足则需向外寻求,因此而为流动的、进取的……于是而遂有强烈之'战胜与克服欲'……无论其为世界观或人生观,皆有一种强烈之'对立感'……于是而'尚自由''争独立',此乃与其战胜克服之要求想呼应。故此种文化之特性常见为'征伐的''侵略的'。"[3] 秦人正是在与西方游牧、半游

---

① (汉)司马迁:《史记》卷129《货殖列传第六十九》,第3958页。

② (汉)司马迁:《史记》卷23《礼书第一》,第1374页。

③ 钱穆:《中国文化史导论·弁言》(修订本),商务印书馆1994年版,第2—3页。

牧民族打交道时,练就了骁勇善战的品格。战国以至于秦汉时期,经常有人注意并描述秦文化的这一特点,如魏国的信陵君说:"秦与戎翟同俗,有虎狼之心,贪戾好利无信,不识礼仪德行。"西汉初年,贾谊痛说"秦俗日败",认为商鞅变法以来,秦国一直是"并心于进取",虽然"功成求得",但却出现了社会道德水准严重下降的恶果,秦始皇又"废先王之道,燔百家之言,以愚黔首",更是将秦朝推向灭亡。《淮南子·要略》说:"秦人之俗,贪狼强力,寡义而趋势利。"司马迁也说:"今秦杂戎翟之俗,先暴戾,后仁义。"这里所说的"俗",部分地有我们所说的"文化"的含义。以上言论,虽然包含了对秦国或秦人的敌对心理,但却也揭示了秦文化的一些基本特质,如秦人长期受生活环境影响,在性格上烙印了戎狄即西北少数民族的印记,倾向于强悍好斗,为了达到目的,可以狠下决心,不惜一切。这些对秦人积极外向型的发展起到了不可替代的作用。

戎狄对于秦人的影响也会不知不觉地体现在文学作品里。由秦人著述的《诗经·秦风》,按照王照圆的《诗说》评论云:"秦晋诗音节皆入商声,殊少大和元气之妙。而秦尤雄厉,或以为水土使然。然溯其始,秦固周岐丰之地也。二《南》之作,为王化始基,周若彼其和平,秦若此其猛厉。何欤?且帝王不易民而治,彼强悍战斗之俗,独非忠厚仁让之道欤?此无他,古今之异,宜则政教之殊致也。"① 又曰:"秦晋之风多剽急,而少舒缓之体。与齐音正相反。"李斯说秦的音乐是"击瓮叩缶弹筝搏髀,而歌呼呜呜快耳者",具有简单粗犷的特色,与郑、卫之音的靡丽大不相同。

秦人对外来文化一向采取兼容并包的态度。秦穆公时就十分注重引进人才,吸收外来文化。至秦昭襄王时,博采众长,在学术上已出现"纳六国之士"的风气。而李斯《谏逐客令》所谓"垂明月之珠,服太阿之剑,乘纤离之马,建翠凤之旗,树灵鼍之鼓,秦不生一焉",以及"异国之乐者,今弃击瓮叩缶而就《郑》《卫》,退弹筝而取《昭》《虞》"等,这虽多有文学色彩,但的确反映了秦吸取东方六国文化的事实。另外,在秦攻伐六国中,每每将当地的手工作坊连同作坊主人一起迁入秦国,继续从事生产。这同样是秦人吸取中原文化的表现。秦始皇执政时期,注重吸纳礼乐,"悉内六国礼仪,采择其善",还御准吕不韦召集六国学

---

① (清)郝懿行著,张述铮等点校:《诗说》,(清)郝懿行著,安作璋主编:《郝懿行集》(第1册),齐鲁书社 2010 年版,第 416 页。

子,编撰《吕氏春秋》,兼采各家学说,展示了"泰山不让土壤"的广阔视野。秦朝虽然出现过"燔诗书,明法令,禁儒术"和"焚书坑儒"的现象,但这只是推行政制的权宜之策,并未影响秦文化的兴盛和繁荣。

为了招贤纳才,秦人制定了一系列"河海不择细流"的政策。在秦孝公建都咸阳之后的 144 年间,秦国一直是诸子百家的政治摇篮,"门户开放"成为秦国的优良传统。秦国大力从六国引进人才,大量吸收外部世界的新信息、新观念,如早期的百里奚、蹇叔、公孙枝,秦孝公时的商鞅,秦惠文王时的苏秦、张仪、甘罗、魏冉,秦昭襄王时期的白起、范雎、蔡泽,秦始皇时的吕不韦、李斯、韩非、王翦、郑国、尉缭、蒙恬,等等,他们都是当时六国的名贤志士,"士不产于秦,而愿忠者众"。他们均在秦国找到了实现其政治抱负的舞台,对当时的社会进步发挥了重要作用。为此,秦国发展、完善了客卿制度,使之成为一种行之有效的"储才"手段。秦国对待外来人才的宽容、开放政策,使得咸阳成为当时人才云集的都城。秦国由此变成当时政治、经济、文化最为强大的国度。历史证明,广招贤才是秦文化兼容并包特质表现得最为突出的方面,春秋战国时期没有任何国家能与之匹敌,是秦文化开放性的集中反映。

拥有五千年历史的中华民族传统文化不仅悠久绵长、内涵丰富,孕育出了许多极具地方特色和文化特点的分支文化,譬如中原文化、吴越文化、荆楚文化、巴蜀文化、秦文化等,其中巴蜀文化与秦文化作为中国传统文化体系中的两个重要部分,在秦国的发展过程中不断摩擦、碰撞并逐渐出现了融合的趋势,这不可谓不是一个伟大的历史文化现象。

纵观中西方历史,文化的传播方式以及途径大致可以分为两类:"友好传播"和"非友好传播"。这两种文化传播途径并没有优劣之分,但"非友好传播"中的武力方式传播文化的确更加迅速,更加高效,虽然与人道主义相背离,却不乏是一种传播文化的快捷途径。

秦蜀文化的融合比较特殊,"友好"与"非友好"的方式兼而有之。秦以武力战争方式统一了巴蜀之地,打破了春秋战国以来两种文化相对隔绝的状态。但是秦文化偏在西陲,远离中原,而巴蜀文化从本质上来说仍然是一种中原农业文化。所以秦蜀文化不仅是一种地域文化概念,而且两者因为土壤、气候、地形等因素的差异,也必然会导致文化形态以及内涵的差别。两种文化之间形态差异极大,这时候便需要秦政权采取"友好"方式来推进两种文化的交流融合。

秦灭巴蜀后，无形之中将秦文化带到了巴蜀。秦统治者采取了宽松的管理政策，保留了蜀地本来的社会组织，同时又添加了一些秦文化特色，如降税收、实行郡县制、颁布土地新政等，这不仅使巴蜀人民认同了秦政权，而且推动了两地人民友好往来、促进秦蜀文化交流融合，是文化交流"友好"途径的代表。

巴蜀文化的特点就是追求和谐、讲究休闲、道德感尤为浓烈，而秦早期偏在西陲，与中原交流甚少，道德感较为薄弱。随着这两种天壤之别的文化逐渐交流交融，在取其精华去其糟粕的过程中秦蜀文化也逐渐走向融合，蜀文化融入了秦文化的骁勇果敢，秦文化也从蜀文化中学会了"道法自然"和道德礼仪。

秦蜀文化的融合从根本上讲，固然是因为政治因素。秦在乱世之中以强大的军事优势和特有的骁勇善战的文化将巴蜀之地纳入政治版图，从而巩固了秦国的统治。但除政治因素外，经济因素也产生了巨大的推动力，秦蜀经济的交融有利于两地商贸交流和沟通，利于双方互通有无，推动经济发展。从对后世影响的层面来说，秦蜀文化融合代表了大一统文化局面的趋势，有利于中国的相对稳定和统一的局面形成。

二、穷则思变的理念

秦文化最基本的内核就是谋强图大，这种意念的产生与秦人的生存危机与悲剧命运有很大关系。西周初年，秦人被流放到遥远的西方边陲。自此以后，秦人备受压迫，东方人排挤他们，作为主子的周人起初也瞧不起他们，生活在他周围的戎狄时时处处打压他们，弄得秦人不得安生，秦人的心性被深深地压抑着。这对于秦人性格有着直接的关系。特别是与戎狄长期杂居而形成了淳朴的民风：注重实效、不事虚浮、尚武果敢、注重进取、率直主动、谋强图大、不断开拓，为实现目标会勇往直前，不容任何困难和力量阻挡的秉性，正是秦文化的魅力所在。也可以说，秦人的文化是最有血性的文化，与中原格格不入，甚至被视为异端。

秦人的务实作风在意识形态的选择上表现得更具代表性。秦文化虽然具有兼容性、开放性，但仍然是有选择性的，对于那些不符合秦国国情的政治学说，绝不盲目加以吸收应用，如商鞅见秦孝公时先说以"帝道"，再说以"王道"，孝公均不感兴趣，但说到"霸道"与"强国之术"时，孝公"欢甚""不自知膝之前于席""语数日不厌"。① 在秦孝公看来,"帝道"乃道家学说,"王道"属儒家说教,均"久远"矣,实行起来很难切合秦国的实际,而"霸道"宣扬的是法家思想,能够迅速满足秦国"显名天下"的当务之急,显然会收到立竿见影的效果。由此可见,秦国的兼容并蓄是用一把实用、快速有效的标尺来衡量,凸显着注重实效、注重效率的传统。

《左传·公羊传》何休注曾提出一个问题,为什么秦立国君,不问嫡庶,却是"择勇猛者而立之"? 对于秦统治者而言,在战争的情况下,只有勇猛之士才能率众杀敌,取得胜利,从而获得生存与发展的空间。如果照顾到嫡庶,不看本领,其后果是不堪设想的,而这彰显的正是务实精神的"霸道"。存在决定意识。

秦人的历史证明,在秦献公、秦孝公之前,秦人更多的是奋发自强,以追赶东方诸侯为主旋律。秦人没有现成的政治资源可以享用。秦人既不是周王室的嫡系,也不是周王室的异姓姻亲。当各国诸侯早已封邑遍天下时,秦人仅仅是一个"好马善养"的"西垂大夫"。直到公元前771年,秦襄公因护驾周平王东迁有功,才被封为诸侯,但受封时被赐予的岐西之地只是一个空头许诺,秦人只有靠自己的打拼才能实现周王的承诺。由此可见,除文化吸收外,秦人并没有实质性地继承到周王室的政治资源与疆域空间,因生存空间有限而不得不与戎狄争夺立足之地。所以,只有顽强地抗争、持之以恒地进取才是秦人刻骨铭心的生存之道。

春秋时期,秦已不再是保边陲的小部落,在与东方诸国的接触中,逐渐吸收了中原文化,却并未养成东方诸国骄奢淫逸的生活习惯。在齐、楚、赵、魏重享乐、图安逸的大环境下,秦人仍保持着质朴务实的习性。

秦国从商鞅变法就开始建立真正的"县制",推行土地私有制,逐步废除分封制,实行"王者不却众庶"的社会改革。其目的就是打击封建诸侯的地方势力,瓦解封建贵族和领主对土地的控制,准许民间自由买卖土地,让自耕农合法占有田地。这一改革推翻了自西周以来一直施行的"分土诸侯"制度,恢复了平民百姓的基本权利,解放了社会生产力,促进了农业的发展。在秦始皇统一中国之后,这些改革措施又继续延伸到皇族规制和"世卿世禄"制度。如始皇登基后,不循祖制,"使秦无尺土之封,不立子弟为王";各级官员勋爵均凭军功授予,以"功臣

---

① （汉）司马迁:《史记》卷68《商君列传第八》, 第2708页。

为诸侯";直至始皇驾崩时,国朝不封皇后、不立太子,群臣百官均依制任命,各司其职。秦始皇以上"事不师古"的改革,充分体现他以"庶民社会"为本的治国思想,以及积极推动中国走向"君主法治"的政治理想,突显出他是中国古代伟大的政治家、改革家。

秦国人崇尚黑色。上至王公贵族下至平民百姓,甚至杂役奴仆全都穿着以黑色为主色系的衣服。朝堂之上的大臣们清一色都是黑色衣服,就连军旗与朝堂的装修风格也有别于其他国家的金碧辉煌,而是以黑色为主色调。秦人尚黑的原因固然很多,但尚黑的风格隐含着潜在的朴实却是很少有人注意,如秦人认为黑色军旗便于隐蔽,且耐脏,这体现的正是秦人务实的一面。

有人认为,在秦人的价值观上,功利主义的特征十分明显,与儒家提倡的重礼义道德大不相同。《汉书·刑法志》这样描述:"秦人,其生民也陿陋,其使民也酷烈……然皆干赏蹈利之兵,庸徒鬻卖之道耳,未有安制矜节之理也。"[1]《荀子·议兵》也云:"秦人,其生民也陿陋,其使民也酷烈。"[2] 颜师古注《汉书》和杨倞《荀子》都解"狭隘(陿陋)"为地势狭小险固,但郝懿行《荀子补注》、王念孙《读书杂志·荀子第五》认为,"狭隘"在这里指秦国人民生计穷蹙。而商鞅之法又规定"怠而贫者,举以为收孥"。在这种政治环境下,秦人社会形成了十分明显的功利色彩,其生活节奏和社会风气里显现出"急促"的特征,与齐、鲁等地"舒缓"形成了鲜明的对比。整个社会呈现出"贪狠强力"的风貌,这其中商鞅变法对秦俗的改变起了决定性的作用。

古人这种评价,固然有其合理的一面,但"功利主义"的评价并不全面准确。功利主义仅仅是秦人进取精神的一个方面,除功利色彩外,善于捕捉机遇、不断开拓也是秦人积极进取所必需的品质。李学勤《东周与秦代文明》中划分战国时期文化圈为七个,秦国在七个文化圈中是相对边缘化的一个。秦国作为一个远离中原富庶之地的国家,正是因为具备了坚强果敢、组织性强、纪律严明、善忍耐的优秀品质,才得以一步步走向辉煌。尤其是商鞅变法之后,秦国的社会生产力提高,社会矛盾缓解,人口充足,在上述优秀品质的基础上才具有了吞并六国的底气,可谓是势不可当。游牧民族因为其生存环境,性格本就桀骜不驯,而秦人

---

① (汉)班固:《汉书》卷23《刑法志第三》,第1086页。

② (清)王先谦撰,沈啸寰等点校:《荀子集解》卷10《议兵篇第十五》,第273页。

在与游牧民族的长期交往中同样练就了骁勇善战、果断出击的本性,所以说务实进取、积极拓展的特质是秦人刻在骨子里的基因,实不为过。

秦统一六国之后,强大的政权成为宣传务实进取、积极拓展文化的最好利器,在治国过程中同样融入了这种积极进取的文化。

秦国之所以能够统一六国,商鞅变法功不可没。商鞅变法的最大功劳就是在秦国建立起最为完善的中央集权制,而中央集权制的建立又是其他改革措施得以实施的政治保障。缺少这一保障,变法图强无从谈起。商鞅变法实施的奖励耕田的重农措施对秦国生产力的发展、社会的稳定起到了巨大的推动作用;商鞅变法奖励军功的措施对打破宗法分封制度、提高秦国军事打击能力发挥了无可替代的作用;商鞅变法使"法治主义"在秦国扎下了深深的根,"法治主义"几乎成为压倒一切的强劲的社会思潮。正因如此,到秦昭襄王时,秦国的国土面积已超过了东方六国所剩领土的总和。秦国的强盛超过东方各国,这一点决定了由秦来实现统一是历史发展的必然趋势。

相比之下,其他六国则缺少彻底改革的政治勇气,结果是政治生态远不如秦国。以楚国为例,楚国自吴起被杀后,执政带兵的始终不出昭、景、屈三大贵族,政治腐败。楚顷襄王时,"恃其国大,不恤其政,而群臣相妒以功,谄谀用事,良臣疏斥,百姓心离,城池不修,既无良臣,又无守备"①。《荀子·议兵篇》载:"楚……兵殆于垂沙,唐蔑死,庄蹻起,楚分而为三四。"韩非说:"庄蹻为盗于境内,而吏不能禁,此政之乱也。"②《吕氏春秋》曾将"庄蹻之暴郢"和"秦围长平"相提并论。长平之战是战国时代兼并战争中规模最大、杀伤最多的一次战役。赵国军队被秦俘虏活埋的有四十多万人。可见庄蹻之暴郢的规模之大。"庄蹻之乱"对于楚国的影响究竟有多大,这可从楚国的衰落中窥见一斑。战国初的楚国是比较强的国家,曾两次被推为纵长,主持合纵攻秦事宜。所谓"纵合则楚王,横成则秦帝"。"庄蹻之乱"后,楚国相继被韩、魏夺取宛、叶以北地区,被宋夺取淮北地,被秦夺取汉中、上庸,甚至连国都郢也被攻占。洞庭湖四周以及巫郡、黔中郡都为秦所夺,最后终于被秦所灭。

---

① 何建章注释:《战国策注释》(上)卷33《中山策·昭王既息民缮兵章》,第1250—1251页。

② (清)王先慎撰,钟哲点校:《韩非子集解》卷7《喻老第二十一》,第169页。

三、崇法集权的制度

"明法度,定律令"的法治思想是秦文化的基础,"维护国家大一统和推行中央集权政治制度"是秦文化的政治核心。它的形成和发展经历了多个朝代、近千年历史的锤炼。

秦文化的特征之一就是集权性,这与周文化有明显的区别。秦文化的这一特征与秦人没有广泛实行宗法分封,难以利用封邑管理疆域有直接关系,也与历史上秦人长期处于军事状态有直接的关系。秦与戎狄的军事冲突由来已久。秦建国后这一斗争进入了更为激烈的阶段,尤其在秦文公时代打败戎人,收"周余民"以及占有西周故地后,同盘踞在此的戎狄展开极为艰巨的军事斗争时期。军事斗争固然要求权力的高度集中,绝对服从,但仅凭这一点并不足以导致中央集权,如东方诸侯饱受战争洗礼,却未见实行过秦国的高度集权制。可见秦人的集权特征不仅与特定的战争条件有关,更是与秦人未能广泛地将自己的嫡庶分封到境内各地有关。所以说,秦人的集权制是因宗法分封制的不足而催生的取代物。

战国中晚期,秦文化的这一特征更为明显,从秦孝公到始皇帝,秦国几经辗转,终于接受了法家理论,秦国政、俗从此为之一新,尤其是自商鞅变法之后,秦形成了和周文化截然不同的一种全新法家文化体系,人们所说的秦"刻薄寡恩""尚首功""虎狼之国""贪狼强力,寡义而趋利"等特征,正是产生于这一阶段。战国晚期,秦文化已发展成一种极端的文化,形成了以法治为基础的集权国家。

在集权制度下,秦国的后勤供给与其他诸侯国不同,是由国家供给的。秦国的军旗是统一的,也是由国家供给的,这是集权制度的必然结果。

春秋战国时期出现了"百家争鸣"的空前盛景,以儒家、道家、墨家、法家、兵家等为代表的各学术流派,在不断争鸣的过程中,呈现了一场辉煌灿烂的思想盛宴。各流派的思想家互相诘难、争芳斗艳,不仅丰富了当时的学术思想,同时也为后世留下了一笔取之不尽、用之不竭的精神财富。

当时的思想开放程度以及学术发展,不仅为封建统治阶级提供了政治思想武器,同时也为各行各业的发展奠定了理论基础。但无论哪个流派或是思想,要想得到长久的发展,都必须符合统治者的政治需要。法家、儒家等思想流派正是因为符合了统治者的政治需要,才在"百家争鸣"的混乱局面中脱颖而出。

先秦儒学是一个对社会产生巨大影响的学术思想，其所倡导的仁爱、民本、德治观念不仅极大地提高了人们的道德修养，也有力地促进了社会和谐与文化繁荣。但这种学说的不足之处亦不少。首先，在社会发展观上，儒家不仅不赞成积极的变革进取，反而要求恢复古制，这种消极的复古主张往往是社会进步的绊脚石。其次，儒家思想是建立在宗法制度，并且服务于宗法分封制度之上的意识形态，提倡贵族精神，强调宗族观念和集体利益，限制了平民阶层的发展。

法家学派形成于先秦，在春秋战国时成熟并形成体系，尤其是在秦朝统治时期，法家思想更是被当作统治思想而备受推崇。这与法家所提倡的"以法代礼"，也就是"主张法治，反对礼治"有直接的关系。

为了能够说服其他学说以及统治者，法家以申不害、商鞅、韩非为代表，不断阐述和完善法家学说和思想，归纳起来，一是不法古，不修今，既反对复古，又反对安于现状；二是崇尚法治，主张轻罪用重刑，则大邪不生；三是奖励耕战，认为"治国之策"在于坚定不移地推行耕战政策，"国之所以兴者，农战也"，农可以使民朴，朴则安居畏令；战可以强国称霸。法家思想的核心是"平民精神"，具体体现则是"按功行赏"，加官晋爵的前提是"功绩"，而促使这种主张得以实现的政治保障则是中央集权制，即"法治"。在宗法分封制，即"礼治"下，"按功行赏"是难以做到的，所以两种思想很难兼容，两种制度也难以兼容。战国时期，各国为了争雄称霸均不同程度地采纳了法家思想，但碍于宗法制度的影响，法家提倡的政治主张在有些诸侯中难以付诸实现。秦国由于受宗法分封制度的影响最小，平民阶层的影响力较大，故而中央集权制的建立也比较早和比较广泛，对于法家思想的接受程度最为彻底，变法革新也实施得最为彻底。

《汉书·艺文志》将法家思想列为"九流"之一。从思想体系上来看，法家思想可以用包罗万象来形容，涵盖伦理思想、社会发展思想以及政治思想等诸多方面。如果从细微角度剖析法家思想，不难发现这个流派所包含的内容十分丰富，上至君臣下至黎民百姓，既有对上层建筑的统治构想，同时也有涉及社会方方面面的实际应用，如政治、法律、经济、社会改革等。这其实也是秦统治者能够大力推崇法家治国的根本原因。

秦孝公开始重用商鞅，商鞅变法是秦国统治与法家思想的融合期。商鞅根据秦国的实际现状，向秦孝公提出"主张法治，反对礼治"的基本治国思想。秦孝公和商鞅为了能够让法家思想在秦国顺利实行，通过"徙木立信"的方式，让秦国人认可了法家治国的可信性。

商鞅变法是春秋战国时期各个国家变法中最为彻底、效果最为明显的变法强国典范。在文化教育方面,商鞅认为"礼乐""诗书""仁义""修善""孝悌"等儒家思想,不仅不利于国家发展,而且还很容易禁锢思想,并成为祸国殃民的罪魁祸首。秦孝公对商鞅的主张不仅持肯定态度,而且通过统治权力对其变法行为大力支持。商鞅在《农战》中提出"敌至必削,不至必贫"。在向秦孝公上表的《画策》中认为,"礼治"所提倡的"不作而食,不战而荣,无爵而尊",不仅不利于国家发展,甚至还会带着国家走向覆灭的深渊。在秦孝公的支持下,商鞅坚决主张采取"燔诗书而明法令"的手段,对支持"礼治"的人进行打击和镇压。无论秦孝公还是商鞅,其实所代表的都是新兴地主阶级的利益。而崇尚"礼治"的旧贵族,为了能够保持现状和既得利益,却在不断阻挠和破坏变法。

秦孝公和商鞅所坚持的变法活动,其实也是旧贵族与新兴地主阶级矛盾的体现。为了能够顺利变法,商鞅在秦孝公的指示下,不断培养能够支持变法与革新的人才。"任其力不任其德""官爵必以其力""禁游宦之民而显耕战之士",其实就是当时支持变法与反对变法的一场争斗。以秦孝公和商鞅为代表的改革变法派,为了对抗崇尚"礼治"的旧贵族,不得不培养和提拔"耕战之士"。这其实也是商鞅以法治思想为中心的一次变革手段。除了奖励耕战改革之外,其实"迁都咸阳、设立郡县制、开阡陌"等变法活动,为秦国强大打下了坚实的基础。

秦始皇继位后,又将阴阳家和法家思想结合起来。他采用邹衍的五德始终说,以证明秦取代周是符合历史规律的。按照五德始终说,秦为水德,周为火德,如此水代火德是"事统上法"①,再正常不过的事。秦始皇之所以这样做,无非是要将自己威权化,将"法治"进一步合法化。

四、顺应民心的意识

战国时期,各国通过改革,社会经济都发展较快,经济文化的交流也日益频繁。可是这种发展趋势与当时的政治局面发生了严重的矛盾。诸侯割据,相互之间壁垒森严、关卡林立、交通受阻、货币不一。而且长期的战争给社会生活带

---

① (汉)司马迁:《史记》卷28《封禅书第六》,第1643页。

来了严重的破坏。所谓"争地以战,杀人盈野;争城以战,杀人盈城",正是这种现实的写照。因此,削除封建割据,结束混战状态,实现全国的大统一,既是社会经济文化发展的需要,也是各国人民的共同需要。所以,秦统一的最根本的原因就是春秋战国以来常年的战乱使老百姓厌恶战争,渴望和平,而只有安定统一,结束战乱,才是和平得以实现的前提。秦的统一正是符合了这种历史发展趋势。

第七节　秦国强盛与统一的医疗因素

秦国的医疗文化有其历史积淀和传统,形成了较完备的医疗、用药等体系,对秦国强大和统一六国起到了独特作用。

一、对先周医药技术的继承和发展

秦人在长期生存发展过程中,既与严酷的生存环境作斗争,又与疾病作斗争,吸收了黄帝以来,特别是夏商周三代所积淀的医药文化。从秦襄公建国,经过 550 多年的发展,"使秦国医学达到了当时的最高水平"[1]。

1.岐黄医学对秦的影响。岐黄文化以《黄帝内经》及其相关资料为主要内容。《黄帝内经》形成背景复杂,是后人通过托名黄帝与岐伯、伯高、少师、少俞、雷公、鬼臾区等六位臣属之间的问对形式,来反映医学理论和方法的经典著作。秦国名医医和提出的"六气致病"理论明显与鬼臾区的"六气"理论有密切关系,《黄帝内经》的《素问·天元纪大论》和《素问·五运行大论》中,就有黄帝与鬼臾区关于五运六气的讨论。秦国信奉"五德始终"说,认为周为火德,秦为水德,水能克火,秦代周是遵行五德运行,故秦人尚水德。秦人这一哲学概念,也是受五行理论的影响。医和首先将阴阳和疾病联系起来,用阴阳的辩证关系来解释疾病的症候变化,他是见载于书的第一位把阴阳和医学联系起来的人。这明显与《素问·阴阳应象大论》关于阴阳与人体生命奥秘相关论述有关联,说明秦人的阴阳理论深受黄帝所创的阴阳哲学概念的影响。

---

① 赵石麟:《春秋战国时期秦医学的历史地位》,《陕西中医》1989 年第 2 期。

2.对周朝医疗文化的继承。秦人在穆公之前,"诸侯卑秦",秦人与中原诸侯国往来相对较少,主要是和西周故地的周遗民打交道,因此学习继承了周代的医学成果。《诗经》记载了一些疾病的名称和症候,如瘨癫狂、闵伤痛、狂疑、首疾头痛、噎气息不利、疢心忧惢之病、矇失明、震有娠、身怀孕、瞽盲人等。《山海经》《周礼》等也记载了多种疾病的名称和内容,如肿疡、溃疡、金疡、疟疾、疥、瘅疽、足肿病、佝偻病、秃头、胼胁等疾病。秦人继承了周人的医药文化,对文献记载中的疾病又进行了长期的探索研究,在陇右和关中地区丰富和发展了中草药,因而秦国产生了众多的名医,如医缓、医和、医䲴等。到秦国后期,仅《吕氏春秋》提到的就有菖蒲、甘草、牡蛎、半夏、菟丝、茯苓、葛根等常用中草药,会治疗膏(痈疽)、蔡疠(瘟疫)、疟疾等流行性疾病,对西周及春秋战国以来的各种药材都有研究。

3.对兽医文化的发展。秦人给动物治病的诊病原理和用药,受到华夏医学理论、施治方法的影响。伯益在辅佐大禹治水过程中,屡屡和鸟兽打交道,熟悉鸟兽习性,积累了丰富经验,成为调驯和饲养家禽的开山鼻祖。伯益的后人费昌、仲衍、造父等也以善于调驯鸟兽闻名于世。非子继承了先祖调驯鸟兽的天赋和技能,在汧渭之间为周王室养马,"马大蕃息"。因此,秦人继承了祖先调养、驯化、繁殖和疾病防治等驯养鸟兽的文化和技能,善于给牲畜治病成为秦人的特长。秦自襄公立国到秦穆公时期,一直重视驯养鸟兽及其疾病防治,形成了有自己特点的兽医技能和理念。

二、秦国医疗制度

1.医官制度。秦国继承西周医官制度,将巫与医分开,将疾病治疗纳入国家政务管理范围。设有中央医官和地方医官,中央层面设有太医令、太医丞等医职,太医不但负责中央官员的疾病诊治,而且掌管地方郡县的医疗事宜。比如,秦武王时有太医令李醯,秦始皇时有侍医夏无且等。地方层面,郡、县、乡、亭四级行政机构中,有的由其长官负责管理医疗卫生事宜,有的设有专门的医官比如医长和药长,具体负责管医和管药。比如,《睡虎地秦墓竹简·封诊式》记载了县级长官"令史"兼有统管医疗卫生的史实。《出子爰书》《贼死爰书》《经死爰书》都清楚表明,"令史"负有对某些死亡病例进行调查处理的责任。当时也有专门从事医疗职业的医工。

2.卫生制度。春秋战国时期,秦国就特别注重卫生环境。《史记·李斯列传》记载:"商君之法,刑弃灰于道者。"① 即严禁乱扔垃圾。从考古资料看,在礼县西山遗址、大堡子山遗址中,在靠近居民居住的地方,均有专门的地方用来倾倒垃圾,不守法者,将遭受秦法惩罚。

3.防疫制度。秦国虽地处偏远,但未能避免疫病的流行。公元前369年,周烈王七年,壬子年,秦国大疫。② 秦国善于从各诸侯国疫情暴发中不断汲取经验,注重控制传染源、切断传染路线。这是最原始最有效的方法,至今仍在沿用。据《睡虎地秦墓竹简》记载,当时的秦法规定必须对瘟疫患者进行隔离,以防传染。当时的秦国已经设置有专门安置麻风病人的隔离机构,被称为"疠迁所"③。

4.检疫制度。秦在统一六国前,针对各国疫情频繁发生,制定了专门的国境交通检疫制度。秦律规定,"者(诸)侯客来者,以火炎其衡厄(轭)"④,即用火烧其车马辕轭,以达到消除病毒的目的。这种检疫的措施,简便易行,非常有效,体现了古人的智慧。《睡虎地秦墓竹简》有一个案例:邻居怀疑某人患有"毒言"(通过唾液传播的传染病),将之扭送至官府,某人被判有罪,被送往"疠迁所"。官府招来医工检查,认定某人未必传染毒言,于是无罪释放。若黔首被确认为染疠者,可视同罪犯,甚至能"定杀",或"生埋之",或"杀水中"。⑤

5.奖惩制度。秦国注重从各国延揽医药技术人才为其所用,同时通过健全奖励惩治相关法律来推动医药技术的创新发展。《庄子》载:"秦王有病召医,破痈溃痤者得车一乘,舐痔者得车五乘,所治愈下,得车愈多。"⑥ 治好难度愈大的病,奖励愈重。《史记·秦始皇本纪》载:"秦法,不得兼方,不验,辄死。"⑦ 秦国鼓励医学技术进步,采取务实奖惩举措,使得各诸侯国医学人才纷纷来到秦国,比如扁鹊就从齐国奔赴秦国,传道授医。这一奖惩举措,使秦国医学技术得到了快速发展。

---

① (汉)司马迁:《史记》卷87《李斯列传第二十七》,第3100页。
② (汉)司马迁:《史记》卷15《六国年表第三》,第868页。
③ 睡虎地秦墓竹简整理小组编:《睡虎地秦墓竹简·法律答问》,第122页。
④ 睡虎地秦墓竹简整理小组编:《睡虎地秦墓竹简·法律答问》,第135页。
⑤ 睡虎地秦墓竹简整理小组编《睡虎地秦墓竹简·法律答问》,第122页。
⑥ (清)郭庆藩撰,王孝鱼点校《庄子集解》,中华书局1961年版,第1050页。
⑦ (汉)司马迁:《史记》卷6《秦始皇本纪第六》,第329页。

6.饮食养生制度。《吕氏春秋》对秦朝的饮食和养生文化多有记载,认为定时定量不饥不饱是"五脏之葆",过食肥美浓酒为发病之始。秦人讲究特定的时节吃相应的食物。《吕氏春秋》还记载,孟春、仲春,"食麦与羊"①,孟夏、仲夏"食菽与鸡"②,季夏"食菽与鸡"③,孟秋、仲秋、季秋"食麻与犬"④,孟冬、仲冬、季冬"食黍与彘"⑤。对于住房养生,秦人也有很深刻的认识,认为:"室大则多阴,台高则多阳,多阴则蹶,多阳则痿。"⑥阴气多会突然昏倒,手足寒冷,阳气多就会四肢软弱无力,会得一些阴阳不和的病症。

三、秦国医学成就

1.对医学理论的贡献。在秦国历代君王的推动下,秦国医疗文化发展走在诸侯国前列,涌现出了医缓、医和、医竘等良医。医缓为晋景公治病,被赞为"良医也",医和曾为晋平公治病,医竘曾为周宣王治病,医术出神入化,被史书记载。这些良医在推动秦国医学发展上发挥了重要作用,提出的理论对构建中国传统医学体系发挥了奠基性作用。比如,医和提出了著名的"六气病源"的病因学说,认为:"天有六气,降生五味,发为五色,征为五声。淫生六疾。六气曰阴、阳、风、雨、晦、明也,分为四时,序为五节,过则为菑:阴淫寒疾,阳淫热疾,风淫末疾,雨淫腹疾,晦淫惑疾,明淫心疾。"⑦其核心观点是"六气以阴阳为纲,而淫生六疾统于阴阳",被后世称为病因理论的创始者。秦国医者完善了"精气理论""阴阳理论""五行理论"等医学理论,为《黄帝内经》等医学理论著作的最终形成作出了贡献。

2.对人体解剖学的贡献。古代对人体结构的认识到春秋战国时期达到了新的高度,对骨骼的长度、脏腑的大小、经脉的长短、肠胃的大小、容量都有深刻的了解,对人体的脏腑功能、病理及其相互关系有了较全面的认识,形成了脏象学

---

① 许维遹撰,梁运华整理《吕氏春秋集释》(上)卷1《孟春纪·孟春纪》,第7页。
② 许维遹撰,梁运华整理《吕氏春秋集释》(上)卷1《孟夏纪·孟夏纪》,第85页。
③ 许维遹撰,梁运华整理《吕氏春秋集释》(上)卷1《季夏纪·季夏纪》,第130页。
④ 许维遹撰,梁运华整理《吕氏春秋集释》(上)卷1《孟秋纪·孟秋纪》,第155页。
⑤ 许维遹撰,梁运华整理《吕氏春秋集释》(上)卷1《孟冬纪·孟冬纪》,第216页。
⑥ 许维遹撰,梁运华整理《吕氏春秋集释》(上)卷1《孟春纪·重己》,第22页。
⑦ 杨伯峻编著《春秋左传注》(上)《昭公元年》,中华书局2018年版,第1059—1060页。

说。比如,公元前 581 年夏,秦国派医缓给晋景公治病,医缓日夜兼程赶到晋都绛城,不顾路途劳顿即刻入宫诊病,认为景公的病已经没有办法了,便如实告诉他说:"疾不可为也,在肓之上,膏之下,攻之不可,达之不及,药不至焉,不可为也。"① 这就是"病入膏肓"典故的来历。古代医学把心尖脂肪叫作膏,心脏和膈膜之间叫作肓。这说明秦医对人体结构的了解达到相当高的水准,也反映出秦国医术的高明。因为有这些基础,才有《灵枢·骨度》《灵枢·肠胃》《灵枢·平人绝谷》被后世医家托名撰写的可能。

3.对治疗方法的贡献。扁鹊是"五色诊断法"和针刺法治疗的高手。《史记·扁鹊列传》曾记载,秦穆公曾突然死去,七日后复活。秦医认为这是脑血管病,进行了研究治疗。这个经验被传至诸侯列国,扁鹊学习到了这种方法,将人体做成方人,可看见五脏,练习针灸,形成了"切脉、望色、听声、写形"等诊断方法,尤精于望诊和脉诊。② 扁鹊曾给赵简子看病,通过诊断认为赵简子得了与秦穆公同样的病,判断他的病不出三日便可治愈。后来,扁鹊来到了秦国,推动了秦医治疗方法的发展和完善。医竘善于作手术治疗,曾给秦惠王治痔,为张仪治肿背,都是通过切割脓疡和泻血的方法治疗的。此外,按摩、食物、心理疗法等在秦国都被采用。③ 秦统一六国后,收缴列国书籍时,保留的书籍中就包括医书,进一步了推动诊疗方法的发展。后人撰写的《灵枢·九针十二原》《灵枢·五色》《灵枢·禁服》《灵枢·官能》以及长沙马王堆 3 号汉墓出土的《脉法》等医学著作,对秦国及秦统一前后的医疗针法作了系统的总结梳理和推广。

4.对病症与医药研究的贡献。秦人丰富了中草药的选用,发展了对病症的治疗技能。在对生物生长规律、环境及属性研究的基础上,认为"夫草有莘有藟,独食之则杀人,合而食之则益寿"④,就是秦人总结的经验。秦人知道蜂刺和鸟头都是有毒的,但混合着吃就可以解毒。《吕氏春秋》中,就记载有艾、菖蒲、半夏、菟丝子、生姜、茯苓、葛根、莕、甘草等草药,说明秦人当时对植物药性有了深入的研究。

---

① 杨伯峻编著:《春秋左传注》(下)《成公十年》,第 727—728 页。
② (汉)司马迁:《史记》卷 105《扁鹊仓公列传第四十五》,第 3373 页。
③ 朱建平:《中国医学史研究》,中医古籍出版社 2003 年版,第 64 页。
④ 许维遹撰,梁运华整理:《吕氏春秋集释》(下)卷 25《似顺论》,第 661 页。

四、医疗卫生对秦国的贡献

由于历代秦人对医疗技术的重视和数百年的发展,医疗卫生对秦国人民健康、强兵富国等发挥了弥足珍贵的重要作用。

1. 促进了人的素质提升和人口增长。在古代,人是最根本的生产力,人口数量多不仅能够发展经济,而且可以征收更多的税赋,也能够提供更多的兵员。商鞅变法后,秦国不仅极力鼓励本国人口生育,还鼓励外国人移民本国,并给予相对应的优惠政策。对于那些不愿意早点结婚生孩子的,秦国就要加倍征收他们的赋税。如果魏、赵、韩三个国家的百姓来移民,秦国可以免除他们的徭役、兵役,而且,允许他们到山地、沼泽、丘陵等地开荒,十年内不征收赋税。① 由于秦国有较高的医疗水平,因而婴儿死亡率相对较低,人口也必然增加,自然国力也越来越强。据熊建雪《关中地区周秦时期人类体制健康状况研究》分析,从出土骨殖看,战国时秦国人的身高明显高于西周人,寿命也有显著增长,婴儿死亡率则明显下降。《睡虎地秦墓竹简·法律答问》还明确规定:擅自杀死子女,黥为城旦舂;擅杀养子,弃市。② 秦国从法律、政策和医疗技术保障等多个层面采取措施,促使秦国人口保持增长,保障了耕战需求。

2. 降低了因战争带来的人口损失,让秦国有充足的兵源。秦国医疗体系相对健全,可以挽救很多受伤的士兵。在战国时期,秦国所在的关中地区死于壮年期前的人口不足 40%,死于老年期的占 20%,而其他国家壮年期之前的死亡率高达 60%,死于老年期的仅占很少一部分。③ 可以看出,列国受伤兵士只能听天由命之际,秦国却有较好的医生治疗,可以挽救战争中兵士生命,壮年死亡率就会低,可以有效减少战争人员伤亡损失。

3. 提供了大量的牲畜和战马。在科技不发达的古代,马匹既是最先进的交通工具,也是将士们冲锋陷阵的利器,马匹象征着一个国家的财富与战略资源。一个国家战马数量的多少、战马品种的优劣往往能够决定国家的军事实力。秦国之所以能够统一天下,不仅是因为国家制度的变革,更是因为秦拥有三辅和雍凉之地,能够配备强大骑兵。自古以来,雍凉地区就盛产马匹。秦国的始祖非子

---

① 石磊译注:《商君书》卷15《徕民》,第126—135页。

② 睡虎地秦墓竹简整理小组编:《睡虎地秦墓竹简·法律答问》,第109—110页。

③ 熊建雪:《关中地区周秦时期人类体质健康状况研究》,2016年西北大学硕士学位论文。

就曾为周孝王养马,有悠久的养马历史,秦人善于养马,秦国的良马也十分有名。秦惠文王时,秦国就有"虎贲之士百余万,车千乘,骑万匹,积粟如丘出"①。《诗经·秦风》中有:"驷驖孔阜,六辔在手。"秦国能够多出马、出良马,离不开养马的经验和疫病的防治。《史记·张仪列传》记载:"秦马之良,戎兵之众,探前趹后,蹄间三寻腾者,不可胜数。"②张仪向韩王炫耀秦国一跃有两丈多远的马,多到没法数清。秦国战马多,离不开秦国的马政和兽医体系。秦国很多相马大师就是高明的兽医,秦国有《伯乐针经》《伯乐疗马经》《疗马方》《伯乐治马杂病经》等兽医专著传世,在后世兽医学术的发展中产生了较大的影响。秦穆公时的监军少宰孙阳,精通兽医,著有第一部兽医针灸书——《伯乐针经》,为历代畜牧兽医经典所记载。这些都说明,当时的秦国有较为系统的兽医诊疗技术,让马匹的饲养、繁育、疾病防治等有了可靠保障,能够为秦国连年征战提供源源不断的马匹供应。

---

① (汉)司马迁:《史记》卷70《张仪列传第十》,第2782页。
② (汉)司马迁:《史记》卷70《张仪列传第十》,第2786页。

第五章　秦文化的历史影响和时代价值

　　翻开人类历史画卷,在进入文明时代的早期,也就是古典文明时代,世界几个文明中心几乎同时出现了思想文化发展的高峰。思想家们各自基于自身的知识、科学经验和信仰、思想智慧,不约而同地对世界和人做出奠基性的解释和哲学论述,从而为人类文明和未来发展奠定了共同基础,也使各自文化特色和优势得以显现。德国哲学家卡尔·亚斯贝斯认为:"这个轴心应该存在于自有人类起,在塑造人性方面……形成了一个适用于所有民族的共同的、历史的自我认知框架。现在看来,这个世界历史的轴心位于公元前 500 年左右,它存在于公元前 800 年到公元前 200 年间发生的精神进程之中。那里有最深刻的历史转折。我们今天所了解的人从那时产生。"① 因此这个时代被他称为"轴心时代":

　　　　这个时代挤满了不寻常的事件。在中国生活着孔子和老子,产生了中国哲学的所有流派,包括墨子、庄子、列子和其他数不清的哲学家。在印度产生了《奥义书》,生活着释迦牟尼,就像在中国一样,哲学的所有可能性不断发展,形成了怀疑主义、唯物主义、诡辩派、虚无主义。在伊朗,琐罗亚斯德传播着一幅具有挑战性的世界图景,它描绘了善与恶的斗争。在巴勒斯坦,以利亚、以赛亚、耶利米、第二以赛亚等先知纷纷出现。在希腊,有荷马,有哲学家巴门尼德、赫拉克利特、柏拉图,许多悲剧作家以及修昔底德、阿基米德。这些名字所代表的一切,都在这短短几个世纪中几乎是同时地在中国、印度和西方形成,且他们并不知道彼此的存在。

---

　　① ［德］卡尔·亚斯贝斯:《历史的起源与目标》,李夏菲译,漓江出版社 2019 年版,第 8—9 页。

在上述三个地区中,全都出现了这个时代的新特点:人意识到存在整体、自身和自身的界限。他体会到世界的可怕和自身的无力。他提出根本性的问题。在深渊之前,他力求解脱和救赎。通过意识到自身的界限,他为自己树立了最崇高的目标。在自我存在的深处和超越的清晰性中,他体会到绝对性。

……在这个时代里,基本的范畴产生了——我们直至今天仍然在这些范畴中思考;各个世界宗教的开端产生了——人们的生活直至今天仍然依赖于它们。无论在何种意义上,人都已迈出了走向普遍性的步伐。①

因此,世界历史从轴心时代获得了"唯一的结构和统一,这种统一至少持续到今天"②。

卡尔·亚斯贝斯所说的轴心时代的中国,在时间上相当于西周末年到秦汉之际,也就是春秋战国和秦王朝时期。在中华文明与中国历史的长河中,周秦之际正是一个文明转型和文化整合的变革时代,因而被称为"周秦之变",也有人说是天地间未有之大变局。在经历列国大竞争、社会大动荡、文化大裂变、民族大融合、文明大转型的过程中,完成了三大历史进程:由群雄争霸到大一统多民族中央集权国家的构建、由华夏四夷大融合到多元一体中华民族格局的确立、由古典文化的裂变到整合一统的传统文化的形成。中华文明由此从古典时代进入传统时代。其文明基因、文化传统、精神财富、制度遗产,不仅影响和规范了中国两千年来的历史进程和文化面貌,而且对现代社会也产生深远影响。

在这一变革时代,秦人、秦国、秦王朝既是重要参与者,也逐渐上升为变革的主角,进而成为旧时代的终结者和新时代的奠基者。因此,要把握这一时代社会变革的历史脉络、文化路向和文明演进,揭示其动因和内在机理,从秦文化入手,无疑是最佳途径。探究秦文化的发展与转型,分析其构成要素和形态特征,透过多元一体中华文化整合、民族融合和文明转型的辉煌历程,重新认识秦人塑造国家认同、民族认同和文化认同的伟大贡献,不仅对于认识中国古代社会与历史文化的发展,具有重要的历史和理论意义,而且对我们今天古为今用,继承弘扬和传承创新中华文明与文化,振奋民族精神,增强文化自信,筑牢中华民族共同体

---

① [德] 卡尔·亚斯贝斯:《历史的起源与目标》,李夏菲译,第9—10页。
② [德] 卡尔·亚斯贝斯:《历史的起源与目标》,李夏菲译,第18页。

意识,提升文化软实力和实现中华民族伟大复兴的中国梦,具有重要的时代价值
和现实意义。

第一节 秦文化对两千年帝制的影响

纵观秦文化由产生、形成到发展、转型和上升为大一统国家统治文化的历
程,可以清楚地看到,它既随秦人崛起建国、雄霸一方和一统华夏的进程,与时俱
进、海纳百川而成为先进文化,又在引领秦人奋发有为、一路高歌猛进的过程中,
兼收并蓄、转型创新而升华为强势文化。因此,秦文化不仅是秦人建立大一统国
家的重要精神支撑,也是其开创中央集权专制统治的文化根基和两千年中国帝
制文化的理论基础。

一、秦文化奠定了中央集权制度的理论基础

秦文化形成后,随着秦人建国和东进关中,进入周人故地收周余民而发生文
化转型。这一转型是在以华戎交汇、农牧并举为特色的秦早期文化基础上,通过
对周文化从物质、精神和制度层面的全方位学习,选择性吸收和创造性继承而实
现的。[①]秦人在秦文化周式化的进程中迅速崛起,以秦穆公霸西戎为标志成为
诸侯大国并进入方国阶段。

进入战国时期,关东诸国先后掀起变法与革新热潮,面对六国雄起和思想文
化的勃兴,秦文化进入了调适期。在简公推行"初租禾""令吏初带剑",献公宣
布"止从死",实行"户籍相伍""初行为市"等一系列革新和文化调适的基础上,
以秦孝公任用商鞅实施变法为转折点,开始了全面以富国强兵为目标的社会改
革和文化转型。商鞅变法可以概括为以法家学说为治国理论,主张"权制断于
君",要明法严刑,信赏必罚,"刑无等级",以法治为治国的根本方法。通过"任法
而治"和"壹赏、壹刑、壹教",推行县制,迁都咸阳等措施,打破了旧有的政治生
态,从政治上为君主专制和政令畅通奠定了基础;经济和军事上通过农战政策、

---

① 雍际春:《秦早期文化与周文化关系论略》,《西安财经大学学报》2020 年第 5 期。

军功授爵的实行,使富国强兵大见成效;在用人上不拘一格,广纳六国贤能之士,形成布衣将相竞相效命国家的局面,在组织上为变法图强提供了保障。① 变法"行之十年,秦民大悦,道不拾遗,山无盗贼,家给人足"②。奖励耕战和移风易俗的推行,收到了"民勇于公战,怯于私斗,乡邑大治"③的良好效果,变法的成功和持续,使秦文化出现以崇法与尚武有机统一、耕战为本、实用功利为特色的新风尚,并形成了以法家思想为主导的强势文化。奠定了秦国强大和实现一统的基础。

吕不韦及其门客所主编的《吕氏春秋》以阴阳五行学说为形式,以儒家政治思想为主体,吸收法、墨、名诸家思想,试图在整合各家学说基础上为即将出现的大一统帝国提供完整的治国方案。其基本政治主张是建立统一的中央集权制,提倡"一则治,两则乱";对墨家的"非攻"等持批判态度,主张"兴义兵",以武力统一天下;主张按儒家的君臣学说处理君臣关系,在确认君主最高权力的前提下提倡"君道无为";将重民与法家刑赏相结合提出德法并举等。吕氏学说随着吕不韦命运的改变而未能施行,但其建立统一的中央集权制的主张和实践,无疑与秦始皇大一统愿望不谋而合。与此同时,韩国人韩非集大成式的法家思想及其政治理论深得秦王政赏识,其理论随韩非入秦而被全面吸收,并结合道家、阴阳五行的部分内容而形成了秦朝的政治思想。

韩非的法家学说集中体现在《韩非子》一书,他坚持进化发展的历史观,主张对社会政治问题要采取现实主义态度。坚持性恶论为基础的暴力论,对儒家仁义道德学说持批判态度,认为人际关系都是利害关系。统治者要善于把握人的这种特性和由此而形成的各种社会关系,并采取相应措施才能达到治国安民的目的,只有依靠暴力与权术,才能治理好国家。他提出了一套将法、术、势相结合的"尊主安国"的君主专制理论体系。主张"事在四方,要在中央,圣人执要,四方来效"④。他还提出了功利主义的富国强兵主张,强调发展耕战,提倡功利主义、愚民政策和英雄史观。韩非以法、术、势相结合的法家理论为核心的君主专制政治学说,顺应了新兴地主阶级巩固政权、结束中国长期动荡分裂局面、建立大一

---

① 马卫东:《商鞅法治路线与大秦帝国建立》,张福贵主编:《华夏文化论坛》(第六辑),吉林文史出版社2011年版,第121—129页。

② (汉)司马迁:《史记》卷68《商君列传第八》,第2712页。

③ (汉)司马迁:《史记》卷68《商君列传第八》,第2712页。

④ (清)王先慎撰,钟哲点校:《韩非子集解》卷2《扬权第八》,第44页。

统中央集权封建国家的政治需要,对推进中国历史的发展发挥了积极作用。因而,他的政治思想与秦王政的政治需要高度契合,虽然韩非死于秦国,但他的政治思想却被秦王政全盘吸收,并成为秦国政治思想的核心部分。

法家的另一位代表人物李斯在辅佐秦始皇的治国实践中,明确提出"师今",反对"师古",主张以现实作为制定政治和法律规范的出发点,用国家法律来判断一切。主张加强中央集权,实行郡县制,反对分封制。极力推行文化专制主义,主张"焚诗书""禁私学",严禁人们言论和非议法律,加强对全国的专制统治。主张以法家思想为根本统治思想,强调法律对人们行为规范的强制作用,把法律作为判断人们行为的是非标准,提倡"以法为教""以吏为师"。主张君主要独揽一切大权,并不择手段地防止大权旁落,达到"主尊严""国家富""君乐丰"[1] 的效果。

韩非和李斯的法家思想和政治主张成为秦王朝统治思想的主体,再加上秦始皇推崇阴阳五行学说,道家、神仙家的长生不老术和天命迷信思想,共同构成秦朝的统治思想。秦始皇深信阴阳五行家的"五德终始"说,宣扬秦代周是水德代替火德,定正朔,以十月为岁首,"衣服旄旌旗节皆上黑,数以六为纪",改黄河为"德水","以为水德之始。刚毅戾深,事皆决于法,刻削毋仁恩和义,然后合五德之数",[2] 并将其渗透于政治措施和典章制度之中,天命迷信思想和统治者一切活动的神秘化,也成为其政权合法的护身符。

秦王朝统治思想立足于大一统的现实政治、经济、文化实践需要,也广泛吸收了战国以来各国各种文化思想的有益成分,从而形成了具有自身特色的独立政治思想体系。其特色可概括为集权性、实用性、拿来性、功利性、神秘性和兼收并蓄性,[3] 此外还具有法制性。

一定时代国家政治统治思想是其文化观念和价值取向的集中反映,也是适应时代趋向和社会现实需要的结果。自春秋战国以来,从孔子倡导"天下一家"进而提出天下一统的政治理想以来,在数百年列国竞相革新改制、变法图强的激烈竞争中,秦国脱颖而出,最终实现了大一统。秦国之所以能够在列国竞争者中胜出,原因固然很多,但是,自秦立国以来秦文化那种兼容开放、功利进取、尚武

---

① (汉) 司马迁:《史记》卷87《李斯列传第二十七》, 第3100—3103页。
② (汉) 司马迁:《史记》卷6《秦始皇本纪第六》, 第306页。
③ 徐卫民等:《秦政治思想述略》,陕西人民教育出版社1995年版,第21页。

崇法、质朴实用、令行禁止、崇尚威权等特点,使秦文化成为列国文化之中最具活力、最具创新和最具先进性的强势文化。这也决定了这一文化成为大一统政治理想和集权统治思想赖以产生和付诸实践的温床。所以,秦文化无疑奠定了中国专制主义中央集权统治制度的理论基础。

二、汉承秦制——两千年帝制文化的延续与创新

秦扫灭六国后,为了维护、巩固统一和加强统治,从政治、经济、军事、文化等各方面,开创和建立了一整套制度体系和行为体系,从而奠定了此后中国两千年的专制主义中央集权的统治制度、运行模式和文化传统。张金光在《秦制研究》一书中,对秦王朝在开辟中国古代封建专制体制和制度的开创性贡献,有过比较全面的论述:

> 关于秦,至少可以总结为九个根本方面在中国古代历史中具有长期的作用和几乎永久性的意义,也可以说是秦在中国古代历史上造就的九个开创性的"第一",以为后世长期效法。(1)秦开创了行用二千余年的皇帝制度;(2)开创了国家大一统的政治传统。自此后,统一为常态,分裂为变局,分久而必合;(3)开创了行用二千余年的专制主义中央集权制,在中央和全国地方推行官僚政治;(4)奠定耕、战、防相结合的边防战略,创立了完整的长城边防体系,并开创了别具特色的长城文化带;(5)秦的统一标识着我华夏民族共同体自形成而又发展到了一个新的阶段,既标识着汉民族的形成,同时又是以华夏(汉)民族为主体的大中华民族的开端;(6)"车同轨","书同文字",度量衡的统一,以及"行同伦",为大一统国家的管理提供了数字化基础和共同的文化心理基因;(7)秦统一奠定政治边疆所表现出来的外向精神,对一个以农立国的民族来说,是最为可贵的,同时在世界历史范围内第一次留下了不可磨灭的永久性影响,国际社会至今仍相沿以"秦"作为对中华的代称;(8)恢宏博大的气度,尚法制精神;(9)秦不仅对中国古代土地国有制做了普遍的高度的发展,而且也由其第一次使土地私有制合法化,开启了土地私有制发展的历史长河。①

---

① 张金光:《秦制研究》,上海古籍出版社 2004 年版,第 11—12 页。

当然,秦王朝所开创和构建的一整套专制主义中央集权的统治制度,由于秦王朝的速亡,有的制度设计和政策实施并没有在当时完成,而是在汉代以及历代的传承中不断完善、不断强化和不断创新,并在有所改易和不断拓展的进程中得到延续和发展。所谓"汉承秦制"就是典型例证。

西汉继秦而立,在政权初创的前期,基本承袭了秦的中央集权的官僚政治体制,主要表现在一是在中央继承了秦王朝三公九卿的官僚体制。在这个体制中,皇帝是天下最高的主宰者,具有政权、军权、神权和宗主权集于一身的特征。二是在地方上,继承了秦的郡县制度,以郡县作为汉王朝地方政府的主要单位。三是在国家与社会的关系上,通过二十等爵制继续加强编户齐民制度,强化国家对民众的统治,使农民成为由政府直接管辖并向政府交纳赋税的编户。四是汉初法律多沿袭"秦制",如萧何定律令、韩信申军法等;同时,在基层社会仍然以熟悉律令的文法吏为主治政。因此,汉代在立制上更具有对"秦制"的继承性和依托性特征。"秦制"的官僚政治体制和社会法律体系,构成了汉初国家体制的主干部分。与此同时,西汉政权在总结秦亡教训和消除秦政弊端上也做了一系列的制度变革:一是改郡县制为郡国并行制;二是施行仁政、德治;三是以儒家血缘宗法制伦理为治天下的道德准则;四是改革二十等爵制,重建国家与基层乡里的社会关系;五是对秦法既有继承也有改造;六是在文化与道德建设上奉行儒家改造的周代礼制。① 汉宣帝曾说:"汉家自有制度,本以霸王道杂之,奈何纯任德教,用周政乎!"② 这里明言汉家制度由"霸王道杂之"构成。所谓"霸道"即秦制及其治理方略,而"王道"则是儒家改造的"周政"。所以,"汉制"是一种以周、秦制度或理念合流改易而建立起来的政治模式。

如果说汉代前期是汉承秦制的话,那么在西汉政权稳固和强大后的汉武帝时期,一方面通过开疆拓土、巩固边防,另一方面在政治、经济、文化、社会等方面通过一系列加强中央集权措施的完善与推行,由秦始皇所开创并经汉武帝进一步完善和健全的一整套专制主义中央集权统治制度不仅确立起来,而且影响中国两千年之久。

专制主义中央集权统治制度在两千年之久延续发展的政治实践中,历朝历

---

① 李禹阶:《"汉制"新探——论西汉前期的"汉承秦制"与"汉家法周"》,《华南师范大学学报(社会科学版)》2020年第2期。
② (汉)班固:《汉书》卷9《元帝纪第九》,第277页。

代随着时代的变易和社会现实需要,这一制度及其具体实施一直在强化完善和创新改易中传承和加强。这其中,对这一制度的加强,始终是围绕两个核心问题而展开的,其一在中央是皇权与相权问题,其二在国家是中央和地方权力分配问题。就前者而言,是皇权的不断强化和权力的高度集中,相权的不断分化和削弱,从秦汉的三公九卿到唐代的三省六部,从宋代的二府三司再到明清废除丞相制。从后者来看,是中央不断集权和地方官员权力的持续分化,最典型的如宋代相当于一级政区的路有四位大员分司其职,互不统辖又相互制约。在通过中央和地方两条线不断强化集权的同时,历代又通过优化官员选拔制度借以加强统治,如汉代的察举征辟制、魏晋的九品中正制、隋唐以来的科举制等。

由此可见,由秦皇汉武所开创和奠基的专制主义中央集权制度,在不断加强皇权统治和中央集权的永恒框架下,在历朝历代的传承革新中维系了中国两千年的大一统封建专制统治。

三、秦文化对中国帝制传统的历史影响

在秦文化的发展中,以商鞅变法为标志,一整套专制主义中央集权统治的制度框架和政策体系逐步确立起来。商鞅变法也是一场以法家思想为指导的国家治理体系的系统性重新建构。这种治理体系就是通过中央官僚体制与郡县制、乡里连坐制的相互结合,使秦的中央集权及官僚体制不仅巩固下来,而且通过户籍及二十等爵制等各种制度,使国家力量直接深入基层乡里社会。特别是二十等爵制,按照军功、农战来为官吏和民众设定相应等级,确定人们的社会地位尊卑、经济上的分配与消费等,使民众成为国家直接统治下的编户齐民。所以,一方面,在制度层面上,秦的君主集权及官僚体制打破了西周以来的分封制,使民众成为直接的税户,从而完成国家对基层社会在政治、经济、文化上的重建;另一方面,通过二十等爵制,使民众的生存权利与政治等级结合,整个社会基本上按照个体军功所取得的爵位高低来确定吏、民的社会等级尊卑及经济上的贫富。①在此基础上,又经过韩非和李斯等法家学说对专制集权统治的进一步完善,再经

---

① 李禹阶:《"汉制"新探——论西汉前期的"汉承秦制"与"汉家法周"》,《华南师范大学学报(社会科学版)》2020年第2期。

秦始皇国家治理实践与诸子学说的整合,形成了系统的专制主义中央集权的制度和行为体系,至汉承秦制以及汉武帝对这一制度的完善与创新而定型。此后两千年的封建帝制,即是以此为蓝本的传承改易和创新完善。

就此而论,中国大一统国家的疆域奠基、文化整合与民族形成,都奠定于秦王朝时期,中国古代一统国家所遵循的基本国体、政体、法统、道统和汉武帝以"独尊儒术"为标志的学统也由此确立,共同成为后世王朝效仿的样本。所以秦文化不仅建构了中国专制主义中央集权制度,而且也成为此后两千年这一制度传承发展和延续创新的文化基础,并产生了持续而久远的影响。

四、秦朝速亡的历史反思

习近平总书记指出,"回顾封建王朝的兴衰更替史,不难看出:有些封建王朝开始时顺乎潮流、民心归附,尚能励精图治、以图中兴,遂致功业大成、天下太平,但都未能摆脱盛极而衰的历史悲剧。"[1] 秦王朝正是这样一个其兴也勃,其亡也忽的悲剧性王朝,留下的经验教训值得深思。

1. 将"法治"引向"严刑峻法""法律繁苛"的深渊

秦国因法而兴,奉行"主张法治,反对礼治"的法家思想。自商鞅变法始,秦国历代统治者,以法治立国,法固则国固、法乱则国溃。秦之富强,根基在法。经过历代秦王的孜孜以求,法令日趋完备,凡事皆有法式,朝野无变乱之虞。客观地说,从商鞅变法到秦始皇统一六国之初,秦王朝所进行的法治实践,是古代中国对法治的伟大探索与创造,在世界范围内都具有积极意义。

凡事过犹不及,治事如此,治国亦如此。秦始皇统一天下后,迷信法家轻罪重罚的理论,"乐以刑杀为威"[2],将"以法治国"的法家思想发展到登峰造极的地步。班固称秦始皇"专任刑罚"[3],主张"刻削毋仁恩和义"[4]。秦朝刑法烦苛,从《睡虎地秦简》和《里耶秦简》等可知秦律相当繁杂细密,单是死刑就有弃市、腰斩、车裂、枭首、具五刑等十余种。被罚作刑徒的人极其众多。特别是秦始皇末

---

① 习近平:《推进党的建设新的伟大工程要一以贯之》,《求是》2019 年第 19 期。

② (汉)司马迁:《史记》卷 6《秦始皇本纪第六》,第 329 页。

③ (汉)班固:《汉书》卷 23《刑法志第三》,第 1096 页。

④ (汉)司马迁:《史记》卷 6《秦始皇本纪第六》,第 306 页。

年,更加滥用刑罚,被迫害的罪犯数量多得惊人,建造阿房宫和骊山陵墓就用了七十多万刑徒和"奴产子"(奴隶的儿子)。

《商君书》还明确将礼乐、诗书、修善孝悌、诚信贞廉、仁义、非兵羞战,列为危害国家的"六虱"。秦国自秦孝公始,上层接受商鞅观点,不注重诗书礼乐,"以愚黔首",致使识字的秦人少之又少,老百姓动不动就因为不懂法触犯了刑律,这就是典型的不教而诛,老百姓苦秦久矣,尤其是被秦攻占的六国旧地臣民,尤其感到难以忍受。加之到了秦二世胡亥即位,为了加强皇权统治,推行《行督责书》,明确"夫罪轻且督深,而况有重罪乎?故民不敢犯也"[1]。更加迷信严刑峻法,以让民不敢犯。

同时,律法律令越是繁杂细密,越容易让不良官吏钻空子,随意解释、枉法定刑在所难免。不少官吏变成穷凶极恶的刽子手,比如,范阳令"杀人之父,孤人之子,断人之足,黥人之首,不可胜数"[2]。再比如,《史记·陈涉世家》记载,陈胜吴广起义起初的动机是"会天大雨,道不通,度已失期。失期,法皆斩"[3]。《睡虎地秦简·秦律十八种·徭律》记载:"御中发征,乏弗行,赀二甲。失期三日到五日,谇;六日到旬,赀一盾;过旬,赀一甲。其得殿(也),及诣。水雨,除兴。"[4]这说明失期按秦律并不会被斩首,也许是某些酷吏的枉法,加之老百姓不懂法,相信受死亡威胁的戍卒,就跟随陈胜吴广起义了。

正所谓成也法家败也法家。秦统一六国后为了加强对六国旧地的统治,实施了一系列大工程,推行"严刑酷法",使秦朝的法律迅速滑向"法律繁苛"的深渊,为秦帝国的毁灭埋下了隐患。

2. 好大喜功,滥用民力

谋强图大、勇于进取原本是秦文化的优秀品格。这一特点为秦国的发展和强大增添了强大的动力。比如,魏国的信陵君说:"秦与戎翟同俗,有虎狼之心,贪戾好利无信,不识礼仪德行。"西汉初年,贾谊说"秦俗日败",指出自商鞅变法以来,秦国一直是"并行于进取",虽然"功成求得",但出现了社会道德水准严重下降的恶果。秦始皇又"废先王之道,燔百家之言,以愚黔首",更把秦朝推向灭

---

① (汉)司马迁:《史记》卷87《李斯列传第二十七》,第3100页。
② (汉)司马迁:《史记》卷89《张耳陈余列传第二十九》,第3125页。
③ (汉)司马迁:《史记》卷48《陈涉世家第十八》,第2366页。
④ 睡虎地秦墓竹简整理小组编:《睡虎地秦墓竹简·秦律十八种·徭律》,第47页。

亡。《淮南子·要略》说："秦人之俗，贪狼强力，寡义而趋利。"司马迁也说："今秦杂戎翟之俗，先暴戾，后仁义。"以上言论，虽然包含了对秦国或秦人的敌对心理，从一方面也揭示了是因为注重实效、功利、一往直前等品格，使秦人不断取得胜利，进而走向辉煌。

秦始皇在击败匈奴后，曾把秦、赵、燕等北边原有的长城加以连贯和扩建。同时又在征讨东方诸侯中广泛修建驰道，驰道规模"道广五十步，三丈而树，厚筑其外，隐以金椎，树以青松"①。在秦王政元年，引泾水注洛水修郑国渠。在西南地区，为加强关中与西南的交通，修筑"五尺道"。在进军南越时，曾在今广西兴安县附近开凿了一条灵渠。这些民力的征用对于秦国的统一事业而言具有非常积极的意义。但是，秦始皇好大喜功，不顾人民的疾苦，无限制地滥用民力、物力，超过了人民所能忍受的限度，耗费了大量的人力物力，掏空了秦朝的国库，官僚阶层尖锐对立，增加了帝国覆灭的隐患。

秦始皇自称"始皇帝"，不仅想证明自己的功业和权威是前无古人的，而且还想传至万世，江山永固。为了满足这一愿望，统一六国后，秦始皇并没有让民众休养生息，而是大兴土木，仅大型工程就有万里长城、秦直道、秦始皇陵、阿房宫及郑国渠、灵渠等。比如，公元前215年，秦始皇遣大将蒙恬北逐匈奴，修建了西起甘肃临洮、东至辽东的万里长城。这个无比伟大的建筑在建造之时，征发了数十万劳工，这严重透支了秦朝国力。

据《史记·秦始皇本纪》记载，嬴政从13岁即位就开始为自己修建陵墓，一直到秦亡时，秦始皇陵尚未最后完工。秦始皇陵"坟高五十余丈，周回五百余里"，折合今长度计量为：高不低于120米，原封土底边不小于2000米。据现代实测，原封土底边东西长485米，南北长515米，面积为249775平方米。《史记·秦始皇本纪》记载："始皇初即位，穿治骊山，及并天下，天下徒送诣七十余万人，穿三泉，下铜而致椁，宫观百官奇器珍怪徙藏满之。令将作机弩矢，有所穿近辄射之"，并"以水银为百川江河大海，机相灌输，上具天文，下具地理。以人鱼膏为烛，度不灭者久之"。②营建秦始皇陵历时39年，最多时征集民力近80万，几乎相当于修建埃及胡夫金字塔人数的8倍。

---

① （汉）班固：《汉书》卷51《贾邹枚路传第二十一》，第2328页。
② （汉）司马迁：《史记》卷6《秦始皇本纪第六》，第337页。

在攻灭六国过程中,秦始皇令人把各国宫殿的图样摹绘下来,在国都咸阳以北 200 里内,仿造了 270 座宫殿。在临死前的两年,秦始皇还在渭水南岸的上林苑中,兴建规模极为宏大的朝宫,光是它的"前殿阿房,东西五百步,南北五十丈,上可坐万人,下可以建五丈旗"①。

秦时全国人口约 2000 万,被常年征发建造宫殿和陵墓的约 150 万人,戍守五岭的 50 万人,防御匈奴和修筑长城又征发了几十万人,超过总人口十分之一的人成年累月地从事无偿的徭役,除此之外,老百姓还要负担繁重的租赋。在这种情况下,人民的负担越来越沉重,结果是"男子力耕不足粮饷,女子纺绩不足衣服"②。

3. 狂妄自负，独断专行

秦王嬴政对于秦王朝的强大和统一六国作出了独特的历史贡献,也为后来多民族大一统国家的建立奠定了基础,被明代思想家李贽誉为"千古一帝"。嬴政统一天下后,认为自己的功劳前无古人,超越了上古的三皇五帝,君臣商议便取了"三皇"中的"皇"字和"五帝"中的"帝"字,自称"皇帝"。《琅琊刻石》记载:"六合之内,皇帝之土。西涉流沙,南尽北户。东有东海,北过大夏。人迹所至,无不臣者。功盖五帝,泽及牛马。莫不受德,各安其宇。"③ 足以证明,实现统一六国的秦始皇内心是何等自负和骄傲。

在法家的思想中,根本的主张是"君主专制",君主因为政治地位至高无上,实际上不受法律所约束,根本听不进任何的劝告,时间久了也没有人敢劝谏。长子扶苏因秦始皇"焚书坑儒""益发谪徙边",而积极进谏:"天下初定,远方黔首未集,诸生皆诵法孔子,今上皆重法绳之,臣恐天下不安。唯上察之。"④ 秦始皇根本不听劝谏,"始皇怒,使扶苏北监蒙恬于上郡"⑤。

到了秦二世胡亥时,皇帝的专制威权到了无以复加的地步。由于胡亥得位不正,担心政权不稳,责成丞相李斯制定颁行了《行督责书》,明确将严刑酷法加上专制独行就是帝王的统治之术,用"轻罪重罚"让老百姓不敢轻举妄动,君主大

---

① （汉）司马迁:《史记》卷 6《秦始皇本纪第六》,第 327 页。
② （汉）班固:《汉书》卷 24 上《食货志第四上》,第 1126 页。
③ （汉）司马迁:《史记》卷 6《秦始皇本纪第六》,第 315 页。
④ （汉）司马迁:《史记》卷 6《秦始皇本纪第六》,第 329 页。
⑤ （汉）司马迁:《史记》卷 6《秦始皇本纪第六》,第 329 页。

权独揽、驾驭群臣、让大臣不敢为所欲为，"是以明君独断，故权不在臣也。然后能灭仁义之途，掩驰说之口，困烈士之行，塞聪揜明，内独视听，故外不可倾以仁义烈士之行，而内不可夺以谏说忿争之辩"①。

李斯认为："督责之诚，则臣无邪，臣无邪则天下安，天下安则主严尊，主严尊则督责必，督责必则所求得，所求得则国家富，国家富则君乐丰。"②在李斯、赵高的怂恿下，秦二世胡亥更加无所顾忌，于是行督责益严，压榨盘剥厉害的酷吏就是皇帝眼中的"明吏"，杀人多的就是皇帝眼中的"忠臣"。封建专制的无底线发展，逆淘汰了真正的好官良吏，朝野从上到下聚集了一批说假话、好奉承的酷吏污吏，随"刑者相半于道，而死人日成积于市"③。李斯也成为受害者，被秦二世腰斩，灭其三族。

4. 用人不当，没有选好接班人

秦法的严密和酷刑不是压死骆驼的最后一根稻草，真正对秦帝国构成根本性危害的是，秦帝国在接班人的选拔培养上缺乏制度性的安排。长子扶苏素有贤名，百姓拥戴，"百姓多闻其贤"④。但秦始皇在驾崩前始终未明确帝位继承人，而且任用非人，将身边的李斯和赵高作为最信任的臣子，为帝国滑离轨道埋下了隐患。秦始皇病死沙丘，在赵高和李斯的合谋之下，拥立没有什么贤德的胡亥为帝，陈胜、吴广起义时也说"吾闻二世少子也，不当立，当立者乃公子扶苏"⑤。胡亥即位，成了压垮帝国统治的最致命的变量。

赵高几十年侍奉于嬴政左右，而嬴政始终没有看出赵高是奸佞小人。李斯虽有才具，也非社稷良臣。"赵高故尝教胡亥书及狱律令法事，胡亥私幸之。高乃与公子胡亥、丞相斯阴谋破去始皇所封书赐公子扶苏者，而更诈为丞相斯受始皇遗诏沙丘，立子胡亥为太子。更为书赐公子扶苏、蒙恬，数以罪，其赐死。"⑥胡亥在李斯和赵高的拥戴下即位后，为了稳固政权，滥杀无辜，大臣们也不敢劝谏和奏报。左丞相李斯和右丞相冯去疾、将军冯劫因劝谏秦二世，最后也在赵高的

---

① （汉）司马迁：《史记》卷87《李斯列传第二十七》，第3102页。
② （汉）司马迁：《史记》卷87《李斯列传第二十七》，第3102页。
③ （汉）司马迁：《史记》卷87《李斯列传第二十七》，第3103页。
④ （汉）司马迁：《史记》卷48《陈涉世家第十八》，第2366页。
⑤ （汉）司马迁：《史记》卷48《陈涉世家第十八》，第2366页。
⑥ （汉）司马迁：《史记》卷6《秦始皇本纪第六》，第336页。

撺掇下被腰斩或自杀,大臣们更是无人敢于劝谏。秦二世遂"常居禁中,与高决诸事"①。

由于胡亥宠信赵高,"事皆决于赵高"②,大权逐渐旁落赵高一人之手。赵高为进一步篡权,试探满朝文武,"持鹿献于二世,曰:'马也。'二世笑曰:'丞相误邪?谓鹿为马。'问左右,左右或默,或言马以阿顺赵高。或言鹿,高因阴中诸言鹿者以法"③。可见,秦朝的国家制度毁坏到了何种程度。在赵高的把持下,朝政迅速恶化,农民起义风起云涌,六国旧贵族也叛秦自立,秦二世最终也被赵高杀死,秦王朝很快被各路起义军推翻。

5.统一六国后没有实现平稳过渡转型

秦始皇统一六国后,没有及时实行休养生息,整个国家没有从战时状态尽快转入恢复民力、发展经济。而是继续发重兵戍边以防匈奴,启动修建规模宏大的秦始皇陵、阿房宫,还修驰道和直道等浩大工程。在当时缺乏工程机械的情况下,秦国征发无数民力,逢山开路,遇谷填埋,不迁不绕,修建了从关中径直北上九原的直道,时至今日秦直道依然清晰可见。客观上发挥了国防重要设施的作用,但也耗费了极大的民力。而且,秦始皇不顾黎民刚刚结束战乱之苦,沟通了陵水与浙江的通陵水道,修建了灵渠工程,把南方的长江水系和珠江水系沟通起来,修建了咸阳至潼关的兴成渠、沟通淮河和黄河的鸿沟等浩大工程,让民力处在难以为继的崩溃边缘。

到了秦二世胡亥时期,对劳动人民的剥削和压榨更加残酷,不断"治直(道)、驰道",还调集各郡县"尽征其材士五万人为屯卫咸阳,令教射,狗马禽兽当食者多,度不足,下调郡县转输菽粟刍稿,皆令自赍粮食;咸阳三百里内不得食其谷。用法益刻深"④。无数老百姓在死亡边缘挣扎,"丁男被甲,丁女输转,苦不聊生,自经于道树,死者相望"⑤。

总之,秦王朝统一六国后,忽视了历经几百年战乱之苦的芸芸众生急需休养生息,未充分考虑列国一统、六合同风的真正形成尚需时间,未认识到打天下可

---

① （汉）司马迁:《史记》卷6《秦始皇本纪第六》,第343页。
② （汉）司马迁:《史记》卷87《李斯列传第二十七》,第3103页。
③ （汉）司马迁:《史记》卷6《秦始皇本纪第六》,第345页。
④ （汉）司马迁:《史记》卷6《秦始皇本纪第六》,第341页。
⑤ （汉）司马迁:《史记》卷112《平津侯主父列传第五十二》,第3583页。

以雷厉风行、疾风骤雨,而安天下则需和风细雨、润物无声。秦始皇及其继任者挟横扫六国、马上平天下之余威,行大刀阔斧、好大喜功之能事,欲达马上治天下之奇效,反而欲速不达,最终断送了江山。其失败的教训值得反思。

第二节　秦文化对中华文化多元融合发展的贡献

秦文化的形成、发展、转型与繁荣,得益于秦人立足自身传统而善于学习、吸纳周文化、六国文化的先进成分,乐于从戎狄文化中汲取营养、为我所用,并在统摄农耕、游牧两大文明中融合创新、重塑自我,从而使秦文化在兼收并蓄中与时俱进、强势崛起,在海纳百川中充满活力、后来居上。秦人正是在这一进程中既实现了强大崛起和一统华夏,也在强大和统一中奠定了中华文化走向多元融合发展的新模式。

一、秦文化继承和开创了多元文化的融合发展

在华夏文明与文化的早期发展中,就呈现出一种多元并呈和趋于一体的发展态势。由炎黄集团的出现到华夏文化的融合,由华夏四夷到天下观念的形成,正是五帝时代到夏商周三代文化既多元存在又趋同发展的客观反映。所以,孔子说:"殷因于夏礼,所损益可知也;周因于殷礼,所损益可知也。"[1] 秦人、秦文化正是在这种时代环境和文化融合传承的氛围中发展起来的。

考察秦人发展壮大的历程,可以清楚地看到秦文化的创新发展正是多元文化融合荟萃的结晶。在秦文化的多元来源和早期形成中,东夷文化、夏商文化、戎狄文化和周文化都曾产生过影响,其中尤以周文化影响最大。秦人对周文化的学习继承不仅积极主动,也是广泛而全面的。陈春慧将秦人吸收周文化概括为六个方面:一是沿用西周文字;二是在宫殿、建筑制度方面,承袭了周人的一整套礼仪制度;三是大量吸收西周的葬仪制度,如棺椁制度、随葬器物组合等;四是农业、手工业方面学习周人先进的技术和经验;五是音乐、文学、艺术,如秦

---

① 程树德撰,程后英等点校:《论语集释》卷4《为政》,中华书局2006年版,第165页。

公钟、镈等;六是天文、历法。①1986 年,甘肃省文物考古研究所对甘肃天水市麦积区党川乡发现的放马滩古墓葬群的 13 座秦墓和 1 座汉墓进行了考古发掘,共出土文物 400 多件,其中有战国秦木板地图、竹简和西汉初期纸绘地图等重要文物。其中一号秦墓出土的 460 枚竹简,以其时代早、保存完整于 1994 年被定为国家一级文物,并引起了考古学家、历史学家的关注。

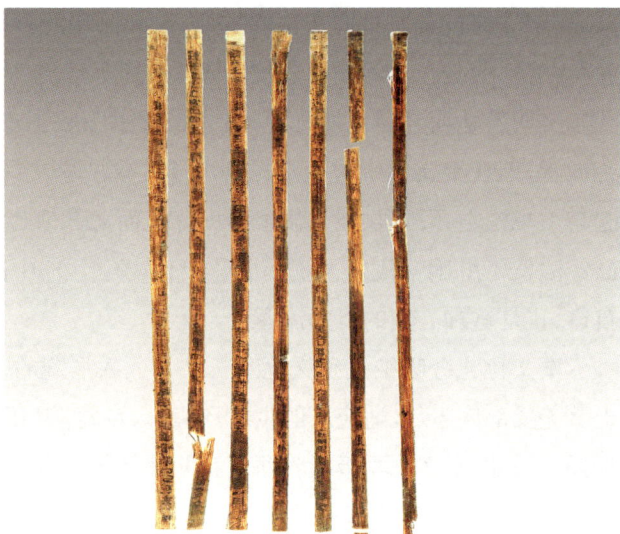

放马滩秦简(国家一级文物·现藏于甘肃简牍博物馆)

经整理,内容有甲乙两种《日书》和《墓主记》。甲种《日书》,共 73 枚,出土时卷在最中间,简长 27.5 厘米,宽 0.7 厘米,厚 0.2 厘米。内容可分八章:《月建》《建除》《亡盗》《入月吉凶》《男女日》《生子》《禹须臾行》《忌》。乙种《日书》,共 379 枚,简长 23 厘米,宽 0.6 厘米,厚 0.2 厘米。内容有 20 余章,前七章与甲种同,其他另有:《门忌》《日忌》《月忌》《五种忌》《入官忌》《天官书》《五行书》《律书》《巫医》《占卦》《牝牡月》《昼夜长短表》《四时啻》等。

正面　　　　　　　　　　　　　　　　　　　　　　背面

放马滩秦木板地图(国家一级文物·现藏于甘肃简牍博物馆)

---

① 陈春慧:《从文化结构看秦文化对外来文化的吸收》,秦始皇兵马俑博物馆《论丛》编委会编:《秦文化论丛》(第三辑),第 368—379 页。

与此同时，秦人对周文化的学习，并非照搬照抄、食而不化，也非一味模仿、简单移植，而是在学习中有发展，吸纳中有扬弃，继承中有创新。如周文化向以礼乐文明发达而为后世所称道，秦人虽继承吸收了周文化中礼仪等级制度等核心内容，但在秦文化中丝毫不见拘泥于礼仪的繁文缛节。秦人建国后的快速崛起与大规模学习、吸收周文化密不可分。而尤其值得注意的是，秦人由此实际上已经激发了继承三代之大统的文化自信，秦穆公"中国以诗书礼乐法度为政"的自许，正是这种心理的自然流露。

秦文化充分吸纳戎狄文化之长。秦人入居陇右，与当地以畜牧经济为主的土著羌戎部族为邻，适应新的生存环境，入乡随俗与西戎友好相处是秦人的必然选择。因此，秦文化积极吸收西戎和北狄文化的有益成分，也是壮大和发展的需要。秦文化中的养马骑射、器具形态、纹饰图案、兵器车马、生活习俗等，不可避免地吸收了不少西戎文化的因素为其所用，并构成秦文化极具个性风格的主要支撑。

秦文化兼收六国文化精华而后来居上。在春秋战国动荡和文化勃兴、学说并出之际，秦文化又顺应人心思定、海内为一的时代潮流，凭借其文化优势强力吸纳和整合东方列国文化。以商鞅变法为标志，秦文化出现了以崇法重刑、耕战为本、军功授爵和实用功利为特色的文化发展新趋向。商鞅变法虽然以法家学说为主导，但在此后的大国崛起和统一进程中，在文化上秦国则兼收并蓄，积极从东方各国包括墨、儒、道和阴阳五行学说中汲取营养，秦人重用东方士人，而博采百家学说的《吕氏春秋》正是秦文化实现文化整合的标志，这些因素共同促进秦文化的勃兴和强势崛起。

秦统一中国后，"海内为郡县，法令由一统"，秦王朝通过专制主义中央集权的威力，在空前广大的疆域内，从郡县到乡里乃至家庭的全社会，以文字统一、度量衡统一等一系列制度、政令的推广为基础，加上"匡饬异俗"等文化改造，完成了由列国文化、百家思想的多元并呈到中华文化的整合统一。从此，中华文化迈上了主流文化一体延续，地域文化、民族文化既多元绽放又持续汇入主流并一体升华的新时代。这是中华文化发展史上具有里程碑意义的转折点，秦人、秦文化则是这一进程的主导力量。

不难看出，一部秦文化发展史，实际就是一部秦人继承三代以来多元文化不断融合，又在融合创新中进一步融合发展的强势文化。所以，秦文化既上承三代文化之大成,博采列国文化之精粹,又统摄融汇农耕、游牧两大文明于一体,是多元融通和创新升华的文明结晶,并最终以秦王朝的形成为标志,实现了国家统一和文化的整合。司马迁说:"昔虞、夏之兴,积善累功数十年,德洽百姓,摄行政事,考之于天,然后在位。汤、武之土,乃由契、后稷修仁行义十余世。……秦起襄公,章于文、穆、献、孝之后,稍以蚕食六国,百有余载,至始皇乃能并冠带之伦。以德若彼,用力如此,盖一统若斯之难也。"[1]司马迁将夏、商、周、秦相提并论,强调其取得政权、君临天下都是修仁行义、积德用力的结果。说明秦人及其秦文化无疑是与三代文化一脉相承又不断融合创新的产物。

清代学者赵翼提出"秦汉间为天地一大变局"[2]。这个变局正是在上承三代文化之大统,兼取戎狄游牧文化之精华,整合列国文化于一体的秦文化基础之上所出现的。林剑鸣指出:"秦汉时的文明,乃是在多样化基础上统一起来的,即在各地、各族各自独特文明的基础上不断互相融合,汇成统一的整体;又在总的统一趋势之下,保持着各地、各族独特的文明。"[3]秦文化对中华文化的整合,奠定了秦汉王朝统一和强大的文化基础,也开创了中国传统文化在多元绽放与一体融合中生生不息、绵延辉煌的发展模式。

二、书同文、行同伦为文化认同提供了前提

秦完成统一后,全方位创造性创建一系列维护专制主义中央集权的制度和措施,其中的"书同文,行同伦"则是文化大一统政治实践的重要举措。

书同文就是将春秋以来异形的六国文字,以秦国文字为准进行统一,由此消除了因方言并行造成彼此语言难通,因文字异形造成政令不畅,文化交流、心理沟通困难的障碍。公元前221年,秦始皇颁令对六国使用的文字进行整理,罢"不与秦合文者",命令李斯、赵高、胡毋敬分别用小篆体编写了《仓颉篇》《爰历篇》《博学篇》,作为标准的文字范本。于是统一的规范文字为中华大地上东西南北各地人们交流思想、沟通心灵、凝聚共同的文化心理,提供了有力

---

[1] （汉）司马迁：《史记》卷16《秦楚之际月表第四》，第921—922页。

[2] （清）赵翼著，王树民校证：《廿二史札记校证》卷2《汉初布衣将相之局》，中华书局1984年版，第36页。

[3] 林剑鸣：《秦汉史》，台湾五南图书出版公司1992年版，第1495页。

保障。中华民族两千年来虽然方言各殊,但文字却始终是统一的。有赖于共同文字而沟通便利、心心相印、彼此认同、同文共情,为文化大一统奠定了坚实基础,更对经济政治的统一和发展产生了深远的影响,秦统一文字的功绩是不应抹杀的。

行同伦则是在更高层次和更深程度上构筑民族共同的文化心理,除了书同文,还有对民俗习尚、行为规范、社会价值、生活方式等方面的改造,再结合政治、经济、文化、宗教、民族等各方面措施的配合,通过法令、制度的推行和实施,以"整饬异俗",达到"六合同风"的效果。如云梦秦简《语书》《法律问答》都有关于改易风俗、禁止私斗、规范两性关系等方面的文告律令规定。秦王朝为了"行同伦"而开展的大规模"整饬异俗"活动,对打破战国以来各国、各地风俗不同、文化各异造成的隔阂而形成国家、民族认同及其共同文化心理发挥了积极作用。因此,秦的大一统,使"元元黎民得免于战国,逢明天子,人人自以为更生。向使秦缓刑法,薄赋敛,省徭役,贵仁义,贱权利,上笃厚,下佞巧,变风易俗,化于海内,则世世必安矣"[①]。可见,文化的统一,已是深入人心,中华民族心灵深处共同的文化心理由此奠基,无疑也确立了大一统和大国崛起的文化路向,大一统已成为中华文化内在基因和无可改易的底色。

当然,改易风俗、统一社会大众行为习尚绝非易事,例如云梦秦简《语书》就是南郡郡守在前 227 年发布的命令地方官吏严格执行秦国法令、改变旧习的文告,其中就有批评所属各县令、丞不作为,"明避主之法殹(也),而养匿邪避(僻)之民",致使"私好、乡俗之心不变"。[②] 此时,距离秦国占领楚国江陵,设置南郡进行治理已达半个世纪。可见,"整饬异俗"是一个持续而漫长的过程。尽管如此,秦王朝在不长的时间内取得"行同伦"的显著效果则是肯定的。我们从公元前 219 年琅琊刻石中将"整饬异俗,陵水经地"作为秦始皇一大功绩加以称颂可得到验证。而进入西汉以后,全国各地因乡俗、私好差异而存在心理隔阂的情况已大为好转,这固然有西汉王朝实行仁政德治的作用,但不可否认的是秦王朝开创的"行同伦"文化建设措施,奠定了大一统文化认同的社会基础,也是显而易见的。

---

① (汉)班固:《汉书》卷 64 下《严朱吾丘主父徐严终王贾传第三十四下》,第 2811 页。
② 睡虎地秦墓竹简整理小组:《睡虎地秦墓竹简》,第 13 页。

三、文化认同为大一统国家的建立提供了保障

中华文化的创造和文明的形成,早在三皇五帝时代就逐步出现了核心地域和核心族群,这个核心地域就是以河洛为中心的中原地带,核心的族群也就是从伏羲到黄帝而形成的族群共同体炎黄集团。它以农耕文化为根基,以发达的农业,先进的文化,强大的族群而确立了自身的显著优势,并在不断的发展中,进一步扩大地域和人群,对周边地区和人群形成极强的吸引力和感召力。因此,从尧舜禹到夏商周,以中原为核心的早期中国文明体,以极强的吸引力、辐射力和同化力,再加上国家力量通过征服、战争和融合,形成了更强、更大的华夏共同体。这个共同体的中心夏、商、周不仅经济文化发达,而且拥有成熟的礼乐文明。它们通过分封、盟会、朝见、征伐等措施,一方面强化和凸显自己的核心地位,另一方面随着核心意识的强化进而萌发了大一统思想。如夏启通过"钧台之会"以号令诸侯;商又称为"中商""中土",以四方诸侯为东土、南土、西土、北土;商王、周王都自称为"余一人",这是唯我独尊意识的典型反映;周王又自认为是上天之子——天子,并有了华夏居中,四夷环绕四方的华夷一统观念,由居中的华夏即"中国"和周边的四夷共同构成了天下,而天下为周王所有。

春秋以来,周室衰微,礼崩乐坏,四夷内侵,中原华夏族民族意识空前高涨。齐桓公首倡"尊王攘夷",打着周天子的旗号号令诸夏,欲"霸诸侯,一匡天下"。这样的目标,即使实现不了,也要"实不一统而文一统"。诸夏在攘夷的过程中也认识到必须"和戎狄",四夷在与华夏的交往中在文化上被拥有更高文明的华夏所融合。与此相对应,当时强调的"华夷之辨"的最高标准也是以文化划分。赵武灵王的叔叔公子成说:"臣闻中国者,盖聪明徇智之所居也,万物财用之所聚也,贤圣之所教也,仁义之所施也,《诗》《书》礼乐之所用也,异敏技能之所试也,远方之所观赴也,蛮夷之所义行也。"① 可见"中国之人"与"中国之地"已成为各诸侯国与四夷"远方之所观赴也"的圣地,成为中华民族的精神家园。

孔子作《春秋》主张大一统,主张夷夏可变。进入战国时期,周室已沦为诸侯大国的附庸,失去了在政治上一统于周的法统价值。于是,思想家们纷纷探讨政治统一、华夷一统的新学说,大一统理论走向成熟。这一时期成书的儒家经典和

---

① (汉)司马迁:《史记》卷43《赵世家第十三》,第2178页。

诸子学说中,《周礼》主张政治上建立强大的一统王朝;《管子》《礼记》提出东夷、西戎、南蛮、北狄与中国诸侯"五方之民"共天下的观念;《礼记·礼运》首倡大同学说;《尚书·禹贡》设计出理想中大一统的"九州"说和"五服"说;孟子提倡仁政和王道,主张大国"王"天下,强调"用夏变夷";荀子更是提出"一天下",主张"法后王""法先王",进而实现大一统;邹衍创立"五德终始"说和"大九州"说;《春秋》公羊学说则在继承儒家及孟、荀大一统思想的基础上,提出了《春秋》所载242年为"三世"说,即早期据乱世为"内其国而外诸夏",中期升平世为"内诸夏而外夷狄",后期太平世是"夷狄进至于爵,天下大小若一"。这是一种进化的历史发展学说,是理想的大一统,将大一统理论发展到完善的境界,并对秦汉大一统产生积极影响。

在春秋战国大一统学说逐渐形成过程中,后来居上的秦人则迅速将大一统学说运用于政治实践。早在春秋早期,秦穆公就以"中国以诗书礼乐法度为政"自居。商鞅变法从政治、经济、军事、文化各方面为秦国强势崛起和"并吞寰宇"打下坚实基础。接着,秦相吕不韦集先秦诸子学说于一体,主持编写了集大成式的《吕氏春秋》,为即将来临的统一作思想文化准备,"乱莫大于无天子"[1]。提出"……胜者为长。长则犹不足治之,故立君。君又不足以治之,故立天子"[2]。主张统一国家应该兼容华夷,"蛮夷反舌殊俗异习皆服之"[3]。吕不韦还发挥五德终始说,提出统一王朝周是火德,结束春秋战国分裂而再度实现统一的新王朝将是水德,为秦的统一提供理论根据。

秦人扫灭六合,一统华夏后,为了巩固大一统王朝,政治上,通过建立皇帝制度、三公九卿制和郡县制、司法制度等,创立了与新时代、新王朝相适应的专制主义中央集权统治制度。经济上,通过土地国有制的一系列举措,包括"车同轨"发展交通,统一度量衡为促进经济共同体形成,改革家庭制度巩固经济发展基础等,形成了大一统走向强大的经济基石。文化上,构建了以法家思想为主,整合吸纳各家学说为一体,并通过"书同文,行同伦"等措施,奠定了多元一体、六合同风的大国崛起的文化和发展路向。军事上,通过北修长城、移民实边和南开五岭征服夷越,以及对空前广大国土的有力经营,为大一统国家提供了坚实保障。民族关系上,通过华夷一体民族融合政策和文化认同意识的普及,构

---

① 许维遹撰,梁运华整理:《吕氏春秋集释》(上)卷13《有始览·谨听》,第296页。

② 许维遹撰,梁运华整理:《吕氏春秋集释》(上)卷7《孟秋纪·荡兵》,第158页。

③ 许维遹撰,梁运华整理:《吕氏春秋集释》(上)卷2《仲春纪·功名》,第54页。

建了多元一体、融合共生的大中华民族共同体。

铜车马（国家一级文物·陕西秦始皇陵博物馆）

由此，一整套从中央到地方、从制度到文化、从君臣到黎民、从礼仪到民俗的大一统国家体制被创立和构建起来。这些制度遗产和精神财富从根本上奠定了多元一体大一统的国家体制基础。所以，谭嗣同说："二千年来之政，秦政也。"毛泽东更是明确指出"百代皆行秦政法"。

四、秦文化奠定了中华文化多元融合的根基

李学勤认为，我们应当"从世界史的角度"来看待秦文化的影响。他指出："（秦的统一）是中国文化史上的重要转折点"，继此之后的汉代创造了辉煌的文明，其影响"范围绝不限于亚洲东部，我们只有从世界史的高度才能估价它的意义

甘肃秦长城遗址陇西段（全国重点文物保护单位）

261

和价值"①。秦文化的划时代意义正在于引领并构建了中华文化认同意识。

1. **坚持开放、多元的价值理念是强化中华文化认同的基础**

秦人在文化的创造过程中,始终秉持开放、多元的价值理念,一路走向强大,由此既成就了自己,也奠定了中华文化认同的基础。如面对周文化、六国文化和西戎文化,是在立足于自己固有的意识观念基础之上,秉持积极开放的态度主动学习、吸纳和消化,既不是照抄照搬式的拼盘,也不是各要素的叠加或组装,而是立足自身传统、现实需要和发展路向有所取舍、有所改造基础上的融合创新和升华再造。所以,这种全新文化在形态上农牧兼具,既有华夏文化的内核,也有戎狄文化的风格习俗;在来源和结构上既是多元的,又是一体的;在功能价值上既是质朴的、实用的和稳定的,也是开放的、扩张的和强势的;在表现形式上既文武兼备,又特色鲜明。由此,秦文化便在继承三代文化的基础上,第一次完成了华夏农耕文化与戎狄游牧文化的全面对接和华夏与戎狄部族的民族融汇整合,从而开创了华戎交汇融通创新中华文化的先河与文明发展模式。

2. **转型创新、因势利导是强化中华文化认同的重要途径**

纵观秦文化由孕育到形成和繁荣的演进过程,无论是外层的物质文化,还是中层的制度文化,抑或是深层的精神文化,包括某一层面不同的文化因素,无不呈现出典型的多元并呈、多因交织、内外同构的鲜明特征。在文化的诸层面中,外层物质文化的变化相对最为活跃,中层制度文化次之,而精神层面即心理层次是最保守的,因为"它是文化成为类型的灵魂"。②文化的深层结构就是所谓"原始—古代积淀层"。它根植于各民族由野蛮时代跨入文明时代所走的不同路向,是对人类心灵深处所包含的五对永恒矛盾即入世与出世、情感与理性、个性与类性、理智与直觉、历史与伦理的总解决方式的总和,并由此构成不同民族的基本人生态度、情感方式、思维模式、致思途径和价值尺度。③它制约和规定着外层文化的结构和方向。秦文化的发展始终伴随自身实际和时代的发展而不断转型创新,又随形势的变化而主动适应,并因势利导对社会进行改造和引领,从而开创了中华文化认同的新路径。

---

① 李学勤:《东周与秦代文明》,上海人民出版社 2007 年版,第 294 页。
② 庞朴:《文化的民族性与时代性》,中国和平出版社 1988 年版,第 82—83 页。
③ 许苏民:《文化哲学》,上海人民出版社 1990 年版,第 253—257 页。

3.心怀天下的使命意识是强化中华文化认同的根基

汤因比说:"文明透过某种'生力'而趋于成长,'生力'使文明自一个挑战走向另一个更高层的挑战,而这种成长必须兼顾内外两个层面。外在层面的成长是借由不断克服外在环境而呈现出来的;在内在层面,成长则是一种不断的'自决'与'自明',以及不断的自我提升⋯⋯挑战经常不完全是自外冲入,有时候是自内发生的。胜利也常不是表现在克服外在的障碍或征服逆境上,而是表现在内在的自明及自决。"① 这种自明与自决也就是文化自觉。秦人立国以来,即以天下为己任,在渴望崛起的"生力"激扬下不断成长发展,又在外在压力与内在挑战的交相考验中不断通过"自决"与"自明"而自我超越与崛起。秦人在完成统一的进程中,以大同为追求,这种心怀天下的使命意识为中华文化认同奠定了坚实的根基。

4.与时俱进的文化追求是强化中华文化认同的保障

秦文化的形成与秦人漫长曲折的起源、西迁以及夏、商、西周政权均有密切关系,也深受西戎乃至北狄文化及其习俗的影响,由此而形成的秦文化具有鲜明的风格与特点,也不断随着时代进步而主动转型创新。王子今曾将秦文化特点总结为创新理念、进取精神、开放胸怀、实用意识、技术追求,并认为秦文化的这些具有积极因素的特点,大致可以以"英雄主义"和"科学精神"简要概括。② 这一观点大致揭示了秦文化最具本质的特点和优势。秦文化之所以具有这样的特点与优势,就在于它是多民族、多元文化融通并不断开拓创新这一发展模式的产物。

第三节　秦文化对中国和中国人意识形成的贡献

中国观念和中国人意识是中华先民在长期的文明进化和文化实践中作出的智慧选择与伟大创造,具有历史的必然性。这一观念和意识一旦形成,就成为生

---

① [英] 阿诺德·汤因比:《历史研究》,刘北成等译,上海人民出版社 2000 年版,第10 页。

② 王子今:《秦文化的超地域特征和跨时代意义》,《长安大学学报(社会科学版)》2010年第 3 期。

于斯、长于斯的族群共同体对国家认同的最高信仰。它以无与伦比的向心力、凝聚力和同化力,将中华民族紧紧团结在一起,历两千年兴衰起伏而长盛不衰,屹立于世界的东方。

一、中国和中国人群体意识得到延续和强化

苏秉琦认为,中国概念的形成,经历了共识的中国—理想的中国—现实的中国三部曲。即在距今五千年前后的五帝时代,各大文化区系间相互交流和彼此认同,到尧舜禹时代已是万邦林立,各邦的"诉讼""朝贺",由四面八方"之中国",出现了最初的"中国"概念,各邦只是承认万邦中有一个不十分确定的中心,这就是共识的中国。进入夏、商、周三代,通过政治文化上的重组和方国的成熟与发展,出现松散的联邦式的"中国",周天子"普天之下,莫非王土,率土之滨,莫非王臣"的天下观,表明这一时代是理想中国的时代。将理想中国变为现实中国的,是距今两千年前的秦始皇统一大业和秦汉帝国的形成。①

共识中国是中国观念形成的第一步,从新石器时代早期到中期,也就是三皇五帝时代,中华大地上满天星斗式的远古文化逐渐发展形成几个文化区域。如黄河中游地区的仰韶文化区与传说的炎、黄两大集团相对应,后经龙山文化而发展为夏、商、周文化。黄河下游海岱地区的大汶口文化与传说中的太昊、少昊集团对应,后经龙山文化发展为东夷先民。长江下游地区的河姆渡早期—崧泽文化,后来发展为良渚文化,并成为中原夏商周礼乐文明的一个来源。长江中游以江汉平原为中心,对应传说中的苗蛮集团。黄河上游与西南地区的新石器时代文化当是氐羌集团的文化遗存,与炎黄集团及仰韶文化有共同的渊源。华南地区新石器文化与百越先民相联系。在东北北部、蒙古高原、西及塔里木盆地广大地区的细石器文化,是北方各游牧和渔猎民族先民的文化遗存。上述各区域间彼此联系交流,甚至融合重组,如炎帝集团与黄帝集团结盟形成炎黄集团,后又与东夷集团结成号令黄河流域的更大的同盟,并击败了江汉流域的苗蛮集团,逐渐成为早期中国民族融合的核心。再到尧舜禹时期,虽然还处于"万邦林立"的状态,但中原的尧舜禹及其部族已经成为各邦认可的中心,共识中国由此出现。

---

① 苏秉琦:《中国文明起源新探》,生活·读书·新知三联书店 1999 年版,第 161 页。

　　进入夏商周时代是中国观念形成的第二步，也就是理想中国的时代。按苏秉琦先生"三部曲"理论，夏商周时代尚属于松散的联邦制的方国阶段。但发达的经济和礼乐文明使其成为万邦的中心，如"禹合诸侯于涂山，执玉帛者万国"。商又被称为"中商""大邑商""中土"，与"中土"相对应，称四方诸侯为东土、南土、西土、北土，则商无疑处于中心与核心地位，商王也自称"余一人"。西周通过分封制统辖全国，分封的具体实施又分两类情况，一类是对征服的原有邦国部族的直接认可，一类是对周室姬姓子孙的分封。前者的存在，表明自夏以来邦国林立的现象依然如故，只是经过长期的相互征伐吞并，原有邦国部族的数量已大为减少而已。那些被征服的邦国部族也只是在名义上归附了西周，周王对国家的有效治理更多地要依赖于姬姓封国。周人认为，周王的权力由天或上帝赋予，即王权天授，周王除自称"余一人"外，也自称"天子"，与此相对的便是天下王有。所谓"普天之下，莫非王土，率土之滨，莫非王臣"，正是这种观念的反映。当然，西周时"普天之下，莫非王土"实际上只是美好的愿望，它并未做到国家的政令统一。

　　在这个理想中国的时代，正是中国观念和大一统意识的成型期。随着夏商周政权前后相继和力量的不断强大，在吸收其他部族集团成分的基础上，形成了华夏族的雏形，政治、经济、文化各方面更趋统一，华夏核心地位更加突出。至迟在周初"中国"一词已经出现，在陕西宝鸡出土的何尊铭文记载："惟武王既克大邑商，则廷告于天曰，余其宅兹中国，自之辟是……"①商周以来，随着中国观念的日益强烈，中国概念与四方、四夷以及五服说相联系的华夷一统观已

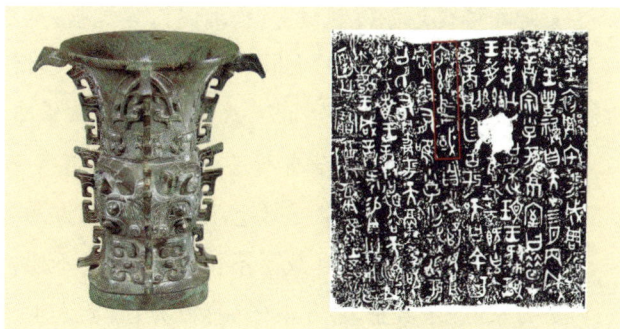

何尊及铭文"宅兹中国"（国家一级文物·中国宝鸡青铜器博物院藏）

----

　　①　于省吾：《释中国》，中华书局编辑部编：《中华学术论文集》，中华书局1981年版，第1—11页。

深入人心。春秋时期诸侯大国的崛起,周天子地位旁落,在四夷特别是西北方戎狄的内侵形势下,华夏民族认同意识空前高涨。于是在"尊王攘夷"的旗号下,大国吞并小国,诸夏反击戎夷,周边民族也不断为华夏文化所融合。

春秋战国之际,在诸子学说和儒家经典中,中国观念和大一统思想已经系统化和理论化。孔子作《春秋》主张大一统,强调夷夏之辨首先在文化,而且夷夏可以互变。《春秋公羊传》则首创"大一统":"元年,春,王,正月。元年者何?君之始年也。……曷为先言王而后言正月?王正月也。何言乎王正月?大一统也。"何休解释说:"统者始也,总系之辞,天王者始受命改制,布政施教于天下,自公侯至于庶人,自山川至于草木昆虫,莫不一一系于正月,故云政教之始。"①《汉书·王吉传》:"《春秋》所以大一统者,六合同风,九州共贯也。"公羊学说产生于战国而发展于秦汉,在西汉时兴盛一时,它将大一统理论发展到完善的境界,并对汉代政治产生较大影响。

对中国和大一统进行系统论述的是荀子和《礼记》。荀子主张的"一天下"就包括华夷一统:

> 彼王者之制也,视形势而制械用,称远迩而等贡献,岂必起哉!……土地形制不同者,械用备饰不可不异也,故诸夏之国,同服同仪,蛮夷戎狄之国,同服不同制,封内甸服,封外侯服,侯卫宾服,蛮夷要服,戎狄荒服。甸服者祭,侯服者祀,宾服者享,要服者贡,荒服者终王。日纪、月祀、时享、岁贡,夫是之谓视形势而制械用,称远迩而等贡献,是王者之至也。②

《礼记·礼运》首倡的"大同"和"小康"学说,则将大一统学说发展到极致:

> 大道之行也,天下为公,选贤与能,讲信修睦。故人不独亲其亲,不独子其子。使老有所终,壮有所用,幼有所长,鳏寡孤独废疾者皆有所养。男有分,女有归。货恶其弃于地也不必藏于己,力恶其不出于身也不必为己。是故谋闭而不兴,盗窃乱贼而不作,故外户而不闭,是谓大同。今大道既隐,天下为家,各亲其亲,各子其子,货力为己,大人世及以为礼,城郭沟池以为固,礼仪以为纪,以正君臣,以笃父子,以睦兄弟,以和夫妇,以设制度,以立田里,以贤勇知,以功为己,故谋用是作而兵由此而起,禹汤文武成王周公由此

---

① (汉)何休解诂,(唐)徐彦疏:《春秋公羊传注疏》卷一隐公元年,上海古籍出版社2013年版,第6—12页。

② (清)王先谦撰,沈啸寰等点校:《荀子集解》卷12《正论第十八》,第329—330页。

其选也。……是谓小康。①

这段话为我们描绘了先秦时代两种不同境界的理想中国和大一统社会，"小康"是夏商周三代已经实现的一统社会，"大同"则是借古以喻未来的理想大一统社会，是儒家理想中真正意义上的大一统。

此外，还有《尚书·禹贡》的九州说和五服说，邹衍的"大九州说"则是基于地理观念的理想大一统设想。邹衍等人将阴阳与五行学说相结合创立五德终始说则为中国一统天下的政权更替提供了理论根据。

不难看出，在诸子学说和儒家经典中，天下—中国—大一统已成为一个天然一体的政治上、文化上的中国观，而且，这样的中国就是三皇五帝，特别是禹汤文武成王周公等圣王明主共同而一贯的追求。在这种思想学说和文化熏陶下的理想中国在战国时期不仅深入人心，而且也成为列国和民众共同的愿望。这个理想和愿望，即第三步现实中国的实现，随着秦国崛起和统一中国而成为现实。

二、秦文化引领理想中国变为现实中国

从夏商周以来，以中原华夏族为核心的政权与民族，始终处于政治、经济、文化、科技、军事各方面的领先地位。它不仅以高度的文明与强有力的王权统治产生巨大的吸引力，而且也以庞大有序的族群社会和先进发达的文化形成极强的感召力，于是，其辐射力、向心力愈来愈强，由此自然产生了一个从周围、边缘向中心汇聚的族群—文化共同体。在讨论如何将这个华夏四夷并存、邦国林立的共同体有效组织起来，形成一个比夏商周方国统治更强、更大、更有效的共同体这个议题上遂出现了诸子百家学说。于是，如前所述，天下—天子，华夏—四夷，大一统—华夷一体，小康—大同，王权天授（君权神授）—余一人等一套理想中国的理论和设想应运而生。实现理想中国的任务历史地落在了秦人、秦国身上。

秦人的发展经历了从襄公建国时的古国到穆公时的方国，再到秦始皇时的帝国这样一个国家起源三部曲的完整过程。②古国是高于部落以上的、稳定的、独立的政治实体。嬴秦西迁甘肃，秦人族体形成到襄公建国正是秦人的古国阶

①　（清）孙希旦撰，沈啸寰等点校：《礼记集解》卷21《礼运第九之一》，第582—583页。
②　苏秉琦：《中国文明起源新探》，第130、163页。

段，也是在融合华夏与戎狄文化基础上的以农牧并举、华戎交汇为特征的秦文化形成阶段。这个阶段秦人、秦文化最基本、最主要的优势和特质得以成型，从而为秦人的崛起奠定了基础。秦人东迁关中，以周人故地为根据地，收周余民而有之，大规模吸收周文化壮大自己，寻找崛起的新路径，东窥三晋，西伐戎狄，并以穆公霸西戎为标志成为诸侯大国，标志着秦人迈入方国阶段。秦人由方国发展为帝国，在时间上与大国争霸、群雄逐鹿的春秋战国时代相始终。经过数百年的纵横捭阖和角逐竞技，秦人最终由西部方国跃升为强于其他方国的霸主。特别是以商鞅变法为标志，不仅实现了秦文化的又一次转型，并发展为崇法尚武、农战结合、政令统一、上下一致、同心协力共天下的强势文化，而且确立了专制集权的王权统治。秦国不仅国力迅速强大，从七雄中脱颖而出、鹤立鸡群，而且以天下为己任，扫灭六合，征服四夷，建立了国土远超中原"诸夏"范围，包括周边众多族群在内的疆域空前广大的大帝国。

大一统秦王朝的建立，在中华五千年历史上不仅承上启下，而且开创了中国历史的新纪元。秦国的统一进程，并非商灭夏、周代商那样的朝代更替，而是一次打碎旧世界，创造新世界的国家再造，是一次上自君王、下至百姓对组织管理机制改造、社会阶层建构和社会运行模式创新基础上的国家重建。以大一统为标志的秦王朝新兴国家，不仅实现了文字、疆域和华夏族三个层面的统一，而且还完成了计量单位的统一、货币的统一、历法的统一、礼制的统一、法律的统一、爵位的统一、官名的统一、国道规划的统一和基本完成郡县二级的行政统一。"这样，由秦开始、由汉最终完成了华夏族日常行为规范的统一，而这种行为规范就是所谓的文化；对这种华夏文化的自豪，是相当长时期内华夏族的向心力、凝聚力所在。"① 所以，秦帝国的确立，标志着中国历史由方国阶段进入帝国阶段，也标志着封邦建国的王制时代的终结和皇权独尊、郡县天下的帝制时代的来临。统一的形成和"六合之内，皇帝之土"的帝国政治实体的出现，使"海内为郡县，法令由一统"成为可能，为大一统政制体制的构建奠定了坚实基础。

大一统秦王朝新型国家及与之相配套的一系列国家制度、政策，特别是大一统社会行为规范、大一统文化的推行与民众的认可接受，虽然不可能一蹴而就，

---

① 洪春嵘：《秦的统一是文字、疆域和华夏族三个层面的统一》，王子今主编：《秦统一的进程与意义》，中国社会科学出版社 2017 年版，第 296—297 页。

需要有一个复杂而漫长的过程,但是,经秦王朝多方面统一的实现,以及维护统一措施的大力推广和强力施行,又经汉承秦制和一系列的完善补充和持续推进,华夷一体,天下即中国,中国就是大一统的民族意识、国家观念已成为国人共识,而那个君权神授、拥有无上权力、专制独断的皇帝,则成为大一统中国的象征和政权合法的标志,进而皇帝及其皇权政治也成为人们文化认同的旗帜。此后中国历代王朝的更替,还有少数民族政权入主中原对正统的追求,正是大一统传统观念和文化传统的具体体现。从此,视大一统为常态,分裂、动荡为非常态,已成为国人评价历代王朝和历史走向的基本标准。可见,秦王朝不仅实现了国家统一,而且开创了构建、维护和加强大一统中国的政治、经济、文化、社会制度,奠定了中国大一统中央集权的政制体系,中国两千年多民族大一统中央集权国家由此奠基。

三、秦朝的统一确立了大一统国家的历史走向

秦何以能够一统天下,历代学人的探讨已得出较为明确一致的结论,概括起来原因有三,一是自三代时期发迹的思想准备;二是春秋战国时期漫长战乱的现实背景导致民众亟思一统的政治诉求;三是秦国国力的积蓄与政策导向。[①] 如果从社会诉求和政策导向而论,则与秦人顺应时代趋势和心怀天下的文化追求密不可分。如前所论,秦灭六国实现统一,是从疆域、文字、民族乃至政治、经济、文化、军事、社会各方面通过一系列制度、政策的开创和实施而实现的。这无异于一次对旧的国家、社会制度体系的彻底清理和对新国家、新社会的重新构建。

我国现代学者顾颉刚第一次明确提出秦朝为中国统一之始:"中国的统一始于秦,中国人民的希望统一始于战国;若战国以前则只有种族观念,并无一统观念。看龟甲文中的地名都是小地名而无邦国种族的名目,可见商朝天下自限于'邦畿千里'之内。周有天下,用了封建制以镇压四国——四方之国——已比商朝进了一步,然而始终未曾没收了蛮貊的土地人民以为寰宇统一之计。……到战国时郡县制度普及;到秦并六国而始一统。"[②] 秦朝君臣也以大一统自许,李斯

---

① 黄旭:《再论秦并天下》,王子今主编:《秦统一的进程与意义》,第 269 页。

② 顾颉刚:《答刘胡两先生书》,《古史辨自序》上册,商务印书馆 2011 年版,第 13 页。

入秦,说秦王曰:"今诸侯服秦,譬若郡县。夫以秦之强,大王之贤,由灶上骚除,足以灭诸侯,成帝业,为天下一统,此万世之一时也。"① 他又说:"今海内赖陛下神灵一统,皆为郡县。"② 秦始皇平定天下,东巡各地,刻石颂秦德,每言"六合之内,皇帝之土""初并天下""兼有天下""经纬天下""阐并天下""天下咸抚"等。③ 饶宗颐认为:"夫一统之事,始于秦,而从空间以言'天下一统'之称,恐亦导源于此。"④ 也就是说,在中国历史上大一统的事业由秦而始,在空间地域上实现天下一统亦由秦发端。

这就涉及评判大一统的标准,何谓大一统?董仲舒曾说:"《春秋》大一统者,天地之常经,古今之通谊也。"⑤ 他又说:"何以谓之王正月?曰:王者必受命而后王。王者必改正朔,易服色,制礼乐,一统于天下……王者受命而王,制此月以应变,故作科以奉天地,故谓之王正月也。"⑥ 文中的"一统"即是统一,饶宗颐将其概括为三点:"其一为朝必于正月,贵首时也;其二为居必于中国,内诸夏而外夷也;其三,衣必纯统色,示服色之改易也。此董生一统之说,太史公采之。夫统正,则其余皆正。"⑦ 秦王朝也正是中国历史上第一次依五德终始说改年始、定正朔、易服色、立数位,以水德为应的王朝。

正因为秦王朝全方位对三代以来的中国社会进行了翻天覆地的改造,对国家进行了以大一统为目标的重新构建,通过一系列制度设计、政策推行和措施的实施并大见成效。由此形成了具有中国特色而又长期得到认同和传承的政治和文化共同体实体——大一统中国。"和欧洲不同,中国的政治疆域和文化空间是从中心向边缘弥漫开来的,即使不说三代,从秦汉时代起,'车同轨,书同文,行同伦',语言文字、伦理风俗和政治制度就开始把民族在这个空间中逐渐固定下来,这与欧洲认为'民族原本就是人类历史上晚近的新现象'不同"。⑧ 所以,"由秦开始、由汉最终完成了华夏族日常行为规范的统一,而这种行为规范

---

① (汉) 司马迁:《史记》卷87《李斯列传第二十七》,第3084—3085页。
② (汉) 司马迁:《史记》卷6《秦始皇本纪第六》,第307页。
③ (汉) 司马迁:《史记》卷6《秦始皇本纪第六》,第303—322页。
④ 饶宗颐:《中国史学上之正统论》,台湾宗青图书出版公司1979年版,第3页。
⑤ (汉) 班固:《汉书》卷56《董仲舒传第二十六》,第2523页。
⑥ 苏兴:《春秋繁露义证》卷7《三代改制质文》,中华书局1992年版,第185页。
⑦ 饶宗颐:《中国史学上之正统论》,第4—5页。
⑧ 葛兆光:《宅兹中国——重建有关"中国"的历史论述》,中华书局2011年版,第28页。

就是所谓的文化;对这种华夏文化的自豪,是相当长时期内华夏族的向心力、凝聚力所在。从这一点上讲,我们这个民族的国家意识觉醒很早,向心力很强。这也是波斯帝国、马其顿帝国、古罗马帝国等上古帝国所不能比拟的——这些帝国是依靠武力兼并形成的,内部的离心力足够强,一旦土崩瓦解,就再也无法恢复从前的疆域了"。① 秦维护大一统和专制主义中央集权的制度和政策措施,无疑为中国此后以大一统为共同追求的国家模式和发展方向奠定了坚实基础,也开启了中国长期位居世界文明前列的发展道路。

四、秦文化深化了中华民族的国家认同

继承三代文化又超越三代文化的秦文化,在中华民族由古典文明向传统文明转型、王制时代向帝制时代过渡的进程中,也完成了中华民族国家观念和国家认同的历史跨越,为我们留下了丰厚的精神遗产和历史启示。

1. 文化导向是强化国家认同的坚实基础

一个国家或民族发展模式的选择,是其历史条件、文化背景、社会结构、政治生态、生存环境、现实发展需要和统治者抱负等多重因素共同作用的结果。而文化创新和价值追求无疑具有引领发展的导向作用。秦人在国家建设和发展模式上,始终秉持了多元荟萃、开拓进取、功利实用的态度,通过不断改革创新和汲取别国成功的实践经验,建构了灵活高效、务求实用、以加快发展为目标的发展模式。这一发展模式,复与农牧并举的文化生态、回归华夏的心理追求、富国强兵的现实要求有机结合,使秦文化具有了旺盛的生命活力和极强的包容同化功能,从而成为列国文化中最具冲击力的强势文化,秦人正是挟这一文化优势而一路高歌猛进,所向披靡,一统华夏。可见,强势而先进的秦文化是引领国家构建和筑牢国家认同观念的坚实基础。

2. 文化的融合创新是强化国家认同的持久动力

春秋战国百家争鸣是中国历史上思想文化发展的高峰,诸子学说中有关国家治理和大一统的内容占有重要的位置。例如从孔子首倡大一统,到天下大同

---

① 洪春嵘:《秦的统一是文字、疆域和华夏族三个层面的统一》,王子今主编:《秦统一的进程与意义》,第297页。

理念的提出,再到公羊学说对大一统理论的完善,以及汉代董仲舒"天人三策"和三纲五常理论。包括秦人依托法家学说,整合百家观点形成的君主专制集权体制的理论和制度设计,无不是立足文化融合,由理论创新引领,再到实践推广检验,并在不断完善中使中华民族的国家观念日益浓厚而成为共识。这其中,秦人以及秦文化无疑是把理论付诸实践的先行者和奠基者。

3. 政府引导是强化国家认同的保障

从夏商周三代到秦人崛起和统一中国的历史进程中,可以清楚地看到,从天下观到大同观,从华夏四夷到华夷一体,从诸侯并争到大一统,从"余一人"到"君权神授"的皇帝制度,这一系列与国家和大一统相关的创意和理念,一旦被统治者和国家认可并付诸实施,就会由共识成为理想,再由理想化为现实。秦人以及秦文化正发挥了承前启后和引领奠基的双重功能。

4. 顺应时代潮流是强化国家认同的关键

司马迁在《史记·六国年表》篇首开宗明义对秦人统一中国的原因进行了分析:

> 太史公读秦记,至犬戎败幽王,周东徙洛邑,秦襄公始封为诸侯,作西畤用事上帝,僭端见矣。《礼》曰:"天子祭天地,诸侯祭其域内名山大川。"今秦杂戎翟之俗,先暴戾,后仁义,位在藩臣而胪于郊祀,君子惧焉。及文公踰陇,攘夷狄,尊陈宝,营岐雍之间,而穆公修政,东竟至河,则与齐桓、晋文中国侯伯侔矣。是后陪臣执政,大夫世禄,六卿擅晋权,征伐会盟,威重于诸侯。及田常杀简公而相齐国,诸侯晏然弗讨,海内争于战功矣。三国终之卒分晋,田和亦灭齐而有之,六国之盛自此始。务在强兵并敌,谋诈用而从衡短长之说起。矫称蜂出,誓盟不信,虽置质剖符犹不能约束也。秦始小国僻远,诸夏宾之,比于戎翟,至献公之后常雄诸侯。论秦之德义不如鲁卫之暴戾者,量秦之兵不如三晋之强也,然卒并天下,非必险固便、形势利也,盖若天所助焉。①

司马迁通过秦人发展以及与六国的比较,把秦统一原因归结为两点,一是山川险固,易守难攻;二是"若天所助",即天助秦国。所谓天助无疑是没有根据的唯心之论,但若将天助看作是顺应时代需要和潮流趋向,倒是十分恰切。孙中山

---

① (汉)司马迁:《史记》卷15《六国年表第三》,第835—836页。

所谓"世界潮流浩浩荡荡,顺之者昌,逆之者亡"正是这个道理。秦文化支撑秦人由小到大、由弱到强进而一统中华,正是始终与时俱进、顺应和引领时代潮流之故。

第四节　秦文化对铸牢中华民族共同体意识的时代意义

中华民族大家庭是数千年来历史发展和文化哺育凝结而成的民族共同体。这个共同体的形成,既具有悠久的渊源,也很早就成为一个民族共同体实体。从五帝时代的炎黄集团,到夏商周时期华夏民族的形成,在中华文明恢宏画卷展开之时,就呈现出一种多元发展、一体汇聚的历史趋向。这种历史趋势,是早期中国因文化发达、经济领先、族群开放包容等农耕文明优势突出而具有无与伦比的吸引力、感召力和同化力之故。在这种大背景下,春秋战国社会大动荡、文化大裂变、民族大交融时代,出现一个民族大融合高潮就水到渠成了。这期间,秦人、秦国以其自身的优势,成为多元一体中华民族共同体形成这一历史进程的主导者。

习近平总书记指出:"早在先秦时期,我国就逐渐形成了以炎黄华夏为凝聚核心、'五方之民'共天下的交融格局。秦国'书同文,车同轨,量同衡,行同伦',开启了中国统一的多民族国家发展的历程。此后,无论哪个民族入主中原,都以统一天下为己任,都以中华文化的正统自居。"① 这对我们科学评价秦文化在促进中华民族共同体意识中的作用具有非常重要的指导意义。

一、文化整合是中华民族共同体意识形成的条件

中华民族和中华文明赖以生长的东亚大陆是一块广袤富饶而又自然条件复杂多样的神奇土地。这里大部分国土位处中纬度地带,东临太平洋,西南有高原和横断山脉等崇山峻岭环绕,西部为沙漠戈壁和雪域高原,北边则是广阔无垠的

---

① 习近平:《在全国民族团结进步表彰大会上的讲话》,《人民日报》2019 年 9 月 28 日。

草原荒漠。一面临海、三面环险的区域位置,在上古时代使其成为一块与外部隔绝的世界。但是,在这块相对封闭的地域空间内部却又是另一番景象,不仅地域辽阔,地形地貌复杂多样,而且地势西北高东南低,大江大河东流入海,东部季风区与低海拔平原地区叠加。纵横交错的山系和河流又天然地将区域内分割成众多的地理单元,而每个地理单元又有足够广阔的空间和纵深,因而回旋余地大,辐射范围广。特别是在东部季风区所在的黄河、长江中下游平原区,则是自然条件最为优越之区。中华先民就是在这样特定的地理环境中繁衍生息和创造文明的。

这种特殊的区域位置、地域空间和复杂多样的环境条件,深深影响了中华先民的生存模式和文明创造,并具有了自己鲜明的特点。一方面,区域内部的地域分割成为早期人类和原始文明多点生发、多元发展的地理基础,为不同区域居民选择农耕、畜牧以及渔猎等多样化生活方式及其文明创造提供了便利。另一方面,地理环境、自然条件的复杂多样,又导致自然灾害多而频发成为共同面临的一大不利因素,这就迫使各族群和文化区域之间力图突破地域单元限制,走向联合或融合以应对生存压力成为必然选择;又由于各区域间灾害发生具有间隔性和差异性,因而,中华大地总是呈现东方不亮西方亮,黑了北方有南方的生态景象,这就使得文化发展和文明延续成为可能。正是在这种地理背景和文化生态条件下,中华民族与中华文明具有鲜明的内聚性特点,而中原地区良好的生态条件使其成为华夏民族和农耕文明的中心,华夏四夷的族群格局和多元一体汇聚的文明模式即由此而来。

已经发现的大批新石器时代考古遗址和文献记载的古史时代交相印证我国远古部族兴起和文化创造呈多元并存的格局。学界关于中华文明八大中心[1]、七大系统[2]、六大区系[3]、满天星斗[4]、一体多源[5]等不同表述正体现了这一点。范文澜认为在我国古史传说系统中的有巢氏、燧人氏、伏羲氏和神农氏,分别代表了远古氏族时代社会进化的几个阶段——"构木为巢,以避群害"的巢居野处时

---

[1] 丁季华:《中国文明起源单一中心说质疑》,《华东师范大学学报》1982 年第 4 期。

[2] 夏鼐:《碳—14 测定年代和中国史前考古学》,《考古》1977 年第 4 期。

[3] 苏秉琦等:《关于考古学文化的区系类型问题》,《文物》1981 年第 5 期。

[4] 苏秉琦:《中国文明起源新探》,第 102—127 页。

[5] 费孝通:《中华民族多元一体格局》,中央民族大学出版社 1999 年版,第 3—38 页。

代,"钻燧取火,以化腥臊"的取火熟食时代,"作结绳而为网罟,以佃以渔"的渔猎畜牧时代,"斫木为耜,揉木为耒""日中为市"的农耕时代。① 徐旭生在《中国古史的传说时代》一书中,把伏羲与女娲、黄帝与炎帝、太昊与少昊分别列为三个部族集团,即出于南方的苗蛮集团、出于西方与中原的炎黄集团和出于东方的东夷集团。② 蒙文通《古史甄微》认为,我国上古有江汉民族、河洛民族和海岱民族三大集团。③ 田继周在《先秦民族史》一书中划分我国远古部族为五个集团,认为在夏商周时期,随着我国进入文明时代,狭义民族的出现和发展,就形成了夏或华夏和东夷、北狄、西戎、南蛮五大民族集团。但是,夷、蛮、狄、戎或东夷、南蛮、西戎、北狄,是对四方民族的泛称或统称,而每一个称谓包括了许多的族称和族体。"在黄河中下游是华夏族形成和发展的地方,在长江流域及其以南地区是后来被称为'蛮''南蛮''越''百越'等民族集团的居住区,在后来建成的长城以北地区,则是被称为'狄''北狄'的众多游牧民族,而在中原地区的东方、东北方和西方,就是后来称为的'东夷'和'西戎'了。"④

　　这样的部族和分布,也已被我国新石器时代的考古所证实。距今七八千年前,在黄河中上游就有磁山、裴李岗和大地湾文化;黄河下游今山东一带是北辛文化;长江流域是河姆渡文化。距今 5000 年前后,在黄河上游分布着马家窑文化,中游是仰韶文化,下游为大汶口文化;在长江流域中游为晚期大溪文化和屈家岭文化,下游为崧泽文化。距今 4000 年前后,黄河下游为山东龙山文化,中游为河南、陕西等地的龙山文化,上游为齐家文化;在长江中下游则是石家河文化和良渚文化。所以上古文化在黄河中游的当是逐步演变形成的华夏部族集团的文化遗存;黄河下游的就是东夷部族集团的文化遗存;长江流域的就是南蛮部族集团的文化遗存;在黄河上游地区和黄河流域以北则是西戎和北狄的分布区,目前也已发现不少的文化遗址。

　　由此可见,在上古时代的我国大地上,已经出现许多的部族和集团。这些部族和集团在兴起与发展、交流与融合、征战与流动的过程中,逐渐形成愈益密切

---

① 范文澜:《中国通史》(第一册),人民出版社 1979 年版,第 27 页。

② 徐旭生:《中国古史的传说时代》,广西师范大学出版社 2003 年版,第 42—76 页。

③ 蒙文通:《江汉民族》《河洛民族》《海岱民族》,《蒙文通文集》第五卷《古史甄微》,第 42—61 页。

④ 田继周:《先秦民族史》,四川民族出版社 1996 年版,第 66 页。

的关系和联系,他们也就是我们现在能够确知其名称与分布的最早的中华先民。
龙山文化广泛分布于黄河中下游流域及其周围地区,正是华夏族血缘融合形成
的反映。所以,华夏与四方夷狄蛮戎的观念,在五帝时代开始出现,尧舜时期正
式形成。《史记》有关尧舜的记载中就有"流共工于幽州,以变北狄;放驩兜于崇
山,以变南蛮;迁三苗于三危,以变西戎,殛鲧于羽山,以变东夷:四辠而天下咸
服"之说。① 文献对此记载较早的是《礼记·曲礼下》,该篇云:"其在东夷、北狄、
西戎、南蛮,虽大曰子。"这些称谓应当是对尧舜时代已经出现的华夏四夷观念的
客观记载。

由于华夏与四夷很早就开始了相互间的经济往来、文化交流和族群融合,彼
此也不断接近,所以,古书上所谓"夷夏之防""华夷之辨"体现的就是古人的民
族观。但值得注意的是古人的民族观并不在于血统,而在于文化。"在古代观念
上,四夷与诸夏实在有一个分别的标准。这个标准,不是'血统'而是'文化'。所
谓'诸侯用夷礼则夷之,夷狄进于中国则中国之',此即是以文化为华夷分别之明
证。这里所谓文化,具体言之,则只是一种'生活习惯与政治方式'。"② 因此,透
过华夷之辨或华夷之防的表象,其所体现的正是三代以来华夷之间政治联系与
文化交流不断密切的实际。

所以,华夏与四夷在夏商西周时期交往交流不断加深的基础上,进入春秋时
期,随着大国争霸、尊王攘夷局面的出现,列国在争霸崛起的过程中,不断征伐扩
展,一批方国部族被大国逐步吞并,四夷与中原文化的联系和趋同进一步加快。
可见,多元文化一体汇聚的历史趋向由来已久且不可逆转。因此,华夏四夷间多
元文化的碰撞交融,共同奠定了民族共同体意识的基础。

二、秦文化塑造并形成了中华民族共同体意识

秦人族出东夷,历经多次迁徙和命运变故,由东方部族最后落脚于西北边鄙
之地。其在历时近千年的多次迁徙与部族兴衰的复杂过程中,经受了无数的磨
难和打击,但是,这些打击与磨难,反而使之愈挫愈勇,锤炼了其坚韧果敢和不屈

---

① (汉)司马迁:《史记》卷1《五帝本纪第一》,第34页。
② 钱穆:《中国文化史导论》(修订本),第41页。

不挠的精神,激发了其旺盛的生命活力,而且随着流徙动荡,在其心灵深处那种不忘故土和文化守望的信念愈益强烈,这集中体现在强烈的东方意识和坚定的华夏认同观念上。

秦人的东方意识首先体现在东向发展上。嬴秦西迁天水之后,经八代艰苦卓绝的经营发展,至非子时被周孝王征召至汧渭之间养马有功而获封附庸并复姓受封,由此为起点,秦人始终按照东向发展的既定目标而致力于发展和扩张。无论是襄公建国还是文公东迁,抑或是反击西戎或者东向谋求称霸,都是东向发展目标的付诸实施。这一意识在战国时期表现得尤为鲜明。秦武王曾说:"寡人欲容车通三川,窥周室,死不恨矣。"张仪也曾说:"争名者于朝,争利者于市,今三川、周室,天下之朝市也",建议秦昭襄王"据九鼎,案图籍,挟天子以令天下"。[1]秦人也正是在这一目标的感召下,经五百多年曲折而辉煌的崛起,由陇右而关中,由关中而一统天下。

秦人的东方意识还体现在其固有信仰观念的坚守和传承上。他们的鸟图腾崇拜,设畤祠白帝少昊,陈宝祠的创设,对少昊、颛顼的崇拜祭祀,墓葬盛行西首葬等,都是典型表征。秦人的东方意识又体现在对东夷习俗的保留上。秦人墓葬形制和殉人、殉狗习俗的盛行,包括车马与善御,显然是殷商以及东夷丧葬礼俗的遗风,也是秦人为东方部族在其民俗习尚上的自然流露。而东方意识是秦人立志东向,进入关中进而入主中原的原始动力。

与东方意识相联系,秦人又具有强烈的华夏认同观念。东夷部族及其文化是最早与炎黄族及其文化走向融合的,甚至可以说是炎黄与东夷部族融合共同孕育了华夏族及其文化。至迟自少昊、颛顼始,华夏与东夷部族的交流融合即已广泛展开,少昊、颛顼被列入五帝系统就是最有说服力的史实。作为东夷族的成员,嬴秦也很早就开始了与华夏族的交往融合,其始祖大业娶少典之子女华为妻,舜赐姚姓玉女为大费之妻,商王太戊赐婚孟戏与中衍等,可以说是通过姻亲关系与华夏族的融合。而嬴秦很早离开故土,辅佐尧舜禹并为股肱之臣,又长期活动于夏、商政权的地域内,或为其大臣,或为商王"御",或建立诸侯国等,广泛参与了夏商王朝的政权建设和文化发展活动。所以,在某种程度上说,嬴秦既是

---

[1] 何建章注释:《战国策注释》(上)卷3《秦策一·司马错与张仪争论于秦惠王前章》,第102页。

华夏文化创造发展的参与者,也是华夏文化的受惠者。

因此,嬴秦并不因族出东夷而自认为是华夏之外的异族,而是将自己与华夏族等同看待,或者说他们已认同了华夏文化。商末周初嬴秦西迁天水之后,又积极主动接受和学习周文化及其礼乐文明,而毫无抵抗排斥之举,也是华夏认同观念支配下的必然行为。秦公簋等器铭文所谓的"鼏宅禹迹",显然秦人是以大禹继承者自居,这是典型的华夏观念。在人类文化学的意义上,"一个族群并非完全由文化传播与生物性的繁衍所'生成',而是在特定的环境中,由人群对内对外的互动关系所'造成'。在'造成'民族的过程中,最重要的是重组历史记忆,以及重新界定一些族称的内涵"①。秦人及其先祖正是在长期与三代政权合作交往的特定环境和参与其文化发展的内外互动关系中,逐渐重组了自己认同华夏的历史记忆。尽管秦人曾历经磨难与迁徙,又在与西戎杂处中深受其文化和习俗熏染,但是,"秦人的文化生活却原是'中原本位'的"②。伍士谦认为,秦民族起源于东方,是华夏族属,绝不是西方的戎族。是殷民族的同族属国,殷灭亡以后,乃西迁秦陇。但因以后僻处西陲,在秦孝公以前,未能与主要诸侯会盟,于是目为夷狄,其实追本溯源,秦绝非西戎或夷狄,仍是华夏族属。③ 这一观点是比较客观准确的。

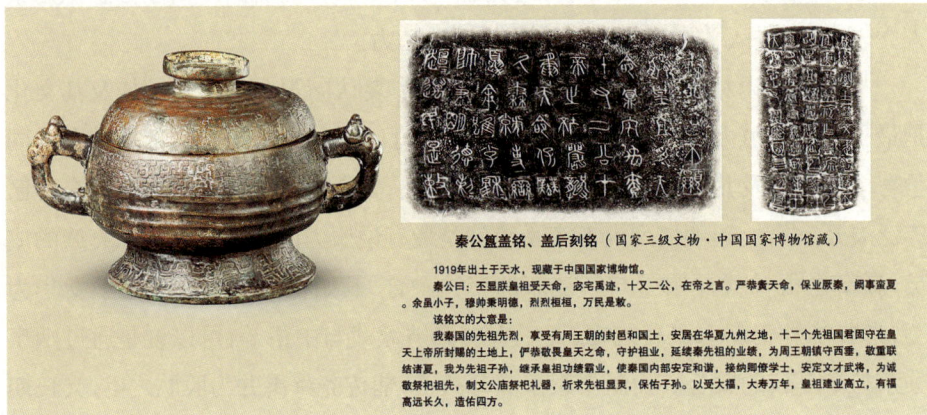

秦公簋盖铭、盖后刻铭(国家三级文物·中国国家博物馆藏)

1919年出土于天水,现藏于中国国家博物馆。

秦公曰:丕显朕皇祖受天命,鼏宅禹迹,十又二公,在帝之坯。严龚夤天命,保业厥秦,虩事蛮夏。余虽小子,穆帅秉明德,烈烈桓桓,万民是敕。

该铭文的大意是:

我秦国的先祖先烈,享受有周王朝的封邑和国土,安居在华夏九州之地,十二个先祖国君固守在皇天上帝所封赐的土地上,俨恭敬畏奉天之命,守护社业,延续秦先祖的业绩,为周王朝镇守西番,敬畏联结诸夏,我为先祖子孙,继承皇祖功绩霸业,使秦国内部安定和谐,接纳聘骋学士,安定文才武将,为诚敬祭祀祖先,制文公庙祭祀礼器,祈求先祖显灵,保佑子孙。以受大福,大寿万年,皇祖建业高立,有福高远长久,造佑四方。

传世秦公簋及铭文(国家一级文物·中国国家博物馆藏)

---

① 王明珂:《华夏边缘:历史记忆与民族认同》,社会科学文献出版社 2006 年版,第 42 页。

② 陈秀文:《秦族考》,《文理学报》1946 年一卷第 2 期。

③ 伍士谦:《读秦本纪札记》,《四川大学学报》1981 年第 2 期。

秦人并非戎族,而以华夏自居,这不仅是秦人的自我定位,也是周人、东方诸侯国共同的看法。《睡虎地秦简》之《法律问答》篇"何谓'夏'？欲去秦属是谓'夏'"的记载,清楚地表明秦人以华夏族自居。有人曾认为秦人自称颛顼之后是伪造来历,日本学者泷川资言指出"古重氏族托名圣贤,以华其所自出者,不独嬴秦"①。所以,秦人自称颛顼之后,目的在于证明自己也是华夏一脉,而不是时人鄙薄的戎狄之后。秦文公时,"初有史以纪事,民多化者"。秦人修史编订《秦记》,以教化民众,表明秦人对以周文化为代表的华夏文化的认同已深入到核心的精神层面,修史纪事正是秦人祖述先祖、整合文化、重组历史记忆的具体反映,也就是其以华夏自居或认同华夏的重要举措。

由此可见,秦人强烈的东方意识和华夏认同观念,既是秦人不忘自己族出东方的反映,也是其心灵深处渴望崛起、回归中原的意识流露。进入战国时期,实际上已经是以七雄为主实现了区域性的统一。如秦国从穆公开始对西戎长达数百年的长期征伐,到战国后期随着义渠戎被征服,西戎部族的大部分便融合到秦人之中,陇右等西北地区遂成为秦人稳固的后方和战马产地。与此同时,秦对巴蜀的征服,使秦拥有了关中、四川盆地两个发达的农业区。秦人对西戎的征服和西部区域统一的实现,为秦人在大国争霸中最后胜出奠定了重要基础。与秦人相类似,燕赵齐对北狄的征伐,齐楚与吴越的攻伐,楚对南方的扩展,同样程度不同地实现了以本国疆域空间为主体的区域性统一。与列国征服扩张、民族融合步伐加快相一致的便是六国文化的勃兴与融通,这进一步加速了民族融合与文化融通的历史进程。

在七雄争霸中,秦人凭借开放兼容、功利进取、刚毅勇猛的文化优势,又积极兼取六国文化的先进成分壮大自己。以商鞅变法为标志,秦文化再次成功转型,并以崇法尚武、农战结合、功利实用、奋发有为而成为强势文化,并成为列国文化中最具活力的先进文化。秦人之所以在七雄争霸中后来居上、脱颖而出,并最终完成了统一大业,原因固然很多,但不可否认的是在兼收并蓄、海纳百川中与时俱进的秦文化,既顺应了民族趋同融合的历史趋势,又引领民族共同体迈向更高程度的融合,即中华民族共同体的形成。有人说:"华夏族的认定,或在血缘,或在文化:血缘一统(不晚)于夏,文字和行为规范一统于秦,学术一统

---

① 　[日]泷川资言编著:《史记会注考证·秦本纪第五》(影印本),第327页。

于汉。至秦，华夏族完成了第一次大一统，其统一之内涵的丰富程度要远超夏、商、周，并以此奠定了包括华夏族在内的中华民族在世界史上的地位。"①秦文化在中华民族共同体形成中的引领和奠基作用显而易见。

三、秦统一六国建构了中华民族共同体

秦人漫长的发展历史和传奇的大起大落、流移迁徙的经历，赋予他们备受艰辛磨难而不失理想，愈挫愈奋而创新进取的可贵品质，也造就了他们无与伦比的生存能力和心怀天下的广阔胸怀。

当西周大分封，东方诸国开始崛起时，西迁甘肃的秦人才刚刚来到黄土高原腹地天水一带，在与西戎和睦相处中完成了族体的构建，历经近三百年惨淡经营，从西戎文化和周文化中汲取营养，致力发展，壮大自身，创造了充满活力的秦文化。又能在西周灭亡、东周建立时终于跻身诸侯行列，且始终不忘华夏身份，秉持强烈的东方意识，东进关中，在不断崛起中建立霸权。其时，秦穆公即以"中国以诗书礼乐为政"自许。至战国中期，秦国一度衰落，秦孝公即位，励精图治，曾下令全国说：

> 昔我穆公自岐雍之间，修德行武，东平晋乱，以河为界，西霸戎翟，广地千里，天子致伯，诸侯毕贺，为后世开业，甚光美。会往者厉、躁、简公、出子之不宁，国家内忧，未遑外事，三晋攻夺我先君河西地，诸侯卑秦，丑莫大焉。献公即位，镇抚边境，徙治栎阳，且欲东伐，复穆公之故地，修穆公之政令。寡人思念先君之意，常痛于心。宾客群臣有能出奇计强秦者，吾且尊官，与之分土。②

从孝公这段对秦人昔日辉煌的追念和对未来强大的渴望中，我们也能深深感到一种强烈的进取精神和使命意识。正是在这样的背景下，秦孝公任用商鞅进行了以富国强兵、移风易俗为主的变法运动。变法的有效实施使秦国不仅迅速走向强大，而且从朝廷到民间，从官员到百姓，从军事到经济，从文化到习俗，整个秦国社会面貌焕然一新。变法"行之十年，秦民大悦，道不拾遗，山无盗贼，

---

① 洪春嵘：《秦的统一是文字、疆域和华夏族三个层面的统一》，王子今主编：《秦统一的进程与意义》，第297页。

② （汉）司马迁：《史记》卷5《秦本纪第五》，第255—256页。

家给人足。民勇于攻战,怯于私斗,乡邑大治"①。一时秦国朝廷政令畅通,官吏清廉奉公,士人清正、百姓淳良务本。

在荀子眼中的秦国,是一派清正祥和的至治景象。正因为如此,秦国社会上下一致、令行禁止,百姓耕战结合、闻战则喜,整个社会洋溢着同仇敌忾、奋发有为、建功立业和开创未来的良好社会风尚。心怀天下、家国同构成为他们共有的文化理念和价值追求,因而达到了"至治"的效果。正是这种磅礴之力助推秦人一举完成统一大业。

由此可见,秦人的崛起与强大,秦国霸业的成功和秦王朝的建立,无不得益于他们兼收并蓄的文化心态和开放包容的民族政策。这种心怀天下、家国同构的文化模式和民族共同体塑造的成功实践,在秦王朝建立后,又随着"海内为郡县,法令由一统"而推向全国,并随着各项维护统一政策和制度的颁布与实施而初见成效。文献中所谓"匡饬异俗""黔首改化,远迩同度",六合之内"欢欣奉教,尽知法式"等记载,是政令法度推向全国及其效果的实际反映。特别是将郡县制在全国的实施,彻底打破了列国之间、中原与四夷之间的原有界限,因而,"六合之内,皇帝之土。西涉流沙,南尽北户。东有东海,北过大夏。人迹所至,无不臣者"②。随着南开五岭和设置南海三郡,北修长城斥逐匈奴至阴山以北,不仅将疆域扩及四夷外围,而且,中原与匈奴的矛盾上升为新的民族矛盾。这说明华夏四夷随着秦的统一和民族融合而形成中华民族共同体业已完成。

进入两汉后,在民族问题上,虽然也有汉与西羌等民族之间的矛盾,但汉匈之间的攻伐争夺成为主要的民族矛盾,这也表明以秦统一为标志,中华民族共同体实体已经形成。此后,历代中原王朝在民族问题上,除了武力之外,更多的是通过文化的力量达到怀柔同化的效果。对此,葛兆光指出:

> 在充满自信的古代中国,很多儒家学者一直倾向于夷夏之间的分别在文明,不在地域、种族,比如汉代扬雄《法言问道》在谈到"中国"时就说,这是以有没有"礼乐"也就是"文明"来分别的,"无则禽,异则貉",《三国志·乌丸朝鲜东夷传》在说到夷夏之分的时候也说,"虽夷狄之邦,而俎豆之象存。中国失礼,求之四夷,犹信。"而唐代皇甫湜在《东晋元魏正闰论》

---

① （汉）司马迁:《史记》卷68《商君列传第八》,第2712页。
② （汉）司马迁:《史记》卷6《秦始皇本纪第六》,第315页。

中也说，"所以为中国者，礼义也，所谓夷狄者，无礼义也。"显然，在中国古人的心目中，由于相信天下并没有另一个足以与汉族文明相颉颃的文明，因此相当自信地承认，凡是吻合这种文明的就是"夏"，而不符合这种文明的就是"夷"。①

无论是先秦还是秦汉以后，国人的夷夏之论始终以文化、文明而非族属为标准，这正是中华民族在持久的民族融合和中华民族共同体形成进程中始终坚持开放心态的表现，也是文化自信的反映。这其中，秦统一中国并完成中华民族共同体实体的构建，不仅承前启后，而且固本强基又开启了新纪元，无疑具有划时代的里程碑意义。

四、秦文化对铸牢中华民族共同体意识的历史贡献

斯大林在 1929 年所写的《民族问题和列宁主义》一文中指出："民族是人们在历史上形成的有共同语言、共同地域、共同经济生活以及表现于共同的民族文化特点上的共同心理素质这四个基本特征的稳定的共同体。"以此衡量，中华民族共同体在经历漫长的重组和塑造的基础上，以秦文化为引领、秦统一为标志而成形。中华民族共同体一旦形成，牢固的中华民族共同体意识也随之产生，并在此后两千年以来的历史发展中不断得到传承发扬和光大升华，成为中华民族不断走向民族复兴的精神源泉，也为我们留下了取之不尽的文化财富。

首先，秦文化奠定了铸牢中华民族共同体意识的文化基础。一部秦人由形成到建立帝国的历史，既是一部战争史和征服扩张史，也是一部传承与创新并举的大一统文化发展史。秦文化以商鞅变法为标志在实现转型的同时，积极吸收西周春秋以来以儒家为代表的大一统国家学说，并通过商鞅、李斯、韩非和吕不韦等人的创造性改造，将儒家以王道仁政为追求的大一统思想，发展为以君主集权和军事征服为核心的法家新大一统思想。秦孝公以来历代秦王以法家大一统思想为指导，将其灵活运用于兼并战争的政治实践并大获成功，建立了大一统秦王朝。这从一个侧面证明秦文化不仅集大成式继承了三代文化之精华，而且也在继承周文化和借鉴西戎文化、六国文化的同时不断创新超越，充满生机与活

---

① 葛兆光：《宅兹中国——重建有关"中国"的历史论述》，第 46 页。

力,成为列国文化中引领时代潮流的先进文化。秦人正是凭借这种文化优势,横扫六国如卷席,完成了东周以来由列国纷争到海内一统的历史进程,也顺应春秋战国以来走向一统的历史趋势,以巨大的同化力、兼容性和内聚力,以完成国家统一为标志,在政治、文化和民族三个层面实现了中华民族多元一体格局的形成。秦文化随着大一统封建国家的建立,被历代封建王朝所继承,并成为后世中华文化主要源流,既是秦崛起强大和实现统一的文化根基,也是构建和维护大一统国家的文化基础,中华民族共同体意识由此铸就并成为中华传统文化中一个显著的特征。

其次,秦文化开创了铸牢中华民族共同体意识的发展道路。纵观三代文化与秦文化发展的关系,两者之间存在密切的传承关系。以礼乐文明著称的周文化是三代文化的集大成者,而秦人在宫殿与建筑制度、宗庙与祭祀礼仪制度、陵园与葬仪制度、文字与文学、农业与手工业技术、音乐与艺术、天文、历法诸方面,都大量继承和吸收了商周文化。[①] 并在与西戎游牧文化、六国文化有机融合的基础上,塑造和形成了秦人不畏艰险、尚武豪迈、开放进取、勇于开拓、善于创新的民族性格和文化特点,并深深积淀于民族心灵的深处而发挥着持久影响。可见,善于拿来、善于借鉴、善于创新、善于践行始终是秦人走向强大的文化优势。秦文化在传承与创新的过程中成为筑牢中华民族共同体意识的力量源泉,也开创了不断引领国民铸牢中华民族共同体意识的发展道路。

再次,秦文化提供了铸牢中华民族共同体意识的不竭动力。创新是秦文化一路发展和迈向先进和强势的法宝。以商鞅变法促进秦文化转型为例,"商鞅变法在秦国能推行,得益于秦文化传统价值观所提供的历史条件和社会环境"。而这种环境也很容易改变秦国的社会风尚,并且逐渐形成了以集权统治为核心的政治文化、以重利尚武为核心的军事文化、以勤劳淳朴为核心的农耕文化,从而改变了以游猎为主体的流民文化,以法家思想为核心的急功近利的社会风气。[②] 秦文化在转型创新中不断焕发出青春活力,形成更具扩张力的强势文化。中华民族共同体意识正是在这种强势文化的引领和普及中不断得到加强,它成为铸牢中华民族共同体意识的不竭动力。

---

① 雍际春:《秦早期文化与周文化关系论略》,《西安财经大学学报》2020年第5期。

② 张少斌、徐亚刚:《秦统一中的文化因素》,《绥化学院学报》2011年第2期。

最后，秦文化升华了中华民族精神。民族精神是铸牢中华民族共同体意识的灵魂。文化是一个国家或民族走向兴旺发达的根基，而民族精神则是文化的灵魂。秦文化在支撑秦人走向强大和引领国人形成国家观念与中华民族共同体意识的过程中，也塑造了中华民族精神，并成为中华民族不断走向复兴的不竭动力。概括起来秦文化孕育的民族精神主要体现在八个方面：

一是敢为人先的创造精神。秦人从建国到实现大一统，数百年间在致力崛起发展和促进文化发展繁荣的进程中，无论遇到任何困难险阻，无论经历多少曲折坎坷，他们始终能够对发展、对未来、对胜利充满信心，而且一以贯之朝着既定目标前进，并取得一个又一个胜利。这其中，敢为人先的创造精神贯穿始终。

二是坚韧不拔的奋斗精神。秦人西迁天水，是在亡国失姓、遭受打击的情况下完成的，其回归故土振兴旧业的愿望始终不坠；而中原诸国与华夏文化对秦人的歧视与排挤，更是激起了秦人奋起直追、后来居上的跃进意识，并且一以贯之。

三是奋发图强的使命精神。秦人自建国以来，其发展可谓跌宕起伏、充满挑战，但整体而言一直处于上升和崛起状态，秦文化的发展和转型，并非受外部威胁和外力干预的被动之举，而是出于忧患和图强的自觉行为。同样，秦人的文化自觉也是一种奋发图强的使命精神。

四是进取功利的求实精神。秦早期文化具有质朴无华的风格。秦人那种兼容开放的文化政策和功利主义的价值取向的长期推行，在民众习俗中又形成了质朴豪爽、朴实现实的文化风格。

五是刚健勇敢的尚武精神。秦人入居天水，与长于游猎骑射、强健勇猛的戎狄部落为伍，面对高原旷野、山林野兽出没和放牧驰骋的环境，特别是与戎狄部族旷日持久的对峙与血战，炼就了秦人轻死重义、果敢勇猛、粗犷悍厉的民族气质和洋溢着不怕困难、积极向上、开拓进取的乐观精神。

六是令行禁止的法治精神。从商鞅变法以来，通过"任法而治"和"壹赏、壹刑、壹教"，奖励耕战和移风易俗等一系列措施的实施，不仅打破了旧有的政治生态和社会结构，而且秦国社会风气和国人精神面貌为之一新，形成了"民勇于公战，怯于私斗，乡邑大治"的局面。[1] 以至荀子认为秦国已是"至治"社会。[2] 秦人

---

[1] （汉）司马迁：《史记》卷68《商君列传》，第2234页。
[2] 王先谦：《荀子集解》卷十《议兵篇》，中华书局2014年版，第358页。

这种上下一心、奋发有为、同仇敌忾、共谋发展、积极向上的社会氛围,是与大力提倡赏罚分明、令行禁止的法治精神分不开的。

七是追求进步的科学精神。后起的秦人虽然在文化上并没有产生像东方六国那样的大思想家和重要的学术流派,但却在重用六国人才并将新的思想文化创造性运用于国家治理和经济发展的社会实践上,不仅遥遥领先,而且非常成功。同时,秦人对科学技术的重视和大力推广,如引进西戎金器和铁器铸造技术,特别是铁器和牛耕在秦国最先和普遍使用,大大提高了武器性能和生产效率。还有对水利的重视,都江堰、郑国渠的开凿即是典型例证。这种不墨守成规、追求进步、致力发展、勇于创新的科学精神,无疑是秦人走向成功的一大要素。

八是开放兼容的和合精神。在秦人的崛起和秦文化的创造过程中,秦人始终秉持开放兼容的积极态度,继承三代文化并推陈出新,学习强者以自强,兼容戎狄文化以壮大,萃取六国文化精华而超越,并形成了与时俱进、文明互鉴、和合大同的发展理念。和合精神也成为中华民族可贵的品质和人文优势。

在周秦之际这一变革时代,历史选择了秦人成为中国从王制时代走向帝制时代、由古国林立向一统集权过渡、由多元民族向中华一体整合、由古典文化向传统文化转型的主导者和实现者。两千年中国大一统、多民族的中央集权统治的历史走向由此开启,绵延博广、兼容开放的中国传统文化发展格局就此奠基。这是中华文明的一次跃进,是顺应时代潮流的强势崛起,也是不容否认的历史存在。

参考文献

古　籍

（汉）司马迁：《史记》，中华书局 2014 年版。

（汉）班固：《汉书》，中华书局 1962 年版。

（汉）何休解诂，（唐）徐彦疏：《春秋公羊传注疏》，上海古籍出版社 2013 年版。

（南朝宋）范晔：《后汉书》，中华书局 1965 年版。

（南朝梁）刘勰著，范文澜注：《文心雕龙注》，人民文学出版社 1992 年版。

（北魏）郦道元著，陈桥驿点校：《水经注校证》，中华书局 2007 年版。

（唐）房玄龄等撰：《晋书》，中华书局 1974 年版。

（唐）司马贞：《史记索隐》，景印文渊阁《四库全书》第 246 册。

（唐）李吉甫撰，贺次君点校：《元和郡县图志》，中华书局 1983 年版。

（唐）韩愈著，严昌校点：《韩愈集》，岳麓书社 2000 年版。

（宋）司马光编著，（元）胡三省音注：《资治通鉴》，中华书局 1956 年版。

（宋）朱熹注，王华宝整理：《诗集传》，凤凰出版社 2007 年版。

（元）骆天骧撰，黄永年点校：《类编长安志》，中华书局 1990 年版。

（清）赵翼著，王树民校证：《廿二史札记校证》，中华书局 1984 年版。

（清）孙希旦撰，沈啸寰等点校：《礼记集解》，中华书局 1989 年版。

（清）孙星衍撰，陈抗等点校：《尚书今古文注疏》，中华书局 1986 年版。

（清）郝懿行著，安作璋主编：《郝懿行集》，齐鲁书社 2010 年版。

（清）王先谦撰，沈啸寰等点校：《荀子集解》，中华书局 1988 年版。

（清）王先慎撰，钟哲点校：《韩非子集解》，中华书局 1998 年版。

《十三经注疏》整理委员会整理,李学勤主编:《春秋公羊注疏》,北京大学出版社1999年版。

《十三经注疏》整理委员会整理,李学勤主编:《毛诗正义》,北京大学出版社1999年版。

《十三经注疏》整理委员会整理,李学勤主编:《周礼注疏》,北京大学出版社1999年版。

程树德撰,程后英等点校:《论语集释》,中华书局2006年版。

何建章注释:《战国策注释》,中华书局1990年版。

何宁撰:《淮南子集释》,中华书局1998年版。

何清谷校注:《三辅黄图校注》,三秦出版社1995年版。

刘晓东等点校:《二十五别史·华阳国志》,齐鲁书社2000年版。

石磊译注:《商君书》,中华书局2009年版。

王利器校注:《盐铁论校注》,中华书局1992年版。

吴毓江撰,孙启治点校:《墨子校注》,中华书局1993年版。

许维遹撰,梁运华整理:《吕氏春秋集释》,中华书局2009年版。

杨伯峻编著:《春秋左传注》,中华书局1990年版。

元代史料丛刊编委会编:《元代史料丛刊初编·元代子部书》,黄山书社2012年版。

钟基等译注:《古文观止》(上),中华书局2011年版。

专著

[英]阿诺德·汤因比:《历史研究》,刘北成等译,上海人民出版社2000年版。

北京大学考古系等:《甘肃合水九站遗址发掘报告》,《考古学研究》(三),科学出版社1997年版。

北京大学中国考古学研究中心等编:《古代文明》(第5卷),文物出版社2006年版。

陈洪:《秦文化之考古学研究》,科学出版社2016年版。

费孝通:《中华民族多元一体格局》,中央民族大学出版社1999年版。

范文澜:《中国通史》(第一册),人民出版社1979年版。

顾颉刚:《史林杂谈》,中华书局1977年版。

顾颉刚:《古史辨自序》,商务印书馆 2011 年版。

郭宝钧:《商周铜器群综合研究》,文物出版社 1981 年版。

葛兆光:《宅兹中国——重建有关"中国"的历史论述》,中华书局 2011 年版。

国家文物局主编:《2013 年中国重要考古发现》,文物出版社 2014 年版。

高国祥主编:《中国西北文献丛书》三编《西北史地文献》,朝华出版社 2020 年版。

甘肃省文物考古研究所等:《西汉水上游考古调查报告》,文物出版社 2008 年版。

甘肃省文物考古研究所:《永昌西岗柴湾岗:沙井文化墓葬发掘报告》,甘肃人民出版社 2001 年版。

霍彦儒主编:《炎帝与汉民族论集》,三秦出版社 2003 年版。

后晓荣:《战国政区地理》,文物出版社 2013 年版。

翦伯赞:《秦汉史》,北京大学出版社 1999 年版。

教育部人文社会科学重点研究基地吉林大学边疆考古研究中心编:《边疆考古研究》(第 1 辑),科学出版社 2002 年版。

[德]卡尔·亚斯贝斯:《历史的起源与目标》,李夏菲译,漓江出版社 2019 年版。

礼县秦西垂文化研究会等编:《秦西垂文化论集》,文物出版社 2005 年版。

李纯一:《中国上古出土乐器综论》,文物出版社 1996 年版。

[日]泷川资言编著:《史记会注考证·秦本纪第五》(影印本),新世界出版社 2009 年版。

林剑鸣:《秦汉史》,台湾五南图书出版公司 1992 年版。

李学勤:《东周与秦代文明》,上海人民出版社 2007 年版。

蒙文通:《蒙文通文集》,巴蜀书社 1999 年版。

马建营:《秦西垂史地考述》,敦煌文艺出版社 2010 年版。

欧阳哲生主编:《傅斯年全集》(第三卷),湖南教育出版社 2003 年版。

庞朴:《文化的民族性与时代性》,中国和平出版社 1988 年版。

钱穆:《中国文化史导论》(修订本),商务印书馆 1994 年版。

钱穆:《史记地名考》,商务印书馆 2001 年版。

清华大学出土文献研究与保护中心编:《清华大学藏战国竹简(贰)》,中西书局 2011 年版。

秦始皇兵马俑博物馆研究室编:《秦文化论丛》(第一辑),西北大学出版社

1993 年版。

秦始皇兵马俑博物馆《论丛》编委会编:《秦文化论丛》(第三辑),西北大学出版社 1994 年版。

秦始皇兵马俑博物馆《论丛》编委会编:《秦文化论丛》(第七辑),西北大学出版社 1997 年版。

秦始皇兵马俑博物馆《论丛》编委会编:《秦文化论丛》(第十辑),三秦出版社 2003 年版。

秦始皇兵马俑博物馆《论丛》编委会编:《秦文化论丛》(第十二辑),三秦出版社 2005 年版。

秦始皇帝陵博物院编:《秦始皇帝陵博物院》(第一辑),三秦出版社 2011 年版。

秦始皇帝陵博物院编:《秦始皇帝陵博物院》(第三辑),三秦出版社 2013 年版。

秦始皇兵马俑博物馆编:《秦俑博物馆开馆三十周年国际学术研讨会暨秦俑学第七届年会论文集》,三秦出版社 2010 年版。

饶宗颐:《中国史学上之正统论》,台湾宗青图书出版公司 1979 年版。

《人文杂志》编辑委员会编:《先秦史论文集》(《人文杂志》专刊),1982 年增刊。

孙占鳌主编:《甘肃简史》,兰州大学出版社 2020 年版。

睡虎地秦墓竹简整理小组编:《睡虎地秦墓竹简》,文物出版社 1990 年版。

苏秉琦:《苏秉琦考古学论述选集》,文物出版社 1984 年版。

苏秉琦:《中国文明起源新探》,生活·读书·新知三联书店 1999 年版。

苏兴:《春秋繁露义证》,中华书局 1992 年版。

苏海洋:《陇右史地论稿》,中国社会科学出版社 2014 年版。

陕西省考古研究院等:《秦雍城豆腐村战国制陶作坊遗址》,科学出版社 2013 年版。

田昌五主编:《华夏文明》(第二集),北京大学出版社 1990 年版。

田继周:《先秦民族史》,四川民族出版社 1996 年版。

徐元诰撰,王树民等点校:《国语集解》,中华书局 2002 年版。

徐卫民等:《秦政治思想述略》,陕西人民教育出版社 1995 年版。

许苏民:《文化哲学》,上海人民出版社 1990 年版。

徐旭生:《中国古史的传说时代》,广西师范大学出版社 2003 年版。

徐卫民等主编:《早期秦文化研究》,三秦出版社 2009 年版。

卫聚贤:《古史研究》(第三集),商务印书馆 1934 年版。

文化遗产研究与保护技术教育部重点实验室等编:《西部考古》(第 11 辑),科学出版社 2016 年版。

王学理等:《秦文化》,文物出版社 2001 年版。

吴小强:《秦简日书集释》,岳麓书社 2000 年版。

吴幼潜编:《封泥汇编》,上海古籍出版社 1984 年版。

王子今主编:《秦统一的进程与意义》,中国社会科学出版社 2017 年版。

王明珂:《华夏边缘:历史记忆与民族认同》,社会科学文献出版社 2006 年版。

王学理等著:《秦物质文化史》,三秦出版社 1994 年版。

文化遗产研究与保护技术教育部重点实验室等编:《西部考古》(第七辑),三秦出版社 2014 年版。

俞伟超:《先秦两汉考古学论集》,文物出版社 1985 年版。

俞伟超:《古史的考古学探索》,文物出版社 2002 年版。

雍际春:《秦早期历史研究》,中国社会科学出版社 2017 年版。

雍际春等主编:《嬴秦西垂文化:甘肃秦文化研究会首届学术研讨会论文集》,甘肃人民出版社 2013 年版。

姚淦铭等编:《王国维文集》(第四卷),中国文史出版社 1997 年版。

《远望集》编委会编:《远望集——陕西省考古研究所华诞四十周年纪念文集》(下),陕西人民美术出版社 1999 年版。

邹衡:《夏商周考古学论文集》(第二版),科学出版社 2001 年版。

祝中熹:《早期秦史》,敦煌文艺出版社 2004 年版。

祝中熹:《秦西陲陵区》,文物出版社 2004 年版。

祝中熹:《甘肃通史·先秦卷》,甘肃人民出版社 2009 年版。

张光直:《中国考古学论文集》,生活·读书·新知三联书店 1999 年版。

张福贵主编:《华夏文化论坛》(第六辑),吉林文史出版社 2011 年版。

张金光:《秦制研究》,上海古籍出版社 2004 年版。

周予同:《中国历史文选》(上),上海古籍出版社 2002 年版。

张礼艳:《丰镐地区的西周墓葬研究》,吉林大学博士论文,2009 年。

中华书局编辑部编:《中华学术论文集》,中华书局 1981 年版。

中国秦汉史研究会编:《秦汉史论丛》(第五辑),法律出版社 1992 年版。

《周秦社会与文化研究》编委会编:《周秦社会与文化研究:纪念中国先秦史学会成立 20 周年学术研讨会论文集》,陕西师范大学出版社 2003 年版。

中国社会科学院考古所研究室编著:《师赵村与西山坪》,中国大百科全书出版社 1999 年版。

中国社会科学院考古研究所:《徐家碾寺洼文化墓葬》,科学出版社 2006 年版。

中国社会科学院考古研究所、西安市文物保护考古研究院编:《栎阳考古发现与研究》,科学出版社 2020 年版。

期刊论文

艾荫范:《游牧文化和农耕文化联手打造辉煌——秦统一论纲(二)》,《辽宁工程技术大学学报》2007 年第 5 期。

宝鸡市考古工作队:《宝鸡市益门村二号春秋墓发掘简报》,《文物》1993 年第 10 期。

北京市文物管理处:《北京延庆县西拨子村窖藏铜器》,《考古》1979 年第 3 期。

陈平:《试论宝鸡益门二号墓短剑及有关问题》,《考古》1995 年第 4 期。

陈秀文:《秦族考》,《文理学报》1946 年一卷第 2 期。

陈斯雅等:《综论早期秦文化的发现与研究》,《西安财经学院学报》2014 年第 1 期。

陈建立等:《甘肃临潭磨沟寺洼文化墓葬出土铁器与中国冶铁技术起源》,《文物》2012 年第 8 期。

陈平:《试论关中秦墓青铜容器的分期问题》,《考古与文物》1984 年第 3、4 期。

陈鸿:《出土秦系文献吉祥语研究》,《福建师范大学学报》2001 年第 1 期。

陈更宇:《早期嬴秦人生活方式的探索》,《文史哲》2009 年第 5 期。

常青:《秦文化渊源初探》,《北京大学研究生学刊》1988 年第 1 期。

常兴照等:《商奄、蒲姑钩沉》,《管子学刊》1989 年第 2 期。

东晓玲等:《甘肃省礼县西山遗址出土马骨的 DNA 初步研究》,《南方文物》2020 年第 4 期。

戴春阳:《秦人·秦文化浅议》,《西北史地》1991 年第 2 期。

戴春阳:《礼县大堡子山秦陵墓地及有关问题》,《文物》2000 年第 5 期。

丁季华:《中国文明起源单一中心说质疑》,《华东师范大学学报》1982 年第 4 期。

《凤翔发现春秋最大的墓葬》,《文物通讯》1954 年第 4 期。

方蕴华:《从〈诗经·秦风〉看早期秦人的生死价值观念》,《理论导刊》2000 年第 4 期。

甘肃省文物工作队等:《甘肃西和栏桥寺洼文化的墓葬》,《考古》1987 年第 8 期。

甘肃省文物考古研究所等:《礼县圆顶山春秋秦墓》,《文物》2002 年第 2 期。

甘肃省文物考古研究所等:《甘肃礼县圆顶山 98LDM2、2000LDM4 春秋秦墓》,《文物》2005 年第 2 期。

甘肃省博物馆:《甘肃渭河支流南河、榜沙河、漳河考古调查》,《考古》1959 年第 7 期。

高次若等:《宝鸡高家村发现刘家文化陶器》,《考古与文物》1998 年第 4 期。

谷玉梅:《秦人起源与早期秦文化特色》,《管子研究》2014 年第 1 期。

侯毅:《论秦文化的起源与发展》,《山西师大学报(社会科学版)》1987 年第 3 期。

黄文弼:《嬴秦为东方民族考》,《史学杂志》1945 年创刊号。

黄留珠:《秦文化二源说》,《西北大学学报(哲学社会科学版)》1995 年第 3 期。

黄尚明:《新石器时代黄河流域的气候变迁》,《中原文化研究》2018 年第 5 期。

黄展岳:《殷商墓葬中人殉人牲的再考察——附论殉牲祭牲》,《考古》1983 年第 10 期。

韩伟:《马家庄秦宗庙建筑制度研究》,《文物》1985 年第 2 期。

黄留珠:《进入 21 世纪以来的早秦文化研究》,《社会科学评论》2007 年第 1 期。

黄灼耀:《论秦文化的渊源及其发展途径》,《华南师院学报(社会科学版)》1981 年第 3 期。

黄留珠:《重新认识秦文化》,《西北大学学报》1996 年第 2 期。

黄栋法:《秦文化主要特征探析》,《西安财经学院学报》2007 年第 5 期。

韩高年:《〈秦风〉秦人居陇诗篇考论》,《兰州学刊》2016 年第 2 期。

黄东旭:《早期秦文化多元特质和源流问题浅析》,《华中人文论丛》2014 年第 1 期。

黄海燕:《秦建筑——我国早期建筑文化研究》,《重庆工商大学学报》2006 年第 3 期。

韩伟:《关于秦人族属及文化渊源管见》,《文物》1986 年第 4 期。

湖南省博物馆:《长沙楚墓》,《考古学报》1959 年第 1 期。

湖南省博物馆:《湖南常德德山楚墓发掘报告》,《考古》1963 年第 9 期。

马得志等:《一九五三年安阳大司空村发掘报告》,《考古学报》1955 年第 1 期。

马健:《黄金制品所见中亚草原与中国早期文化交流》,《西域研究》2009 年第 3 期。

马格侠:《试论秦人厚葬习俗及其原因》,《西安财经学院学报》2016 年第 1 期。

康世荣:《秦西垂文化的有关问题》,《陇右文博》2002 年第 2 期。

李季等:《泗河流域古代文化的编年与类型》,《文物》1991 年第 7 期。

李非等:《葫芦河流域的古文化与古环境》,《考古》1993 年第 9 期。

刘怀君:《眉县出土一批西周窖藏青铜乐器》,《文博》1987 年第 2 期。

李朝远:《新见秦式青铜镇研究》,《文物》2004 年第 1 期。

卢连成等:《陕西宝鸡县太公庙村发现秦公钟、秦公镈》,《文物》1978 年第 11 期。

梁韦弦:《秦的民族与文化及中国封建专制主义的形成》,《人文杂志》1990 年第 4 期。

梁韦弦:《秦文化及其影响》,《贵州社会科学》1989 年第 12 期。

梁云:《秦汉都城和陵墓建制的继承与变异》,《陕西师范大学学报(哲学社会科学版)》1999 年第 3 期。

梁云:《秦文化的发现、研究和反思》,《中国历史博物馆馆刊》2000 年第 2 期。

梁云:《早期秦文化及相关问题探讨》,《南开大学博士后科研工作报告》,2005 年。

梁云:《西新邑考》,《中国历史文物》2007 年第 6 期。

梁云:《从秦文化的转型看考古学文化的突变现象》,《华夏考古》2007 年第 3 期。

梁云:《从秦墓葬俗看秦文化的形成》,《考古与文物》2008 年第 1 期。

梁云:《甘肃礼县大堡子山青铜乐器坑探讨》,《中国历史文物》2008 年第 4 期。

梁云:《从秦墓葬俗看秦文化的形成》,《考古与文物》2008 年第 1 期。

梁云:《嬴秦西迁三说平议》,《中国史研究》2017 年第 3 期。

梁中效:《从〈诗经·秦风〉看秦人的西部文化风貌》,《咸阳师范学院学报》2012 年第 1 期。

李零:《〈史记〉所见秦早期都邑葬地》,《文史》第二十辑。

李禹阶:《"汉制"新探——论西汉前期的"汉承秦制"与"汉家法周"》,《华南师范大学学报(社会科学版)》2020 年第 2 期。

刘庆柱:《秦都咸阳几个问题的初探》,《文物》1976 年第 11 期。

刘军社:《从考古遗存看早期周秦文化关系》,《考古与文物》2000 年第 5 期。

刘军社:《秦人对周文化吸收的考古学观察》,《宝鸡社会科学》1998 年第 4 期。

刘雨涛:《秦与华夏文化》,《孔子研究》1988 年第 2 期。

刘丽:《〈诗经秦风〉与周代礼乐文化》,《江淮论坛》2007 年第 1 期。

刘光华:《嬴秦族及其西迁、建国》,《天水师范学院学报》2003 年第 3 期。

林剑鸣：《从秦人价值观看秦文化的特点》，《历史研究》1987年第3期。

孟祥才：《论秦文化对东方六国文化的两次整合》，《烟台大学学报》2005年第4期。

倪晋波：《春秋秦文学的"周化"及其文学的发生》，《理论学刊》2011年第4期。

欧阳坚：《秦文化研究的时代意义》，《甘肃政协》2021年第1期。

欧阳坚：《秦文化的特质与大一统国家的形成》，《人文甘肃》2021年第9辑。

庞文龙等：《岐山王家村出土青铜器》，《文博》1981年第1期。

彭文：《略论秦、齐两国的功利主义价值观》，《秦文化论丛》（第六辑），西北大学出版社1998年版。

彭卫：《谈秦人饮食》，《西北大学学报》1980年第4期。

邱晓：《由〈诗经·秦风〉看秦人的原始生命力》，《理论导刊》2010年第9期。

秦彦士：《秦文化的重新审视——兼论秦国政治文化与"秦墨"》，《成都师范学院学报》2015年第6期。

苏秉琦等：《关于考古学文化的区系类型问题》，《文物》1981年第5期。

陕西省考古研究所宝鸡工作站等：《陕西陇县边家庄五号春秋墓》，《文物》1988年第11期。

陕西省雍城考古队：《秦都雍城钻探试掘简报》，《考古与文物》1985年第2期。

陕西省雍城考古队：《凤翔马家庄一号建筑群遗址发掘简报》，《文物》1985年第2期。

山西省考古研究所侯马工作站：《侯马呈王路建筑群遗址发掘简报》，《考古》1987年第12期。

陕西省考古研究院等：《陕西凤翔孙家南头春秋秦墓发掘简报》，《考古与文物》2013年第4期。

陕西省考古研究所宝鸡工作站等：《陕西陇县边家庄五号春秋墓发掘简报》，《文物》1988年第11期。

陕西周原考古队：《扶风刘家姜戎墓葬发掘简报》，《文物》1984年第7期。

唐际根：《中国冶铁术的起源问题》，《考古》1993年第6期。

田亚岐：《东周时期关中秦墓所见"戎狄"文化因素探讨》，《文博》2003年第3期。

田延峰：《论秦早期的文化转型》，《西北大学学报》2010年第5期。

田延峰：《论秦的祖先世系及其文化建构》，《宝鸡文理学院学报》2008年第5期。

田文棠等：《秦文化的历史构成与现代诠释》，《西安财经学院学报》2007年第

6 期。

尉苗等：《甘肃西山遗址早期秦人的饮食与口腔健康》，《人类学学报》2009 年第 28 卷第 1 期。

王玉哲：《秦人的族源及迁徙路线》，《历史研究》1991 年第 3 期。

王子今：《秦文化的超地域特征和跨时代意义》，《长安大学学报(社会科学版)》2010 年第 3 期。

王志友：《秦人西迁"西垂"的动因》，《西安电子科技大学学报(社会科学版)》2007 年第 2 期。

王志友：《早期秦人构成探析》，《敦煌学辑刊》2014 年第 3 期。

王志友：《早期秦文化与域外文化、北方草原文化的交流》，《西安电子科技大学学报》2013 年第 6 期。

王志文：《考古材料所见早期秦文化的军事性》，《兰州学刊》2014 年第 5 期。

王辉：《甘肃发现的两周时期的"胡人"形象》，《考古与文物》2013 年第 6 期。

王世荣：《秦人政治文化的特色》，《西北大学学报》2004 年第 2 期。

王淳：《秦国早期婚姻习俗及其对后世政治势力和政治变革的影响》，《南都学坛》2008 年第 6 期。

王客西：《从秦的兴亡看秦文化的特质》，《西安财经学院学报》2006 年第 5 期。

王绍东：《论游牧文化对秦文化的影响与秦文化对游牧文化的整合》，《北方民族大学学报》2011 年第 2 期。

邬昊阳等：《秦文化对秦朝兴亡的影响》，《三峡大学学报》2011 年增刊。

吴镇烽等：《陕西凤翔高庄秦国墓地发掘简报》，《考古与文物》1980 年第 2 期。

万国鼎：《中国古代对土壤的种类及其分布知识》，《南京农学院学报》1956 年第 1 期。

汪勃等：《嬴秦族西迁对秦文化形成的作用》，《文博》1993 年第 5 期。

王志民：《秦国灭齐的文化思考》，《社会科学家》2004 年第 5 期。

伍士谦：《读秦本纪札记》，《四川大学学报》1981 年第 2 期。

习近平：《推进党的建设新的伟大工程要一以贯之》，《求是》2019 年第 19 期。

徐日辉：《古代西北民族"绵诸"考》，《西北民族学院学报(哲学社会科学版)》1984 年第 1 期。

夏鼐：《碳—14 测定年代和中国史前考古学》，《考古》1977 年第 4 期。

夏毅辉：《论秦国早期历史中的尚武传统》，《宁夏大学学报》2004 年第 1 期。

延娟芹:《秦文化与楚文化之比较》,《中国文化研究》2012 年第 3 期。

尹盛平等:《陕西陇县边家庄一号春秋秦墓》,《考古与文物》1986 年第 6 期。

雍际春:《论天水秦文化的形成及其特点》,《天水师范学院学报》2000 年第 4 期。

雍际春:《秦人早期都邑西垂考》,《天水行政学院学报》2000 年第 4 期。

雍际春:《秦文化与秦早期文化概念新探》,《西安财经学院学报》2007 年第 4 期。

雍际春等:《论秦人早期青铜器与秦系文字的形成》,《西安财经学院学报》2015 年第 3 期。

雍际春:《秦早期文化与周文化关系论略》,《西安财经大学学报》2020 年第 5 期。

杨东晨:《秦国初期史的诸问题考辨——兼释〈史记〉对秦初史记载的疑点》,《南通师范学院学报(哲学社会科学版)》2004 年第 3 期。

杨瑾:《移风易俗对秦文化变革的影响》,《西安财经学院学报》2008 年第 1 期。

杨建华:《略论秦文化与北方文化的关系》,《考古与文物》2013 年第 1 期。

叶小燕:《秦墓初探》,《考古》1982 年第 1 期。

阳清:《秦"大梓牛神"传说及其巫文化气质》,《黑龙江民族丛刊》编委会编《黑龙江民族丛刊》2007 年第 3 期。

余翀等:《甘肃省礼县西山遗址出土动物骨骼鉴定与研究》,《南方文物》2011 年第 3 期。

阎国文:《从秦代建筑工艺看秦文化的基本精神》,《文博》1990 年第 5 期。

余永波:《西汉水上游秦早期青铜器中的虎造型及其内在含义》,《古代文明》2016 年第 1 期。

闫德亮:《秦人的发展及其神话的演变考论》,《东岳论丛》2015 年第 9 期。

竺可桢:《中国近五千年来气候变迁的初步研究》,《考古学报》1972 年第 1 期。

张忠培:《齐家文化研究(下)》,《考古学报》1987 年第 2 期。

赵化成:《寻找秦文化渊源的新线索》,《文博》1987 年第 1 期。

赵化成等:《礼县大堡子山秦子"乐器坑"相关问题探讨》,《文物》2008 年第 11 期。

张天恩:《边家庄春秋墓地与汧邑地望》,《文博》1990 年第 5 期。

张天恩:《再论秦式短剑》,《考古》1995 年第 9 期。

张天恩:《试说秦西山陵区的相关问题》,《考古与文物》2003 年第 3 期。

张少斌等:《秦统一中的文化因素》,《绥化学院学报》2011 年第 2 期。

赵东:《秦文化与秦文化余续渊流——广义上的秦文化再审视》,《西安财经学院学报》2012 年第 3 期。

早期秦文化联合考古队:《2006 年甘肃礼县大堡子山祭祀遗迹发掘简报》,《文物》2008 年第 11 期。

中国社会科学院考古研究所安阳工作队:《1969—1977 年殷墟西区墓葬发掘报告》,《考古学报》1979 年第 1 期。

周原考古队:《陕西扶风县云塘、齐镇西周建筑基址 1999—2000 年度发掘简报》,《考古》2002 年第 9 期。

早期秦文化联合考古队:《牛头河流域考古调查》,《中国历史文物》2010 年第 3 期。

中国国家博物馆等:《2009 年千河下游东周、秦汉遗址调查简报》,《考古与文物》2015 年第 3 期。

中国社会科学院考古研究所栎阳发掘队:《秦汉栎阳城遗址的勘探和试掘》,《考古学报》1985 年第 3 期。

中国社会科学院考古研究所泾渭工作队:《甘肃庄浪县徐家碾寺洼文化墓葬发掘纪要》,《考古》1982 年第 6 期。

报纸文章

何炳棣:《国史上的"大事因缘"解谜——从重建秦墨史实入手》,《光明日报》2011 年 6 月 3 日。

习近平:《在全国民族团结进步表彰大会上的讲话》,《人民日报》2019 年 9 月 28 日。

赵丛苍等:《甘肃礼县西山遗址发掘取得重要收获》,《中国文物报》2008 年 4 月 4 日。

后　记

甘肃省政协高度重视秦历史文化研究，早在 2018 年就对相关研究作出部署。2020 年底，时任省政府副省长孙雪涛对省政协提出了开展秦文化研究的建议。2021 年 2 月该项研究课题纳入省政协年度协商计划，2021 年 8 月被全国哲学社会科学工作办公室批准列为 2021 年度全国社科基金特别委托项目。

课题立项后，甘肃省政协主席欧阳坚确定全书大纲，主持相关重大理论和史实问题研究，多次组织讨论并负责统稿。中共甘肃省委副书记、省长任振鹤，省委副书记王嘉毅，省政府副省长何伟对课题给予了指导和支持。陈青、王锐、王建太参与了调研和讨论审改，杨维军、雍际春、戴春阳等参与了统稿工作。

本书第一章由侯红伟执笔；第二章由梁云、侯红伟、王盼盼执笔；第三章由李清凌执笔；第四章由武沐执笔；第五章由雍际春执笔。

国家博物馆馆长王春法、北京大学考古文博学院教授赵化成、复旦大学教授王辉、宁波市文化遗产管理研究院李永宁研究员给予了学术指导。上海博物馆、陕西省文物局、甘肃省文物局、甘肃省文物考古研究所等，为本书提供了珍贵插图和大量资料。

中国文化传媒集团陈新华参与了相关协调工作。人民出版社杨美艳为本书编辑出版付出了心血和汗水。

甘肃省政协研究室全面参与课题研究工作。刘兴旺、魏继强、王宏伟、赵丑丑做了大量资料收集、校注、文字起草工作。王丽娟对插图和照片提供了技术支持。

在此，一并致谢！

本书课题组

2022 年 6 月

责任编辑：杨美艳　刘　畅　王璐瑶

图书在版编目（CIP）数据

秦统一六国的文化原因／欧阳坚 主编．—北京：人民出版社，2022.8

ISBN 978－7－01－024879－0

I.①秦…　Ⅱ.①欧…　Ⅲ.①文化史－研究－中国－秦代　Ⅳ.① K233.03

中国版本图书馆 CIP 数据核字（2022）第 119062 号

秦统一六国的文化原因

QIN TONGYI LIUGUO DE WENHUA YUANYIN

欧阳坚　主编

人民出版社 出版发行

（100706　北京市东城区隆福寺街 99 号）

中煤（北京）印务有限公司印刷　新华书店经销

2022 年 8 月第 1 版　2022 年 8 月北京第 1 次印刷

开本：710 毫米 ×1000 毫米 1/16　印张：19.5

字数：320 千字

ISBN 978－7－01－024879－0　定价：99.00 元

邮购地址 100706　北京市东城区隆福寺街 99 号

人民东方图书销售中心　电话（010）65250042　65289539